教育部高等学校高职高专汽车类专业教学指导委员会规划教材
总主编 仪垂杰

汽车材料

主　编　傅高升
副主编　高美兰　甘　辉
主　审　卢　明

山东大学出版社

内容简介

本书全面系统地介绍汽车金属材料、汽车非金属材料、汽车运行材料和美容材料等。内容分为3篇共11章，包括金属材料的性能、金属材料的组织结构及结晶、钢铁材料、有色金属材料等；高分子材料、陶瓷材料、复合材料和摩擦材料等；车用燃料、润滑剂和工作液、汽车轮胎、汽车美容材料等。本书图文并茂，实用性强，具有较高的参考价值。本书内容适当保留了学科体系性质，注重教、学、做一体化，加强学生实践技能和与人协作、沟通能力的培养，强调教学过程化定性和定量的考核评价，同时根据汽车类专业知识结构特点以及汽车新材料的发展，增加了新材料及轻量化的发展趋势的相关内容。可作为汽车检测与维修技术专业、车辆工程专业、汽车运用工程专业等高职高专汽车工程类专业教材，并可供汽车工业部门、汽车运输部门的工程技术人员以及汽车维修技师、汽车维修工等参考。

图书在版编目(CIP)数据

汽车材料/傅高升主编．—2版．—济南：山东大学出版社，2015.3(2018.8重印)
教育部高等学校高职高专汽车类专业教学指导委员会规划教材
/仪垂杰总主编
ISBN 978-7-5607-3740-9

Ⅰ．①汽…
Ⅱ．①傅…
Ⅲ．①汽车—工程材料
Ⅳ．①U465

中国版本图书馆CIP数据核字(2011)第159050号

山东大学出版社出版发行
(山东省济南市山大南路20号　邮政编码：250100)
山 东 省 新 华 书 店 经 销
山 东 省 英 华 印 刷 厂 印 刷
787毫米×1092毫米　1/16　18.5印张　425千字
2015年3月第2版　2018年8月第4次印刷

定价：30.00元

教育部高等学校高职高专汽车类专业教学指导委员会规划教材

编审委员会

总 序

进入新世纪以来，我国加快了转变经济发展方式的步伐，从而有力地推动着各领域的科学发展。随着科技创新能力的不断提高，科学技术的产业化进程日益加快，制造业不断优化结构，改善品种质量，并淘汰落后产能，汽车制造业尤其如此。《中华人民共和国国民经济和社会发展十二五规划纲要》提出的培育发展新能源汽车等新兴产业的战略目标就充分体现了这一点。

2010 年，中国汽车产销量已超过 1800 万辆，居全球首位，市场潜力巨大。中国汽车与装备制造业已进入了一个新的发展阶段。汽车工业的飞速发展带动了汽车与制造相关产业链的发展，为汽车和机械制造类相关专业毕业生提供了广阔的就业空间和很好的发展前景。然而，老版本的汽车类教材已经远远不能满足汽车专业的教学需求，为广大汽车专业的师生提供一套新版教材成为当务之急。同时，为贯彻《教育部财政部关于实施国家示范性高等职业院校建设计划加快高等职业教育改革与发展的意见》(教高[2006]14 号)和《教育部关于全面提高高等职业教育教学质量的若干意见》(教高[2006]16 号)的精神，进一步推动职业教育由“重视规模发展”向“注重提高质量”的工作重心转变，适应我国现代汽车工业和职业教育发展的需要，教育部高等学校高职高专汽车类专业教学指导委员会决定在工学结合课程开发和教材建设方面进行探索，组织高校富有经验的教师和企业专家共同编写一套理论性和实践性相结合的汽车类专业教材。

教学质量是学校的生命线。提高教学质量，专业建设是龙头，课程建设是关键。高职教育的课程改革是一项长期的工作，它不是片面的课程内容的解构与重构，必须以人才培养模式创新为核心，以双师素质教师团队建设、实训条件建设、实训项目开发、教学方法改革、教学实施创新等一系列条件为支撑。多年来，在教育部高等学校高职高专汽车类专业教学指导委员会指导下，各高职高专院校进行了广泛的调研，以课程建设为抓手，以校企合作、工学结合为突破口，狠抓课程实施，在教材建设方面做出了高等职业教育的特色。本套教材既注重技能的提高，又兼顾理论的提升，力求满足广大高职高专汽车类专业学生学习的需要，为学生的就业和继续深造打下坚实的基础，充分体现了工学结合的职业教育特色。

经过各分册编写者和主审们的辛勤劳动，本套教材即将陆续面世。希望教育部高等学校高职高专汽车类专业教学指导委员会的工作可以为各高职院校提供一些借鉴，并通过这套教材进一步推动各地的高职高专教学与课程改革。同时，也希望业内专家和同仁对本套教材提出指导性和建设性意见，以便在教学实践中共同完善和提高。

在本套教材编写过程中，得到了教育部领导、行业专家、各高职高专院校和企业专家的支持，山东大学出版社对教材的出版给予了大力支持和帮助，在此一并致谢。

教育部高等学校高职高专汽车类专业
教学指导委员会主任委员　仪垂杰

2010年12月于青岛

前　言

《汽车材料》教材是根据2009年教育部高职高专汽车类专业教学指导委员会工作会议确定的“以就业为导向，以任务引领、项目主导，体现岗位技能要求、促进学生实践操作能力培养”的基本指导思想进行的汽车类专业体现工学结合特色的系列规划教材之一，是深入贯彻落实教育部提出的“要加强教材建设，确保高质量教材进课堂。要大力锤炼精品教材，并把精品教材作为教材选用的主要目标。对发展迅速和应用性强的课程，要不断更新教材内容，积极开发新教材，并使高质量的新版教材成为教材选用的主体”的要求而进行编写的。

本书内容分为三篇：第一篇为汽车金属材料，包括金属材料的性能、金属材料的组织结构及结晶、钢铁材料、有色金属材料等；第二篇为汽车非金属材料，包括高分子材料、陶瓷材料、复合材料和摩擦材料等；第三篇为汽车运行及其他材料，包括车用燃料、润滑剂和工作液、汽车轮胎、汽车美容材料等。可作为汽车检测与维修技术专业、车辆工程专业、汽车运用工程专业等汽车工程类专业教材，并可供汽车工业部门、汽车运输部门的工程技术人员以及汽车维修技师、汽车维修工等参考。

本书在编写顺序上，采用由浅入深、循序渐进、便于教学的思路。首先介绍金属材料的性能，随后介绍金属材料的组织结构及结晶特性，使学生逐步了解材料的本质，掌握材料组织结构转变的机理和对材料性能的影响。在此基础上，通过对金属材料和非金属材料的学习，使学生对工程材料有一个较为全面的了解和认识，并通过对典型汽车零件的选材及这些工程材料在汽车上的应用等进行了重点介绍和讨论，使学生了解汽车零件的选材原则和方法，逐步培养他们分析问题和解决问题的能力。通过对汽车的燃料、润滑剂和特种液以及汽车轮胎、汽车美容材料等内容的介绍，使学生了解和掌握运行材料的主要性能、品种、规格和牌号，充分认识到汽车运行材料的正确选用，不仅关系到汽车的可靠性和安全性，还关系到能源的节约和环境的保护等。书中还穿插对新材料的介绍，尤其是重点介绍了轻合金材料的现状、发展及其与汽车轻量化的密切关系，以拓宽学生的知识面，让学生了解当前国内外新材料的发展动向等。

本教材的特点主要体现在以下几方面：

1. 内容适当保留学科体系性质。

针对《汽车材料》课程是高职高专汽车类专业的一门重要技术基础课，涉及的基础理论知识面较广、系统性较强，且具有较强的理论性等特点，在内容编排上适当保留了传统的汽车材料课程的学科体系性质，以保证学生能理解基本概念和基本原理。

2. 注重教、学、做一体化，加强学生实践技能和与人协作、沟通能力的培养。

《汽车材料》课程同时又具有较强的应用性特点，汽车工程技术人员时时处处都将面临材料的选择、应用与零件加工等问题。从着眼于学生未来工作岗位和终身学习发展的需要，每章节都安排了各类材料在汽车上的应用状况、发展趋势和应用实例等，并对典型汽车零件的选材原则等进行了重点介绍，同时安排了部分实验实训项目供选用，力争做到教、学、做一体化，以达到教中学、学中做、做中教的教学效果，培养学生的动手能力，加强学生实践技能和与人协作、沟通能力的培养。

3. 强调教学过程化定性和定量的考核评价，促进学生不断发展。

强调了教学过程化定性和定量的考核评价，并贯穿于学生的整个学习过程，确保学生的职业素养、知识能力和培训结果，促进学生的学习和发展。评价方式可体现在教师对学生的评价，学生对学生的评价和学生的自我评价。评价标准体现为实践性和多级性，适合于不同个体和能力的学习状况，帮助学生了解自己的学习能力和学习水平，不断激发学生的学习兴趣。

4. 适应新材料及轻量化的发展趋势而增加了相关内容。

根据高职高专汽车类专业知识结构特点，以及汽车新技术、新材料的发展，在绪论、金属材料和非金属材料等部分着重增加轻量化材料以及新型汽车材料的部分内容等，以满足汽车类专业高素质技能型人才的知识结构要求。

全书共分 11 章。其中前言、绪论、第 4 章、附录（实验实训项目）由福州大学博士生导师、福建交通职业技术学院副院长傅高升教授负责编写；第 2 章、第 7 章由傅高升教授和福建交通职业技术学院颜文煅博士共同编写；第 1 章、第 3 章由包头职业技术学院高美兰教授和白树全副教授共同编写；第 5～6 章、第 8～9 章由湖南交通职业技术学院甘辉副教授负责编写；第 10～11 章由福建交通职业技术学院高少华副教授负责编写；福建交通职业技术学院邹泽昌、林潇丽老师也参与了部分资料的整理工作；全书由福州大学博士生导师、福建交通职业技术学院副院长傅高升教授担任主编并负责统稿工作。

限于水平，书中难免存在不足、缺点甚至错误，敬请读者批评指正。

编 者

2010 年 12 月

目 录

第2篇 汽车非金属材料

第3篇 汽车运行及其他材料

绪 论

学习目标

1. 明确《汽车材料》课程学习的目的、方法和要求。

2. 了解国内外汽车工业的现状和发展趋势。

3. 了解汽车轻量化的紧迫性与汽车材料在轻量化方面所起的重要作用。

4. 明确轻合金材料(铝合金、镁合金)在汽车轻量化中的作用意义及其应用前景与发展机遇。

0.1 《汽车材料》课程学习的目的、方法和要求

0.1.1 汽车材料与汽车检测与维修技术专业的关系

《汽车材料》课程是高职高专院校汽车检测与维修技术专业的一门重要技术基础课,作为一名汽车工程技术人员,时时处处都会遇到有关材料方面的问题,都将面临材料的选择、应用与零件加工等问题。很难设想,一个没有学习、掌握《汽车材料》知识的汽车技术人员能很好地胜任本职工作。这就要求我们同时具备两方面的材料学知识:其一是应了解材料的成分(组成)、组织结构、工艺及外界条件(如载荷、温度、环境介质等)改变时对其性能的影响;其二是应掌握各种汽车工程材料(尤其是金属材料)的基本特性和应用范围。《汽车材料》课程正是为了实现这一要求设置的。

本课程的主要内容包括汽车常用金属材料、非金属材料、汽车运行材料及美容材料等的基础知识和应用状况,并安排了部分实验实训项目供选用。

0.1.2 课程学习的目的与方法

本课程的教学目的:在本专业课程体系中,本课程承担起培养学生学习专业知识、专业技能必需的基本知识和基本技能的准备。通过教学,使学生获得有关汽车材料的基本理论和基础知识,学习掌握汽车常用金属与非金属材料,汽车运行材料的性能、种类、牌号和主要规格,及其合理选择和正确使用等基础知识和相关技能,增强学习能力、提高职业

技能，为将来应用汽车材料和学习有关专业课程奠定坚实的基础。通过教学，培养学生科学严谨的工作态度和专业技能，培养学生热爱专业、热爱本职工作的精神，培养学生一丝不苟的学习态度和自觉学习的良好习惯。

本课程的学习方法：本课程具有较强的理论性和应用性，在内容上既要注意理解基本概念和基本原理，又要注意掌握工艺特点，逐步熟悉常用技术名词、符号和材料牌号。在学习中不仅要认真学习系统的理论知识，而且还要注意密切联系生产实际，重视实验等实践性教学环节。实验实训项目是培养学生观察、分析和动手能力，获得一定实验技能的重要环节。为此，学生必须认真阅读实验课内容，在教师和实验员指导下动手做好实验报告。学习中应注重分析、理解与运用，并注意前后知识的衔接和综合应用；复习思考题侧重于基本概念和综合运用，有一些是生产中的实际问题，它是为了培养将所学的知识灵活运用，提高分析问题和解决问题的能力。

0.1.3　课程学习应达到的基本要求

(1) 基础知识要求

1)了解汽车工业发展与汽车轻量化发展趋势。

2)掌握汽车用金属材料的基本概念，常用金属材料的牌号、性能及在汽车上的应用状况。

3)了解常用金属材料的组织、性能和应用之间的关系。

4)掌握汽车用非金属材料的分类、使用特性及在汽车上的应用状况和发展趋势。

5)掌握汽车运行材料及其他材料的分类、牌号、主要规格及使用性能。

(2) 能力目标要求

1)能描述金属与合金、非金属材料的特点，说明其在汽车上的主要应用。

2)能识别常用金属材料的牌号、特性，具备正确选择使用的能力。

3)初步具备分析非金属材料特性及应用状况的能力。

4)具备正确选择、使用运行材料的能力。

5)培养学生系统分析问题、解决问题的能力，以及查阅资料主动获取知识的能力。

0.1.4　课程教学建议

0.1.4.1　学时安排建议

建议按 50 学时左右安排教学，其中绪论 4 学时左右，第 1 篇汽车金属材料 20 学时左右，第 2 篇非金属材料 10 学时左右，第 3 篇汽车运行材料等 6 学时左右，另安排 10 学时左右的实验训练。

0.1.4.2　教学模式的设计与创新

传统的汽车材料课程有较明显的学科性质，理论性较强、概念抽象，涉及的基础理论知识面较广、系统性较强，使用的教学方法单一、枯燥，学生难以理解，教学效果难以保证。

本《汽车材料》课程适应高职高专教育对汽车专业技术应用型人才培养目标的要求，进行了适时的调整补充。从教学内容选取与整合、教学方法与手段改革、实践教学等各方面均做了尝试。通过现代技术在教学中的应用，可将汽车材料及其在汽车各零部件及各机构中的应用形象、直观地在课堂上展现，将实际生产的场景移植到教学中，增强学生的工程意识。同时，还安排部分实验实训教学环节，使学生能实现理论知识与实际相结合，培养他们分析与解决实际问题的能力。

0.1.4.3 多种教学方法的运用

本课程教学方法可以灵活多样，根据各部分教学内容，可选择适当的教学方式，如：

(1)现场教学：教师对照实物讲解，与实际相结合，增强讲课效果。

(2)讨论式教学：在教学过程中穿插安排实际的汽车零件的材料选择课题或习题讨论，突破重点、难点知识，培养学生解决实际问题的能力。

(3)启发与互动式教学方法：加强师生交流、互动，活跃课堂气氛。

(4)利用现代教育技术的优势，可以事先制作图片、动画、视频、虚拟实物等组成立体化教学资源库，将各种汽车材料特性及其应用情况等展现给学生，结合仿真实训等，增强教学的形象性、直观性，提高学生的学习兴趣。

(5)可建设形象、生动、内容丰富的课程网站，引导和促进学生自主性学习，拓展学生的知识面，提高学生自我提高的能力。

0.1.4.4 教学评价建议

课程总成绩由期末理论考试成绩与平时成绩两部分组成。

(1)期末理论考试成绩占总成绩 50%。

(2)平时成绩占总成绩 50%，可由以下各部分成绩组成。

1)学习纪律：由老师课堂点名情况确定，占平时成绩 20%。

2)完成作业：由作业成绩确定，占平时成绩 30%。

3)实验实训过程：根据每次实验实训项目的过程和完成情况，由教师确定，占平时成绩 30%。

4)自评和互评：由学习小组互评和学生自评成绩确定，占平时成绩 20%。

学习本课程之前，学生应具有必要的对生产实践的感性认识和专业基础知识，故本课程应安排在金工教学实习和物理、化学、材料力学、金属工艺学等课程后进行；本课程涉及的知识面较广，内容较丰富，在教学中应多采用直观教学、电化教学和启发式教学，培养学生的自学能力，以增加课堂的信息量和课时的利用率，并在后续课程和生产实习、课程设计、毕业设计等教学环节中反复练习、巩固提高。可以说，汽车的发展是以材料和材料加工工艺的发展为基础的，两者的发展必然是同步的，而层出不穷的新材料、新工艺技术也为现代汽车的更新提供了必要的条件。汽车工业的发展与《汽车材料》这门课程之间的关系尤为密切，作为一名汽车工程技术人员，很有必要掌握好汽车材料及其相关加工工艺知识。

0.2 国内外汽车工业发展概述

0.2.1 世界汽车工业发展

汽车自1886年诞生以来，经历115年进入21世纪。汽车的不断改进和汽车工业的不断发展，大大地改变了人类生活。汽车工业和汽车技术得以发展，离不开各国人民发挥各自的智慧和才能，是世界人民共同努力的结果。

德国人发明内燃机和汽车。19世纪末，自行车工业和马车工业已很发达了，它们为汽车的发明做好了前期准备。自行车所用的钢管构架、滚珠轴承、链条传动、变速齿轮、充气轮胎、专用机床等等都可用于汽车，马车的车身技术和车身造型也可用于汽车。自行车、马车的普及推动了公路建设。自行车和马车业还为汽车行业准备了技术人才和管理人才，组建标致公司的标致先生原来是自行车生产者；组建通用汽车公司的杜兰特先生原来是马车制造商。自行车、马车和汽车的根本区别是前二者是人力、兽力驱动，而汽车是靠发动机驱动。用蒸汽机驱动的蒸汽汽车早在1765年就被发明了，但太重太慢不实用。所以直到发明轻便适用的内燃机，汽车才有可能实用化。1886年，一位叫奔驰的德国人用他研制的内燃机在曼德镇造出第一辆三轮汽车，这辆汽车具备了现代汽车的基本特点：内燃机驱动、电子点火、循环水冷却、钢管车架、钢板弹簧悬架、前轮转向后轮驱动、制动把手、充气轮胎。同年，另一位叫戴姆勒的德国人用他研制的内燃机在斯图加特装出世界第一辆四轮车。奔驰公司和戴姆勒公司在1926年合并起来，组成后来的戴姆勒一奔驰公司(又于1998年组成戴姆勒一克莱斯勒公司)。

1886年，德国技术发展很快，但德国那时刚成为独立、统一的国家不久，经济实力不如法国。法国政府为了军事需要修建了公路网，为汽车工业创造了良好的发展条件。戴姆勒发明汽车的第二年，法国P&L公司就买下了他的许可证，1887年就组织生产，在19世纪90年代里，P&L就生产几万辆汽车。到1904年，法国有汽车厂350家，生产的汽车都是单件完成。因为买车的都是有钱人，他们不在乎售价，而要求有自己独特的形象，并希望在订购汽车时能直接与制造者联系，有时最高时速多少都由买主来定。有人定做汽车就是为了参加汽车赛，好出名，就像得了赛马冠军的名马的主人那样。所以当时按同一设计制造的汽车，最多不过50辆，当时没有市场调查一说，都是按订单生产。大量生产方式兴起以后，由于社会上还有这种有钱的买主，个别单件生产的汽车公司就一直保存下来。英国的阿斯顿·马丁公司就是其中一家，在该公司的车身车间里，仍然是技术高超的钣金工用木槌敲打铝板的方式来制造铝质车身钣金件。到了20世纪80年代，汽车工业进步的步伐加快了，阿斯顿·马丁公司和其他类似的公司必须和大汽车公司联合以取得排气净化和撞车安全等一系列专业经验。他们若想自行开发这些新技术，费用是很大的负担，于是阿斯顿·马丁公司就和福特公司联合了。

美国第一辆汽车比欧洲的第一辆汽车晚了7年。但和法国、德国相比，美国是个人口众多、土地辽阔、物产丰富的大国。独立战争结束了殖民统治，南北战争又扫除了奴隶制和庄园制，西部土地的开发，自由劳动力和国内市场的扩大，促进了先进技术的应用和欧洲资本的流入，所有这些都为美国的经济发展创造了良好条件。所以1889年美国的经济超过了英、法、德，成为世界最大的工农业国。农业发展的结果是农民埋怨缺乏从农场到市场能代替自行车和马车的运输工具。汽车一出现，6年内美国有300家公司和个人在试验性地生产汽车，没有银行投资，他们在技术上和组织上都存在大量问题。越来越多的中产阶级进入汽车族之后，他们建立了代表中产阶级的美国汽车协会AAA，希望降低车价。但汽车商在奢侈品市场尚未得到满足以前，不愿生产利润低的低价车。直到1905年，上层阶级市场满足之后，制造商才将目标转向中产阶级和农民阶层。福特公司在1908年上市的T型车是质量可靠、适合农村需要的廉价车，福特的副手又是一位卓越的推销员，他组织了8000人的推销队伍，为T型车弄来了大量订单。原来的单车生产方式不适应了。福特先从军工系统引进零件通用制，用专用机床加工出标准化的零件；继而将屠宰场中的牛羊肉分块肢解的流水线反其道而行之，成为流水装配线。大量生产方式提高了汽车质量，降低了成本，使汽车进入寻常百姓家。这一切进步都由于T型车是个好车型，它的售价适应了农民的购买力，它的功能适应了农村城镇的使用条件，福特还教会车主自己维修。要不是这样，福特就拿不到大订单，没有大订单，就没有大规模生产方式。

当时，福特汽车公司只解决大规模生产的技术问题，而通用汽车公司则建成了现代化公司，现代化汽车公司的组织任务是由通用汽车公司来完成的。1908年威廉·杜兰特首先将20多家产销汽车及汽车零件的公司合并为控股通用汽车公司，自任总经理。在他两届的任期中，通用汽车公司生产规模扩大了八倍，人称他是聚财高手、管理白痴，两度都由于大量亏损被迫辞职。1919年通用汽车公司董事任命斯隆为总经理，在以后的四十年中，斯隆一直担任通用汽车公司的总裁、董事长和名誉董事长。通用汽车公司在斯隆手中建成了现代化大公司，成为世界最大的汽车公司。它的经营方式曾经成为世界各大公司所遵循的榜样。通用汽车公司的管理方针是：政策的决定是集中的，而政策的执行是分散的。公司的每个经营部门都是基层的执行部门，是利润负责中心，独立性很强。斯隆吸取了杜兰特只会花钱不会赚钱的教训，强调公司经营的中心是提高投资利用效率。汽车市场的兴衰会波动，所以能赚钱的事业都可经营。通用汽车公司既生产汽车，也生产航空发动机、集成电路。汽车买主是由各种层次购买力的买主组成，所以轿车售价分成六个档次，使高收入、低收入的家庭都来买车，既要生产轿车也要生产商用汽车。各国都根据自己的国情和自己公司的市场定位来吸取通用汽车公司的管理经验。

西欧、日本发展廉价汽车。欧洲本是汽车发源地，但在欧洲，日本轿车的普及是靠推广微型汽车而实现的。二战结束后，英国、德国、法国、意大利在二战的废墟上重建汽车工业。那时的轿车市场主要是公费购买市场，自费车主只是一些法人代表和先富起来的人。工薪阶层、农林业主、小业主都需要汽车，但他们买不起轿车。汽车公司靠公费购买市场吃不饱，于是先后易弦改辙，开发廉价的微型汽车以适应工薪阶层、小业主的购买力。在1947～1949年间，雷诺公司开发了排量747mL的4CV微型汽车、雪铁龙公司开发了排量375mL的2CV微型汽车、菲亚特公司开发了排量为500mL的菲亚特500、大众公司开发了1192mL的甲壳虫、英国罗孚公司开发“迷你”汽车，欧洲除了奔驰以外的汽车公司都参加了微型车的生产。由于自由竞争，尽管物价上涨，车价却下跌。因为市场扩大，美国的大量生产方式和大公司组织形式都在西欧得到推广。西欧各汽车公司都借助微型汽车这个消费热点，将各自公司发展成世界级的汽车公司。大众汽车公司用在甲壳虫上赚的钱买下奥迪公司，成了档次齐全的大公司。

日本政府从西欧的实践中看到微型汽车市场对汽车工业的推动作用，于是将西欧的公司自发行为改为政府推动，在1956年公布轻四轮车（微型汽车）法：凡在尺寸、排量上符合规定的微型轿车、厢式车、货车都可享受减税、减保险费、免收过桥过路费、简化驾照、减免车牌手续等优惠。日本的轻四轮车虽比西欧晚了十年，由于有政府法规支持，竟后来居上，轻四轮车的厢式车、货车的保有量到20世纪90年代竟占全部商用汽车的保有量的57%，成了日本商用汽车的主要车种。这说明轻四轮车法既有利于社会，也有利于日本汽车工业。1990年日本不生产轻四轮车的丰田、日产公司联合上书日本政府，说轻四轮车法是日本还是穷时制定的，现在日本已不是穷国了，是否可以取消。日本通产省的答复是："轻四轮车少耗油、少污染、少占地，有利于社会，还要继续鼓励。"

日本发展丰田生产方式。1950年，日本丰田公司的工程师丰田英二和大野耐一到美国底特律的福特公司鲁日厂进行了三个月的参观学习，认为那里的生产体制还有改进的可能。在采用大量生产方式的同时，丰田结合日本国情和市场，形成了一套以人为中心的丰田生产方式。丰田生产方式的推广，使日本汽车工业在20世纪70年代进入世界汽车强国的行列，80年代超过美国。

巴西、西班牙虽然生产跨国公司品牌的汽车，没有本国的品牌，但1999年西班牙产车285万辆，巴西产车135万辆，都成了汽车大国，属经济繁荣的国家了。

韩国汽车"借船出海"。韩国现代公司创建于1967年，是从CKD开始的，但韩国的国情不同于西班牙、巴西。韩国有比较发达的造船工业、钢铁工业、电子工业和纺织工业，并且有出口竞争的经验。他们认为有了起步的资金、技术、基础工业，低工资带来低成本，就能赚钱，就可以自行发展汽车工业。但有一点不足，就是国内市场太小，不能满足汽车工业发展的需要。于是将汽车工业的主战场放在国外市场上。他们精心地策划出口车型，即低价轿车，并要自己掌握产品设计权。1999年韩国汽车产量为284.3万辆，仅次于美国、日本、德国、法国和西班牙，居世界第6位。

目前全世界汽车产量5400万辆/年，最大能力可达6000万辆/年，轿车销量4000万辆/年。在发达国家中，大城市已是堵车成灾，不得不纷纷采取限车措施，所以，车辆更新将成为轿车的主要市场，轿车的竞争会更加激烈。要想在竞争中获胜，必须开发新车型。在能源、环保法规日益严格，城市交通堵塞日益严重的21世纪，小型车将比大型车吃香。但在发达国家，开发费用极高，动辄以几十亿计，大家真花不起这笔钱。于是出现了合资、收购、兼并的重组浪潮。

0.2.2 我国汽车工业的发展史与现状

我国的第一辆汽车于1929年5月在沈阳问世，由张学良将军掌管的辽宁迫击炮厂制造。张学良让民生工厂厂长李宜春从美国购进"瑞雪"号整车一辆，作为样车。李宜春将整车拆卸，然后除发动机后轴、电气装置和轮胎等用原车零件外，对其他零件重新设计制造，到1931年5月历时两年，终于试制成功我国第一辆汽车，命名为"民生牌75型汽车"，开辟了中国自制汽车的先河。

我国最早进口汽车是在1901年(清光绪二十七年),是匈牙利人Leine将两辆汽车带入上海。一辆是凉篷式汽车,另一辆是折叠式软篷,前排为双轮座席,车轮是木制的,外面包上实心橡胶轮胎。采用转向盘、转向带和梯形结构控制行驶方向。照明用煤油灯,喇叭是手揿的。这两辆车在上海招摇过市,引起轰动。自1953年7月第一汽车制造厂动工兴建,1956年7月投产,1957年7月13日我国生产出第一辆载货的解放牌汽车,又于1958年5月,我国第一汽车制造厂自行研制设计生产了第一辆与当时政治风云起伏颠簸、荣辱与共的红旗牌轿车,被誉为“东方神韵”。

汽车工业是我国的支柱产业,随着近几年的蓬勃发展,汽车工业已成为国民经济保增长、促发展,拉动内需的重要产业。在世界范围的经济危机中,中国的汽车工业不但没有退缩,反而以惊人的速度上升为世界产量第一大国,仅2009年产量就突破一千万辆,专家预测,在未来很长时间内,中国的汽车工业将继续保持良好的上升势头。

几十年来,我国汽车工业得到了快速的发展。特别是改革开放以来,汽车生产采用了各种高科技及人性化的安全及便利设施,汲取国外汽车科研之精华。经过近30年的发展,我国汽车产业已形成长江三角洲、珠江三角洲、东北地区、京津地区(环渤海经济区)、华中地区、西南地区等六个各具特点和优势的产业集群,产业布局已基本成型。2009年3月国务院发布的《汽车产业调整和振兴规划》将汽车产业组织结构、产品结构、技术结构、市场结构调整作为产业结构调整的主线;将一汽集团、东风集团、上汽集团、长安汽车、北汽、广汽、奇瑞、重汽列为“四大四小”重点整车企业,全面确保我国汽车工业的持续、稳定和健康发展。

近年来中国宏观经济持续快速增长,居民生活水平稳步提高,在国家政策刺激下,相当部分购买潜力变为实际消费,成为拉动汽车工业快速增长的动力,汽车工业成为国民经济重要的支柱产业。在全球汽车工业发展举步维艰的情况下,2009年中国汽车工业取得了令人瞩目的成绩,成为全球产销量第一的国家。我国汽车产量2005年为570.77万辆,2009年则达1379.1万辆,同比增长48.3%;汽车销量达1364.5万辆,同比增长46.2%。表0-1和图0-1是我国2008~2009年汽车市场分车型销量情况。

我国汽车工业的发展前景广阔,目前将面临高速发展后的巩固阶段,并将逐步融入全球汽车工业中,此外自主创新、区域发展整合、节能减排和新能源汽车将成为今后一段时期人们关注的重点。

随着我国汽车产量和保有量的不断攀升,我国汽车能源消耗和有害气体排放逐年递增。在能源日益短缺、环境日益恶化的状况下,发展节能、低排放的汽车技术是保障汽车工业可持续发展的重要措施,是低碳经济下的绿色汽车工业技术的主要发展路径。

表0-1　　我国汽车市场分析——2008~2009年汽车分车型销量(万辆)

车　型	2009年	2008年	同比增长(%)
基本型乘用车	747.3	504.7	48.1
多功能乘用车(MPV)	24.9	19.7	26.1
运动型多用途车(SUV)	65.8	44.8	46.9
交叉型乘用车	195	106.3	83.4

续表

重型载货车	13.4	10.7	25.8
中型载货车	18.2	12.5	45.8
轻型载货车	14.6	11	32.4
微型载货车	47.3	26.1	80.9
大型客车	27.1	25.3	7.3
中型客车	4.8	4.4	10.4
轻型客车	18.3	17.2	6.4

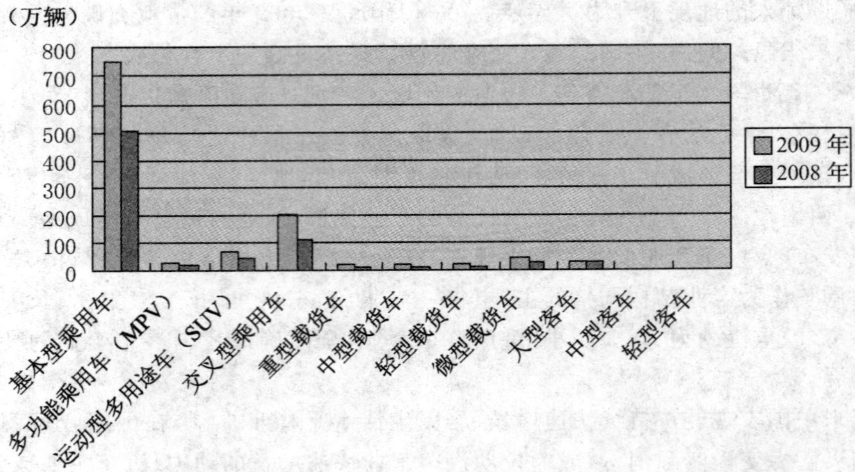

图 0-1 我国 2008～2009 年汽车市场分车型销量示意图

0.3 汽车工业发展与汽车轻量化趋势

0.3.1 绿色化轻量化——时代发展的要求

汽车给人们带来了方便，对人类的发展与进步无疑起到了巨大的推动作用。但随着汽车工业的快速发展，其对人类社会的负面作用也越来越严重。

一方面，汽车工业消耗了过多的自然资源，尤其是不可再生资源。资料表明，在 2010 年前全世界汽车数量将突破 10 亿大关。在 1990～2020 年期间，预计汽车数量将从 7 亿增加到 14 亿辆。但世界石油储备总量是有限且不可再生的，到 2013 年，石油储备总量的 1/2 将被耗尽。

另一方面，汽车排放污染已成为大气污染最主要的来源，给人类社会的生存与发展环境带来了严重压力。随着世界汽车总量的增加，汽车油耗、排放总量也不断增加，世界环境正不断恶化，汽车每年向大气中排入的二氧化碳量多达 40 亿吨，在今后 30 年里将增长至 60 亿吨，形势相当严峻。

此外，随着人们对汽车安全性、舒适性、环保性能要求的不断提高，汽车安装空调、安全气囊、隔热隔音装置、废气净化装置、卫星导航系统、影音器材、无线电通信等设备越来越普及，无形中增加了汽车的质量、耗油量和耗材量。

因此，应该清楚地认识到着眼于未来，才能可持续发展，节省资源和减少对环境的污染是其迫切需要解决的两大问题。许多发达国家也都采取了许多措施，如制定严格的汽车排放法规等。而要使汽车更省油、更环保，目前一个可行的重要措施就是汽车轻量化，广泛和更多地使用轻质材料。进入21世纪以来，能源危机日趋严重，环保法规日益严格，使现代汽车减重节能的要求不断高涨，轻量化已成为汽车优化设计和选材的主要发展方向。

目前，从国际发展趋势上看，解决汽车节能环保问题的技术路线主要有以下三种：一是大力发展新型能源汽车（包括混合动力汽车、纯电动汽车、氢发动汽车、燃料电池汽车、二甲醚汽车等）；二是大力发展先进发动机技术（包括汽油缸内直喷技术、柴油高压共轨技术、涡轮增压中冷技术等）；三是大力发展汽车轻量化技术。

0.3.1.1 新型能源汽车的现状与发展

中国新能源汽车主要分成两类：一类可以定义为通过其他可燃物质液化汽化代替汽油驱动内燃机的形式；另一类就是纳入国家《关于开展节能与新能源汽车示范推广试点工作的通知》试点补贴范围的，代表未来汽车发展方向的混合动力、纯电动和燃料电池汽车，业内称其为电动汽车类。由于现有其他可燃物质资源已难于支撑现代工业能源体系，所以第一类的节能车型产业化受到制约。而第二类的电动汽车正是我国未来新能源环保汽车的发展方向。其中，混合动力又分为微混、中混和高混三类。这其中，微混仍然主要依靠内燃机提供动力，而电动机部分只有在汽车处于怠速状态下才被启动，主要起到减排的作用；中混属于平衡了内燃机与电动机两种动力来源的过渡状态；而高混则选择电动机为主动力来源，内燃机只起到辅助作用。整个新能源汽车的发展会从最早期的微混升级为中混再到高混，最后演变成纯电动汽车。

我国新能源汽车现状：在汽车新能源研究方面，科技部“863”计划电动汽车重大专项和国家发改委牵头在9省（黑龙江、吉林、辽宁、河南、安徽5省的全省，河北、山东、江苏、湖北4省的部分地区）实施的乙醇汽油应用试点计划。乙醇汽油应用试点计划，至2005年底已完成试点任务。实现年混配1020万吨生物乙醇汽油的能力，生物乙醇汽油的消费量已占全国汽油消费量的20%，完成“十五”期间推广生物乙醇汽油的既定目标。乙醇汽油由于不涉及发动机的改动，且乙醇来源于农作物，为可再生能源，废气排放也较少，因此应用前景被看好。“863”计划电动汽车重大专项是“863”12个重大专项之一，它选择新一代电动汽车技术作为我国汽车科技创新的主攻方向，以电动汽车的产业化技术平台为工作重点，力争在电动汽车关键单元技术、系统集成技术及整车技术上取得重大突破。其研究对象为纯电动汽车、燃料电池汽车及混合动力汽车。

近年来，我国汽车制造企业加速开发新能源环保汽车。国内各大汽车公司均参与了电动汽车的研究并取得了成果，如一汽集团研制成功解放牌混合动力城市客车和红旗牌混合动力轿车；东风集团研制成功的电动客车；神龙富康纯电动轿车及“楚天一号”燃料电池电动汽车等；上汽集团研制成功“超越一号”和“春晖一号”2 款燃料电池混合动力轿车等；2008 年 1 月在底特律国际车展上比亚迪 F3 推出了其插入式混合动力车。

在北京奥运会和残奥会期间，上千辆新能源汽车投入奥运交通服务，为绿色奥运做出了贡献，并且全面展示了国内新能源汽车的发展现状。这些新能源汽车，既有氢燃料电池车、油电混合动力车，也有电动车和 LNG（液化天然气）燃料车。如奇瑞 A5 混合动力车一举囊括 75 辆奥运节能服务出租车的 50 辆，包括 40 台采用 BSG（带驱动启动发电机）弱混合动力，10 台采用 ISG（汽车启动发电一体机）中度混合动力。在燃料电池车方面，东风雪铁龙新爱丽舍 CNG（压缩天然气）双燃料车已于 2008 年 9 月 12 日上市。此前市场上已有几个主流且销量非常好的 CNG 双燃料车，如捷达伙伴 CNG 及比亚迪 F3CNG 等。

2009 年 7 月 17 日，广东省电动汽车省部产学研创新联盟宣告成立。其成立的目的主要是致力于促进电动汽车产业发展，提升国内自主品牌新能源汽车的重要战略联盟。该联盟将对电动汽车产业化的技术难题进行攻关，在三年内实现自主知识产权的电动车批量生产。该联盟由广汽集团牵头，华南理工大学、中山大学等单位共同发起，并联合了广东省内的电动汽车生产企业及相关零部件制造企业，以及国内相关高校和科研机构。联盟理事单位包括比亚迪汽车、深圳比克电池、广州博捷电机等近三十家企业。

到 2012 年，上海新能源汽车产业将达到 900 亿元，重点是加快推进混合动力汽车和纯电动客车产业化。生产的一系列配件（如驱动电机和控制系统中用到的许多壁薄、定位精确且气密性高的壳体），它们的铸造、机加工将使企业在设备、工艺方面跃上一个新的台阶。

在 2010 年 4 月的北京国际车展上，奔驰、丰田、本田的混合动力产品，凯迪拉克、日产的电动车，宝马、马自达的氢动力汽车纷纷亮相。自主品牌汽车企业也展示了新能源汽车，一汽、东风、华晨、奇瑞都展示了混合动力产品，长城和比亚迪展示了电动车，长安自主研发的中国首款氢动力概念跑车“氢程”也亮相北京车展。

目前，新能源汽车已经成为未来汽车业的发展方向。2009 年初国务院出台的《汽车产业调整振兴规划的细则》中，明确提出了要形成 50 万辆纯电动、充电式混合动力和普通型混合动力等新能源汽车产能，新能源汽车销量占乘用车销售总量的 5%左右的目标。因此研发新能源汽车成为国家重点扶持的项目，国务院在全国确定了 13 个城市 100 家大型客车制造厂重点研发纯电动客车。现在又从 13 个城市扩大到 20 个城市。科技部长万钢指出：“到 2012 年国内有 10%新生产的汽车是节能与新能源汽车。按届时汽车年产量为 1000 万辆算，我国新能源汽车要达到年产 100 万辆的规模。”

0.3.1.2　汽车轻量化的紧迫性

历经 100 多年的发展，汽车已经成为人类社会不可缺少的交通运输工具之一。社会和经济的发展对现代汽车设计和制造的要求越来越高，集中反映在洁净化、安全化、轻量化、舒适化、信息化五个方面（如图 0-2），其中对轻量化的要求尤为紧迫。

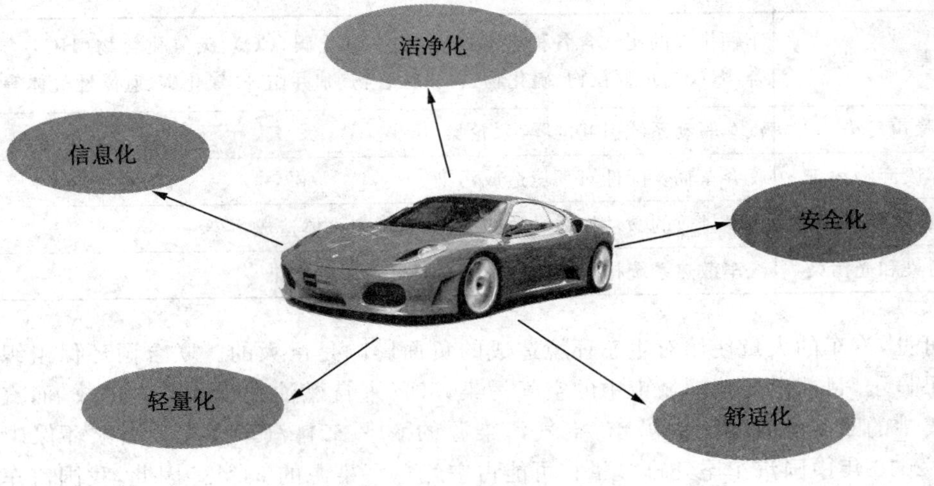

图 0-2 汽车设计和制造的五大方向

(1)汽车轻量化是节能的需求

轻量化是节能减排的有效手段之一。汽车是石油的最大用户,目前世界平均有 46%的石油为汽车所消耗。国际能源机构的统计数据表明,2001 年全球 57%的石油消费在交通领域,预计到 2020 年交通用油占全球石油总消耗的 62%以上。专家预计到 2013 年,石油储备总量的 1/2 将被耗尽。美国能源部预测,2020 年以后,全球石油需求与常规石油供给之间将出现净缺口。数据显示,全球石油储量仅够再用约 50 年,能源短缺已成为全球问题。而在能源价格上,1973 年的石油危机触发石油价格上升了 4 倍以上,进入 21 世纪以后国际原油价格持续上涨,节约汽车燃油消耗已是一项长期的任务,也是汽车制造业不可回避的新课题。

研究表明,约 75%的油耗与整车质量有关,降低汽车质量就可有效降低油耗及排放。目前,大量研究表明,汽车质量每下降 10%,油耗下降 8%,排放下降 4%。对商用车的研究表明,汽车质量每减少 1000kg,油耗可降低 6%~7%。燃油消耗的下降,意味着 CO_2、氮氧化物(NO_x)等温室气体和有害气体排放量的下降。通过一系列法规刺激,欧美汽车企业制造的产品,质量同过去相比减轻了 20%~26%,预计未来 10 年内,轿车平均质量还将继续减轻 20%。

汽车轻量化工程的实施方法是要在选定轻量化目标的前提下,从以下三个方面实施轻量化,包括:工程设计优化,如最优的承载路径、均匀化的结构和优化的几何形状;制造工艺优化,包括应用先进的加工技术,如激光拼焊板等,先进的连接技术,如翻边连接、自铆连接等;高强度轻量化材料应用,如高强度钢、铝合金和镁合金等,最终达到开发时间短、成本低、车身的性价比最优的目标。

(2)汽车轻量化是环保的要求

当今世界,汽车排放污染已成为大气污染最主要的根源,给环境带来了严重的压力。表 0-2 为汽车排放物对环境造成污染的情况。

表 0-2　　汽车排放物对环境造成污染

尾气污染	车辆排放的尾气含各种有害物质，如一氧化碳（CO）、碳氢化合物（HC）、氮氧化合物（NO_x）、颗粒物、硫化物、含铅化合物、苯并芘、二氧化碳、刺激性气体等
噪声污染	汽车驱动系统引起的噪声、轮噪、风噪
固体废弃物污染	废弃车辆及配件对环境造成污染
对城市水体的污染	车辆排放的酸性气体导致的酸雨，对城市水体造成污染
热污染和光污染	汽车散热系统排放的热气及汽车灯光造成的污染

可见，汽车的大量使用对生态环境造成的负面影响是巨大的。联合国环保组织的调查结果显示，目前世界范围城市中的空气污染，50％来自燃油汽车的废气排放，而汽车拥有最集中的欧美国家的一些城市，空气污染源的 60％来自汽车废气。国家环保中心预测，到 2010 年中国汽车尾气排放量将可能占空气总污染源的 64％。因此，我国汽车工业的稳定持续发展将面临环境保护的重大考验。

为了解决这一问题，各国都在不断地制定日益严格的汽车排放法规。

目前美国、欧盟（EU）、日本构成世界汽车排放法规的三大体系。

1970 年，美国颁布了《大气净化法案》，又称“马斯基法”，1990 年进行了修订，制定了世界上最严格的排放法规，即加利福尼亚州的低排放汽车标准（LEV）。目前实施的排放等级及限值是 ULEV，SULEV 是削减目标，为现行标准的 1/4，如图 0-3 所示。

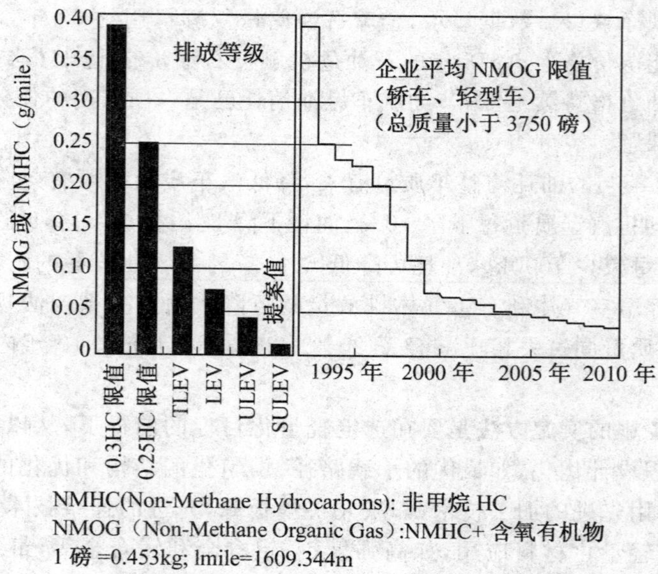

图 0-3　美国加利福尼亚州汽车排放限值

欧盟自 1993 年开始，积极强化汽车排放法规，图 0-4 所示为欧洲排放规定，现行法规为 2005 年强化欧洲 4 号（欧Ⅳ）标准。

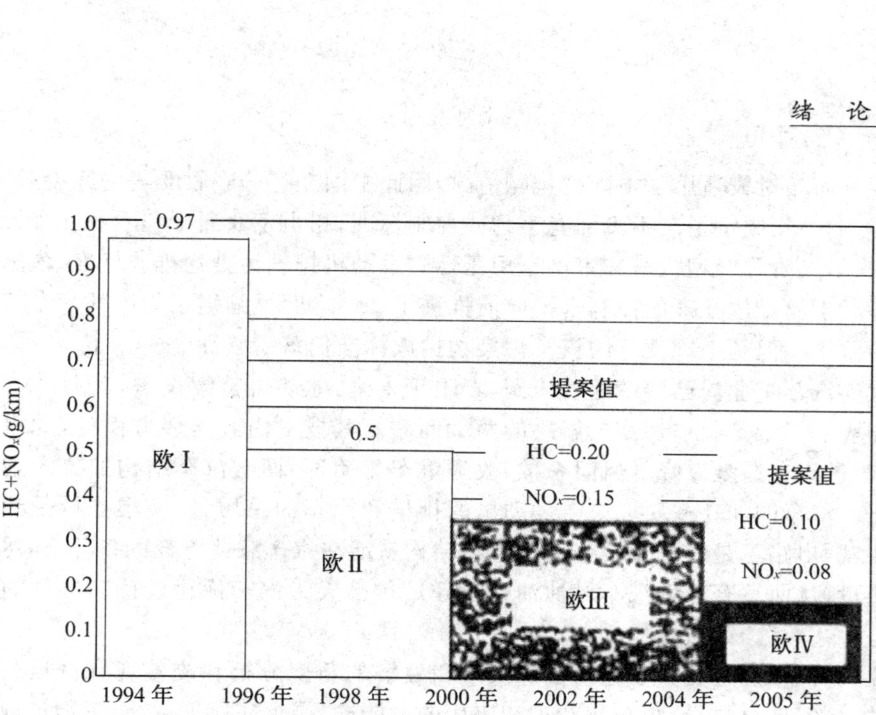

图 0-4　欧洲排放标准限值

日本是世界上第二大汽车生产国，从 1966 年起开始控制汽车排放污染，对新车进行四工况检测，规定控制排放 CO 小于 3%，1969 年加严到 2.5%；1971 年规定小型车 CO 小于 1.5%，轻型车 CO 小于 3%；1973 年采用十工况法，增加 HC 和 NO_x 作为排放控制指标；1986 年对柴油轿车限值加严控制，对在用车制定定期车检法规；1991 年起新车采用十五工况法试验，排放法规不变，1993 年对柴油车排放进行控制。1997 年 11 月，日本中央环境保护学会大气专业委员会为强化新的排放标准提出了在现行排放标准的基础上再削减 70%的目标（如图 0-5）。

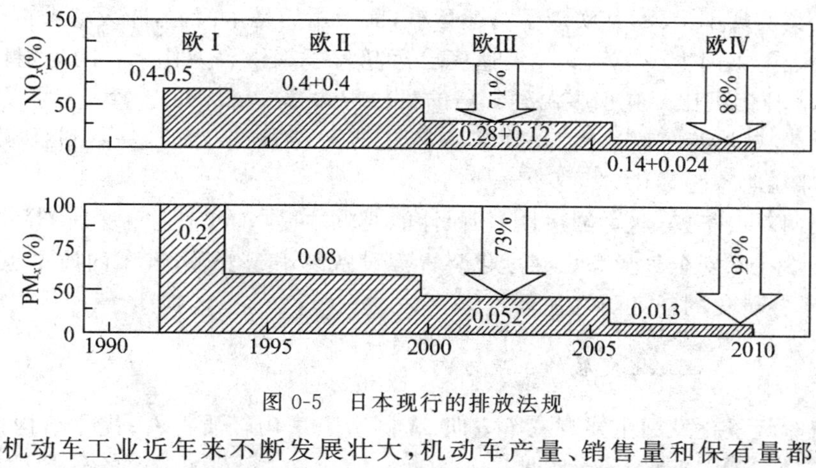

图 0-5　日本现行的排放法规

我国机动车工业近年来不断发展壮大，机动车产量、销售量和保有量都快速增长。最新数据显示，中国已成为世界第三大汽车生产国，年产量超过 500 万辆、保有量近 3300 万辆。中国机动车污染控制工作始于 1979 年《中华人民共和国环境保护法（试行）》颁布以后。由于在美、日、欧这世界三大排放标准体系中，欧洲法规在标准的松严程度、道路交通情况等方面相对较适用于中国的实际情况，因此中国在充分吸收欧美的经验后，国家环保总局于1999年制定了车用汽油有害物质控制标准，相当于欧洲Ⅰ和欧洲Ⅱ排放法规的国家第一、第二阶段轻型汽车和重型车用压燃式发动机排气污染物排放标准，该标准使我国的汽车污染物排放标准的控制水平向前推进了20年，明显缩短了与国外汽车污染物排放标准的差距。但是中国现行的汽车污染物排放标准仍落后欧洲8～10年。

全世界汽车工业界已清楚地认识到，着眼于未来，才能可持续发展，因此节省资源和减少对环境的污染是其迫切需要解决的两大问题。其技术内容是多方面的，如提高发动机效率、改进汽车造型以降低风阻系数、改进汽车轮胎等，而对汽车结构的要求则主要来自轻量化。汽车的油耗主要取决于发动机的排量和汽车的总质量，减小排量受到保证动力性的限制，出路正是轻量化。采用轻量化结构就能在汽车载荷不变的条件下，尽可能降低整车质量，从而显著降低汽车燃油油耗。轻量化已成为汽车优化设计和选材的主要发展方向。

因此，各汽车制造商都在致力于从技术和经济的角度分析和改善现有材料和工艺的使用条件，探索新材料、新结构和新工艺应用的可能性，寻求在保证性能、不增加或少增加成本的前提下降低汽车质量的方法，制订并实施降低汽车质量的计划。

0.3.2 轻量化的发展趋势

0.3.2.1 轻量化的趋势——质轻的价值

当今，钢铁仍然是文明支柱的重要金属材料。美国、俄罗斯、日本等世界几个经济大国的经济发展都是从钢铁开始的。如果把20世纪看成是钢铁时代，那么21世纪应是什么时代？很多的学者普遍认为是轻金属时代。这的确有其道理，是发展的大趋势。原因很简单——轻金属的质量轻，是质轻的价值所在！轻量化是时代发展的必然要求。

铝使人类实现了上天，又实现了高速运输；前天用的是木门窗，昨天就被钢门窗代替，而今天又换上了铝门窗……铝的发展速度已远超过了钢铁。为什么？因为铝体现了“质轻”的价值，1吨铝可比1吨钢多出约3倍的材料（7.9/2.7=2.93）。

为了节能减排，为了高速度、高效率，从天上飞的，到地上跑的，一直到日常生活中使用的产品，都在向着轻量化方向发展。

随着人们对汽车安全性、舒适性、环保性能要求的提高，汽车上也增加了许多装备，空调、卫星导航系统、安全气囊和废弃净化装置等设备越来越普及，汽车的质量也在持续增加，导致汽车轻量化的任务随之加重。

0.3.2.2 汽车轻量化发展的主要方向

目前汽车轻量化发展主要有三个方向：在制造上采用轻质材料；优化结构；进行工艺革新。

第一种方法在目前看来具有更巨大的潜力，是汽车轻量化的主流。汽车行业普遍注重于开发轻量化材料来解决这一难题，现在已经有很多种轻质材料被应用于汽车制造工业，这些材料可分为两大类：一类是低密度材料，如铝合金、镁合金、钛合金、塑料和复合材料等;另一类是高强度材料,如高强度钢和高强度不锈钢。

第二种方法的主要途径是利用有限元法和优化设计方法进行结构分析和结构优化设计,以减小零部件的质量和数量。

第三种方法是为了应对材料和结构的变更而提出的新工艺。

轻质材料为汽车轻量化提供了巨大潜力,但轻质材料需要有新的结构和工艺作支持;结构优化使汽车质量在使用轻质材料之后得以进一步降低,但结构优化的同时必须考虑材料性能及其工艺;新工艺的开发又给轻质材料及其相应新结构的使用提供了可能性。

在汽车工业方面,当前为减轻汽车自重、降低油耗、减少废气排放,汽车材料轻量化是其主要途径。目前国际上汽车的开发研究正向高效能、低能耗、低排放发展,而这 3 个指标是与汽车自身质量息息相关的,减轻汽车自重是降低汽车排放、提高燃油经济性的有效措施之一,也是世界各大汽车厂家提高产品竞争力的重要措施。业内专家表示:汽车自重每减少 10%,燃油的消耗可降低 6%～10%。按轿车论,每减重 10%,油耗可降低 8%～10%,以 16～20 吨级的载重车论,每减少 1000kg,油耗可降低 6%～7%。使用有色轻合金材料铝、镁、钛及其合金是目前各国汽车制造商采取的最主要减重措施。

根据最新资料,国外汽车自重同过去相比减轻了 20%～26%。预计在未来的 10 年内,轿车自身质量还将继续减轻 20%,而工程塑料、铝合金、镁合金复合材料和高强度钢、超高强度钢等轻量化材料的开发与应用在汽车的轻量化过程中将发挥重大作用。

与汽车自身质量下降相对应,汽车轻量化技术不断发展,主要表现在:

(1)轻质材料应用的比重不断攀升,铝合金、镁合金、钛合金、高强度钢、塑料末冶金、生态复合材料及陶瓷等的应用越来越多。

(2)结构优化和零部件的模块化设计水平不断提高,如采用前轮驱动、高刚性结构和超轻悬架结构等来达到轻量化的目的,计算机辅助集成技术(CAX)(包括 CAD、CAE、CAM 等)和结构分析等技术也有所发展。

(3)汽车轻量化促使汽车制造业在成型方法和连接技术上不断创新。

在世界各国日益严格的安全法规推动下,汽车行业正在致力解决轻量化与车辆安全的矛盾。要解决好这个问题,一方面可以从新材料开发与应用方面着手,具有安全意义的新材料的开发与应用将发挥重要作用。理论分析与实验结果表明,应用诸如动静态屈服强度比高的高强度钢、冲击能量吸收率高的轻合金以及结构泡沫等新材料,可以提高车辆的安全性。另一方面,则可以从合理选择轻量化对象方面着手。基于上述理由,汽车不需要无限的轻量化,合理的做法是"一定限度内"的轻量化,因此,也就不应要求汽车的每个部件都轻量化,合理的做法应当是选择"适合轻量化"的对象。

汽车轻量化不仅是减轻质量,它还有以下基本要求:

(1)在保证汽车可靠性和功能不受影响的前提下,最大限度地减轻各零部件的质量,降低燃耗,减少排放污染。

(2)在使汽车质量减轻的同时,努力谋求它的良好操纵性、高可靠性、高安全性和高舒适性等。

(3)在汽车轻量化的同时,汽车的价格应当下降或保持在合理水平,具有商业竞争能力,即汽车的轻量化技术必须是兼顾"质量—性能—价格"综合效益的技术。

目前，可用来减轻汽车自身质量的轻量化材料有两大类：一类是高强度材料，如高强度钢、高强度不锈钢、结构钢、高强度铸铁和粉末冶金等；另一类是轻质材料，如铝合金、镁合金、钛合金、塑料和复合材料、精细陶瓷、金属基复合材料、非金属基复合材料等。表 0-3 为轻量化材料的减重及成本对比情况。

表 0-3　轻量化材料的减重及成本对比

材料类型	轻量化零件减重百分比(参照钢材)			轻量化零件成本比(参照钢材)
	车身构件	车身外覆盖件	底盘	
汽车用高强度钢	25	15	25	1.0～1.5
铝合金	40	45	50	1.3～2.0
镁合金	55	55	60	1.5～2.5
复合材料				
碳纤维	60	60	60	2.0～10.0
玻璃	25	25	35	

0.4　汽车轻量化与先进汽车用材料

0.4.1　汽车制造材料发展的轻量化趋势——"汽车发展，材料先行"

节能、环保、安全、舒适、智能和网络是汽车技术发展的趋势，尤其是节能和环保更是关系到人类可持续发展的重大问题。因此降低燃油消耗、减少向大气排出 CO_2 和有害气体及颗粒已成为汽车界主要的研究课题。减少汽车自身质量(轻量化)是汽车降低燃油消耗及减少排放的最有效措施之一。

汽车材料是汽车品质的基础，在汽车产业中具有重要的地位。"汽车发展，材料先行"，汽车技术的发展，在很大程度上取决于汽车制造材料的不断进步。在结构材料体系中，钢铁因其卓越的使用性能和良好的加工工艺性，在汽车工业发展的初期，便居身于汽车制造材料的主导地位。尤其随着钢铁在各个工业领域中大规模应用，其成本不断降低，钢铁在汽车制造材料领域的主导地位愈发巩固，使用总量保持在 50%以上。

20 世纪末期，能源问题逐渐受到世界性关注，面对日益短缺的常规能源，作为生产能源消耗主要载体之一的汽车工业，开始做出积极的战略调整，以应对能源短缺所带来的不利影响，研发节能型汽车成为汽车工业发展的主题。而新型结构材料的应用，首先推动了节能环保型汽车创新性发展。针对最为突出的汽车轻量化要求，使用其他轻质结构材料替代传统的钢铁材料，有效减轻了汽车自重，科学实现了节省燃料的目的。据国际权威部门统计，汽车所用燃料约 60%消耗于汽车自重。测试表明，在经济行驶速度下，汽车质量每减少 1kg，1L 汽油可多运行 111m。

0.4.2 轻合金在汽车轻量化中的作用意义

高强度钢一般应用在汽车车身外围覆盖件，如车顶、车门、行李箱等，车体框架结构件、加强件，以及底盘零部件如车轮、悬架等。随着安全标准和生产技术的提高，高强度钢在汽车底盘零部件上的应用越来越广泛。但使用轻合金材料铝、镁及其合金则是目前各国汽车制造商采取的最主要的减重措施。铝和镁的比强度（强度与质量之比）都相当高，对减轻汽车质量，提高燃油效率具有举足轻重的作用。不但可以明显地减轻汽车重量，而且还能提高燃油效率，以此提高汽车在市场中的竞争力。因此今后轻合金材料代替钢铁结构件的应用将更加广泛。

目前常用的轻质材料为铝合金。这是由于铝的密度仅为钢铁的 1/3，与其他材料相比，轻量化效果好，成本较低，耐腐蚀性、延展性和回收利用性也好，被广泛地应用在发动机、传动系统、车身和底盘部件。铝合金分为铸件、锻件、低压铸造和液锻。尤其是压铸铝合金，尺寸精度和生产率很高。铝合金常被应用在缸体、缸盖、变速器壳和接头上。

0.4.3 轻合金在汽车上的应用前景与发展机遇

近 20 年来，汽车用结构材料在构成上有了明显的变化，轻质金属、合成塑料、陶瓷以及各类复合材料，逐渐被广泛地应用在汽车上，汽车质量不断减轻，满足了节能化需要，成为汽车发展一个重要方向。就汽车整体结构而言，由于轻量化零部件的应用一直呈增长势头，使轻量化材料应用呈明显增长趋势。

由于铝和镁等轻合金的价格比钢铁要贵得多，所以这些合金在汽车工业中没有得到更广泛的应用。但目前汽车工业中铝和镁的单车用量却连年上升。这一方面是用技术上的研究和优势来弥补成本增加；另一方面是市场竞争迫使汽车厂商降低利润而使用更多的轻合金。然而，用这种方法增加的数量毕竟是有限的，要想使其增加量得到大幅度提升，关键是降低铝、镁的价格。

目前，我国国产汽车油耗比国外同类型车高 15%～23%，载货汽车的重量利用系数低 11%～20%。这除了与我国目前的道路条件差和油耗大有关之外，也与零件的加工精度低、品质差、结构设计较粗糙及轻合金使用量极少有关。与国外相比，由于我国的车型自主开发尚处于初级阶段，所以汽车轻量化材料和轻量化设计方法方面的研究也非常少。这些年来，我国的汽车工业一直在走着一条引进开发的路子。虽然，在引进技术的过程中也做了大量的国产化工作，但是，轻质材料及其所带来的汽车轻量化问题一直以来都没有引起足够的重视。

除了上海的桑塔纳、一汽奥迪和捷达（均为引进生产线）上使用了较多的铝合金外，纯国产车中红旗轿车用铝量最多，达 80～110kg（包括五个铝合金车轮）。解放 CA141 约 25kg，NJ130 和 134 为 20kg 左右，EQ140 约 17kg，它们主要用于皮带轮、汽缸盖、进气歧管、水箱和散热器等为数不多的部件，与国外差距很大。至于镁合金则应用较少，也少见这方面的研究报道。

尽管目前情况不容乐观，但从以下几方面来看，不久的将来，铝和镁将在我国的汽车上得到极为广泛的应用。

(1)道路状况的不断改善，将使汽车轻量化优势突出，各汽车厂家势必为自己的产品“减肥”。全国高速公路网的建设完善，将促进我国汽车业快速发展。

(2)限制环境污染的立法已提上日程，即将出台的法规规定的汽车燃油效率和废气排放标准，将迫使汽车厂家加大轻合金材料的应用开发。

(3)国际国内的竞争日趋激烈。汽车厂家只能用新技术和新材料在竞争中求生存。

(4)全国 8 大铝厂也在提高产量和降低铝锭成本上下功夫，再加上各地的中小铝厂介入竞争，使其价格稳中有降，有利于铝在汽车上的应用。

(5)各汽车厂也在积极研究开发自己的轻量化汽车，它们吸收了大量的高层次人才充实研究开发力量，且增加了研究方面的投入及增强了与高校科研机构的合作。

(6)机械化和自动化水平的提高、先进的计算机辅助汽车设计和模拟及 CIMS 制造技术已逐步进入各汽车制造厂，将大大促使我国汽车轻量化的发展和轻合金材料的使用。

对于提高汽车燃油经济性和安全性，镁合金是当前最理想最轻的金属结构材料，从而成为汽车减轻自重以提高其节能性和环保性的首选材料之一。

镁合金在汽车中使用具有以下优势：

(1)常用金属中最轻的金属镁的比重是铝的 2/3，锌的 1/4，不到钢或铸铁的 1/4，对于含 30%玻璃纤维的聚碳酸酯复合材料来说，镁的比重也不超过它的 10%。

(2)比强度高。从设计者的立场考虑，密度小的金属若不具有高强度，将没有意义。实验显示，镁合金的比强度比铝合金和钢高。因此在不降低零部件强度条件下，镁合金铸件比铝铸件的重量减轻大约 25%。

(3)热传导性好。虽然镁合金的导热系数不及铝合金，但是比钢高近 1 倍，比塑料材料高 10 倍。因此镁合金已广泛用于压铸汽车轮毂上，可有效散发制动摩擦热量，提供制动稳定性。

(4)易于机械加工。镁合金非常易于机械加工，在无冷却液、无润滑剂的情况下能实现高负荷加工，得到光洁的加工面。

(5)对振动、冲击的吸收性能好。镁合金对振动能量的吸收能力强，使用在驱动和传动部件上可减少振动。同时，在方向盘和座椅上使用镁合金可在汽车发生碰撞后很好地吸收冲击能量。

(6)抗凹陷性能好。镁合金与其他金属相比抗变形能力强，由冲击而引起的凹陷小于其他金属。

(7)良好的焊接和铸造性能。镁合金的熔点、比热容和相变潜热比铝合金低，熔化耗能较少，固化速度快，动力学黏度低，铸造充型性好，压铸件生产周期比铝合金短，易成型薄壁结构件。镁与铁的亲和力小，固溶铁的能力低，不易粘模，铸模寿命比生产铝合金高 2.3倍。

(8)易于回收再生。回收的镁合金可直接熔化再进行浇铸，且不降低其机械性能。镁合金同其他金属相比，熔点低、比热小，在再生熔解时所消耗的能源是新材料制造所消耗能源的 4%。此外，镁合金的电磁波屏蔽性好、外表美观。

当前，大规模开发和应用镁合金的时代已经到来。据专家预计，今后 10 年汽车工业镁制零件的需求量平均年递增 15%以上。近年来，阻碍镁合金大量应用的技术和价格这两大瓶颈已被突破。镁合金国际市场价格回落，各发达国家高度重视，积极推进各自的综合研究开发计划，以求在镁合金技术和市场方面占领制高点，提高国际竞争力。

我国是镁的资源大国、生产大国、出口大国，菱镁矿储量居世界首位，约27亿吨，占全球总储量的22.5%，此外在青海省的部分盐湖还有储量巨大、廉价高品质的镁资源。我国目前原镁产量居世界首位，1999年全国产量16.5万吨，占全球产量的1/3。但是，国内镁合金技术方面与国外差距很大，产品设计与工艺设计能力差，缺乏高性能镁合金材料方面的研究，镁合金加工成型技术落后。

目前国内镁合金用量很少，供大于求，大量低价出口，尤其是汽车工业用量极少，远远落后国外汽车用材水平。同时我国镁合金牌号、品种规格较少，无自成体系的压铸镁合金，零件制造成型技术落后，这些都与我国镁资源优势很不相称，既影响到镁工业的发展，又制约着镁合金材料在汽车上的应用。因此，研究开发汽车用镁合金及零件先进制造技术既现实又有发展前景，是亟待研究的重要课题。中国应重点开发丰富的镁资源，扩大其在工业上的应用范围，并应紧跟世界汽车用镁合金的趋势，提高镁合金出口产品技术等级。

目前，汽车仪表、座位架、方向操纵系统部件、引擎盖、变速箱、进气歧管、轮毂、发动机和安全部件上都有镁合金压铸产品的使用。如果镁合金部件的成本进一步降低，应用范围会更加广泛。除铸造成型工艺外，还有锻造、挤压、轧制和焊接的新工艺也处在研究开发之中。

随着"环境友好"概念日益受到重视，使汽车节能降耗的要求不断高涨，相关环保法规日益增多。实现汽车低尾气排放甚至零排放，已经成为环保型汽车发展的现实目标。制造商正努力将电动混合燃油汽车推向市场，这要求在汽车结构材料的使用上向更具轻量化趋势发展。另外汽车用燃料电池技术的不断成熟，使车用燃料电池材料的研发不断突破，而未来完全由电池动力驱动的汽车将对材料提出更高要求。汽车用功能材料作为汽车制造材料的另一组成部分，同汽车用结构材料一样，有着服务于"节能环保"的轻量化要求。

近二十年来，世界汽车工业面临着越来越严峻的三大问题：能源、公害和安全。各国政府先后制定了能源保护、废气排放、降低噪音和安全保障的法规。但是，随着通信事业的迅猛发展，先进汽车装上了全球卫星导航系统、无线电通信设备、音响以及影视器材，不但增加了汽车重量，而且降低了燃油效率，增加废气排放。因此是否能在减轻汽车自重、降低能耗、减少废气排放、降低噪音及提高效率的基础上装备更多的高新科技装备，成为各大汽车生产厂家提高竞争能力的关键。

复习思考

1. 简述国内外汽车工业的发展现状和趋势。
2. 轻量化要求汽车在哪些方面进行改进？
3. 汽车轻量化的现状与发展趋势如何？
4. 轻合金材料在汽车轻量化中的作用如何？
5. 铝、镁合金材料在汽车轻量化中所起的作用是什么？

第1篇

汽车金属材料

汽车材料是指生产汽车，以及汽车在运行过程中所用到的材料。按照用途来分，一般将其划分为汽车工程材料和汽车运行材料。汽车工程材料是指用于制造汽车零部件的材料。汽车工程材料大致可分为金属材料和非金属材料两大类。一辆汽车有2万多个零件，这些零件使用了4000余种不同的材料加工制造，其中80%左右是金属材料。金属材料之所以在汽车上得到广泛的应用，是因为其具有许多良好的性能。

第1章 金属材料的性能

学习目标

1. 了解金属材料的性能和分类方法。
2. 掌握金属材料力学性能指标的概念、符号和物理意义。
3. 理解金属材料各种性能指标的测试方法和原理。

考核标准

知识要求：明确金属材料性能主要是指材料的使用性能和工艺性能，其中使用性能又包括力学性能和物理化学性能，对于汽车金属材料应重点弄清力学性能，包括静态和动态力学性能；工艺性能包括铸造性能、锻造性能、焊接性能、压力加工性能、热处理工艺性能和切削加工性能等。

技能要求：要求对指定的1～3种金属材料进行室温力学性能(拉伸力学性能、布氏硬度、洛氏硬度等)测试分析和比较。

教学建议

建议安排在实验室进行金属材料力学性能(拉伸力学性能、布氏硬度、洛氏硬度等)的实际测试(参考附录中实验1、实验2)。

金属材料的性能直接关系到汽车的制造装配、运行维护、使用寿命和加工成本，是合理选用汽车零部件材料的重要依据。金属材料的性能包括使用性能和工艺性能。使用性能是指金属材料为保证机械零件或工具正常工作应具备的性能，即在正常使用条件下所表现出来的性能，包括力学性能、物理性能和化学性能。使用性能决定了材料的使用范围、安全可靠性和使用寿命。工艺性能是指金属材料在各种加工过程中所表现出来的性能，包括铸造性能、锻压性能、焊接性能、热处理性能和切削加工性能等。

金属的力学性能是指金属在外力作用下表现出来的性能。金属在加工和使用过程中都会受到外力的作用，这种外力通常称为载荷。载荷按照性质不同，一般可分为静载荷和动载荷(冲击载荷和交变载荷统称为动载荷)。静载荷指载荷的大小和方向不随时间发生变化或变化极缓慢的载荷。例如：汽车在静止状态下，车身自重引起的对车架和轮胎的压力属于静载荷;冲击载荷是指以较高的速度作用于零部件上的载荷。例如:当汽车在不平的道路上行驶时,车身对车架和轮胎的冲击即为冲击载荷;交变载荷指大小与方向随时间发生周期性变化的载荷。运转中的发动机曲轴、齿轮等零部件所承受的载荷均为交变载荷。根据加载形式的不同,外加载荷也可分为拉伸载荷、压缩载荷、弯曲载荷、剪切载荷和扭转载荷等,如图 1-1 所示。

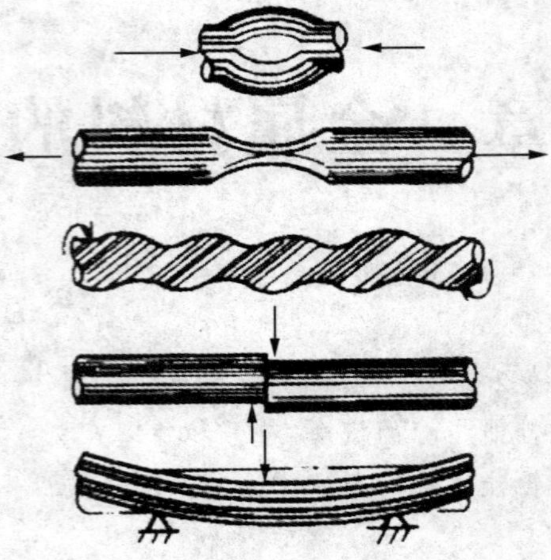

图 1-1　载荷的作用形式

金属材料在外加载荷作用下,形状和尺寸的变化称为变形。变形一般分为弹性变形和塑性变形。所谓弹性变形,是指构件受到外加载荷作用时产生变形,载荷卸除后恢复原状的变形。而塑性变形则是指构件在外加载荷作用下产生变形,且当载荷卸除后不能恢复原状的变形,也称之为永久变形。

金属材料的力学性能是设计和制造汽车零件的重要依据,也是控制汽车零件质量的重要参数。金属材料的选择离不开对金属力学性能的分析。例如汽车轮胎紧固螺栓材料及规格的选择,就必须能够保证螺栓在使用过程中不会由于承受不住剪切而扭断,从而保证驾乘人员的安全,如图 1-2 所示。

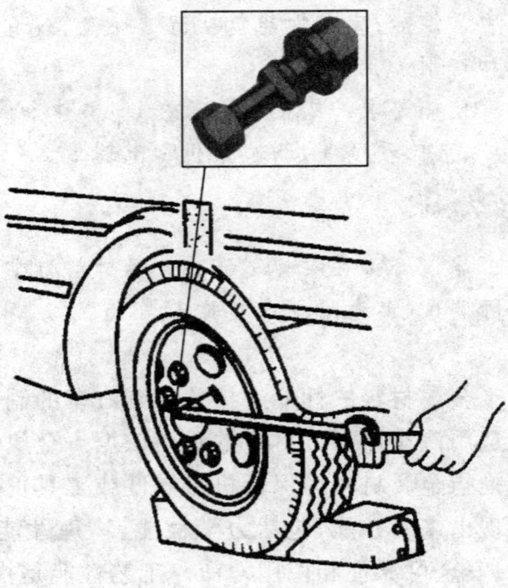

图 1-2　汽车轮胎紧固螺栓

金属材料的力学性能主要包括强度、塑性、硬度、韧性、疲劳强度等。

1.1　静态力学性能

1.1.1　强度

强度是指金属材料在静载荷作用下，抵抗塑性变形和断裂的能力。根据所加载荷形式的不同，强度可分为抗拉强度(σ_b)、抗压强度(σ_{bc})、抗弯强度(σ_{bb})、抗剪强度(τ)和抗扭强度(τ_b)等。它们都是通过专门试验测定的，其中拉伸试验是应用最广泛的力学性能试验，用于测定金属材料的强度和塑性指标。

1.1.1.1　拉伸试验

根据国家标准，将被测金属制成一定形状和尺寸的标准拉伸试样(如图 1-3)，装夹在拉伸试验机的两个夹头上，沿轴向缓慢加载进行拉伸，试样逐渐伸长、变细，直到最后断裂。在拉伸试验过程中，拉伸试验机上的自动记录装置可绘出能反映静拉伸载荷 F 与试样轴向伸长量 Δl 对应关系的拉伸曲线，即 F—Δl 曲线。图 1-4 为低碳钢的 F—Δl 曲线。

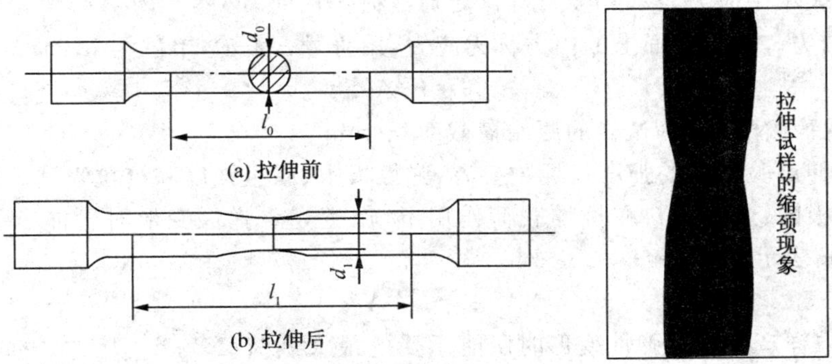

图 1-3　标准拉伸试样示意图

由图 1-4 曲线可以看出，拉伸过程中试样表现出以下几个变形阶段：

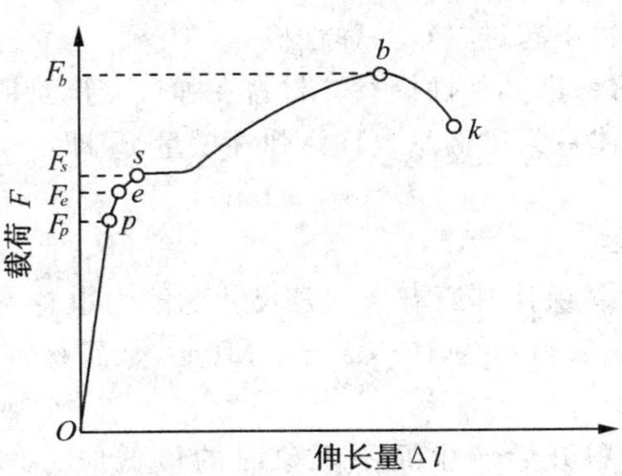

图 1-4　低碳钢的 $F-\Delta l$ 曲线

1)弹性变形阶段(Op、pe 段):当载荷不超过 F_p 时,拉伸曲线 Op 为直线段,试样的变形量与外加载荷成正比。如卸除载荷,试样立即恢复原状。在 pe 段,试样仍处于弹性变形阶段,但载荷与变形量不再成正比。

2)屈服阶段(es 段):当载荷增加到 F_s 时,拉伸曲线出现平台或锯齿线,表明在载荷不增加或略有减小的情况下,试样却继续伸长,这种现象称为屈服现象,s 点称为屈服点。

3)强化阶段(sb 段):屈服阶段之后,继续增加载荷,试样继续伸长。随着试样塑性变形的增大,材料的变形抗力也逐渐增加,这种现象称为形变强化(或称为加工硬化)。

4)缩颈阶段(bk 段):当载荷增加到最大值 F_b 后,试样的直径发生局部收缩,称为"缩颈"。此时变形所需载荷也逐渐降低,伸长部位主要集中于缩颈部位。当载荷达到 F_k 时,试样被拉断。

应该指出,做拉伸试验时,低碳钢等材料在断裂前有明显的塑性变形,这种断裂称为塑性断裂,塑性断裂的断口呈"杯锥"状,这种材料称为塑性材料。对于铸铁等脆性材料不仅没有屈服现象,而且也不产生缩颈,脆性材料的断口是平整的。

1.1.1.2 强度指标

强度的大小用应力表示。金属材料受到载荷作用时,必然在内部产生与载荷相等的抵抗力,即内力。单位截面上的内力称为应力,用符号 σ 表示,单位为 MPa。

$$\sigma=F/A_0$$

式中:F 为载荷(N);A_0 为试样的原始横截面积(mm^2)。

通过拉伸试验测得的强度指标主要有:弹性极限、屈服强度和抗拉强度。

1)弹性极限:金属材料在拉伸载荷作用下,产生完全弹性变形时所能承受的最大应力,用符号 σ_e 表示。

$$\sigma_e=F_e/A_0$$

式中:F_e 为试样产生完全弹性变形时所能承受的最大载荷(N);A_0 为试样的原始横截面积(mm^2)。

弹性零件在使用过程中,其工作应力不允许大于其弹性极限,否则将导致零件的失效和损坏,因此它是弹性零件设计与选材的重要依据。例如:设计车用弹簧时应根据弹性极限来选材,以保证工作应力不超过材料的弹性极限。

工程材料选用时还常考虑其弹性模量。材料在弹性变形阶段其应力 σ 和应变 ε 成正比例关系(即符合虎克定律),其比例系数称为弹性模量 E,即

$$E=\sigma/\varepsilon=\tan\alpha$$

式中:α 为拉伸曲线的斜率。

弹性模量 E 越大,材料保持其原有形状及尺寸的能力也越大。高分子材料的弹性模量为 2～20MPa,而一般金属材料为 $10\sim2\times10^5$ MPa。金属材料的抗弹性形变的能力要比高分子材料的高出许多。

2)屈服强度:金属材料开始产生屈服现象时的最低应力称为屈服强度,用符号 σ_s 表示。

$$\sigma_s=F_s/A_0$$

式中：F_s 为试样发生屈服时的最小载荷(N)；A_0 为试样原始横截面积(mm^2)。

除退火和热轧的低碳钢和中碳钢等少数材料在拉伸过程中有屈服现象以外，汽车上使用的某些金属材料如高碳钢、铸铁等，在拉伸过程中没有明显的屈服现象，如图 1-5 所示。因此，国家标准 GB/T228-2002 中规定：当试样卸除载荷后，其标距部分的残余伸长达到规定的原始标距百分比时的应力，即作为条件屈服强度 σ_r，并附角标说明规定残余伸长率。例如 $\sigma_{r0.2}$ 表示规定残余伸长率为 0.2%时的应力。

一般来说，机械零件在使用过程中不允许发生明显的塑性变形。机械零件经常由于过量的塑性变形而失效，因此，工作中常根据 σ_s 或 $\sigma_{r0.2}$ 确定材料的许用应力，作为机械零件选材和设计时的依据。

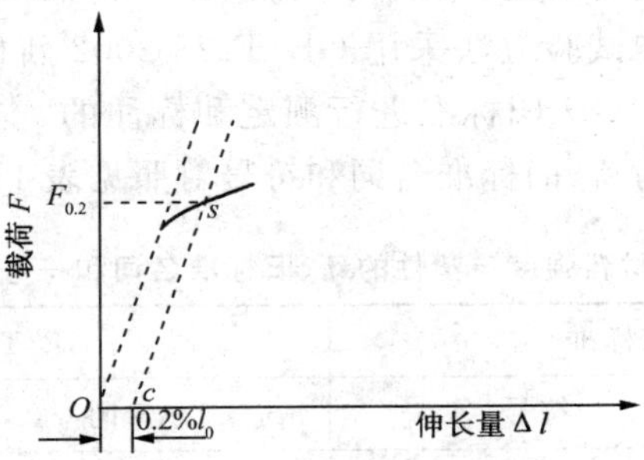

图 1-5　铸铁的 F—Δl 曲线

3)抗拉强度：金属材料在断裂前所能承受的最大应力称为抗拉强度，用符号 σ_b 表示。

$$\sigma_b = F_b / A_0$$

式中：F_b 为试样断裂前所承受的最大载荷(N)；A_0 为试样原始横截面积(mm^2)。

抗拉强度是设计和选材的主要依据之一，是工程技术上的主要强度指标。一般情况下，在静载荷作用下，只要工作应力不超过材料的抗拉强度，零件就不会发生断裂。

在工程上，屈强比 σ_s/σ_b 是一个有意义的指标。其比值越大，越能发挥材料的潜力。但是为了使用安全，该比值亦不宜过大，适当的比值一般在 0.65～0.75 之间。另外，比强度 σ_b/ρ 也常被提及，它表征了材料强度与密度之间的关系。在考虑汽车轻量化的问题时，常常用到这个指标。

1.1.2　塑性

金属材料在静载荷作用下产生塑性变形而不发生断裂的能力称为塑性。金属材料的塑性也可通过拉伸试验测定，主要的指标有断后伸长率和断面收缩率。

1.1.2.1　断后伸长率

试样拉断后，标距长度的伸长量与原始标距的百分比称为断后伸长率，用符号 δ 表示。

$$\delta = \frac{l_u - l_0}{l_0} \times 100\%$$

式中：l_u 为试样拉断后的标距(mm)；l_0 为试样的原始标距(mm)。

1.1.2.2 断面收缩率

试样拉断后横截面积的缩减量与原始横截面积之比称为断面收缩率，用符号 ψ 表示。

$$\psi=\frac{A_0-A_u}{A_0}\times 100\%$$

式中：A_u 为试样拉断处的最小横截面积(mm^2)；A_0 为试样的原始横截面积(mm^2)。

金属材料的 δ、ψ 值越大，说明材料的塑性越好。塑性好的金属材料易于通过压力加工制成形状复杂的零件。如汽车车身覆盖件、油箱等大多是采用具有良好塑性的冷轧钢板冲压而成。而且用塑性好的金属材料制成的零件，偶尔发生过载时，由于塑性变形能避免发生突然断裂而造成事故。因此，用于汽车制造的材料大多要求有一定的塑性。

目前金属材料室温拉伸试验方法采用 GB/T228-2002 新标准，原有的金属材料力学性能数据是采用 GB/T228-1987 旧标准进行测定和标注的，本书中旧标准的符号仍然沿用。金属材料强度与塑性的新、旧标准名词和符号对照见表 1-1。

表 1-1　金属材料强度与塑性的新、旧标准名词和符号对照

GB/T228-2002 新标准		GB/T228-1987 旧标准	
名词	符号	名词	符号
断面收缩率	Z	断面收缩率	ψ
断后伸长率	A 和 $A_{11.3}$	断后伸长率	δ_5 和 δ_{10}
屈服强度	R_e	屈服点	σ_s
上屈服强度	R_{eH}	上屈服点	σ_{sU}
下屈服强度	R_{eL}	下屈服点	σ_{sL}
规定残余伸长强度	R_r，如 $R_{r0.2}$		
规定残余伸长应力	σ_r，如 $\sigma_{r0.2}$		
抗拉强度	R_m	抗拉强度	σ_b

注：在新标准 GB/T228-2002 中，没有对屈服强度规定符号，本书采用 R_e 作为屈服强度符号。

1.1.3 硬度

硬度是指金属材料抵抗局部变形或者抵抗其他物质刻划或压入其表面的能力，是重要的力学性能指标之一。通常，材料的硬度越高，耐磨性越好，因此，常将硬度值作为衡量材料耐磨性的重要指标。在汽车维修行业中所用的模具、量具、刀具等都要求有足够高的硬度，否则就无法正常工作。

由于测定硬度的试验设备比较简单，操作方便，且属于非破坏性试验，因此，在实际生产中对一般机械零件，大多通过测试硬度来检测其力学性能。零件图中对金属材料力学性能的要求往往只标注硬度值。

测定硬度的方法很多，主要有压入法、划痕法、回跳法。生产中常用的是压入法，即在一定外加载荷作用下，将比工件更硬的压头缓慢压入被测工件表面，使金属局部产生塑性变形，从而形成压痕，然后根据压痕面积大小或压痕深度来确定硬度值。

根据压头和外加载荷的不同，常用的硬度指标有布氏硬度、洛氏硬度和维氏硬度。

1.1.3.1　布氏硬度

布氏硬度是在布氏硬度计（如图 1-6）上测得的，用符号 HB 表示。其试验原理如图 1-7 所示。使用直径为 D 的淬火钢球或硬质合金球作为压头[①]，以规定的试验载荷 F 压入被测金属表面，保持规定时间后卸除载荷，此时在被测金属表面上会留下直径为 d 的球形压痕。计算压痕单位面积上所受的平均压力（即所加载荷与压痕面积的比值），即为该金属的布氏硬度值。

$$\mathrm{HB}=\frac{F}{S}=0.102\frac{2F}{\pi D(D-\sqrt{D^2-d^2})}$$

从上式可以看出，当载荷 F 和压头直径 D 一定时，布氏硬度值仅与压痕直径 d 的大小有关。d 越小，说明压痕面积越小，布氏硬度值越大，也就是硬度值越高。在实际应用中，布氏硬度值不用计算，只需使用读数显微镜测出压痕平均直径 d 的大小，在压痕直径与布氏硬度对照表中，即可查出相应的布氏硬度值。布氏硬度值一般不标注单位。

图 1-6　布氏硬度计

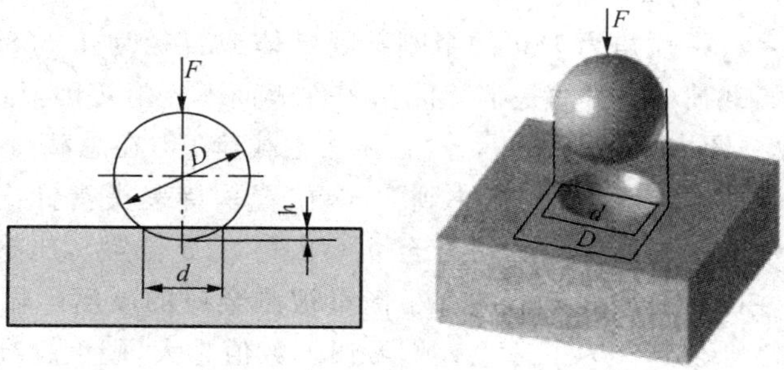

图 1-7　布氏硬度试验原理示意图

通常硬度值小于 450HBS 的材料，宜用淬火钢球作压头；硬度值大于 450HBW 的材料，宜用硬质合金球作压头。标注时，习惯上把硬度值写在符号 HBS 或 HBW 之前，后面按以下顺序注明试验条件：球体直径、测试时所加载荷（常用千克力 kgf 作单位）、载荷保持的时间（保持 10～15s 时不标注）。例如，某种材料的布氏硬度是 180HBS10/1000/30，表示用直径 10mm 的淬火钢球，在 1000kgf(9807N)的载荷作用下，保持 30s 时测得的硬度值为 180；布氏硬度是 530HBW5/750，表示用直径 5mm 的硬质合金球，在 750kgf(7355N)的载荷作用下，保持 10～15s 时测得的硬度值为 530。

布氏硬度试验应根据被测金属材料的种类和试样厚度，选用不同大小的球体直径 D、施加载荷 F 和保持时间，按表 1-2 所列的布氏硬度试验规范正确选择。按 GB/T231.1-2002 规定，球体直径有 10mm、5mm、2.5mm 和 1mm 四种，试验载荷（单位为 kgf[②]）与球

---

① 新的国家标准规定，全部采用硬质合金球为压头，用 HBW 表示。

② kgf 为非法定计量单位，此处暂保留，1kgf＝9.8N。

体直径平方的比值(F/D^2)有 30、15、10、5、2.5 和 1 共六种。

表 1-2　　布氏硬度试验规范

材料	硬度规范	球体直径 D(mm)	F/D^2	保持时间(s)
钢、铸铁	<140	10、5、2.5	10	10～15
	≥140	10、5、2.5	30	10
非铁金属	335～130	10、5、2.5	10	30
	≥130	10、5、2.5	30	30
	<35	10、5、2.5	2.5	60

布氏硬度试验的优点是数据准确、稳定、重复性强;缺点是压痕较大,易损伤零件表面,不能测量太薄、太硬的材料。布氏硬度试验常用来测量退火钢、正火钢、调质钢、铸铁及有色金属的硬度。

1.1.3.2　洛氏硬度

洛氏硬度是在洛氏硬度计(如图 1-8)上测得的,用符号 HR 表示。其试验原理如图 1-9 所示。

用顶角为 120°的金刚石圆锥体或直径为 1.588mm 的淬火钢球作为压头,先施加初始载荷 F_0(目的是消除因为零件表面不光滑等因素造成的误差),压入金属表面的深度为 h_1(图中 1—1 位置),然后施加主载荷 F_1,在总载荷 $F(F=F_0+F_1)$的作用下,压入金属表面的深度为 h_2(压头到 2—2 位置),待表头指针稳定后,卸除主载荷,由于金属弹性变形的恢复而使压头回升至 h_3(压头 3—3 位置),压头实际压入金属的深度为 $h=h_3-h_1$,并以压痕深度 h 值的大小衡量被测金属的硬度。显然,h 值越大,被测金属硬度越低;反之则越高。为了适应人们习惯上数值越大,硬度越高的概念,规定用常数 K 减去 $h/0.002$(表示每 0.002mm 的压痕深度为一个硬度单位)作为硬度值,即

$$\mathrm{HR}=K-\frac{h}{0.002}$$

式中:K 为常数,当用金刚石压头时 K 为 100,用淬火钢球压头时 K 为 130;h 为主载荷作用下,金属表面产生的塑性变形深度(mm)。

实际应用时,可以直接从洛氏硬度计刻度盘上读出洛氏硬度值。

图 1-8　洛氏硬度计

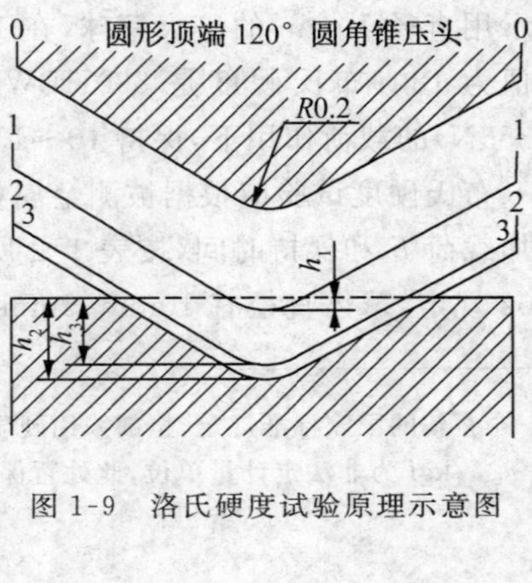

图 1-9　洛氏硬度试验原理示意图

为了能够用一台硬度计测量从软到硬不同金属材料的硬度，洛氏硬度采用了不同的压头和载荷组成不同的硬度标尺，并用字母在 HR 后面加以注明。常用的洛氏硬度标尺有 HRA、HRB、HRC 三种，其中 HRC 应用最为广泛。

洛氏硬度标注时，将所测定的洛氏硬度值写在相应标尺的硬度符号之前，例如，75HRA、90HRB、60HRC 等。常用洛氏硬度试验规范及应用举例见表 1-3。

表 1-3　常用洛氏硬度试验规范及应用举例

硬度符号	压头类型	初载荷[kgf(N)]	主载荷[kgf(N)]	测量范围	应用举例
HRA	金刚石圆锥体	10(98.1)	50(490.30)	20～88	硬质合金、表面淬火层、渗碳层等
HRB	淬火钢球	10(98.1)	90(882.6)	20～100	有色金属、退火、正火钢件等
HRC	金刚石圆锥体	10(98.1)	140(1373)	20～70	淬火钢、调质钢件

洛氏硬度试验操作简便，可以直接从刻度盘上读出硬度值。其压痕较小，基本不损坏零件表面，可直接测量成品和较薄零件的硬度。但由于压痕较小，试验数据不太稳定，所以，需要在不同部位测量三点取其算术平均值。

洛氏硬度试验主要适用于测定铜、铝等有色金属及其合金，硬质合金，表面淬火、渗碳件以及退火、正火和淬火钢件的硬度。

1.1.3.3　维氏硬度

由于布氏硬度试验不适合测定硬度较高的金属，而洛氏硬度试验虽可用来测定各种金属的硬度，但由于采用了不同的压头和载荷，不同标尺间硬度值彼此没有联系，因此不能直接换算。为了使硬度不同的金属有一个连续一致的硬度标准，制定了维氏硬度试验法。

维氏硬度的试验原理和布氏硬度基本相似，也是根据压痕单位面积上的载荷大小来计算硬度值。区别在于其压头采用相对面夹角为 136°的金刚石正四棱锥，在规定载荷 F 作用下压入被测金属表面，保持一定时间后卸除载荷，然后再测量压痕投影的两对角线的平均长度 d，如图 1-10 所示。维氏硬度用符号 HV 表示，计算公式为

$$\mathrm{HV}=0.189\frac{F}{d^2}$$

式中：F 为作用在压头上的载荷(N)；d 为压痕两条对角线长度的算术平均值(mm)。

试验时，用测微计测出压痕两条对角线的长度，算出其平均值后，经查表就可得出维氏硬度值。

维氏硬度标注方法与布氏硬度相同，硬度数值写在符号前面，试验条件写在后面。对于钢及铸铁，试验载荷保持时间为 10～15s 时，可以不标出。例如：640HV30/20，表示用 30kgf(294.2N)试验载荷，保持 20s 测定的维氏硬度值为 640。

维氏硬度试验时所加的载荷小(常用的试验载荷有 5kgf、10kgf、20kgf、30kgf、

50kgf、100kgf)，压入深度较浅，可测量较薄的材料，也可测量表面淬硬层及化学热处理的表面层硬度(如渗碳层、渗氮层)。由于维氏硬度值具有连续性，故可测定很软到很硬的各种金属材料的硬度且准确性高。维氏硬度试验的缺点是操作过程及压痕测量较费时间，生产效率不如洛氏硬度试验高，故不适合成批生产中的常规检验。

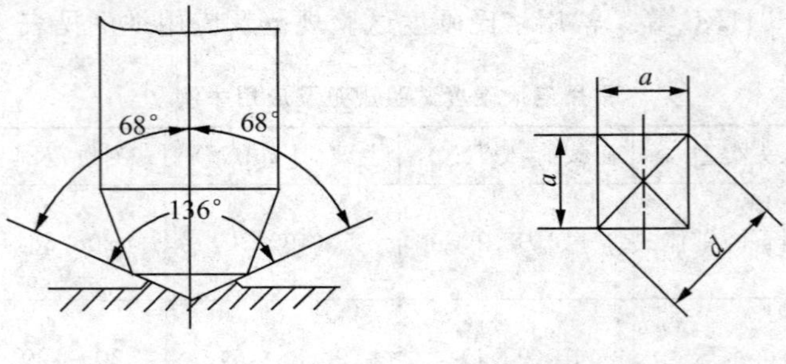

图 1-10　维氏硬度试验原理示意图

1.2　动态力学性能

前面讨论的都是在静载荷作用下测得的力学性能指标。实际上，汽车上大多数零件承受的不是静载荷，而是动载荷(冲击载荷和交变载荷)。汽车起步、加速、紧急制动和停车时，变速器中的齿轮、传动轴，后桥中的半轴、差速器齿轮等零件受到的载荷，即属于冲击载荷。而曲轴、连杆、轴承、弹簧等汽车零件，在工作过程中往往受到大小或方向随时间呈周期性变化的交变载荷。在动载荷作用下测得的力学性能指标主要有冲击韧性和疲劳强度。

1.2.1　冲击韧性

冲击载荷引起的应力比静载荷大，因此具有更大的破坏性。对于承受冲击载荷作用的材料，不仅要求具有高的强度和一定的塑性，还必须具备足够的冲击韧性。金属材料抵抗冲击载荷作用而不破坏的能力称为冲击韧性。目前，工程技术上常用一次摆锤冲击试验来测定金属承受冲击载荷的能力，如图 1-11 所示。

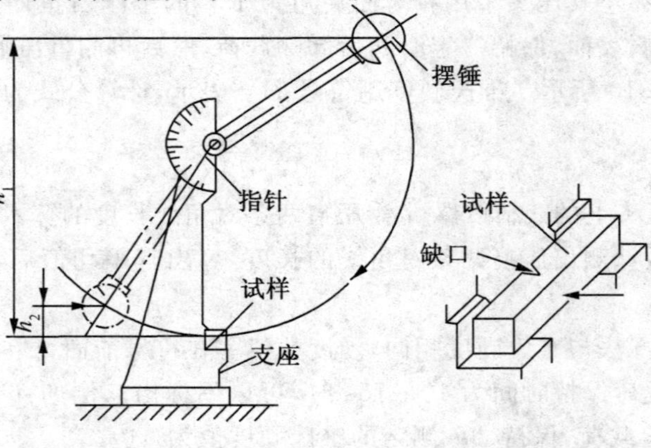

图 1-11　摆锤式冲击试验示意图

1.2.1.1　摆锤式一次冲击试验

首先,将被测金属按照国家标准制成带有 U 形或 V 形缺口(试样上开缺口是为了将试样从缺口处击断,脆性材料不开缺口)的标准试样,如图 1-12 所示。然后,将试样放在冲击试验机的支座上,使缺口背向摆锤。将具有一定质量的摆锤升起到一定高度 h_1,使之自由落下将试样击断。在惯性的作用下,击断试样后的摆锤会继续升至一定高度 h_2。根据能量守恒原理,击断试样所消耗的功 $A_K=mg(h_1-h_2)$,A_K 又称为冲击吸收功,其值可以从试验机的刻度盘上直接读出。A_K 与试样缺口处横截面积 S 的比值,称为该材料的冲击韧性,用符号 α_K 表示,单位为 $\mathrm{J/cm^2}$,即

$$\alpha_K=\frac{A_K}{S}(\mathrm{J/cm^2})$$

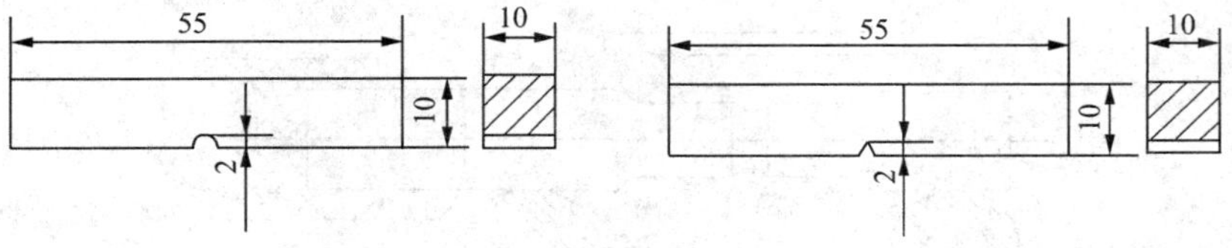

(a)U 形缺口　　(b)V 形缺口

图 1-12

冲击韧性值越大,表明材料的韧性越好,受到冲击时越不易断裂。冲击韧性值的大小受很多因素影响,不仅与试样形状、表面粗糙度、内部组织有关,还与试验时的环境温度有关。

有些金属材料在室温时并不显示脆性,而在较低温度下则可能发生脆断。温度对冲击吸收功的影响如图 1-13 所示。由图可见,冲击吸收功的值随着试验温度的下降而减小。材料在低于某温度时,A_K 值急剧下降,试样的断口由韧性断口过渡为脆性断口。因此,这个温度范围称为韧脆转变温度范围。金属的韧脆转变温度越低,说明金属的低温抗冲击性能越好。韧脆转变温度是衡量金属冷脆倾向的指标。例如非合金钢的韧脆转变温度约为−20℃,因此在较寒冷(低于−20℃)地区使用的非合金钢构件,如车辆、桥梁、运输管道等在冬天容易发生脆断现象。因而在选择金属材料时,应考虑其工作条件的最低温度必须高于它的韧脆转变温度。

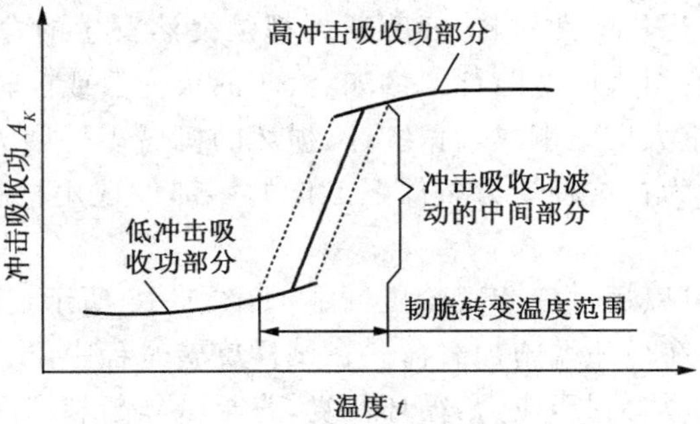

图 1-13　韧脆转变温度示意图

1.2.1.2 小能量多次冲击试验

在实际工作中，金属经过一次冲击就断裂的情况极少，许多零件在工作时都经受着小能量的多次冲击。在多次冲击下导致金属产生裂纹、裂纹扩张和瞬时断裂，其破坏是每次冲击损伤积累发展的结果。因此需要采用小能量多次冲击作为衡量这些零件承受冲击抗力的指标。

小能量多次冲击试验如图 1-14 所示。试验时试样受到试验机锤头能量的多次冲击。测定被测试样在一定冲击能量下最后产生断裂的冲击次数，即为金属材料的多次冲击抗力。

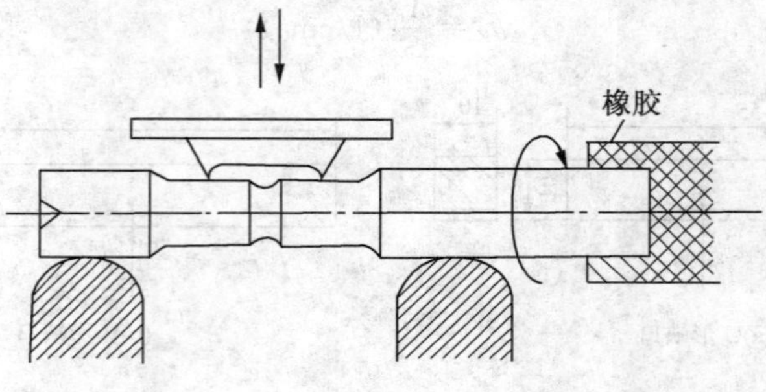

图 1-14 小能量多次冲击试验示意图

金属的韧性通常用冲击韧性和断裂韧性来衡量。韧性越低，表明金属发生脆性断裂的倾向越大。当冲击能量低，冲击次数较多时，材料多次冲击抗力取决于材料的强度；当冲击能量较高，冲击次数较少时，材料的冲击抗力主要取决于其塑性和韧性。

汽车发动机中的活塞、活塞销、曲轴、连杆等零件在工作中就受到冲击载荷的作用，所以应采用韧性好的材料制造。

1.2.2 疲劳强度

许多机械零件，如发动机曲轴、齿轮、弹簧及滚动轴承等，在工作中受到大小和方向都随时间作周期性变化的载荷作用，即使应力远远低于材料的屈服强度，但经过一定循环次数后，也可能发生突然断裂，这种现象称为疲劳断裂。疲劳断裂与在静载荷作用下的断裂不同，不管是脆性材料还是塑性材料，疲劳断裂都是突然发生的，事先均无明显的塑性变形，所以，疲劳断裂具有很大的危险性。例如：汽车的板弹簧或前轴发生疲劳而突然断裂，就会造成车毁人亡的重大交通事故。据统计，损坏的机械零件中大约有 80%是由于金属的疲劳造成的。因此，为在这种受力条件下工作的零部件选用材料时必须考虑材料抵抗疲劳破坏的能力。

材料的疲劳强度可以通过疲劳试验机测定，如图 1-15 所示。将光滑的标准试样的一端固定并使试样旋转，在另一端施加载荷。在试样旋转过程中，试样工作部分的应力将承受周期性的变化，从拉应力到压应力，循环往复，直至试样断裂。图 1-16 为疲劳曲线示意图，曲线表明，材料承受的交变应力越多，其断裂前能承受的循环次数越少；反之，则循环次数越多。当材料承受的交变应力低于某一值时，经过无数次循环，试样都不会产生疲劳断裂。工程上规定，材料经过无限次交变载荷作用而不发生断裂的最大应力，称为疲劳强度，用符号 σ_{-1} 表示，单位为 MPa。

实际上，金属材料不可能做无限次交变载荷试验。工程上规定，对于黑色金属经受 10^7 次、有色金属经受 10^8 次交变载荷作用而不产生断裂的最大应力，即为该材料的疲劳强度。

影响金属疲劳强度的因素很多，如零件外形、表面质量、受力状态与周围介质等。因此，在进行设计时尽量避免尖角、缺口和截面突变等容易引起应力集中的结构。降低零件的表面粗糙度或者采用表面淬火、喷丸等处理方法，均可有效地提高零件的疲劳强度。在汽车的维修、保养过程中，应及时排除隐患，以保证车辆的安全运行。

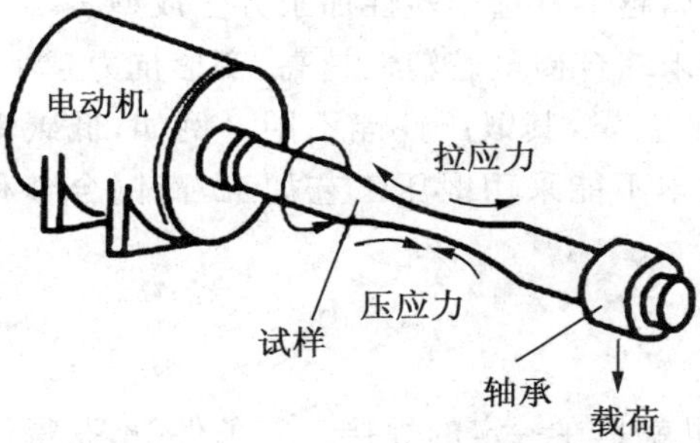

图 1-15　疲劳试验示意图

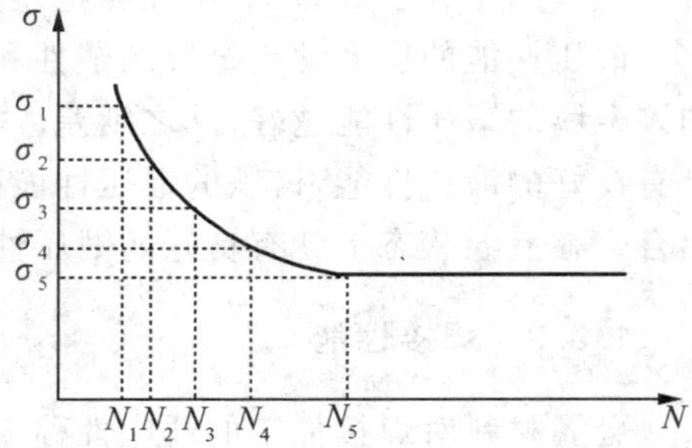

图 1-16　疲劳曲线示意图

1.3　工艺性能

汽车上大多数零件是采用金属材料制造的，金属材料的工艺性能是指金属材料在加工过程中所表现出来的性能。工艺性能对于保证汽车产品质量、降低成本、提高生产效率起着十分重要的作用，是汽车的设计、制造、修理及选择汽车零件材料必须认真考虑的因素。按照工艺方法，金属材料的工艺性能主要包括铸造性能、锻压性能、焊接性能、热处理性能和切削加工性能等。

1.3.1　铸造性能

金属材料铸造成型获得优质铸件的能力称为铸造性能。金属材料可以通过铸造制成各种零件，如汽车上的曲轴、凸轮轴、汽缸体、汽缸套、转向器壳体等都是铸造而成的。

铸造性能主要包括流动性、收缩性、偏析性及吸气性等。流动性是指熔融金属的流动能力。流动性好的金属容易充满铸型，获得外形完整、尺寸精确、轮廓清晰的铸件。收缩性是指铸件在凝固和冷却过程中，其体积和尺寸减少的现象。铸件收缩不仅影响尺寸，还会使铸件产生缩孔、缩松、内应力、变形和开裂等缺陷，故铸造用金属材料的收缩率越小越好。偏析是指金属凝固后，铸锭或铸件化学成分和组织的不均匀现象。偏析会使铸件各部分的力学性能有很大的差异，降低铸件质量。

设计铸件时，必须考虑材料的铸造性能。铸造性能好，则可以铸造出结构复杂、形状精确、强度较高的铸件，并且可以简化工艺过程，提高产品合格率。在常用的金属材料中，铸造铝合金、灰铸铁和青铜等具有良好的铸造性能。

1.3.2 锻压性能

锻压是指对金属坯料施加外力，使其产生塑性变形，改变其形状、尺寸，改善性能，使金属材料在冷热状态下压力加工成型的工艺。按重量百分比计，汽车上约70%的零件是由锻压加工方法制造的，如汽车的车体外板就是冷轧钢板经过压力加工成型的。

金属的锻压性能是指金属材料对采用压力加工方法成型的适应能力，是衡量材料通过塑性加工获得优质零件难易程度的工艺性能。金属的锻压性能越好，表明该金属越适合于塑性加工方法成型；锻压性能越差，说明该金属越不宜选用塑性加工方法成型。

锻压性能的优劣常用金属的塑性和变形抗力来综合衡量。塑性越高，变形抗力越小，则该金属的锻压性能越好；反之则差。不同成分的金属，其锻压性能不同。例如，低碳钢具有良好的锻压性能，铸铁的锻压性能则很差，根本不能采用锻压工艺加工，而铜合金和铝合金在室温状态下就有良好的锻压性能。

1.3.3 焊接性能

金属材料对焊接加工的适应性称为焊接性，也就是在一定的焊接工艺条件下，获得优质焊接接头的难易程度。焊接性能好的金属，可用一般的焊接方法和焊接工艺进行焊接，焊缝中不易产生气孔、夹杂或裂纹等缺陷，其强度与母材相近，并且焊接接头具有良好的力学性能。焊接性能差的金属材料要采用特殊的焊接方法和焊接工艺才能进行焊接。不同成分的金属，其焊接性能不同。

1.3.4 热处理性能

金属材料适应各种热处理工艺的性能，称为热处理性能。热处理工艺性包括淬透性、淬硬性、淬火变形开裂倾向、表面氧化脱碳倾向、过热和过烧的敏感倾向及回火脆性倾向等。各种金属材料由于化学成分及内部组织结构的不同，其热处理性能也不同，在热处理过程中出现的淬透性、变形开裂倾向等也不同。因此，应根据不同材料、不同的工件形状，选择不同的热处理工艺，来满足其性能要求。

1.3.5 切削加工性能

切削加工性能是指金属材料接受切削加工的难易程度。金属材料的切削加工性主要与材料本身的化学成分、组织状态、硬度、韧性及导热性有关。一般金属材料具有适当的硬度(170～230HBS)和足够的脆性时，对刀具磨损小，切削量大，切屑易于折断脱落，加工表面粗糙度和精度也高。而工件硬度过高，刀具易磨损，切削加工困难；硬度过低，容易粘刀，且不易断屑，加工后表面粗糙。所以，硬度过高或过低、韧性过大的材料，其切削加工性能较差。

复习思考

1. 名词解释

(1)金属的使用性能 (2)金属的工艺性能 (3)金属的力学性能 (4)强度 (5)塑性 (6)硬度 (7)冲击韧性 (8)疲劳强度 (9)铸造性能 (10)锻压性能 (11)焊接性能 (12)热处理性能 (13)切削加工性能

2. 填空题

(1)载荷按照性质不同一般可分为________和________。

(2)金属材料在载荷作用下,形状和尺寸的变化称为变形。变形一般分为________变形和________变形。

(3)金属材料的力学性能主要包括____________、____________、__________、__________、__________等。

(4)拉伸低碳钢时,试样的变形可分为________、________、________和________四个阶段。

(5)通过拉伸试验测得的强度指标主要有________强度、________强度和________强度,分别用符号________、________和________表示。

(6)金属材料的塑性也可通过拉伸试验测定,主要的指标有________和________,分别用符号 ________和________表示。

(7)洛氏硬度采用了不同的压头和载荷组成不同的硬度标尺,常用的洛氏硬度标尺有________、________和________三种,其中________应用最为广泛。

(8)530HBW5/750,表示用直径________的硬质合金球,在________ kgf(________N)的载荷作用下,保持________s时测得的硬度值为________。

(9)工程技术上常用________来测定金属承受冲击载荷的能力。

(10)材料经过无限次________载荷作用而不发生断裂的最大应力,称为疲劳强度,用符号________表示。

3. 选择题

(1)拉伸试验时,试样在断裂前所能承受的最大应力称为材料的________。

A. 屈服强度　　B. 抗拉强度　　C. 弹性极限

(2)测定淬火钢件的硬度,一般常选用________来测试。

A. 布氏硬度计　　B. 洛氏硬度计　　C. 维氏硬度计

(3)金属材料的________越好,则其压力加工性能越好。

A. 强度　　B. 塑性　　C. 硬度

(4)运转中的发动机曲轴、齿轮等零部件所承受的载荷均为________。

A. 静载荷　　B. 冲击载荷　　C. 交变载荷

4. 简答题

(1)什么是强度、塑性?衡量它们的指标各有哪些?分别用什么符号表示?

(2)什么是硬度?常用的硬度测定方法有哪几种?布氏硬度、洛氏硬度各适用于哪些材料的硬度?

(3)什么是冲击韧性？可以用什么符号表示？

(4)什么叫金属的疲劳？疲劳强度用什么符号表示？

(5)什么是金属的工艺性能？工艺性能包括哪些内容？

(6)有一标准低碳钢拉伸试样，直径为10mm，标距长度为100mm，在载荷为21000N时屈服，拉断试样前的最大载荷为30000N，拉断后的标距长度为133mm，断裂处最小直径为6mm，试计算σ_s、σ_b、δ、ψ。

第2章 金属材料的组织结构及结晶特性

学习目标

1. 掌握三种晶体结构的基本概念。

2. 了解金属实际晶体结构特点以及晶体缺陷的类型、主要形式和对材料性能的影响。

3. 了解金属结晶的能量条件和结晶的一般规律(形核与长大)。

4. 掌握铁碳合金相图(包括相图,α、Fe_3C、γ等基本相,相图中重要点、线的含义等),了解铁碳合金的成分、组织与性能之间的关系,了解铁碳相图的应用,能初步分析典型合金尤其是钢的平衡结晶过程和室温组织特征。

考核标准

知识要求:金属材料的微观结构是决定其性能的最根本性因素,因此对金属材料的三种主要实际晶体结构特点,以及晶体缺陷的类型必须有一定的了解。同时必须弄清:物质由液态转变为固态过程称为凝固,物质由液态转变为固态晶体的过程称作结晶,相图则是研究材料的成分、组织结构与性能之间相互关系和变化规律的有力工具。

铁碳合金相图是研究钢铁材料的成分、相和组织的变化规律以及与性能之间关系的重要理论基础与有力工具,是一个重要知识点,应能画出铁碳合金相图,标出图上的特性点、线的温度和成分,能填上各相区域的相和组织的组成。

技能要求:要求学生能对几种钢铁和铝合金材料的微观组织特征采用显微镜进行实际观察、分析与比较。

教学建议

教具:采用三种典型金属晶体结构模型。

建议:选择几种典型的钢铁和铝合金材料作为实物,安排学生在实验室采用显微镜进行微观组织的观察分析等(参考附录中实验3、实验4)。

不同的金属材料有不同的性能,甚至同一种金属在不同条件下(例如受力、受热及不同加工状态等),其性能也不相同,这与金属及合金的内部结构和引起内部结构各种变化的外因有关。金属是由原子在空间呈有规则排列的集合体即晶体构成的，晶体有一定的熔点并具有各向异性(即在不同方向受力时表现出不同的机械性能，或在不同方向上对超声波有不同的传播速度，或者对 X 射线表现有不同的吸收或衍射等等)。大多数的金属和合金都属于多晶结构，亦即由许多方位不同的晶粒组成，称为多晶体，由于各向异性被相互抵消而表现为各向同性(在各个方向上的机械性能，或者对超声波的传播速度，或者对 X 射线的吸收或衍射等有相同的表现)，即所谓的“伪等向性”。结晶过程不同，形成的晶体结构不同，因而将有不同的性能。

2.1 纯金属的晶体结构及结晶特性

2.1.1 晶体的基本知识

一切物质都是由原子组成的，根据原子排列的特征，固态物质可分为晶体与非晶体两类。晶体是指其组成微粒(原子、离子或分子)呈规则排列的物质，如图 2-1 所示。晶体具有固定熔点和各向异性的特征，诸如金刚石、石墨及一般固态金属材料等均是晶体。非晶体是指其组成微粒无规则堆积在一起的物质，如玻璃、沥青、石蜡、松香等都是非晶体。此外，现代科技的发展，也制成了具有特殊性能的非晶体状态的金属材料。

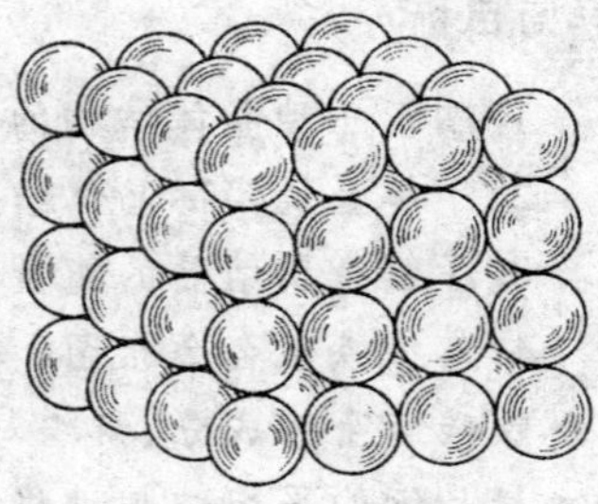

图 2-1 晶体示意图

2.1.2 晶格、晶胞

根据晶体中原子排列规律性和周期性的特点，通常都从晶格中选取一个能够充分反映原子排列特点的最小几何单元进行分析。这个组成晶格的最小几何单元称为晶胞，如图 2-2 所示。整个晶格就是由许多大小、形状和位向相同的晶胞在空间重复堆积而成的。

金属的晶体结构为金属—晶格—晶胞—原子。

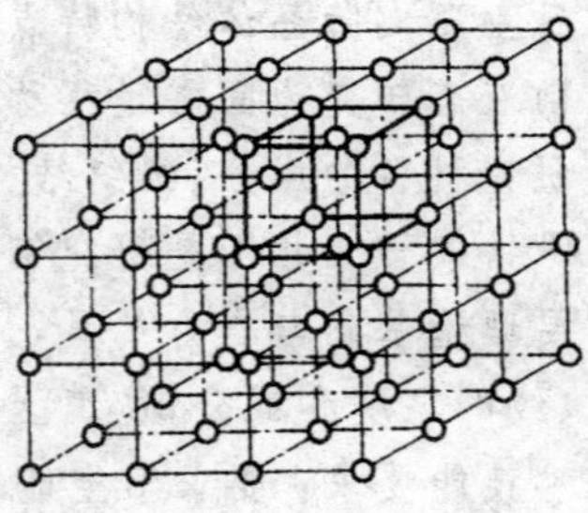

图 2-2 晶格示意图

2.1.3 金属中常见晶格

由于金属键结合力较强，使金属原子总趋于紧密排列的倾向，故大多数金属属于以下三种晶格类型。

2.1.3.1 体心立方晶格

体心立方晶格的晶胞是一个立方体。在晶胞的中心和八个角上各有一个原子，具有体心立方晶格的金属有 α-Fe、Cr 等，如图 2-3 所示。

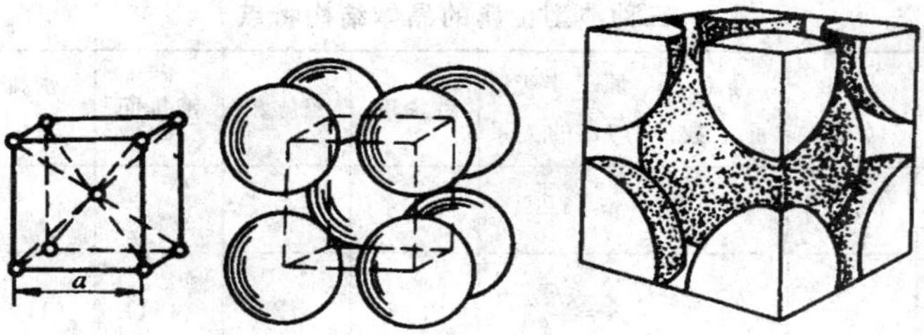

图 2-3　体心立方晶格示意图

2.1.3.2　面心立方晶格

面心立方晶格也是一个立方体。在晶胞的每个角上和晶胞的六个面的中心都排一个原子，晶胞角上的原子为相邻的八个晶胞所共有，而每个面中心的原子为两个晶胞所共有。具有面心立方晶格的金属有 γ-Fe、Al 等，如图 2-4 所示。

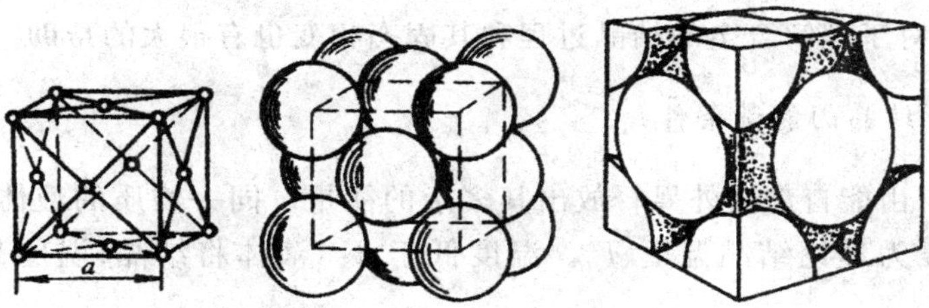

图 2-4　面心立方晶格

2.1.3.3　密排六方晶格

密排六方晶格的晶胞是一个六方柱体，由六个呈长方形的侧面和两个呈六边形的底面组成。具有密排六方晶格的金属有 Mg、Zn，如图 2-5 所示。

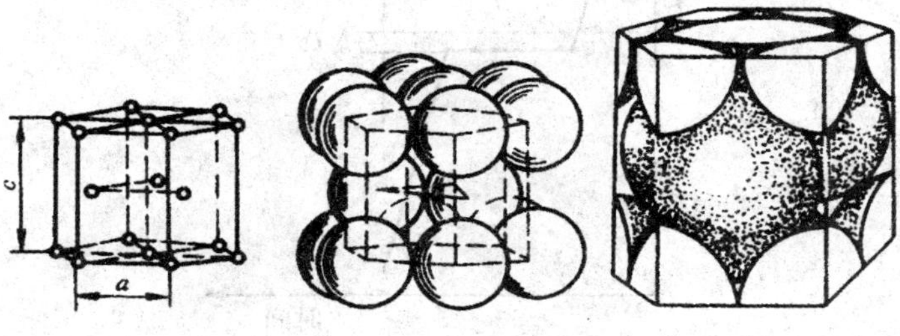

图 2-5　密排六方晶格

三种典型晶体结构特征见表 2-1。一般地，面心立方的金属塑性最好，体心立方次之，密排六方的金属最差。

表 2-1　三种典型金属的晶体结构特点

晶格类型	代表符号	晶格常数	晶胞原子数	原子半径 r 与 a 的关系	致密度	配位数	密排面	密排方向	典型金属
体心立方	BCC	a	2	$r=\frac{\sqrt{3}a}{4}$	0.68	8	{110}	〈111〉	α-Fe、W、Cr、Mo、V
面心立方	FCC	a	4	$r=\frac{\sqrt{2}a}{4}$	0.74	12	{111}	〈110〉	Al、Cu、Ag、Au、Ni、Pb、γ-Fe
密排六方	HCP	c/a	6	$r=\frac{a}{2}$	0.74	12	底面	对角线	Ti、Zr、Mg、Zn

2.1.4　金属的结晶

物质由液态变成固态的过程称为凝固，由于液态金属凝固后一般都为晶体，所以液态金属到固态金属的过程也称为结晶。由金工实习大家知道，绝大多数金属材料都是经过冶炼后浇铸成型，即它的原始组织为铸态组织。了解金属结晶过程，对于了解铸件组织的形成，以及对它锻造性能和零件的最终使用性能的影响，都是非常必要的。而且掌握纯金属的结晶规律，对于理解合金的结晶过程和其固态相变也有很大的帮助。

2.1.4.1　结晶的能量条件

物质中的自由能自动向外界释放出其多余的能量。同一物质的液体和晶体，其自由能相同时的温度为理论结晶温度 T_0。温度低于 T_0，液体将结晶；温度高于 T_0，晶体将熔化。

2.1.4.2　冷却曲线

纯金属的冷却曲线如图 2-6 所示。

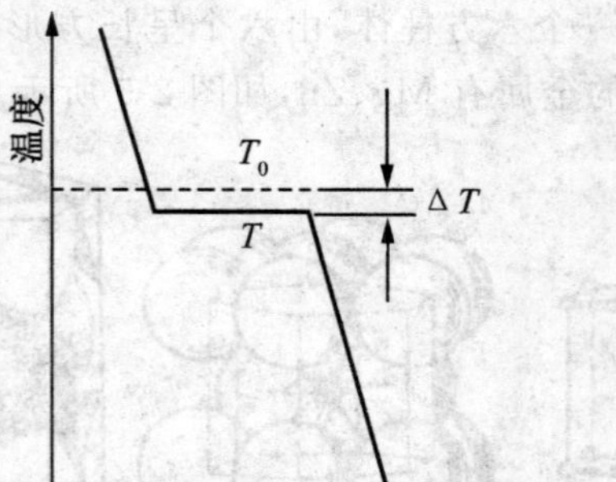

图 2-6　纯金属的冷却曲线

由纯金属的冷却曲线可以看出它是在恒温下结晶，即随时间的延长液态金属的温度不降低，这是因为在结晶时液态金属放出结晶潜热，补偿了液态金属向外界散失的热量，从而维持在恒温下结晶。当结晶结束时其温度随时间的延长继续降低。

2.1.4.3　结晶的一般过程

(1)宏观现象

1)一般存在过冷现象，即实际结晶温度低于理论结晶温度(如图 2-7)。

① 过冷度 ΔT 为理论结晶温度与实际结晶温度之差；

② 冷却速度越大，过冷度越大。

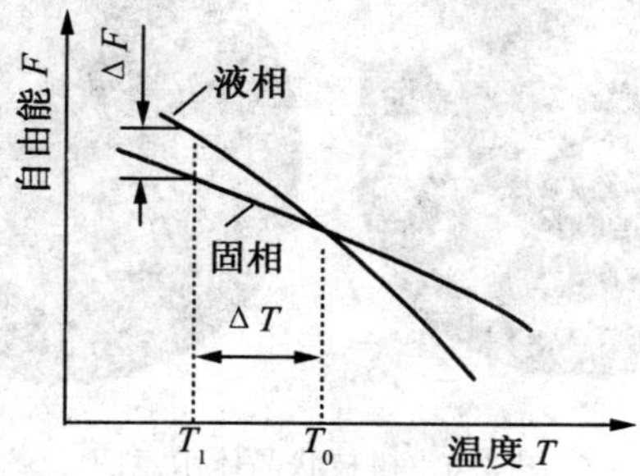

图 2-7　液体和晶体自由能与温度的关系曲线

2)结晶时会放出结晶潜热。

(2)微观过程

结晶的微观过程包括形成晶核和晶核长大过程，如图 2-8 所示。

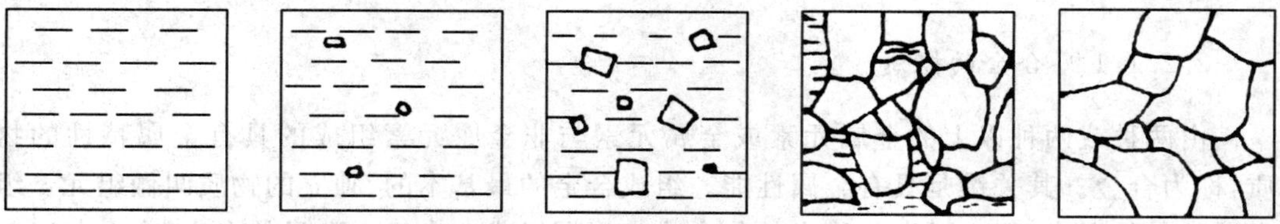

图 2-8　纯金属结晶过程示意图

1)形核

液态金属在结晶时，其形核方式一般认为主要有两种：即均质形核(对称均匀形核)和异质形核(又称非均匀形核)。

均质形核是纯净的过冷液态金属依靠自身原子的规则排列形成晶核的过程。它形成的具体过程是液态金属过冷到某一温度时，其内部尺寸较大的近程有序原子集团达到某一临界尺寸后成为晶核。

异质形核是液态金属原子，依附于模壁或液相中未熔固相质点表面，优先形成晶核的过程。因此：

① 形核过程是：孕育期→晶胚→晶核

② 形核途径有：

自发形核：晶核由液体中近程有序的原子集团形成。

非自发形核：晶核依附固态物质表面形成。

2)长大

晶核形成以后就会立刻长大,晶核长大的实质就是液态金属原子向晶核表面堆砌的过程,也是固液界面向液体中迁移的过程。它也需要过冷度,该过冷度称为动态过冷度,用 ΔT_k 表示,一般很小难以测定。

树枝状生长是最常见的晶核长大方式,如图 2-9 所示。

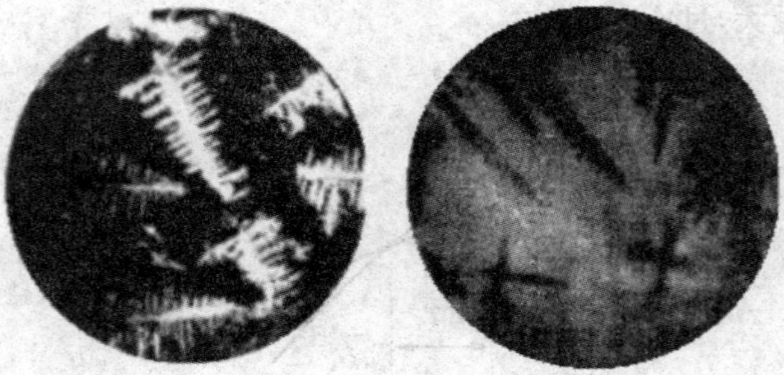

图 2-9　树枝状晶体示意图

2.2　合金的晶体结构及结晶特性

2.2.1　合金的晶体结构

2.2.1.1　合金的概念

由两种或两种以上的金属元素或金属元素与非金属元素组成的具有金属特性的物质,称为合金。其关键是具有金属性能。组成合金的最基本的、独立的物质叫做组元。组元通常是纯元素,但也可以是稳定的化合物。根据组成合金组元数目的多少,合金可以分为二元合金、三元合金和多元合金。

合金中,具有同一化学成分且结构相同的均匀部分叫做相。合金中相与相之间有明显的界面。液态合金通常都为单相液体。固态下,由一个固相组成时称为单相合金,由两个以上固相组成时称为多相合金。

合金的性能一般都是由组成合金的各相成分、结构、形态、性能和各相的组合情况——组织决定的。

2.2.1.2　合金的相结构

由于组元间相互作用不同,固态合金的相结构可分为固溶体和金属化合物及混合物三大类。

合金在固态下,组元间能够互相溶解而形成的均匀相称为固溶体,其结构如图 2-10 所示。

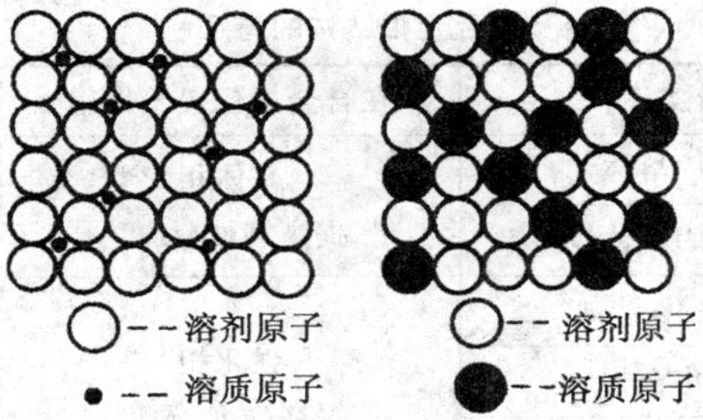

图 2-10　固溶体示意图

不管溶质原子处于溶剂原子的间隙中或者代替了溶剂原子都会使固溶体的晶格发生畸变，使塑性变形抗力增大，结果使金属材料的强度、硬度增高，如图 2-11 所示。这种通过溶入溶质元素形成固溶体，使金属材料的强度、硬度升高的现象，称为固溶强化。

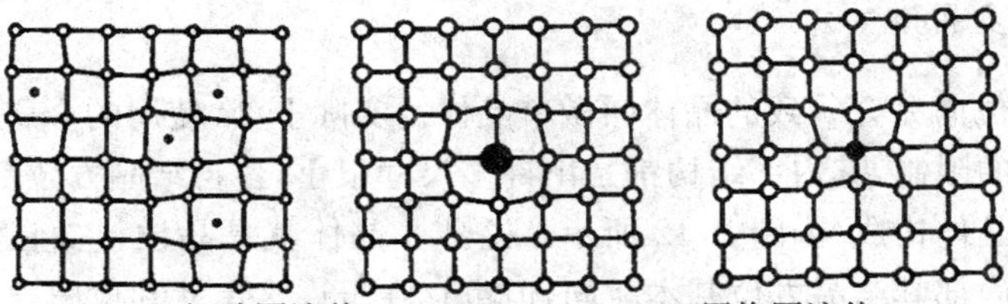

（a）间隙固溶体　　（b）置换固溶体

图 2-11　固溶体种类

这也就是金属材料所产生的固溶强化现象。固溶强化是提高金属材料力学性能的重要途径之一。实践表明，适当控制固溶体中的溶质含量，可以在显著提高金属材料的强度、硬度的同时，仍能保持良好的塑性和韧性。因此，对综合力学性能要求较高的结构材料，都是以固溶体为基体的合金。

2.2.1.3　金属化合物

金属化合物的晶格类型与形成化合物各组元的晶格类型完全不同，一般可用化学分子式表示。钢中渗碳体（Fe_3C）是由铁原子和碳原子组成的金属化合物，它具有复杂的晶格形式。

金属化合物的性能不同于任一组元，其熔点一般较高，硬而脆。当它呈细小颗粒均匀分布在固溶体基体上时，将使合金的强度、硬度和耐磨性明显提高，这一现象称为弥散强化。金属化合物在合金中常作为强化相存在，它是许多合金钢、有色金属和硬质合金的重要组成相。

绝大多数合金的组织都是固溶体与少量金属化合物组成的混合物，其性质取决于固溶体与金属化合物的数量、大小、形态和分布状况。表 2-2 为合金相结构特征的比较。

表 2-2　　合金相结构的特征

类别	分类	在合金中位置及作用	主要力学性能特点
固溶体	间隙固溶体	基体相 提高塑性、韧度	塑性、韧度好， 强度比纯组元高
	置换固溶体		
金属 化合物	正常价化合物	强化相 提高强度、硬度 与耐磨性	熔点高、硬度高， 但脆性大
	电子化合物		
	间隙相		
	复杂晶格间隙化合物		

2.2.2　实际金属的晶体结构

2.2.2.1　多晶体

我们把晶格位向完全一致的晶体叫做单晶体。实际上，常使用的金属材料，由于受结晶条件和其他因素的限制，其内部结构都是由许多尺寸很小，各自结晶方位都不同的小单晶体组合在一起的多晶体构成，如图 2-12 所示。这些小晶体就是晶粒，它们之间的交界即为晶界。在一个晶粒内部其结晶方位基本相同，但也存在着许多尺寸和位向差更小的小晶粒，它们相互嵌镶成一颗晶粒，这些小晶块称为亚晶粒，亚晶粒之间的界面称为亚晶界。

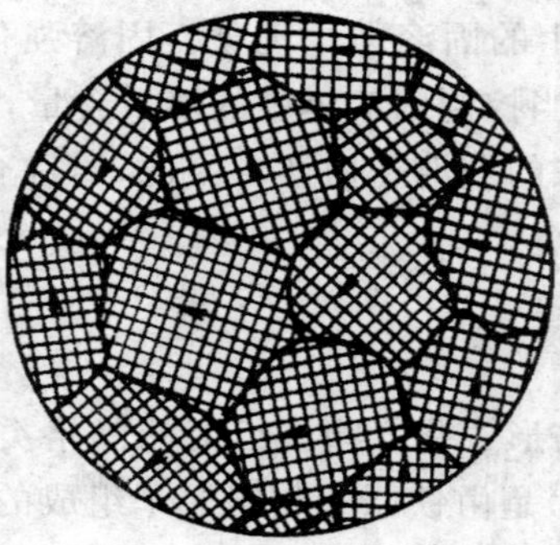

图 2-12　多晶体示意图

2.2.2.2　晶体的缺陷

晶体内部的某些局部区域，原子的规则排列受到干扰而破坏，不像理想晶体那样规则和完整。把这些区域称为晶体缺陷。这些缺陷的存在，对金属的性能(物理性能、化学性能、机械性能)将产生显著影响，如钢的耐腐蚀性。实际金属的屈服强度远远低于通过原子间的作用力计算所得数值。

根据晶体缺陷的几何形态特征，可将其分为三类：点缺陷、线缺陷、面缺陷。

(1)点缺陷——空位和间隙原子

在实际晶体结构中，晶格的某些结点，往往未被原子占据，这种空着的位置称为空位，如图 2-13 所示。

这种不占有正常的晶格位置，而处在晶格空隙之间的原子称为间隙原子。

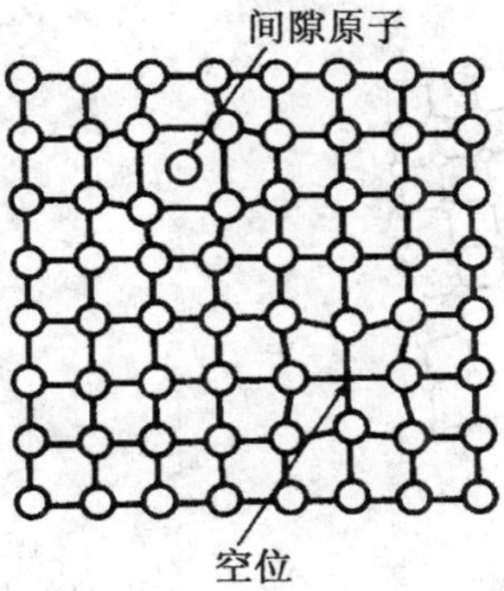

图 2-13　点缺陷示意图

由于空位和间隙原子的存在，使晶体发生了晶格畸变，晶体性能发生改变，如强度、硬度和电阻增加。

晶体中的空位和间隙原子处于不断地运动和变化之中。在一定温度下，晶体内存在一定平衡浓度的空位和间隙原子，空位和间隙原子的运动是金属中原子扩散的主要方式，对金属材料的热处理过程极为重要。

(2)线缺陷——位错

晶体中，某处有一列或若干列原子发生有规律的错排现象，称为位错，如图 2-14 所示。其特征是其中一个方向上的尺寸很长，而另两个方向的尺寸很短。晶体中位错的数量通常用位错密度表示，位错密度是指单位体积内位错线的总长度。位错的存在以及位错密度的变化，对金属的性能，如强度、塑性、疲劳等都起着重要影响。如金属材料的塑性变形就与位错的移动有关。

冷变形加工后金属出现了强度提高的现象(加工硬化)，就是由于位错密度的增加所致。

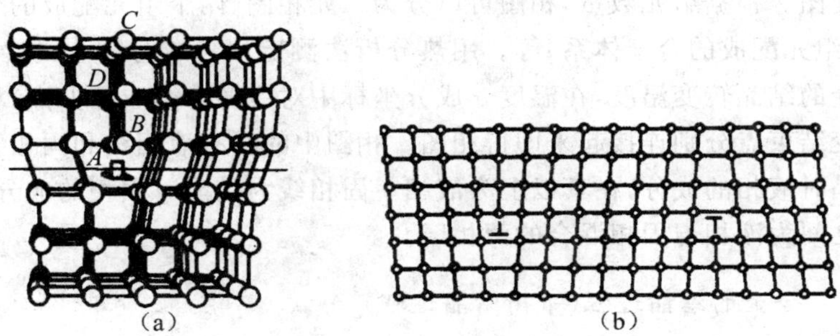

图 2-14　刃型位错的立体与平面图

(3)面缺陷——晶界和亚晶界

实际金属材料是多晶体材料，则在晶体内部存在着大量的晶界和亚晶界。晶界和亚晶界实际上是一个原子排列不规则的区域(如图 2-15)，该处晶体的晶格处于畸变状态，能量高于晶粒内部，在常温下强度和硬度较高，在高温下则较低，晶界容易被腐蚀等。

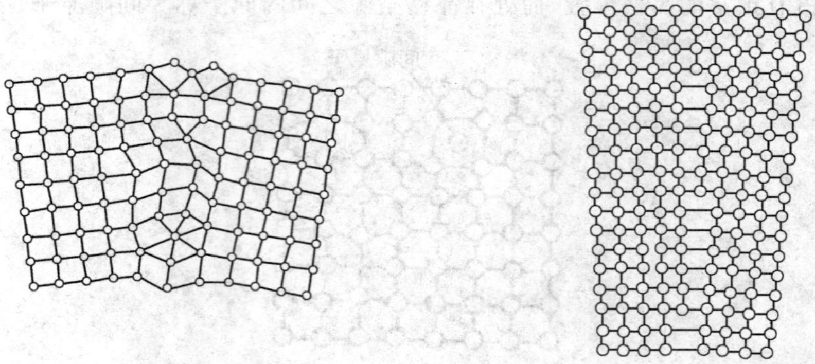

（a）晶界和亚晶界　　（b）晶界过渡与亚晶界过渡图

图 2-15　晶界和亚晶界示意图

表 2-3 为实际金属晶体缺陷特征及对材料性能的影响比较。

表 2-3　实际金属的晶体结构(晶体缺陷)特征

晶体缺陷类别	主要形式	对固体材料性能的影响
点缺陷	空位、间隙原子、置换原子	金属扩散的主要形式
线缺陷	刃型位错、螺型位错	加工硬化、固溶强化、弥散强化等
面缺陷	晶界、亚晶界	易腐蚀、易扩散、熔点低、强度高、细晶强化

2.2.3　合金的结晶特性

2.2.3.1　相图的概念

相图表示合金在缓慢冷却的平衡状态下相或者组织与温度、成分间关系的图形，又称状态图或平衡图。根据组元数量，相图可以分为二元相图（两个组元配成的合金体系）、三元相图（三个组元配成的合金体系）等。用热分析法测定出各成分合金的冷却曲线，找出不同成分合金的结晶转变温度，在温度—成分坐标中对应各合金成分取点，将所有的开始转变点和转变结束点分别连接起来即得相图。相图中的线有液相线和固相线两种。其中液相线为结晶时液相的成分，在其以上为液相。固相线为结晶时固相的成分，在其以下为固相。两线之间为液相与固相混合的两相区。

2.2.3.2　合金的结晶过程（平衡结晶过程）

以 Cu-Ni 二元合金相图中合金Ⅰ为例分析合金的结晶过程（如图 2-16）。

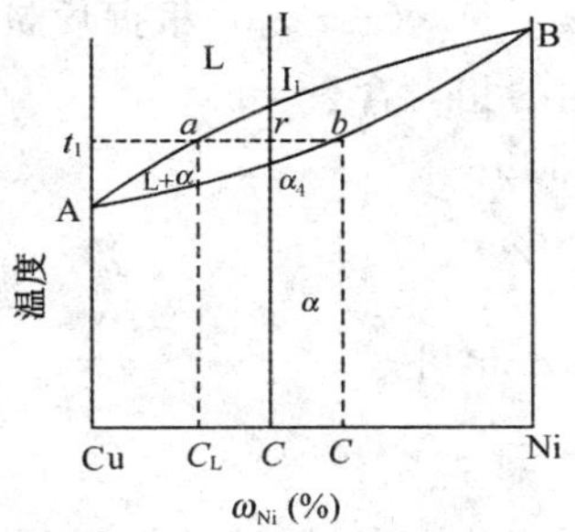

图 2-16　Cu-Ni 二元合金相图

当合金：

(1)缓慢冷却至I_1点时，均为单一的液相，成分不发生变化，只是温度的降低；

(2)冷却到I_1点时，开始从液相中析出 α 固溶体；

(3)在I_1～$α_4$之间，随温度降低，发生匀晶转变，从液相 L 中不断结晶出 α 固溶体，为液、固相两相共存；

(4)冷却到 $α_4$点时，合金全部转变为 α 固溶体；

(5)从$α_4$点继续冷却到室温，合金只是温度的降低，组织和成分不再变化，为单一的 α 固溶体。

在液固两相共存区，随着温度的降低，液相的量不断减少，固相的量不断增多，同时液相和固相的成分也将通过原子的扩散不断改变。液相的成分沿液相线变化，固相成分沿固相线变化。

注：纯金属的结晶是在恒温下完成的，而合金的结晶是在一个温度区间内完成的，表现在冷却曲线上为一斜线段。

2.2.3.3　杠杆定律

在实际生产中，常利用杠杆定律计算二元相图中两相平衡状态下相组成物或组织组成物的相对含量。杠杆定律仅适用于两相区。杠杆的支点是两个相的平均质量分数(合金的成分点)，端点分别是两个相的成分点。如图 2-17 所示。

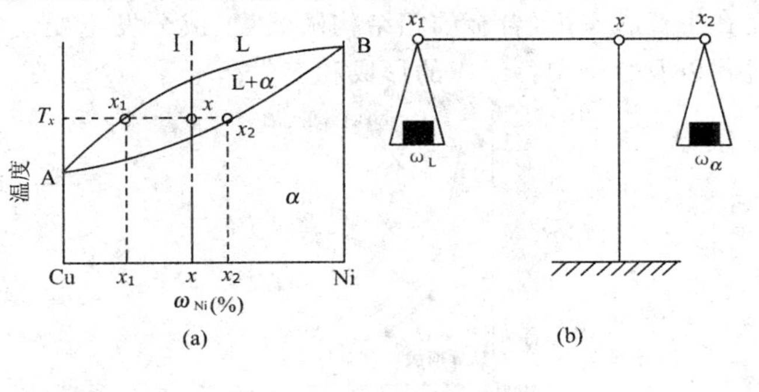

图 2-17　杠杆定律的证明

合金 I 在温度 T_x 时处于两相区的 x 点，组成相为(L＋α)，则：

$\omega_L/\omega_\alpha = xx_2/x_1x = (x_2 - x)/(x - x_1)$（根据质量守恒定律推导而得）

用百分数表示可得合金中相的相对含量：

液相 L：$L\% = xx_2/x_1x_2 \times 100\%$

固相 α：$\alpha\% = x_1x/x_1x_2 \times 100\%$

2.2.3.4　几种最基本的二元相图

(1)匀晶转变和匀晶相图

由液相中直接结晶出单一固相的转变，属于非恒温转变。表示匀晶转变的相图称为匀晶相图，反应表达式为：L＝＝α（L 表示液相，α 表示固溶体）。

(2)共晶转变和共晶相图

含义：由一定成分的液相在恒温下同时转变成两个一定成分的固相的转变，用反应式表达为：L＝α＋β。共晶转变的产物为两个相的机械混合物，称为共晶体或共晶组织，其组织细密。

(3)共析转变和共析相图

在恒温下由一定成分的固相同时生成两个成分不同的新固相的转变。其反应表达式为：γ＝＝α＋β。共析反应的产物称为共析组织。

(4)包晶转变和包晶相图

由一定成分的液相和一定成分的固相生成另一个一定成分新固相的反应称为包晶转换反应。反应式为：L＋α＝＝β。由于新相 β 是包围着初生相 α 生长，故称包晶转变。

(5)具有稳定化合物的二元相图

稳定化合物是指在熔化前既不分解也不产生任何化学反应的化合物，形成稳定化合物的二元合金时，相图的特征是出现垂直于成分轴的一条垂线。

2.2.3.5　合金的结晶

合金的结晶与纯金属有相似之处，都遵循生核与长大的规律，结晶过程有潜热放出。不同处是纯金属在某一恒温下进行，合金通常在某一温度范围内进行，如图 2-18 所示。合金结晶过程中各相成分还发生变化，所以合金的结构比纯金属复杂，要用合金状态图表示。合金相图就是在平衡状态下，合金的相结构随温度、成分发生变化的状态图，依此可了解合金的结晶过程以及合金中各组织的形成和变化。

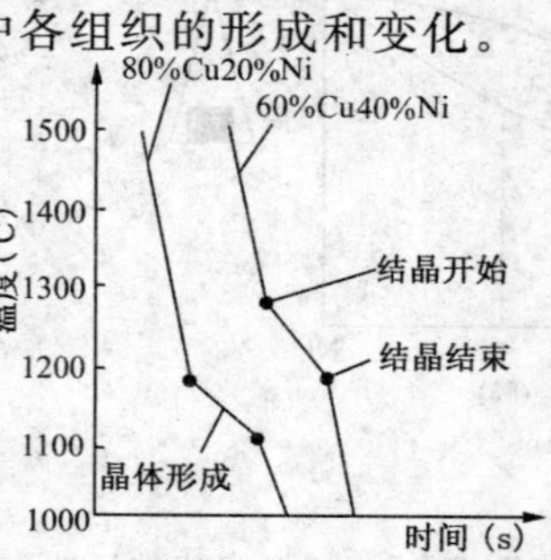

图 2-18　铜镍合金冷却曲线过程状态图

2.3 铁碳合金相图与组织分析

铁碳合金的显微组织是研究和分析钢铁材料性能的基础。所谓平衡状态的显微组织是指合金在极为缓慢的冷却条件下(如退火状态即接近平衡状态)所得到的组织。我们可以根据 $Fe-Fe_3C$ 相图来分析铁碳合金在平衡状态下的显微组织。通过对铁碳合金金相组织的观察与了解,加深理解成分、组织与性能之间的相互关系。

2.3.1 铁碳相图

合金在极缓慢冷却条件(如退火状态)下得到的组织为平衡组织。铁碳合金的平衡组织可以根据 Fe-C 状态图来分析(如图 2-19)。

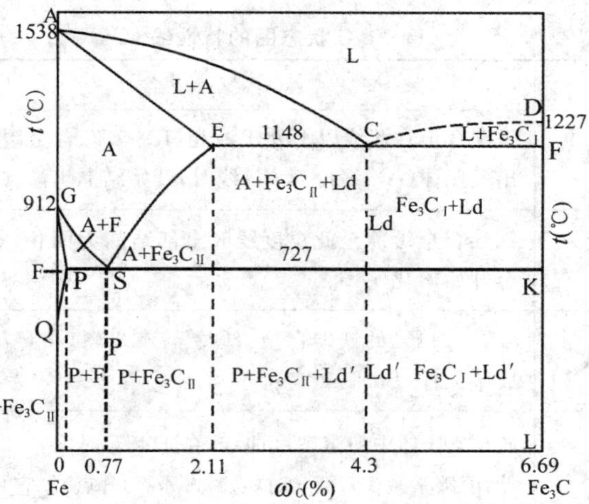

图 2-19 铁碳合金相图

铁碳合金的平衡组织主要是指碳钢和白口铸铁的室温组织。从上图可见,碳钢和白口铁的室温组织均由铁素体和渗碳体这两个基本相组成。但是由于含碳量不同,铁素体和渗碳体的相对数量、析出条件以及分布情况均有所不同,因而呈现各种不同的组织形态。

2.3.1.1 铁碳相图中的特性点

$Fe-Fe_3C$ 状态图的特性点见表 2-4。

表 2-4 **$Fe-Fe_3C$ 状态图的特性点**

特性点	温度 t(℃)	ω_C(%)	含 义
A	1538	0	纯铁的熔点
G	912	0	纯铁的同素异晶转变点,α-Fe $\rightarrow$ γ-Fe

续表

Q	600	0.0057	600℃时碳在 α-Fe 中的溶解度
D	1227	6.69	渗碳体熔点(计算值)
C	1148	4.3	共晶点,$L_C \rightarrow Ld(A_E+Fe_3C)$
E	1148	2.11	碳在 γ-Fe 中的最大溶解度
S	727	0.77	共析点,$As \rightarrow P(F_p+Fe_3C)$
P	727	0.0218	碳在 α-Fe 中的最大溶解度

2.3.1.2　铁碳相图中的特性线

$Fe\text{-}Fe_3C$ 状态图的特性线见表 2-5。

表 2-5　$Fe\text{-}Fe_3C$ 状态图的特性线

特性线	名称	含　义
ACD 线	液相线	铁碳合金在此线以上处于液相(L),液态合金缓冷至 AC 线时,开始结晶出奥氏体(A);缓冷至 CD 线时,开始结晶出渗碳体(称一次渗碳体 Fe_3C_I)
AECF 线	固相线	铁碳合金缓冷至此温度线时全部结晶为固相;加热到此温度线,固相合金开始熔化
ECF 线	共晶线	$\omega_C>2.11\%$的铁碳合金,缓冷至该线(1148℃)时,均发生共晶转变,生成莱氏体(Ld)
ES 线	A_{cm} 线	碳在奥氏体中的溶解度曲线,在 1148℃时,$\omega_C=2.11\%$(E 点),随着温度降低,溶碳量减少,727℃时,$\omega_C=0.77\%$(S 点)。它也是 $\omega_C>0.77\%$的铁碳合金,由高温缓冷时,从奥氏体中析出渗碳体(二次渗碳体 Fe_3C_{II})的开始温度线。另外,它还是缓慢加热时,二次渗碳体溶入奥氏体的终了温度线
GS 线	A_3 线	$\omega_C<0.77\%$的铁碳合金,缓冷时,由奥氏体中析出铁素体的开始线,也是缓慢加热时,铁素体转变为奥氏体的终了线
PSK 线	共析线,又称 A_1 线	$\omega_C>0.0218\%$的铁碳合金,缓冷至该线(727℃)时,均发生共析转变,生成珠光体(P)
GP 线		$0<\omega_C<0.0218\%$的铁碳合金,缓冷时由奥氏体析出铁素体的终了线,也是该成分的合金缓慢加热时,铁素体转变为奥氏体的开始线
PQ 线		碳在铁素体中的溶解度曲线。在 727℃时,$\omega_C=0.0218\%$(P 点),随着温度降低,溶碳量减少,至 600℃时,$\omega_C=0.0057\%$(Q 点)。因此,由 727℃缓冷时,铁素体中多余的碳将以渗碳体(三次渗碳体 Fe_3C_{III})形式析出

2.3.1.3　铁碳相图中的相区

$Fe\text{-}Fe_3C$ 状态图的相区见表 2-6。

表 2-6　　$Fe\text{-}Fe_3C$ **状态图的相区**

单相区		两相区	
相区	相组成	相区	相组成
ACD 线以上	液相(L)	ACE	L+A
AESG	奥氏体(A)	CDF	$L+Fe_3C_I$
GPQ	铁素体(F)	EFKS	$A+Fe_3C$
DFK	渗碳体(Fe_3C)	GSP	A+F
		PSK 线以下	$F+Fe_3C$

2.3.2　铁碳相图中重要的点和线

2.3.2.1　重要的点

图中 C、S、E 为三个重要的点。

(1)C 点为共晶点 合金在平衡结晶过程中冷却到 1148℃时，C 点成分的 L 发生共晶反应，生成 E 点成分的 A 和 Fe_3C。共晶反应在恒温下进行，反应过程中 L、A、Fe_3C 三相共存，反应式为：

$$L_C \xrightleftharpoons{1148℃} A_E + Fe_3C \text{ 即 } L_{4.3} \xrightleftharpoons{1148℃} A_{2.11} + Fe_3C$$

共晶反应的产物是奥氏体与渗碳体的共晶混合物，称莱氏体，以符号 Le 表示，因而共晶反应式可表达为：

$$L_{4.3} \xrightleftharpoons{1148℃} Le_{4.3}$$

莱氏体中的渗碳体称为共晶渗碳体。在显微镜下莱氏体的形态是：块状或粒状 A(室温时转变为珠光体)分布在渗碳体基体上。

(2)S 点为共析点 合金在平衡结晶过程中冷却到 727℃时，S 点成分的 A 发生共析反应，生成 P 点成分的 F 和 Fe_3C。共析反应在恒温下进行，反应过程中，A、F、Fe_3C 三相共存，反应式为：

$$A_S \xrightleftharpoons{727℃} F_P + Fe_3C \text{ 即 } A_{0.77} \xrightleftharpoons{727℃} F_{0.0218} + Fe_3C$$

共晶反应的产物是铁素体与渗碳体的共析混合物，称珠光体，以符号 P 表示，因而共析反应式可简单表示为：

$$A_{0.77} \xrightleftharpoons{727℃} P_{0.77}$$

珠光体中的渗碳体称为共析渗碳体。在显微镜下珠光体的形态呈层片状。在放大倍数很高时，可清楚看到相间分布的渗碳体片(窄条)与铁素体片(宽条)。

珠光体的强度较高，塑性、韧度和硬度介于渗碳体和铁素体之间，其力学性能如下：

抗拉强度极限(σ_b):770MPa

延伸率(δ):20%～35%

冲击韧性(α_K):3×10^5～4×10^5J/m²

硬度:180HB

(3)E 点为刚和铁的分界点 凡碳质量分数在 0.0218%～2.11%之间的铁碳合金称为钢;凡碳质量分数在 2.11%～6.69%之间的铁碳合金称为铸铁。

2.3.2.2 重要的线

重要的线:ACD 为液相线;AECF 为固相线。

水平线 ECF 为共晶反应线。碳质量分数在 2.11%～6.69%之间的铁碳合金,在平衡结晶过程中均发生共晶反应。

水平线 PSK 为共析反应线。碳质量分数在 0.0218%～2.11%之间的铁碳合金,在平衡结晶过程中均发生共析反应。PSK 线亦称 A_1 线。

相图中的 GS 线是合金冷却时自 A 中开始析出 F 的临界温度线,通常称 A_3 线。

ES 线是碳在 A 中的固溶线,通常叫做 A_{cm} 线。由于在 1148℃时 A 中溶碳量最大,碳质量分数可达 2.11%,而在 727℃时仅为 0.77%,因此碳质量分数大于 0.77%的铁碳合金自 1148℃冷却至 727℃的过程中,将从 A 中析出 Fe_3C。析出的渗碳体称为二次渗碳体(Fe_3C_{II})。A_{cm} 线亦为从 A 中析出 Fe_3C_{II} 的临界温度线。

PQ 线是碳在 F 中的固溶线。在 727℃时 F 中溶碳量最大,碳质量分数可达 0.0218%,室温时仅为 0.0008%,因此碳质量分数大于 0.008%的铁碳合金自 727℃冷却至室温的过程中,将从 F 中析出 Fe_3C。析出的渗碳体称为三次渗碳体(Fe_3C_{III})。PQ 线亦为从 F 中析出 Fe_3C_{III} 的临界温度线。Fe_3C_{III} 数量极少,往往予以忽略。

2.3.3 铁碳合金室温下基本组织组成物的显微组织特征

各种不同成分的铁碳合金在室温下的显微组织见表 2-7。

表 2-7 各种铁碳合金在室温下的显微组织表

类型		含碳量(%)	显微组织	侵蚀剂
工业纯铁		≤0.02	铁素体	4%硝酸酒精溶液
碳钢	亚共析钢	0.02～0.8	铁素体+珠光体	4%硝酸酒精溶液
	共析钢	0.8	珠光体	4%硝酸酒精溶液
	过共析钢	0.8～2.11	珠光体+二次渗碳体	苦味酸钠溶液,渗碳体变黑或呈棕红色
白口铸铁	亚共晶白口铁	2.11～4.3	珠光体+二次渗碳体+莱氏体	4%硝酸酒精溶液
	共晶白口铁	4.3	莱氏体	4%硝酸酒精溶液
	过共晶白口铁	4.3～6.69	莱氏体+二次渗碳体	4%硝酸酒精溶液

用侵蚀剂后显露的碳钢和白口铸铁，在金相显微镜下具有下面几种基本组织组成物。

2.3.3.1 铁素体(F)

铁素体是碳在 α-Fe 中的固溶体。铁素体为体心立方晶格，具有磁性及良好的塑性，硬度较低，用 3%～4%硝酸酒精溶液侵蚀后，在显微镜下呈现明亮的等轴晶粒；亚共析钢中铁素体呈块状分布；当含碳量接近于共析成分时，铁素体则呈断续的网状分布于珠光体周围。

2.3.3.2 渗碳体(Fe-Fe_3C)

渗碳体是铁和碳形成的一种化合物，其含碳量为 6.69%，质硬而脆，耐腐蚀性强，经 3%～4%硝酸酒精溶液侵蚀后，渗碳体呈亮白色，若用苦味酸钠溶液侵蚀，则渗碳体能被染成黑色或棕红色，而铁素体仍为白色，由此可区别铁素体与渗碳体。按照成分和形成条件的不同，渗碳体可以呈现不同的形态：一次渗碳体是直接由液体中结晶出来的，故在白口铸铁中呈粗大的条片状；二次渗碳体是从奥氏体中析出的，往往呈网络状沿奥氏晶界分布；三次渗碳体是从铁素体中析出的，通常呈不连续薄片状存在于铁素体晶界处，数量极微可忽略不计。

2.3.3.3 珠光体(P)

珠光体是铁素体和渗碳体的机械混合物。在一般退火处理情况下，是由铁素体与渗碳体相互混合交替排列形成的层片状组织。经硝酸酒精溶液侵蚀后，在不同放大倍数的显微镜下可以看到具有不同特性的珠光体组织。表 2-8 为各类组织的机械性能。

表 2-8 各类组织组成物的机械性能

性能组成物	硬度 HB	抗拉强度 σ_b (MN/m^2)	断面收缩率 ψ (%)	相对延伸率 δ (%)	冲击韧性 α_K (J)
铁素体	60～90	120～230	60～75	40～50	160
渗碳体	750～820	30～35	—	—	≈0
片状珠光体	190～230	860～900	10～15	9～12	24～32
球状珠光体	160～190	650～750	18～25	18～25	32～27

2.3.3.4 莱氏体(Ld′)

莱氏体是在室温时由珠光体及二次渗碳体和渗碳体组成的机械混合物。含碳量为 4.3%的共晶白口铸铁在 1147℃时形成由奥氏体和渗碳体组成的共晶体，其中奥氏体冷却时析出二次渗碳体，并在 727℃以下分解为珠光体。莱氏体的显微组织特征是在亮白色的渗碳体基体上相间地分布着暗黑色斑点及细条状的珠光体。二次渗碳体和共晶渗碳体连在一起，从形式上难以区分。

2.3.4 铁碳合金平衡组织的显微分析

Fe-Fe_3C相图的各种合金，按其含碳量与平衡组织的不同，可分为工业纯铁、碳钢及白口铸铁三类。

2.3.4.1 工业纯铁

纯铁在室温下具有单相铁素体组织。含碳量小于0.0218%的铁碳合金通常称为工业纯铁。它是两相组织，即由铁素体和少量渗碳体组成。

2.3.4.2 碳钢

含碳量在0.0218%～2.11%范围内的铁碳合金称为碳钢。按其含碳量与平衡组织的不同，可分为亚共析碳钢、共析碳钢和过共析碳钢三种。

(1)亚共析钢

亚共析钢的含碳量在0.0218%～0.8%范围内，其组织由铁素体和珠光体组成。随着含碳量的增加，铁素体的数量则相应地逐渐减少，而珠光体的数量则相应增多，两者的相对量可由杠杆定律求得。

(2)共析钢

含碳量为0.8%的碳钢称为共析钢，它由单一的珠光体组成。

(3)过共析钢

含碳量在0.8%～2.11%范围内的碳钢称为过共析钢，它在室温下的组织由珠光体和二次渗碳体组成。钢中的含碳量越多，二次渗碳体的数量越多。二次渗碳体呈网状分布于晶界上。

2.3.4.3 白口铸铁

白口铸铁是含碳量为2.11%～6.69%范围内的铁碳合金，按其含碳量及平衡组织的不同，又可分为亚共晶白口铸铁、共晶白口铸铁和过共晶白口铸铁三种。

(1)亚共晶白口铸铁

含碳量在2.11%～4.3%范围内的白口铸铁称为亚共晶白口铸铁。室温下亚共晶白口铸铁的组织为珠光体、二次渗碳体和莱氏体。

(2)共晶白口铸铁

共晶白口铸铁的含碳量为4.3%，它在室温下的组织是单一的共晶莱氏体组织，经侵蚀后，在显微镜下珠光体呈暗黑色细条及斑点状，渗碳体呈亮白色。

(3)过共晶白口铸铁

含碳量在4.3%～6.69%范围内的白口铸铁称为过共晶白口铸铁，在室温下的组织由一次渗碳体和莱氏体组成。用硝酸酒精溶液侵蚀后，在显微镜下可观察到在暗色斑点状的莱氏体基体上分布着亮白色粗大条片状的一次渗碳体。

2.3.4.4　铁碳合金典型金相图

铁碳合金的典型金相组织如图 2-20 所示。

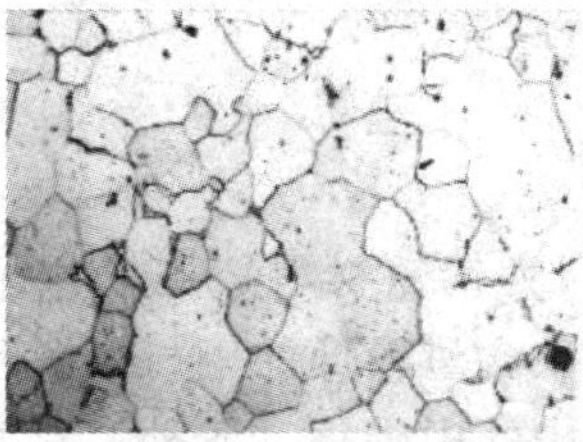

工业纯铁（铁素体）

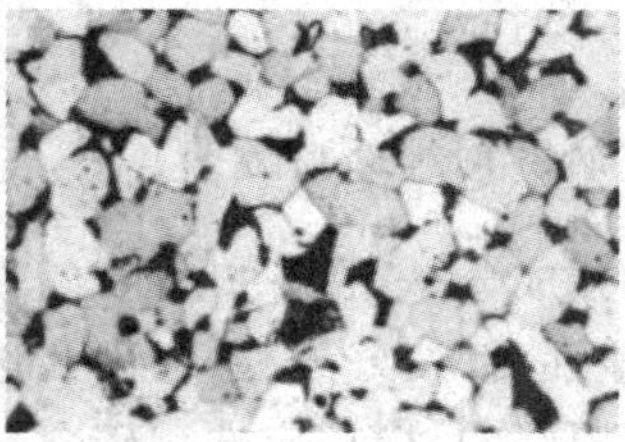

20 钢（P+F）

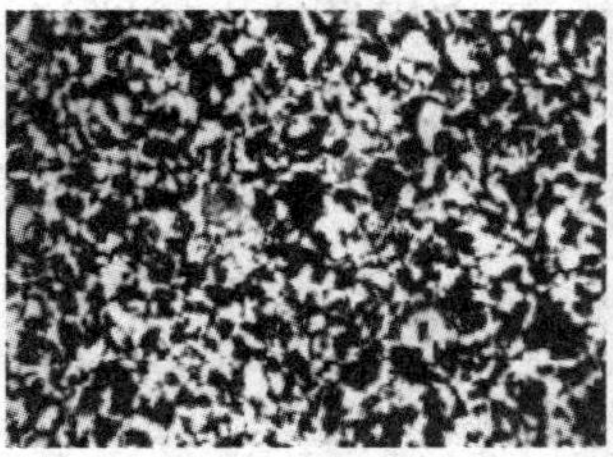

40 钢（P+F）

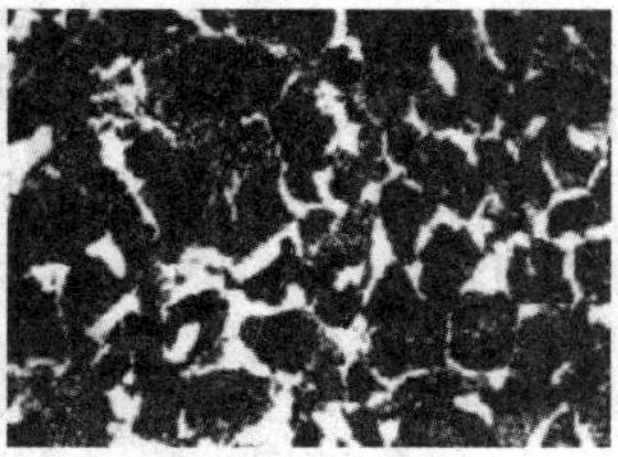

60 钢（P+F）

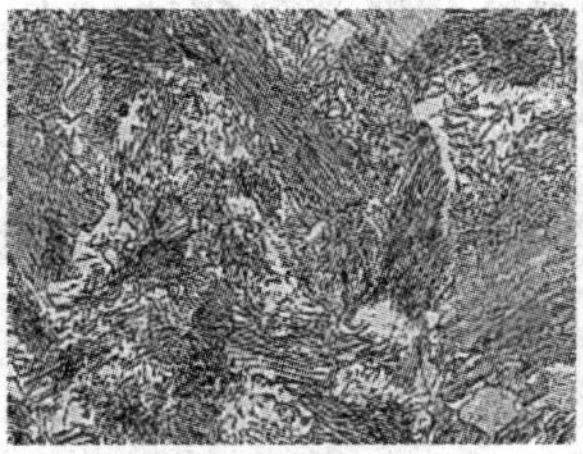

共析钢（珠光体）

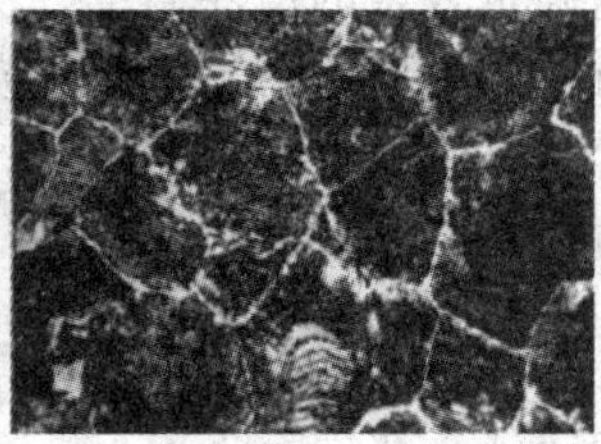

T12 钢（Fe_3C_{II}+P）

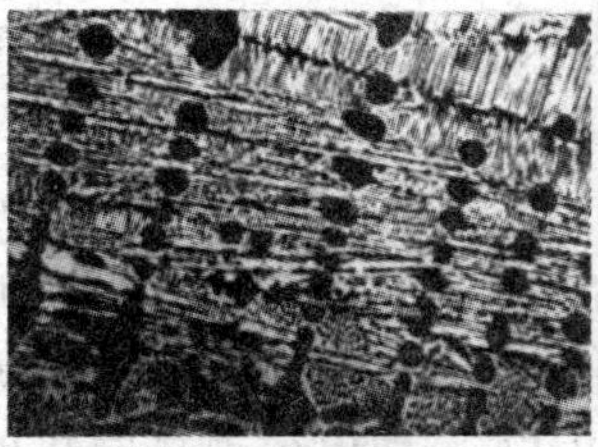

亚共晶白口铁（Fe_3C+Ld′）

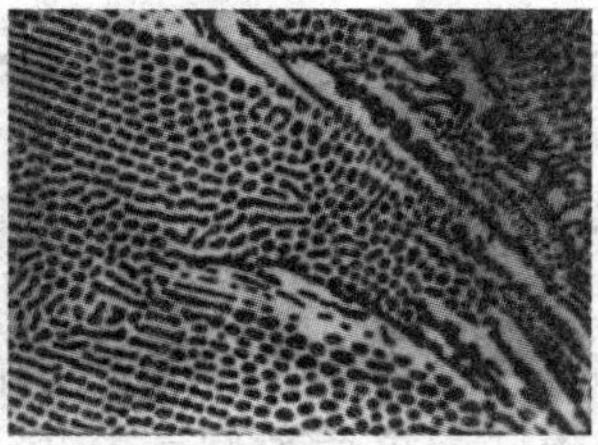

共晶白口铁（Ld′）

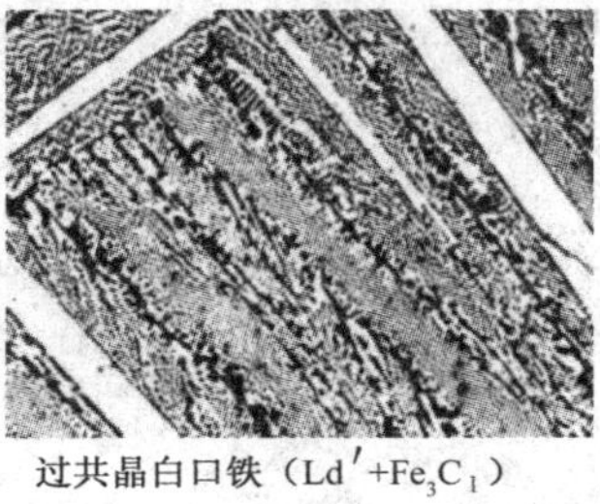

过共晶白口铁（Ld′+Fe_3C_I）

图 2-20　铁碳合金的金相形貌

2.3.5 铁碳合金相图的应用

$Fe\text{-}Fe_3C$ 相图在生产中具有很大的实际意义，主要应用在钢铁材料的选用和加工工艺的制订方面。

2.3.5.1 在钢铁材料选用方面

相图所表明的“成分—组织—性能”的规律，为钢铁材料选用提供了根据。建筑结构和各种型钢需用塑性、韧度好的材料，因此选用碳含量较低的钢材。各种机械零件需要强度、塑性及韧度都较好的材料，应选用碳含量适中的中碳钢。各种工具要用硬度高和耐磨性好的材料，则选碳含量高的钢种。纯铁强度低，不宜用做结构材料，但由于其导磁率高、矫顽力低，可做软磁材料使用。白口铸铁硬度高、脆性大，不能切削加工，也不能锻造，但其耐磨性好，铸造性能优良，适用于做要求耐磨、不受冲击、形状复杂的铸件，例如拔丝模、冷轧辊、货车轮、球磨机的磨球等。

2.3.5.2 在铸造工艺方面

根据相图可以确定合金的浇注温度。浇注温度一般在液相线以上 50℃～100℃。从相图上可看出，纯铁和共晶白口铸铁的铸造性能最好，它们的凝固温度区间最小，因而流动性好，分散缩孔少，可以获得致密的铸件，所以铸铁总是选在共晶成分附近。在铸钢生产中，碳含量规定在 0.15%～0.6%之间，因这个范围内钢的结晶温区较小，铸造性能较好。

2.3.5.3 在热锻、热轧工艺方面

钢处于奥氏体状态时强度较低，塑性较好，因此锻造或轧制选在单相奥氏体区内进行。一般始锻、始轧温度控制在固相线以下 100℃～200℃范围内，温度高时，钢的变形抗力小，节约能源，设备要求的吨位低，但温度不能过高，否则钢材将被严重烧损或发生过烧。终锻、终轧温度不能过低，以免钢材因塑性差而发生锻裂或轧裂。亚共析钢热加工终止温度多控制在 GS 线以上一点，避免变形时出现大量铁素体，形成带状组织而使韧度降低。过共析钢变形终止温度应控制在 PSK 线以上一点，以便把呈网状析出的二次渗碳体打碎。终止温度不能太高，否则再结晶后奥氏体晶粒粗大，导致热加工后的组织粗大。

2.3.5.4 在热处理工艺方面

相图对于制定热处理工艺有着特别重要的意义。一些热处理工艺如退火、正火、淬火的加热温度都是依据 $Fe\text{-}Fe_3C$ 相图确定的。

2.3.5.5 在焊接工艺方面

由相图可知，不同的加热温度，可以获得不同的组织。焊接时从焊缝到母材的各区域的加热温度是不同的，随后冷却时又将出现不同的组织。为了改善焊缝的质量，焊后应采用不同的热处理方法。

复习思考

1. 简单描述金属的结晶过程，并说清结晶的条件和结晶规律。

2. 简要说明纯金属的晶体结构以及合金的组织特点。

3. 简述常用金属的晶体结构及同素异构对金属性能的影响。

4. 分析合金的基本相与基本组织及其对合金性能的影响以及合金的成分、组织与性能的关系。

5. 绘制铁碳合金平衡状态图并标出各区域的相分布情况。

第3章　钢铁材料及其在汽车上的应用

学习目标

1. 明确碳钢、合金钢、铸钢、铸铁材料中的有关基本概念、分类、牌号、性能和用途等。

2. 了解合金元素在钢铁中的作用特点。

3. 了解典型汽车零件，如齿轮、轴类零件、弹簧、发动机缸套、活塞、连杆、汽车（车身、纵梁、挡板等）冷冲压零件等的选材原则，能做到初步正确选材，这对材料使用者是极为重要的。

4. 了解黑色金属材料（钢铁）在汽车上的应用状况和发展趋势。

考核标准

知识要求：金属材料包括工业用钢、铸铁与有色金属合金等，而工业用钢又可分为碳钢与合金钢，它们都是汽车上应用广泛的金属材料，特别是工业用钢的应用最为广泛。随着现代工程技术的发展，工业用钢特别是合金钢在金属材料中的地位与作用日益突出，因此，碳钢与合金钢是本章的学习重点。对于铸钢、铸铁部分，重点学习铸铁的性能、组织、分类、牌号表示方法与应用等。

技能要求：钢的种类、数量繁多，不可能也没有必要逐个都记住，因此仅要求对每类钢铁（按用途分类）中二三个用途最为广泛的典型牌号能熟练地掌握，做到能从典型牌号中推断出其类别，并会分析其中碳与所含合金元素的含量及其所起的主要作用等方面的能力；同时应明确该牌号的主要性能特点、常用的热处理工艺特点、使用状态下的组织以及典型用途等。

教学建议

有条件的学校，建议参考附录中实验5“热处理综合实验”、实验6“常用金属材料的显微组织观察与分析”安排实验。

由于钢铁材料具有良好的使用性能和工艺性能，并且加工方便，因此是汽车制造工业中应用最广泛的材料。尽管近年来为节省能源，实现汽车轻量化，不少钢铁材料制造的零件被有色金属和其他材料替代，但钢铁材料仍是汽车用材的主体，其使用量超过汽车用材总量的 60%。

3.1　碳素钢

碳素钢简称碳钢，通常指碳的质量分数小于 2.11%的铁碳合金。因其具有较好的力学性能和工艺性能，而且冶炼方便、价格低廉，因此是制造各种机器、工程结构、量具和刀具等最主要的材料，在汽车零件制造中也得到广泛的应用。图 3-1 为常见碳素钢制造的汽车零件。

3.1.1　钢中常存元素对钢性能的影响

实际生产中使用的碳钢，不单纯是铁碳合金，还包含有锰、硅、硫、磷等常规杂质元素，它们对钢的性能有一定影响。

3.1.1.1　锰

锰是炼钢时用锰铁脱氧而残留在钢中的。锰大部分溶于铁素体，形成置换固溶体，因此具有固溶强化的作用。锰还能和钢中的硫形成高熔点（1620℃）的 MnS，从而减轻硫的有害作用。同时，锰还能增加珠光体的相对质量分数，并使珠光体细化，从而提高钢的强度。因此，锰是钢中的有益元素。

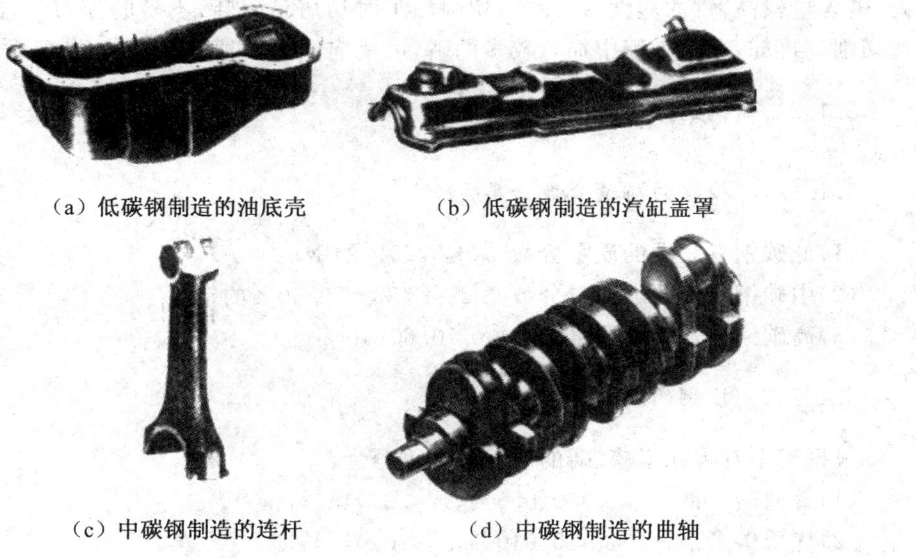

（a）低碳钢制造的油底壳　（b）低碳钢制造的汽缸盖罩

（c）中碳钢制造的连杆　（d）中碳钢制造的曲轴

图 3-1　常见碳素钢制造的汽车零件

碳钢中，锰的质量分数一般在 0.25%～0.80%之间。当钢中锰的质量分数较小时对钢的性能影响不明显。

3.1.1.2 硅

硅是炼钢时用硅铁脱氧而残留在钢中的，其脱氧能力比锰强。硅能溶于铁素体，也具有固溶强化的作用，但同时降低钢的韧性和塑性。碳钢中，硅的质量分数一般在 0.17%～0.37%之间。当钢中硅的质量分数较小时，对钢的性能影响不明显。硅也是钢中的有益元素。

3.1.1.3 硫

硫是炼钢时由矿石和燃料带入钢中的，难以除尽。硫在钢中常以 FeS 的形式存在，而 FeS 和硫能形成熔点较低（985℃）的共晶体分布在晶界上，当钢被加热到 1000℃～1200℃进行热加工时，共晶体将熔化，而使钢材变得极脆，这种现象称为热脆。

硫对钢的焊接性能有不良影响，会导致焊缝的热裂现象。对于铸钢件，硫的质量分数高时，也会出现热裂现象。因此，硫是钢中的有害元素，必须严格控制钢中硫的质量分数，一般小于 0.05%。

3.1.1.4 磷

磷也是炼钢时由矿石带入钢中的。极少量的磷就能显著降低钢的塑性与韧性，在低温时更为严重。这种在低温时使钢严重变脆的现象，称为冷脆。因此，磷也是钢中的有害元素，钢中磷的质量分数一般小于 0.045%。

在某些情况下，硫、磷对钢也有有利的一面。如易切钢就是含硫、磷较高的钢。由于硫、磷含量较高，钢的塑性、韧性差，切削加工时切屑易碎断，不易磨损刀具，因此，适宜高速切削。再如，在炮弹钢中加入较多的磷，可使炮弹爆炸时碎片增多，提高杀伤力。

3.1.2 碳钢的分类

3.1.2.1 按碳的质量分数分类

(1)低碳钢——碳的质量分数 $\omega_C \leqslant 0.25\%$的钢；
(2)中碳钢——碳的质量分数 $0.25\% < \omega_C \leqslant 0.60\%$的钢；
(3)高碳钢——碳的质量分数 $\omega_C > 0.60\%$的钢。

3.1.2.2 按钢的质量分类

根据钢中有害元素硫、磷的质量分数可分为：
(1)普通碳素钢——$\omega_S < 0.055\%$，$\omega_P < 0.045\%$；
(2)优质碳素钢——$\omega_S < 0.040\%$，$\omega_P < 0.040\%$；
(3)高级优质碳素钢——$\omega_S < 0.030\%$，$\omega_P < 0.035\%$；
(4)特级优质碳素钢——$\omega_S < 0.025\%$，$\omega_P < 0.030\%$。

3.1.2.3 按钢的用途分类

(1)碳素结构钢——用于制造汽车零件和工程构件，多为低碳钢和中碳钢；

(2)碳素工具钢——用于制造刀具、量具和模具,多为高碳钢。

此外,按炼钢的脱氧程度分类,可分为镇静钢(脱氧程度完全)、沸腾钢(脱氧程度不完全)和半镇静钢(脱氧程度不十分完全)等。

3.1.3　碳钢的牌号、性能和用途

3.1.3.1　普通碳素结构钢

我国碳素结构钢标准(GB/T700-2006)规定,普通碳素结构钢的牌号由钢材屈服强度“屈”字汉语拼音首位字母、屈服强度值、质量等级符号、脱氧方法符号四部分按顺序组成。其中质量等级符号 A、B、C、D 表示钢材的不同质量等级,A 级钢硫、磷质量分数最高,D 级钢硫、磷质量分数最低,即 A、B、C、D 表示钢材质量依次提高。脱氧方法符号 F、B、Z、TZ 表示钢材的不同脱氧方法,F 表示沸腾钢、B 表示半镇静钢、Z 表示镇静钢、TZ 表示特殊镇静钢。例如 Q235-A·F 表示屈服强度为 235MPa 的 A 级沸腾钢。常用普通碳素结构钢牌号、化学成分及力学性能见表 3-1。

表 3-1　　普通碳素结构钢的化学成分及力学性能(摘自 GB/T700-2006)

牌号	等级	化学成分(%)		不大于			力学性能											
							σ_s(MPa)							δ_5(%)				
							钢材厚度(直径)(mm)						σ_b	钢材厚度(直径)(mm)				
		C	Mn	Si	S	P	≤6	>16～40	>40～60	>60～100	>100～150	>150	(MPa)	≤40	>40～60	>60～100	>100～150	>150
Q195	—	0.12	0.50	0.30	0.050	0.045	195	185	—	—	—	—	315～430	33	—	—	—	—
Q215	A	0.15	1.20	0.30	0.050	0.045	215	205	195	185	175	165	335～450	31	30	29	27	26
	B				0.045													
Q235	A	0.22	1.40	0.30	0.050	0.045	235	225	215	205	195	185	370～500	26	25	24	22	21
	B	0.20			0.045													
	C	0.18			0.040	0.040												
	D	0.17			0.035	0.035												
Q275	A	0.24	1.50	0.35	0.50	0.045	275	265	255	245	225	215	410～540	22	21	20	18	17
	B	0.21			0.045	0.045												
		0.22																
	C	0.20			0.040	0.040												
	D				0.035	0.035												

由于普通碳素结构钢碳的质量分数较低,而硫、磷等有害元素含量较多,故强度不够高。但这类钢塑性、韧性好,焊接性能优良,冶炼方便,价格便宜,使用时一般不进行热处理。普通碳素结构钢一般作为工程用钢,广泛应用于建筑、桥梁、船舶、车辆等工程,也可用于制造不重要的机器零件。如汽车传动轴间支架,发动机前后支架,后视镜支架,三、四、五挡同步

器锥盘，差速器螺栓锁片，车轮轮辐，驻车制动操纵杆棘爪和齿板等要求不高的汽车零件，都是由普通碳素结构钢制造的。表 3-2 是常用普通碳素结构钢在汽车上的应用。

表 3-2　　常用普通碳素结构钢在汽车上的应用

牌 号	应 用 举 例
Q235-A	传动轴中间轴承支架、发动机支架、后视镜支架、油底壳甲醛板、车轮轮辐等
Q235-A・F	机油滤清器法兰、发动机连接板、前钢板弹簧夹箍、后视镜支架等
Q235-B	同步器锥盘、差速器螺栓锁片、驻车制动操纵杆棘爪和齿板等
Q235-B・F	消声器后支架、放水龙头手柄夹持架、百叶窗叶片等

3.1.3.2　优质碳素结构钢

优质碳素结构钢是应用极为广泛的机械制造用钢。与普通碳素结构钢相比，其硫、磷等有害元素含量较少，因而强度较高，塑性和韧性较好，经过热处理后还可以进一步调整和改善其力学性能，因此，常用于制造较重要的机械零件。

优质碳素结构钢的牌号用两位数字表示，数字表示钢中平均碳的质量分数的万分之几。如牌号 45 表示其平均碳的质量分数为万分之 45，即 0.45%。对于较高含锰量（ω_{Mn}=0.70%～1.00%）的优质碳素结构钢，则在对应牌号后加“Mn”表示，如 45Mn、65Mn 等。若为沸腾钢，则在对应牌号后加“F”表示，如 08F、10F 等。常用优质碳素结构钢牌号、化学成分及力学性能见表 3-3。

由表 3-3 可知，优质碳素结构钢中的低碳钢，强度、硬度不高，但是塑性、韧性以及焊接性能良好，常用于制作各种冲压件、焊接件和强度要求不高的零件，如发动机油底壳、油箱、车身外壳、离合器盖、变速叉、轮胎螺栓和螺母等；中碳钢具有较高的强度和硬度，切削加工性能良好，经过热处理后具有良好的综合力学性能，常用于制作受力较大的汽车零件，如曲轴齿轮、飞轮齿轮、万向节叉、离合器从动盘、连杆等；高碳钢具有高的强度、硬度和良好的弹性，常用于制作各种弹性件和耐磨件，如气门弹簧、离合器压盘弹簧、活塞销卡簧、空气压缩机阀片、弹簧垫圈等。

表 3-3　　常用优质碳素结构钢牌号、化学成分及力学性能

牌号	化学成分(%)					力学性能						
	C	Si	Mn	S	P	σ_s (MPa)	σ_b (MPa)	δ_5 (%)	ψ (%)	α_K (J/cm²)	硬度 HB≤	
						不小于					热轧钢	退火钢
08F	0.05～0.11	≤0.03	0.25～0.50	≤0.040	≤0.040	180	300	35	60	—	131	—
10F	0.07～0.14	≤0.07	0.25～0.50	≤0.040	≤0.040	190	320	33	55	—	137	—
10	0.07～0.14	0.17～0.37	0.35～0.65	≤0.035	≤0.040	210	340	31	55	—	137	—
15	0.12～0.19	0.17～0.37	0.35～0.65	≤0.040	≤0.040	225	375	27	55	—	143	—

续表

20	0.17～0.24	0.17～0.37	0.35～0.65	≤0.040	≤0.040	250	420	25	55	—	156	—
25	0.22～0.30	0.17～0.37	0.50～0.80	≤0.040	≤0.040	275	450	23	50	71	170	—
30	0.27～0.35	0.17～0.37	0.50～0.80	≤0.040	≤0.040	300	500	21	50	80	179	—
35	0.32～0.40	0.17～0.37	0.50～0.80	≤0.040	≤0.040	320	540	20	45	70	189	—
40	0.37～0.45	0.17～0.37	0.50～0.80	≤0.040	≤0.040	340	580	19	45	60	217	187
45	0.42～0.50	0.17～0.37	0.50～0.80	≤0.040	≤0.040	360	610	16	40	50	241	197
50	0.47～0.55	0.17～0.37	0.50～0.80	≤0.040	≤0.040	380	640	14	40	40	241	207
55	0.52～0.60	0.17～0.37	0.50～0.80	≤0.040	≤0.040	380	645	13	35	—	255	217
60	0.57～0.65	0.17～0.37	0.50～0.80	≤0.040	≤0.040	410	690	12	35	—	255	229
65	0.62～0.70	0.17～0.37	0.50～0.80	≤0.040	≤0.040	420	710	10	30	—	255	229
70	0.67～0.75	0.17～0.37	0.50～0.80	≤0.040	≤0.040	420	715	9	30	—	269	229
75	0.72～0.80	0.17～0.37	0.50～0.80	≤0.040	≤0.040	880	1080	7	30	—	285	241
80	0.77～0.85	0.17～0.37	0.50～0.80	≤0.040	≤0.040	930	1080	6	30	—	285	241
85	0.82～0.90	0.17～0.37	0.50～0.80	≤0.040	≤0.040	980	1130	6	30	—	302	255
15Mn	0.12～0.19	0.17～0.37	0.70～1.00	≤0.040	≤0.040	245	410	26	55	—	163	—
20 Mn	0.17～0.24	0.17～0.37	0.70～1.00	≤0.040	≤0.040	275	450	24	50	—	197	—
25 Mn	0.22～0.30	0.17～0.37	0.70～1.00	≤0.040	≤0.040	295	490	22	50	71	207	—
30 Mn	0.27～0.35	0.17～0.37	0.70～1.00	≤0.040	≤0.040	315	540	20	45	63	217	187
35 Mn	0.32～0.40	0.17～0.37	0.70～1.00	≤0.040	≤0.040	335	560	19	45	55	229	197
40 Mn	0.37～0.45	0.17～0.37	0.70～1.00	≤0.040	≤0.040	355	590	17	45	47	229	207
45 Mn	0.42～0.50	0.17～0.37	0.70～1.00	≤0.040	≤0.040	375	620	15	40	39	241	217
50 Mn	0.47～0.55	0.17～0.37	0.70～1.00	≤0.040	≤0.040	390	645	13	40	31	255	217
60 Mn	0.57～0.65	0.17～0.37	0.70～1.00	≤0.040	≤0.040	410	695	11	35	—	269	229
65 Mn	0.62～0.70	0.17～0.37	0.70～1.00	≤0.040	≤0.040	430	735	9	30	—	285	229
70 Mn	0.67～0.75	0.17～0.37	0.70～1.00	≤0.040	≤0.040	450	785	8	30	—	285	229

表 3-4 是常用优质碳素结构钢在汽车上的应用。

表 3-4 常用优质碳素结构钢在汽车上的应用

牌号	种类	主要性能	应用举例
08F、10F、15F	低碳沸腾钢	强度、硬度很低，焊接性能良好	驾驶室外壳、油底壳、油箱、离合器盖等冲压件
10、15、20、25	低碳钢	强度、硬度低，塑性、韧性和焊接性能良好	轮胎螺栓、螺母，发动机气门调整螺钉，离合器调整螺栓，曲轴箱调整螺栓，离合器分离杠杆，风扇叶片，驻车制动杆等
30、35、40、45、50、55	中碳钢	综合力学性能良好	曲轴正时齿轮、半轴螺栓锥形套、机油泵齿轮、连杆螺母、汽缸盖定位销、气门推杆、同步器锁销、变速杆、凸轮轴、曲轴、离合器踏板轴及分离叉、离合器从动盘等
60、65、70	高碳钢	经热处理后有较高的强度、硬度和弹性	气门弹簧、转向纵拉杆弹簧、离合器压盘弹簧、活塞销卡簧、拖曳钩弹簧等

3.1.3.3 碳素工具钢

碳素工具钢的牌号是用“碳”字汉语拼音首位字母“T”加上数字表示。数字表示钢中平均碳的质量分数的千分之几。如牌号 T8、T12 分别表示其平均碳的质量分数为 0.8% 和 1.2%。若是高级优质碳素工具钢，则在数字后面加符号“A”，如 T10A。

由于碳素工具钢的热硬性(即在高温时仍保持切削所需硬度的能力)较差，热处理变形较大，因此，仅适用于制造不太精密的模具、木工工具和金属切削的低速手用刀具，如锉刀、锯条、手用丝锥等。常用碳素工具钢牌号、化学成分及用途见表 3-5。

表 3-5　　常用碳素工具钢牌号、化学成分及用途

牌号	化学成分(%) C	化学成分(%) Si	化学成分(%) Mn	硬度 供应状态 HB (不大于)	硬度 淬火后 HRC (不小于)	用途举例
T7 T7A	0.65～0.74	≤0.35	≤0.40	187	62	承受冲击,要求韧性较好、硬度适当的工具,如扁铲、手钳、大锤、螺钉旋具、木工工具等
T8 T8A	0.75～0.84			187	62	承受冲击,要求较高硬度的工具,如冲头、压缩空气工具、木工工具等
T9 T9A	0.85～0.94			192	62	韧性中等,硬度要求较高的工具,如冲头、木工工具、凿岩工具等
T10 T9A	0.95～1.04			197	62	不受剧烈冲击,要求高硬度、高耐磨性的工具,如车刀、刨刀、丝锥、钻头、手锯条等
T12 T12A	1.15～1.24			207	62	不受冲击,要求高硬度、高耐磨性的工具,如锉刀、刮刀、精车刀、螺钉旋具、量具等
T13 T13A	1.25～1.35			217	62	同上。要求更耐磨的工具,如刮刀、剃刀等

3.2　合金钢

汽车上一些受力复杂的重要零件,如变速器齿轮、半轴、活塞销、气门等,如果采用碳素钢制造,并不能满足其性能要求。因此,在汽车制造中还广泛应用了合金钢。所谓合金钢,是指在碳素钢的基础上,为了改善钢的某些性能,在冶炼时有目的地加入一些合金元素炼成的钢。常用的合金元素有:硅(Si)、锰(Mn)、铬(Cr)、镍(Ni)、钨(W)、钼(Mo)、钒(V)、硼(B)、铝(Al)、钛(Ti)和稀土元素(RE)等。

合金钢和碳素钢相比有许多优点:在相同的淬火条件下,能获得更深的淬硬层;具有良好的综合力学性能;具有良好的耐磨性、耐腐蚀性和耐高温性等特殊性能。但合金钢冶炼成本高,价格昂贵,焊接和热处理工艺也较为复杂。虽然如此,为保证使用的可靠性,汽车上的重要零件大多采用合金钢制造。常见的用合金钢制造的汽车零件如图 3-2 所示。

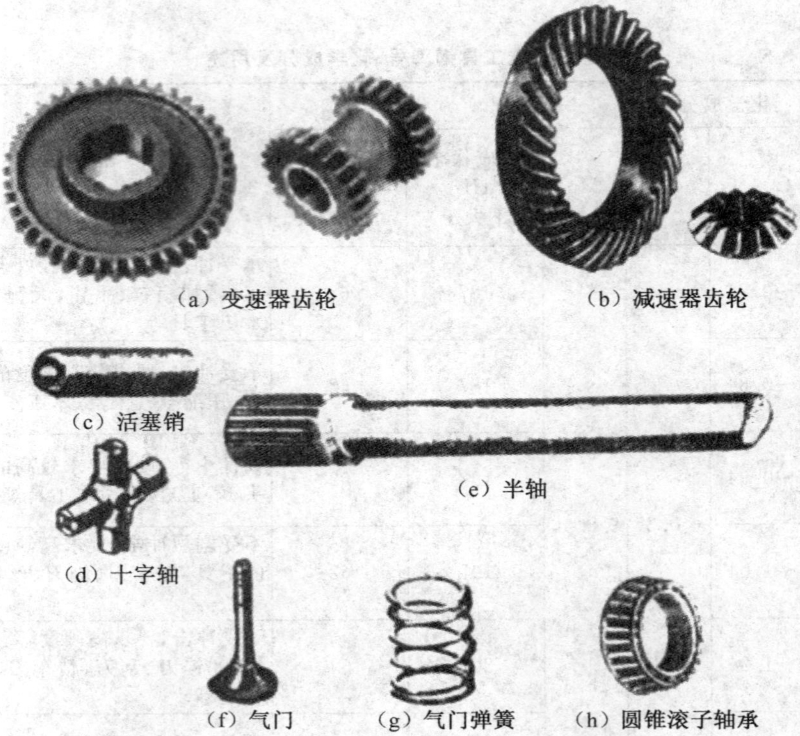

图 3-2　常见的合金钢制造的汽车零件

3.2.1　合金钢的分类与牌号

3.2.1.1　合金钢的分类

(1)按合金钢的用途分类

1)合金结构钢——用来制造各种重要机械零件和工程结构。

2)合金工具钢——用来制造各种重要的加工工具,如刃具、量具和模具等。

3)特殊性能钢——用来制造具有特殊性能要求的结构件和机械零件。

(2)按合金元素的含量分类

1)低合金钢——合金元素总含量小于 5%。

2)中合金钢——合金元素总含量为 5%~10%。

3)高合金钢——合金元素总含量大于 10%。

此外,还可以按合金元素的种类分类,有锰钢、铬钢、硅锰钢等。

3.2.1.2　合金钢的牌号

根据国家标准的规定,合金钢的牌号采用“数字+合金元素符号+数字”的方法表示。

(1)合金结构钢　合金结构钢牌号的前两位数字表示钢中碳的平均质量分数，以万分数计。合金元素符号后面的数字表示该元素的平均质量分数，若合金元素的质量分数小于1.5%，一般不标出。例如：60Si2Mn表示碳的平均质量分数为0.60%，硅的平均质量分数为2%，锰的平均质量分数小于1.5%的合金结构钢。

(2)合金工具钢　合金工具钢牌号的前一位数字表示钢中碳的平均质量分数，以千分数计。若碳的平均质量分数超过1%时，一般不标出。合金元素质量分数的表示方法同合金结构钢。例如：9SiCr表示碳的平均质量分数为0.9%，硅和铬的平均质量分数均小于1.5%的合金工具钢。Cr12MoV表示碳的平均质量分数大于1%，铬的平均质量分数为12%，钼和钒的平均质量分数均小于1.5%的合金工具钢。

高速钢的碳的质量分数的表示方法有所不同，虽然其碳的质量分数小于1%，但也不标出。例如：W18Cr4V。

(3)滚动轴承钢　滚动轴承钢牌号的表示方法和合金工具钢基本相同，要注意的是铬元素后面的数字是表示含铬量的千分之几，并在牌号前冠上字母“G”。例如：GCr15SiMn表示铬的平均质量分数为1.5%，硅和锰的平均质量分数均小于1.5%的滚动轴承钢。

(4)特殊性能钢　特殊性能钢牌号的表示方法与合金工具钢基本相同，只是当碳的平均质量分数小于0.1%时，用“0”表示；碳的平均质量分数小于0.03%时，用“00”表示。例如：0Cr13表示碳的平均质量分数小于0.1%，铬的平均质量分数为13%的特殊性能钢；00Cr30Mo2表示碳的平均质量分数小于0.03%，铬的平均质量分数为30%，钼的平均质量分数为2%的特殊性能钢。

3.2.2　合金结构钢

合金结构钢是在优质或高级优质碳素结构钢的基础上加入适量合金元素的钢。按其用途可分为工程用钢和机械制造用钢两大类。工程用钢主要用于制造汽车大梁等各种工程构件，工程用钢的合金元素含量较少，所以又称为低合金结构钢，常用的是低合金高强度结构钢。机械制造用钢主要用于制造各种机械零件，按其用途和热处理特点不同，又分为合金渗碳钢、合金调质钢、合金弹簧钢和滚动轴承钢等。

3.2.2.1　低合金高强度结构钢

低合金高强度结构钢碳的质量分数在0.12%～0.25%之间，合金元素的含量一般小于3%，其成分特点为低碳、低合金元素含量，所加入的合金元素主要有锰、钒、钛等。由于合金元素的存在，低合金高强度结构钢比相同含碳量的碳素钢的强度高30%～50%，并且具有良好的塑性、韧性、耐腐蚀性和焊接性，还具有比碳素结构钢更低的韧脆转变温度(一般为－30℃左右)，这对北方高寒地区使用的构件及运输工具，具有十分重要的意义。

低合金高强度结构钢一般是经热轧，在空气中冷却后而成，加工成构件后不需要热处理就可以直接使用。用低合金高强度结构钢替代碳素钢可以提高构件强度，减轻构件重量，延长使用寿命。低合金高强度结构钢广泛用于制造桥梁、船舶、车辆和高压容器等。

低合金高强度结构钢的牌号表示方法与碳素结构钢相同，常用低合金高强度结构钢的牌号、力学性能及用途见表 3-6，表 3-7 是常用低合金高强度结构钢在汽车上的应用。

表 3-6　　　常用低合金高强度结构钢的牌号、力学性能及用途

牌 号	质量等级	力学性能				相当于旧牌号	用途举例
		σ_s（MPa）	σ_b（MPa）	δ_5（%）	A_K（J）		
Q295	A B	295	390～570	23 23	— 34(20℃)	09MnV 09MnVNb 09Mn2 12Mn	车辆冲压件，建筑金属构件，输油管，储油罐，低压锅炉汽包，低、中压容器，有低温要求的金属构件
Q345	A B C D E	345	470～630	21 21 22 22 22	— 34(20℃) 34(0℃) 34(－20℃) 27(－40℃)	12MnV 14MnNb 16Mn 18Nb 16MnRE	各种大型船舶、铁路车辆、桥梁、管道、锅炉、压力容器、石油储罐、起重及矿山机械、建筑结构
Q390	A B C D E	390	490～650	19 19 20 20 20	— 34(20℃) 34(0℃) 34(－20℃) 27(－40℃)	15MnV 15MnTi 16MnNb	中、高压汽包，中、高压石油化工设备，大型船舶、桥梁，车辆及其他承受较高载荷的大型焊接结构
Q420	A B C D E	420	520～680	18 18 19 19 19	— 34(20℃) 34(0℃) 34(－20℃) 27(－40℃)	15MnVN 14MnVTiRE	中、高压锅炉及压力容器，大型船舶，车辆，电站设备
Q460	C D E	460	550～720	17 17 17	34(0℃) 34(－20℃) 27(－40℃)	14MnMoV 18MnMoNb	中温高压容器(＜120℃)，锅炉，化工、石油高压厚壁容器(＜100℃)，鸟巢

注：表中各牌号试样尺寸为厚度(直径)小于 16mm。

表 3-7　　　常用低合金高强度结构钢在汽车上的应用

牌 号	应 用 举 例
Q295A	水箱固定架底板、风扇叶片、车架横梁等
Q345B	车架纵梁、车架横梁、油箱托架、车架角撑、蓄电池固定厚板等
Q390B	车架前横梁、车架中横梁、前保险杠、车架角撑等

3.2.2.2　合金渗碳钢

合金渗碳钢是用于制造渗碳零件的钢。这类钢碳的质量分数在 0.10%～0.25%之间。通过渗碳处理使表面达到高碳(ω_C = 0.85%～1.05%)，而心部仍是较低的含碳量。这类钢经热处理后可以达到“表硬里韧”的性能，即能保证钢的表面具有高的强度和硬度，而心部具有足够的塑性和韧性。钢中常加入铬、镍、锰、硼等合金元素以提高钢的强度和淬透性，加入钒、钛等元素用以细化晶粒，提高渗碳层的耐磨性。

汽车上有许多零件是在高速、重载荷、强烈冲击和剧烈摩擦的状态下工作的，如变速齿轮、万向节十字轴、活塞销和气门挺杆等。它们的表面要求具有高硬度、高耐磨性，而心部则要求具有高的强度和韧性，因而这些零件大多采用合金渗碳钢制造。

合金渗碳钢种类很多，在汽车上用量也很大，以 15Cr、20Cr、18CrMnTi、20CrMnTi 及 20MnTiB 使用的最为广泛。近几年，含硼的渗碳钢(20Mn2B、20MnVB)在汽车中也被广泛采用，并用来代替 20CrMnTi 以节约贵重合金元素铬。常用合金渗碳钢的牌号、力学性能及用途见表 3-8，表 3-9 是常用合金渗碳钢在汽车上的应用。

3.2.2.3　合金调质钢

在汽车结构中某些重要零件，如发动机的连杆、汽车底盘的万向节、半轴等，它们都在多种载荷下工作，承受载荷情况较为复杂，因此，既要求零件具有良好的综合力学性能(良好的强韧性配合)，又要求有较高的韧性。这类零件通常由合金调质钢制造。

合金调质钢碳的质量分数一般在 0.25%～0.50%之间，属于中碳钢。钢中常加入铬、锰、镍、硼等合金元素以增加钢的淬透性，提高钢的强度，其中，镍还可以提高钢的韧性。加入钨、钼、钒、钛等合金元素可细化晶粒，提高钢的回火稳定性。

40Cr 钢是最常用的合金调质钢，其强度比 40 钢提高 20%，并具有良好的塑性。常用于制造转向节、汽缸盖螺栓等。为节约铬元素，也可用 40MnB 或 40MnVB 代替。合金调质钢的热处理是调质(淬火＋高温回火)，如果要求零件表面有较高的硬度和耐磨性，可以在调质后再进行表面热处理。

常用合金调质钢的牌号、力学性能及用途见表 3-10，表 3-11 是常用合金调质钢在汽车上的应用。

表 3-8　　　　常用合金渗碳钢的牌号、力学性能及用途

牌 号	热处理工艺				力学性能(不小于)					用途举例
	渗碳(℃)	第一次淬火温度(℃)	第二次淬火温度(℃)	回火温度(℃)	σ_s (MPa)	σ_b (MPa)	δ_5 (%)	ψ (%)	A_K (J)	
20Mn2	900～950	850 水、油	—	200 水、空气	590	785	10	40	47	代替 20Cr 等
15Cr		880 水、油	780 水～820 油		490	735	11	45	55	船舶主机螺钉、活塞销、凸轮、机车小零件及心部韧性高的渗碳零件
20Cr		880 水、油	780 水～820 油		540	835	10	40	47	机床齿轮、齿轮轴、蜗杆、活塞销及气门顶杆等
20MnV		880 水、油	—		590	735	10	40	55	代替 20Cr 等
20CrMnTi		880 油	870 油		853	1080	10	45	55	汽车、拖拉机的齿轮，凸轮，是 Cr-Ni 钢代用品
20Mn2B		880 油	—		885	1080	10	50	55	代替 20Cr、20CrMnTi 等
12CrNi3		860 油	780 油		685	930	11	50	71	大齿轮、轴
20CrMnMo		850 油	—		885	1175	10	45	55	代替含镍较高的渗碳钢作大型拖拉机齿轮、活塞销等大截面渗碳件
20MnVB		860 油	—		885	1080	10	45	55	代替 20CrMnTi、20CrNi 等
12Cr2Ni4		860 油	780 油		835	1080	10	50	71	大齿轮、轴
20Cr2Ni		880 油	780 油		1080	1175	10	45	63	大型渗碳齿轮、轴及飞机发动机齿轮
18Cr2Ni4WA		950 空气	850 空气		835	1175	10	45	78	坦克齿轮、高速柴油机、飞机发动机曲轴、齿轮

注：表中各牌号力学性能试验用试样尺寸为厚度(直径)15mm。

表 3-9　　　　常用合金渗碳钢在汽车上的应用

牌 号	应用举例
15Cr	活塞销、气门挺杆及调整螺栓、气门弹簧座等
20CrMnTi	变速齿轮、齿套、半轴齿轮、万向节和差速器十字轴等
15MnVB	变速轴、变速齿轮、齿套、钢板弹簧中心螺栓等
20MnVB	减速器齿轮、万向节十字轴、差速器十字轴、传动轴十字轴等

表 3-10　　常用合金调质钢的牌号、力学性能及用途

牌号	热处理工艺				力学性能(不小于)					用途举例
	淬火		回火		σ_s (MPa)	σ_b (MPa)	δ_5 (%)	ψ (%)	A_K (J)	
	温度(℃)	介质	温度(℃)	介质						
40Mn	840	水	600	水、油	335	590	15	45	47	轴、曲轴、连杆、螺栓、螺母、万向接头轴
40Cr	850	油	520	水、油	785	980	9	45	47	汽车后半轴、机床齿轮、花键轴、顶尖套、曲轴、连杆、转向节臂
45Mn2	840	油	550	水、油	735	885	10	45	47	轴、蜗杆、连杆等
40MnB	850	油	500	水、油	785	980	10	45	47	汽车转向轴、半轴、蜗杆
40MnVB	850	油	520	水、油	785	980	10	45	47	半轴、转向节臂、转向节主销
35SiMn	900	水	570	水、油	735	885	15	45	47	除要求低温(−20℃)韧性很高的情况外,可全面代替 40Cr 作调质件
40CrNi	820	油	520	水、油	785	980	10	45	55	重型机械齿轮、轴,燃气轮机叶片、转子和轴
40CrMn	840	油	550	水、油	835	980	9	45	47	在高速、高载荷下工作的轴、齿轮、离合器
35CrMo	850	油	550	水、油	835	980	12	45	63	主轴、大电机轴、曲轴、锤杆
30CrMnSi	880	油	520	水、油	885	1080	10	45	39	高压鼓风机叶片、联轴器、砂轮轴、齿轮、螺栓、螺母、轴套
38CrMoAlA	940	水、油	640	水、油	835	980	14	50	71	氮化件,如镗杆、蜗杆、高压阀门、精密齿轮、精密丝杠等
37CrNi3	820	油	500	水、油	980	1130	10	50	47	活塞销、凸轮轴、齿轮、重要螺栓、拉杆
25Cr2Ni4WA	850	油	550	水	930	1080	11	45	71	截面 200mm 以下要求淬透的大截面重要零件
40CrNiMoA	850	油	600	水、油	835	980	12	55	78	重型机械中高载荷的轴类,如汽轮机轴、锻压机的偏心轴、压力机曲轴、航空发动机轴
40CrMnMo	850	油	600	水、油	785	980	10	45	63	8 吨卡车的后桥半轴、齿轮轴、偏心轴、齿轮、连杆等

表 3-11　常用合金调质钢在汽车上的应用

牌　号	应用举例
40Cr	发动机支架固定螺栓、差速器壳螺栓、汽缸盖螺栓、减振器销、水泵轴、连杆盖、曲轴、连杆等
40MnB	半轴、水泵轴、变速器轴、转向节、转向臂、传动轴花键、万向节叉、汽缸盖螺栓、连杆螺栓等
45Mn2	进气门、半轴套管、钢板弹簧、U 形螺栓等
50Mn2	离合器从动盘、减振盘等

3.2.2.4　合金弹簧钢

合金弹簧钢是用于制造弹簧和弹性元件的专用钢。弹簧是汽车、机械和仪表中的重要零件，它是利用弹性变形时所储存的能量，缓和机械设备的振动和冲击作用。例如，汽车、拖拉机和机车上的板弹簧，除承受静载荷外，还要承受因地面不平所引起的冲击载荷和振动。此外，弹簧还可储存能量使其他机件完成预先规定的动作，如气门弹簧等。

合金弹簧钢碳的质量分数比调质钢高，一般为 0.46%～0.70%。钢中常加入锰、硅、铬等合金元素用以提高钢的强度和弹性极限，有重要用途的钢还加入少量的钼、钨、钒等合金元素，以提高韧性和回火稳定性。

弹簧是汽车的重要构件，具有能量储存、自动控制、缓冲平衡、固定复位、安全减振等作用。通常一辆汽车上装有 50～60 种、100 多件弹簧，用于悬架、发动机、离合器、制动器等重要部位。常用合金弹簧钢的牌号、力学性能及用途见表 3-12，表 3-13 是常用合金弹簧钢在汽车上的应用。

表 3-12　常用合金弹簧钢的牌号、力学性能及用途

牌　号	热处理工艺		力学性能(不小于)				用途举例
	淬火温度(℃)	回火温度(℃)	σ_s (MPa)	σ_b (MPa)	δ_{10} (%)	ψ (%)	
65Mn	830，油	540	430	750		30	气门弹簧、离合器弹簧、摇臂轴定位弹簧
55Si2Mn	870，油	480	1200	1300	6	30	汽车、拖拉机、机车上的减振板簧和螺旋弹簧
60Si2Mn	870，油	480	1200	1300	5	25	同 55Si2Mn
55SiMnVB	860，油	460	1226	1373	5	30	代替 60Si2Mn 钢制作汽车板簧和其他中等截面的板簧和螺旋弹簧

续表

50CrVA	850，油	500	1150	1300	10	40	用作高载荷重要弹簧及工作温度低于 300℃ 的阀门弹簧、活塞弹簧、安全阀弹簧等

表 3-13　　常用合金弹簧钢在汽车上的应用

牌　号	应用举例
65Mn	气门弹簧、制动室复位弹簧、摇臂轴定位弹簧、离合器压紧弹簧
55Si2Mn	钢板弹簧
60Si2Mn	钢板弹簧、牵引钩弹簧
55SiMnVB	钢板弹簧

3.2.2.5　超高强度钢

超高强度钢是指屈服强度大于 1400MPa，抗拉强度大于 1500MPa，兼有适当韧性的合金钢。它是在合金调质钢的基础上加入多种合金元素而形成和发展起来的。我国常用的超高强度钢有 30CrMnTiNi2A、4Cr5MoVSi 等。主要用做航空、航天工业的结构材料。如飞机主梁、起落架、发动机结构零件等。

3.2.3　滚动轴承钢

滚动轴承钢用来制造各种滚动轴承元件，如轴承内、外套圈和滚动体（滚珠、滚柱、滚针），属于专用结构钢。滚动轴承工作时承受很大的局部交变载荷，滚动体与套圈间接触应力较大，易使轴承工作表面产生接触疲劳破坏和磨损。因此，要求轴承钢具有高的硬度、耐磨性、弹性极限和接触疲劳强度，足够的韧性和耐蚀性。

滚动轴承钢碳的质量分数较高，一般为 0.95%～1.15%，以保证钢有高的硬度和耐磨性。钢中常加入 0.45%～1.65%的铬，用于提高钢的淬透性和耐磨性，对于大型轴承用钢还加入硅、锰等合金元素，使钢具有足够的韧性和疲劳强度。滚动轴承钢对硫、磷含量要求严格（ω_S＜0.025%，ω_P＜0.030%），因此它是一种高级优质钢，但其牌号后面没有符号“A”。

滚动轴承钢除用于轴承外，还用于制造其他耐磨零件，如汽车的油泵柱塞、喷油嘴、针阀等，也可制造形状复杂的工具、冲压模具和精密量具。常用滚动轴承钢的牌号、热处理及用途见表 3-14。

表 3-14　常用滚动轴承钢的牌号、热处理及用途

牌　号	热处理			用途举例
	淬火温度（℃）	回火温度（℃）	回火后硬度（HRC）	
GCr9	810～830	150～170	62～66	直径小于 20mm 的滚珠、滚柱及滚针
GCr15	825～845	150～170	62～66	中、小型轴承
GCr15SiMn	820～840	150～170	≥62	大型轴承或特大轴承的滚动体和内外套
GSiMnV	780～810	150～170	≥62	可代替 GCr15 钢
GSiMnVRE	780～810	150～170	≥62	可代替 GCr15 及 GCr15SiMn 钢
GSiMnMoV	770～810	165～175	≥62	可代替 GCr15SiMn 钢

3.2.4　合金工具钢

碳素工具钢经热处理后能达到很高的硬度和耐磨性。但因其淬透性低，淬火变形倾向大，热硬性差，因此，仅适用于制造尺寸较小、形状简单、精度低的模具、量具和低速手用刀具。合金工具钢是在碳素工具钢的基础上加入适量合金元素制成的。由于合金元素的加入，提高了钢的强度、淬透性和热硬性，减小了变形开裂倾向。因此，尺寸较大、形状复杂、精度要求高的模具、量具以及切削速度较高的刀具，都采用合金工具钢来制造。合金工具钢按其用途不同，可分为合金刃具钢、合金模具钢和合金量具钢。

3.2.4.1　合金刃具钢

合金刃具钢主要用于制造各种切削刀具，如车刀、铣刀等。刀具在切削过程中承受着高温、高压和强烈的摩擦，因此，要求刃具钢必须具有高的硬度、耐磨性、热硬性以及足够的强度和韧性。

合金刃具钢分为低合金刃具钢和高速钢两种。

(1)低合金刃具钢

低合金刃具钢碳的质量分数为 0.80%～1.50%，合金元素质量分数为 3%～5%。钢中常加入铬、锰、硅、钨、钒等合金元素，以提高钢的淬透性、回火稳定性和耐磨性，但由于钢中合金元素加入量较少，这类钢的工作温度一般不超过 300℃。主要用于制造切削速度较低、尺寸较大或形状复杂的切削刀具。

常用的低合金刃具钢有 9SiCr、CrWMn 和 9Mn2V 等。其中 9SiCr 钢有较高的硬度和耐磨性，常用于制造丝锥、板牙、铰刀等。CrWMn 钢的硬度高于 9SiCr 钢，可达到 64～66HRC，且热处理变形小，所以，常用于制造较精密的刀具，如长丝锥、长铰刀等。

低合金刃具钢的热处理为球化退火、淬火后低温回火。

(2)高速钢

高速钢是一种高碳、高合金元素含量的刃具钢，它以高速切削而得名。这类钢热处理后具有高的热硬性，在其切削温度高达 600℃时，仍能保持高硬度(60HRC 以上)和高耐

磨性。高速钢还具有很高的淬透性，在空气中冷却也能淬硬，并且刃口锋利，故又称为“锋钢”。主要用于制造重要的形状复杂的高速切削刀具。

高速钢碳的质量分数为 0.70%～1.65%，较高的含碳量主要是保证其具有高硬度和高耐磨性。钢中常加入钨、钼、铬、钒等合金元素，其总量超过 10%，从而大大提高了钢的淬透性和回火稳定性，使高速钢在高速、高温下进行切削时仍有很高的热硬性和耐磨性。

常用的高速钢有 W18Cr4V、W6Mo5Cr4V2 等。其中 W18Cr4V 钢是发展最早、应用最广泛的高速工具钢，其热硬性高，过热和脱碳倾向小，但韧性较差。主要用于制造一般高速切削的刀具，如拉刀、齿轮刀具等。W6Mo5Cr4V2 钢可作为 W18Cr4V 钢的代用品，与 W18Cr4V 钢相比，其热硬性稍差，但韧性和耐磨性较高，主要用于制造耐磨性和韧性配合较好的刀具，尤其适宜制作麻花钻头等薄刃刀具。

高速钢的热处理为高温(1270℃～1280℃)淬火后，再进行三次高温(560℃)回火。

3.2.4.2　合金模具钢

合金模具钢按使用条件不同，分为冷作模具钢、热作模具钢和塑料模具钢。

(1)冷作模具钢

冷作模具钢用于制造在冷态下变形或分离的模具，如冷冲模、冷镦模、冷挤压模等。冷作模具工作时承受很大的压力、弯曲力、冲击载荷和摩擦，因此要求模具工作部分有高的硬度(50～60HRC)、耐磨性、强度和韧性。

冷作模具钢碳的质量分数为 1.0%～2.0%，较高的含碳量是为了保证其具有高硬度和高耐磨性。钢中常加入铬、钨、钼、钒等合金元素，以提高钢的耐磨性、淬透性和回火稳定性。

目前广泛应用的是 Cr12 型钢，如 Cr12、Cr12MoV、Cr12Mo1V1 等。Cr12 型钢具有很高的硬度(约 1820HV)和耐磨性、较高的强度和韧性、热处理变形小等特点。主要用于制作大截面、形状复杂、变形要求严格的冷作模具。截面较大、形状较复杂、淬透性要求较高的冷作模具可以选用低合金工具钢 9SiCr、9Mn2V 或 GCr15 钢制造。

(2)热作模具钢

热作模具钢是使加热的金属或液体金属成型的模具，如热锻模、热挤压模、压铸模等。热作模具工作时承受到强烈摩擦、较高温度和大的冲击载荷以及强烈的冷热循环，导致模具易出现崩裂、磨损、塌陷、龟裂等失效现象。因此，要求热作模具钢在高温下应具有高的热硬性、耐磨性、高的抗氧化能力、高的热强性和足够的韧性。此外，对尺寸较大的热作模具，还要求有高的淬透性，以保证模具整体性能均匀，且热处理变形要小。

热作模具钢碳的质量分数为 0.3%～0.6%，以保证有良好的强度、硬度和韧性配合。加入镍、铬、钼、锰、硅等合金元素，可提高其强度、韧性、淬透性、抗热疲劳性及回火稳定性。

5CrMnMo 和 5CrNiMo 是最常用的热作模具钢，它们有较高的强度、耐磨性和韧性，优良的淬透性和良好的抗热疲劳性能。主要用于制作大中型热锻模。根据我国资源情况，应尽可能采用 5CrMnMo 钢。对于在静压下使金属变形的热挤压模、压铸模，常选用高温性能较好的 3Cr2W8V 钢或 4Cr5W2VSi 钢制作。

(3)塑料模具钢

塑料模具包括塑料模和胶木模等。它们都是用来在不超过 200℃ 的低温加热状态下，将细粉或颗粒状塑料压制成型。塑料模具在工作时，持续受热、受压，并受到一定程度的摩擦和有害气体的腐蚀，因此，塑料模具钢主要要求在 200℃时具有足够的强度和韧性，并具有较高的耐磨性和耐腐蚀性。

目前常用的塑料模具钢主要为 3Cr2Mo，用于中型塑料模具。其 $\omega_C=0.3\%$可保证热处理后获得良好的强韧性配合及较高的硬度和耐磨性，加入铬、钼等合金元素，可提高淬透性，减小变形。

3.2.4.3　合金量具钢

合金量具钢用来制作各种测量工具，如卡尺、千分尺、块规、塞规等。量具工作时主要受摩擦、磨损，承受外力很小，因此，要求量具用钢要有高的硬度（62～65HRC）、高的耐磨性和良好的尺寸稳定性。

量具用钢碳的质量分数较高，一般为 0.9%～1.5%，以保证其具有高的硬度和耐磨性。加入铬、钨、锰等合金元素，可提高淬透性，减小变形。

最常用的量具钢为碳素工具钢和低合金刃具钢。碳素工具钢 T10A、T12A 常用于尺寸小、形状简单、精度要求不高的量具，如样板、塞规等。低合金刃具钢 9SiCr、CrWMn 和 9Mn2V 等因含有少量合金元素，热处理变形小，适合制作形状复杂、精度要求高的量具。

3.2.5　不锈耐蚀钢、耐热钢和耐磨钢

3.2.5.1　不锈耐蚀钢

不锈耐蚀钢是指在腐蚀介质中具有高抗腐蚀能力的钢。按其合金元素的不同，常用的有铬不锈钢和铬镍不锈钢。

（1）铬不锈钢

铬不锈钢的合金元素以铬为主，其含量一般大于 13%，大量铬使钢表面形成一层致密的氧化膜，将钢与外部介质隔离，避免金属继续被腐蚀。铬不锈钢碳的质量分数一般为 0.1%～0.4%，以保证钢有一定的强度、硬度和耐磨性，但碳的质量分数过高，会降低钢的耐腐蚀性。

铬不锈钢一般是在弱腐蚀条件下工作的，其主要牌号有 1Cr13、2Cr13 和 3Cr13、4Cr13 等。随着碳的质量分数的增加，钢的强度、硬度提高，而耐腐蚀性相应减弱。1Cr13、2Cr13 钢碳的质量分数较低，具有良好的耐腐蚀性和塑性、韧性，适用于制造承受冲击载荷的耐腐蚀零件，如汽轮机叶片、水压机阀等。3Cr13、4Cr13 钢碳的质量分数较高，淬火后能获得较高的强度、硬度，常用于制造轴承、弹簧、医疗器械等耐磨零件。

（2）铬镍不锈钢

铬镍不锈钢碳的质量分数较低，钢中的合金元素以铬和镍为主，其铬含量为 18%左右，镍含量为 8%～11%。铬镍不锈钢由于存在大量的铬、镍元素，不仅使钢表面形成氧化膜，提高钢的耐腐蚀性，而且使钢热处理后能获得单一组织，防止电化学腐蚀的产生，并具有良好的塑性、焊接性和低温韧性。铬镍不锈钢的主要牌号有 1Cr18Ni9、1Cr18Ni9Ti、2Cr18Ni9 等，主要用于制造在各种强腐蚀介质中工作的零件，如吸收塔、管道、化工容器

等。此外，由于铬镍不锈钢是单一组织，没有磁性，还可以用做仪器、仪表中的防磁零件。

不锈耐蚀钢在汽车上可用于制作空气压缩机阀片、化油器针阀、外装饰件等。

3.2.5.2　耐热钢

耐热钢是指在高温下不易发生氧化并具有较高强度的钢。包括抗氧化钢和热强钢两类。

(1)抗氧化钢

抗氧化钢是指在高温下有良好的抗氧化能力，并具有一定强度的钢。主要用于在高温下工作，而强度要求不高的零件。这类钢常加入足够的铬、硅、铝等合金元素，使钢在高温下与氧接触时表面形成致密的高熔点氧化膜，严密地覆盖在钢的表面，以隔绝高温氧化性气体对钢的继续腐蚀。

常用的抗氧化钢有3Cr18Mn12Si2N、3Cr11Ni25Si2、2Cr20Mn9Ni2Si2N、1Cr13SiAl等，其最高工作温度可达1000℃，用于制造各种加热炉内结构件。如加热炉底板、马弗罐、加热炉传送带料盘等。

(2)热强钢

热强钢是指在高温下有良好的抗氧化能力，并具有较高强度的钢。这类钢常加入铬、镍、钨、钼、硅等合金元素，以提高钢的高温强度和高温抗氧化能力。

常用的热强钢有15CrMo、4Cr9Si2、4Cr10Si2Mo钢等。15CrMo钢是典型的锅炉用钢，适于制造500℃以下长期工作的零件。4Cr9Si2、4Cr10Si2Mo钢常用于制造汽车发动机排气阀。

汽车上用耐热钢制造的零件有发动机的进排气门、涡流室镶块、涡轮增压器转子、排气净化装置等。国产汽车的气门用钢主要有4Cr10Si2Mo、45Cr9Si3、8Cr20Si2Ni等。

3.2.5.3　耐磨钢

耐磨钢是指在强烈的冲击和巨大的压力下，才能产生硬化的钢。其碳的质量分数为1.0%～1.3%，锰的质量分数为11%～14%，因锰的质量分数高，故又称高锰耐磨钢。

耐磨钢经热处理后塑性和韧性好，硬度并不高。当它受到强烈的冲击和挤压时，表面因塑性变形而迅速产生硬化，硬度大大提高，从而具有高的耐磨性。当表面磨损后，新露出的表面又因受到冲击和挤压而提高耐磨性。耐磨钢不宜切削加工，但有良好的铸造性能，所以一般都采用铸造成型。

常用耐磨钢的牌号为ZGMn13，广泛应用于制造在强烈冲击和严重磨损条件下工作的零件，如拖拉机履带、挖掘机铲齿、铁路道岔等。

3.2.6　铸　钢

铸钢是冶炼后直接铸造成型的钢种。在实际生产中，一些形状复杂、在工艺上又很难用锻压方法成型，而且要求有较高的强度和塑性，并承受冲击载荷的大型零件，通常采用铸钢制造，例如汽车的变速箱壳、机车车辆的车钩和联轴器等。铸钢的铸造性能比铸铁差，但力学性能比铸铁好。随着铸造技术的进步，铸钢件在组织、性能、精度和表面粗糙度等方面都已接近锻钢件，可以不经切削加工或只需少量切削加工后使用，能大量节约钢材，降低成本，因此得到了更加广泛的应用。

铸钢的牌号有两种表示方法：用力学性能表示时，用“铸”和“钢”两字汉语拼音首位字母“ZG”后加两组数字表示，第一组数字表示屈服强度的最低值，第二组数字表示抗拉强度的最低值。例如 ZG200-400 表示 $\sigma_s \geqslant 200$MPa，$\sigma_b \geqslant 400$MPa 的铸钢。用化学成分表示时，在“ZG”后面的一组数字表示铸钢平均碳的质量分数的万分之几，其后面排列的是各主要合金元素符号及其质量分数。如 ZG37SiMn2MoV 钢表示其碳的平均质量分数为 0.37%，锰的质量分数为 2%，硅、钼、钒的质量分数均小于 1.5%。

铸钢主要有碳素铸钢和低合金铸钢两大类。碳素铸钢按用途分为一般工程用碳素铸钢和焊接结构用碳素铸钢，见表 3-15。低合金铸钢是在碳素铸钢基础上，提高锰、硅的含量，以发挥其合金化作用，另外还添加铬、钼等合金元素。常用牌号有 ZG40Cr、ZG40Mn 和 ZG35CrMo 等。低合金铸钢的综合力学性能明显优于碳素铸钢，大多数用于承受较重载荷、冲击和摩擦的机械零件，如各种高强度齿轮、高速列车车钩等。为充分发挥低合金铸钢的性能，通常对其进行退火、正火、调质和表面强化热处理。

常用铸造碳钢在汽车上的应用见表 3-16。

表 3-15　　碳素铸钢的牌号、力学性能与用途

种　类	牌　号	对应旧牌号	力学性能(≥)					应用举例
			σ_s (MPa)	σ_b (MPa)	δ_5 (%)	ψ (%)	A_K (J)	
一般工程用碳素铸钢	ZG200-400	ZG15	200	400	25	40	30	良好的塑性、韧性和焊接性能，用于受力不大，要求高韧性的零件
	ZG230-450	ZG25	230	450	22	32	25	一定的强度、较好的韧性和焊接性能，用于受力不大，要求高韧性的零件
	ZG270-500	ZG35	270	500	18	25	22	较高的强韧性，用于受力较大且有一定韧性要求的零件，如连杆、曲轴
	ZG310-570	ZG45	310	570	15	21	15	较高的强度和较低的韧性，用于载荷较高的零件，如大齿轮、制动轮
	ZG340-640	ZG55	340	640	10	18	10	高的强度、硬度和耐磨性，用于齿轮、棘轮、联轴器叉头等
焊接结构用碳素铸钢	ZG200-400H	ZG15	200	400	25	40	30	由于碳的质量分数偏下限，故焊接性能优良，其用途基本与 ZG200-400、ZG230-450、ZG270-500 相同
	ZG230-450H	ZG20	230	450	22	35	25	
	ZG275-485H	ZG25	275	485	20	35	22	

表 3-16　　常用铸造碳钢在汽车上的应用

牌　号	应用举例
ZG270-500	机油管法兰、化油器活接头、车门限制器限制块等
ZG310-570	进排气歧管压板、风扇过渡法兰、前减振器下支架、变速叉、起动爪等
ZG340-640	齿轮、棘轮等

3.3　铸　铁

铸铁是含碳量大于 2.11%(一般为 2.5%～4.0%)的铁碳合金。它是以铁、碳、硅为主要组成元素,并比碳钢含有较多的锰、硫、磷等杂质的多元合金。

铸铁在汽车制造业应用很广,据统计,汽车的铸铁用量占整车金属重量的 50%以上。汽车发动机的汽缸体、汽缸盖、活塞环,以及变速箱的外壳、后桥壳等零件大部分由铸铁制造。铸铁之所以能得到广泛应用,是因为其生产工艺简单、成本低,同时具有良好的铸造性能、切削加工性能、耐磨性和减振性。特别是由于采用了球化和变质处理,使铸铁的力学性能有了很大提高,很多原来用碳素钢、合金钢制造的零件,目前已被铸铁代替,从而使铸铁的应用更为广泛。常见铸铁制造的汽车零件如图 3-3 所示。

(a) 灰口铸铁制造的变速器壳

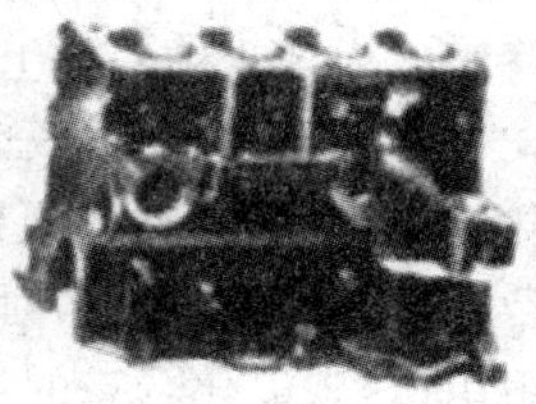

(b) 合金铸铁制造的汽缸体

(c) 球墨铸铁制造的驱动桥壳

(d) 合金铸铁制造的凸轮轴

图 3-3　常见铸铁制造的汽车零件

3.3.1 铸铁的石墨化

铸铁中石墨的形成过程称为石墨化。铸铁中的碳以两种形式存在，即化合态的渗碳体(Fe_3C)和游离态的石墨(G)。碳究竟以哪种形式存在，取决于铸铁的化学成分和冷却速度。

3.3.1.1 影响石墨化的因素

(1)化学成分

铸铁中影响石墨化的元素主要是碳、硅、锰、硫、磷。其中，碳和硅是强烈促进石墨化的元素，铸铁中碳和硅的质量分数越高，石墨化程度就越充分。锰是阻碍石墨化的元素，但锰能和硫化合形成硫化锰，减弱了硫对石墨化的不利影响。从某种意义上说，锰是间接促进石墨化的元素。所以，铸铁中允许有适量的锰。硫是强烈阻碍石墨化的元素，硫还会降低铁水的流动性，引起铸铁产生热裂，所以，铸铁中硫含量越低越好。磷也是促进石墨化的元素，但作用不强烈，且磷的存在对铸铁的性能有不利影响，应严格控制其含量。

(2)冷却速度

铸铁在结晶过程中，冷却速度对石墨化影响很大。冷却速度越慢，越有利于石墨化。影响冷却速度的因素主要有造型材料的性能、浇注温度的高低、铸件壁厚的大小等。

由于石墨化程度的不同，铸铁的常见组织有以下几种：

石墨化非常充分时，铸铁的最终组织为铁素体基体上分布着石墨(F+G)；石墨化比较充分时，铸铁的最终组织为珠光体基体上分布着石墨或铁素体与珠光体基体上分布着石墨(P+G 或 F+P+G)；石墨化不太充分时，铸铁的最终组织为莱氏体与珠光体基体上分布着石墨；当石墨化未进行时，铸铁的最终组织为莱氏体、珠光体和渗碳体。图 3-4 为化学成分(碳、硅含量)和冷却速度(壁厚)对石墨化的影响。可见，铸件壁越薄，碳、硅含量越低，越易形成白口组织(即碳以化合态的渗碳体的形式存在)。

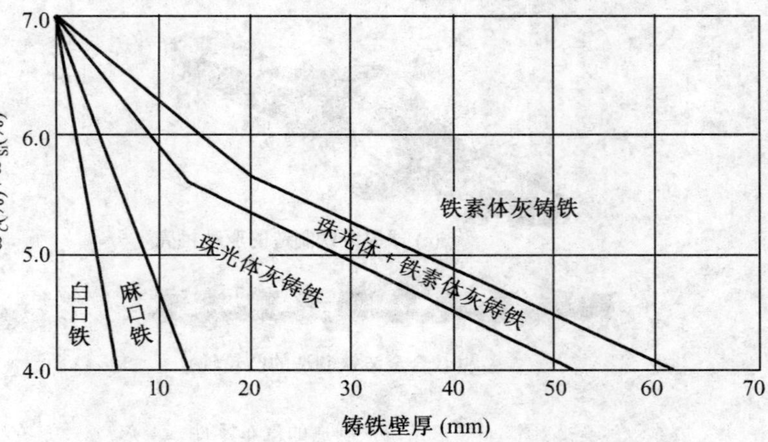

图 3-4 化学成分和冷却速度对石墨化的影响

3.3.1.2　铸铁的分类

根据石墨化程度及试样断口色泽的不同，铸铁可分为白口铸铁、灰口铸铁和麻口铸铁。

(1)白口铸铁

白口铸铁中的碳全部或大部分以化合态渗碳体的形式存在，因其断口呈白亮色，故称白口铸铁。白口铸铁硬度高，脆性大，很难切削加工，故很少直接用来制造机械零件，主要用做炼钢原料及可锻铸铁的毛坯。有时也利用它硬而耐磨的特性铸造出表面有一定深度的白口层，中心为灰口铸铁的铸件，称为冷硬铸铁件。冷硬铸铁应用于一些耐磨的零件，如犁铧及球磨机的磨球、EQ1092 发动机中的气门挺杆等。为了得到表层的高硬度和耐磨性，常用激冷的方法使表层获得白口铸铁的组织，而心部由于冷却速度较慢仍为灰口铸铁组织。

(2)灰口铸铁

灰口铸铁中碳主要以石墨的形式存在，因其断口呈暗灰色而得名。灰口铸铁由于有一定的力学性能和良好的切削加工性能，因此是工业生产中应用最广泛的一种铸铁。

根据石墨形态不同，灰口铸铁又分为灰铸铁、球墨铸铁、可锻铸铁和蠕墨铸铁，石墨形状分别为片状、球状、团絮状及蠕虫状，如图 3-5 所示。

(3)麻口铸铁

麻口铸铁中碳一部分以石墨的形式存在，另一部分以渗碳体的形式存在，断口呈灰白相间的麻点。这类铸铁脆性大、硬度高，难以加工，工业上很少应用。

此外，为了进一步提高铸铁的性能或得到某种特殊性能，常向铸铁中加入一种或多种合金元素(Cr、Cu、W、Al、B 等)，而得到合金铸铁(特殊性能铸铁)，如耐磨铸铁、耐热铸铁、耐蚀铸铁等。

3.3.2　灰铸铁

3.3.2.1　灰铸铁的组织和性能

灰铸铁的组织是由碳钢的基体加片状石墨组成。按基体组织不同，灰铸铁分为铁素体灰铸铁、铁素体—珠光体灰铸铁和珠光体灰铸铁三类。

灰铸铁的性能取决于基体的组织和石墨的形态。由于石墨的强度极低，因此可以把铸铁看成是布满裂纹和空洞的钢。石墨的存在不仅破坏了金属基体的连续性，而且减少了金属基体承受载荷的有效截面，使实际应力大大增加；另一方面在石墨尖角处易造成应力集中使尖角处的应力远大于平均应力。所以，灰铸铁的抗拉强度、塑性和韧性远低于钢。石墨片的数量越多、尺寸越大、分布越不均匀，对力学性能的影响就越大。但石墨的存在对灰铸铁的抗压强度影响不大，因为抗压强度主要取决于灰铸铁的基体组织，灰铸铁的抗压强度与钢相近，因此，灰铸铁“抗压不抗拉”。

片状石墨虽然降低了灰铸铁的抗拉强度、塑性和韧性，但它却使灰铸铁具有一系列优良性能，如良好的铸造性能，优良的切削加工性能，良好的耐磨性、减振性和低的缺口敏

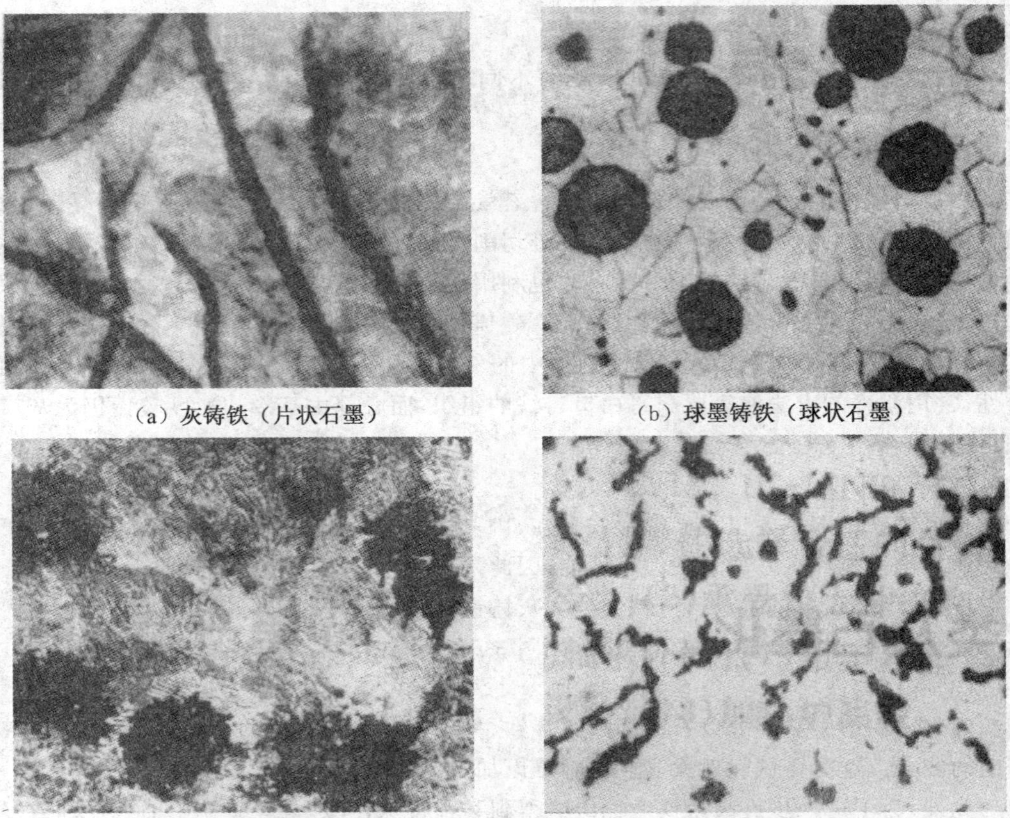

(a) 灰铸铁(片状石墨)　(b) 球墨铸铁(球状石墨)

(c) 可锻铸铁(团絮状石墨)　(d) 蠕墨铸铁(蠕虫状石墨)

图 3-5　灰口铸铁中石墨的形状

感性。

三种不同基体的灰铸铁中,铁素体灰铸铁的强度、硬度和耐磨性最低,但塑性较好;珠光体灰铸铁的强度、硬度、耐磨性较高,但塑性较差;铁素体—珠光体灰铸铁的性能介于以上两者之间。

3.3.2.2　灰铸铁的变质处理(孕育处理)

灰铸铁组织中因有片状石墨的存在,因而它的力学性能较低。为了改善灰铸铁的组织,提高其力学性能,可对灰铸铁进行变质处理。

灰铸铁的变质处理就是在浇注前向铁水中加入少量变质剂(硅铁或硅钙合金),改变铁水的结晶条件,以获得细小的珠光体基体和细小均匀分布的片状石墨组织。经变质处理后的灰铸铁称为变质铸铁或孕育铸铁。灰铸铁经变质处理后强度有较大的提高,塑性和韧性也得到改善,常用于力学性能较高、截面尺寸较大的铸件。

3.3.2.3 灰铸铁的牌号及用途

灰铸铁的牌号由“HT＋数字”表示，其中“HT”代表“灰铁”二字，后面的数字表示其最小抗拉强度值。如 HT250 表示最小抗拉强度为 250MPa 的灰铸铁。常用灰铸铁的牌号与用途见表 3-17。

表 3-17　　常用灰铸铁的牌号与用途

牌　号	铸铁类别	铸件壁厚（mm）	铸件最小抗拉强度（MPa）	适用范围及用途举例
HT100	铁素体灰铸铁	2.5～10	130	适用于载荷小，对摩擦磨损无特殊要求的零件，如盖、外罩、油盘、手轮、支架、底板、重锤等
		10～20	100	
		20～30	90	
		30～50	80	
HT150	铁素体—珠光体灰铸铁	2.5～10	175	适用于承受中等应力的零件，如普通机床上的支柱、底座、齿轮箱、刀架、床身、轴承座、工作台、皮带轮等
		10～20	145	
		20～30	130	
		30～50	120	
HT150	珠光体灰铸铁	2.5～10	220	适用于承受大载荷的重要零件，如汽车、拖拉机的汽缸体、汽缸盖、制动轮等
		10～20	195	
		20～30	170	
		30～50	160	
HT250		4.0～10	270	适用于承受大应力、重要的零件，如联轴器盘、油缸、阀体、泵体、泵壳、化工容器及活塞等
		10～20	240	
		20～30	220	
		30～50	200	
HT300	孕育铸铁	10～20	290	适用于承受高载荷、高气密性和要求耐磨的重要零件，如剪床、压力机等重型机床的床身、机座、机架以及受力较大的齿轮、凸轮、衬套，大型发动机的汽缸体、汽缸套、汽缸盖、油缸、泵体、阀体等
		20～30	250	
		30～50	230	
HT350		10～20	340	
		20～30	290	
		30～50	260	

由于灰铸铁具有以上一系列性能特点，而且生产成本比钢低得多，因此被广泛地用来制作各种受力不大或以承受压应力为主和要求减振性好的机床床身与机架、结构复杂的壳体与箱体、承受摩擦的缸体与导轨等。灰铸铁是汽车制造工业中应用最多的一种铸铁。

在汽车上多用于不镶缸套的整体缸体、缸盖等零件的制造，还可用于制造飞轮、飞轮壳、变速箱壳及盖、离合器壳及压板，进、排气支管，制动鼓以及液压制动总泵和分泵的缸体。灰铸铁在汽车上的应用见表 3-18。

表 3-18　　灰铸铁在汽车上的应用

牌　号	应用举例
HT150	进排气歧管、变速器壳体、水泵叶轮
HT200	凸轮轴正时齿轮、飞轮壳、汽缸体、汽缸盖、气门导管、制动蹄等
HT250	汽缸体、飞轮、曲轴带轮等

3.3.2.4　灰铸铁的热处理

灰铸铁的热处理只能改变基体的组织，而不能改变石墨的形状、大小、数量和分布情况。所以，灰铸铁的热处理一般只用于消除铸件内应力和白口组织，稳定尺寸，提高工件表面硬度和耐磨性。

(1)去应力退火

在热处理炉中，将铸件加热到 500℃～600℃，保温一段时间后随炉缓冷至 150℃～200℃以下出炉空冷，用于消除铸件在凝固过程中因冷却不均匀而产生的铸造应力，防止铸件在加工和使用过程中产生变形和裂纹。有时把铸件在露天场地放置数月甚至一年以上，使铸造应力得到松弛，这种方法称为自然时效。大型灰铸铁件常常用此法来消除铸造应力。

(2)消除铸件白口的高温退火

铸件在冷却过程中由于表层及薄壁处冷却速度较快，出现白口组织，使铸件硬度和脆性增加，造成切削加工困难并影响正常使用。消除白口的高温退火工艺是：在热处理炉中，将铸件加热到 800℃～950℃，保温 1～3h，然后随炉冷却到 400℃～500℃，出炉后空冷，使 Fe_3C 分解为铁素体和石墨。

(3)表面淬火

对于用灰铸铁制造的机床导轨表面和内燃机汽缸套内壁等摩擦工作表面，需要有较高的硬度和耐磨性。可以采用表面淬火的方法来提高表面硬度，延长使用寿命。常用的方法有火焰加热表面淬火、高(中)频感应加热表面淬火和接触电阻加热表面淬火。

3.3.3　可锻铸铁

可锻铸铁俗称马铁或玛钢，它是由白口铸铁经长时间的高温石墨化退火而获得的具有团絮状石墨组织的铸铁。因其塑性优于灰铸铁而得名，实际上可锻铸铁并不能进行锻造加工。

3.3.3.1　可锻铸铁的组织及性能

可锻铸铁的组织一般为铁素体基体加团絮状石墨或珠光体基体加团絮状石墨。铁素体基体的可锻铸铁因其断口呈黑色，故称黑心可锻铸铁。

可锻铸铁因基体组织不同，其性能也不相同。黑心可锻铸铁具有较高的塑性和韧性，而珠光体可锻铸铁则具有较高的强度、硬度和耐磨性，但塑性和韧性低于黑心可锻铸铁。

由于可锻铸铁中的石墨呈团絮状，因此，极大地减轻了对金属基体的割裂作用和应力集中现象，所以其强度比灰铸铁高很多，塑性和韧性也有较大的提高。

3.3.3.2　可锻铸铁的牌号及用途

可锻铸铁的牌号是由“KTH”或“KTZ”和两组数字组成。其中“KT”是可锻铸铁的代号，“H”表示黑心可锻铸铁，“Z”表示珠光体可锻铸铁，代号后面的两组数字分别表示最低抗拉强度 σ_b 值(MPa)和最低断后伸长率 δ 的百分数。例如牌号 KTH300-06 表示最低抗拉强度为 300MPa，最低断后伸长率为 6%的黑心可锻铸铁。

由于可锻铸铁既有较好的铸造性能，又有较高的强度和一定的塑性和韧性，因此主要用于制造形状复杂、强度和韧性要求较高的薄壁零件，如汽车的后桥壳、差速器壳、轮毂、制动踏板、供排水系统和煤气管道的管件接头和阀门壳体等。因为当铸件壁较厚、尺寸较大时，其心部的冷却速度不够快，铁水浇注时难以获得整个截面的白口组织，所以仅适用于薄壁和小型零件。

虽然可锻铸铁的力学性能比灰铸铁好，但它所用的原料是白口铸铁，成本较高，而且仅适用于薄壁和小型零件，所以，随着球墨铸铁的发展，原来使用可锻铸铁制造的零件逐渐被球墨铸铁替代。

常用可锻铸铁的牌号、力学性能及用途举例见表 3-19，可锻铸铁在汽车上的应用见表 3-20。

表 3-19　　常用可锻铸铁的牌号、力学性能及用途举例

种类	牌号	力学性能(不小于)				适用范围及用途举例
		σ_s (MPa)	$\sigma_{r0.2}$ (MPa)	δ (%)	硬度 (HBS)	
黑心可锻铸铁	KTH300-06	300		6	不大于 150	适用于在冲击载荷和静载荷作用下，要求气密性好的零件，如管道配件、中低压阀门等
	KTH330-08	330		8		适用承受中等冲击载荷和静载荷的零件，如机床扳手、车轮壳、钢丝绳轧头等
	KTH350-10	350	220	10		适用于在较高的冲击、振动及扭转负荷下工作的零件，如汽车的后桥壳、差速器壳、前后轮毂、转向节壳、管道接头等
	KTH370-12	370	—	12		
珠光体可锻铸铁	KTZ450-06	450	270	6	150～250	适用于承受较高载荷、耐磨损，并要求有一定韧性的重要零件，如曲轴、凸轮轴、连杆、车轮、摇臂、活塞环、万向节叉、棘轮、扳手等
	KTZ550-04	550	340	4	180～230	
	KTZ650-02	650	430	2	210～260	
	KTZ700-02	700	530	2	240～290	

表 3-20　　可锻铸铁在汽车上的应用

牌号	应用举例
KTH350-10	后桥壳、差速器壳、减速器壳、轮毂、钢板弹簧吊架、制动蹄片等
KTZ450-06	曲轴、凸轮轴、连杆、车轮、活塞环、发动机摇臂等

3.3.4　球墨铸铁

球墨铸铁是在灰铸铁的铁水中加入球化剂（稀土镁合金）和孕育剂（硅铁），进行球化—孕育处理后得到的具有球状石墨的铸铁。

3.3.4.1　球墨铸铁的组织及性能

球墨铸铁的组织可看成是碳钢的基体加球状石墨。按基体组织不同，常用的球墨铸铁有铁素体球墨铸铁、铁素体—珠光体球墨铸铁、珠光体球墨铸铁、马氏体球墨铸铁和贝氏体球墨铸铁等。

由于球墨铸铁中石墨呈球状，对基体的割裂作用和引起应力集中现象减至最小，因此基体的强度利用率高。在所有铸铁中，球墨铸铁的力学性能最高，与相应组织的铸钢相似，冲击疲劳抗力高于中碳钢，屈强比是钢的二倍，但球墨铸铁的塑性和韧性均低于铸钢。

球墨铸铁的力学性能与基体组织和石墨的状态有关。石墨球越细小、越圆整、分布越均匀，则球墨铸铁的强度、塑性、韧性越好。铁素体基体具有较高的塑性和韧性；珠光体基体强度、硬度和耐磨性较高；马氏体基体硬度最高，但韧性最低；贝氏体基体具有良好的综合力学性能。

球墨铸铁具有近似于灰铸铁的某些优良的铸造性能、减摩性、切削加工性等。但球墨铸铁也有一些缺点，如化学成分要求严格，白口倾向大，凝固时收缩率大等，因而对熔炼、铸造工艺要求高，生产成本高。

由于球状石墨对基体割裂作用不大，因此球墨铸铁可通过热处理进行强化。常用的热处理方法有退火、正火、调质、等温淬火等，也可以进行表面淬火、渗氮等。其工艺过程可参考有关热处理资料。

3.3.4.2　球墨铸铁的牌号及用途

球墨铸铁的牌号由“QT”和两组数字组成。其中“QT”是球墨铸铁的代号，代号后面的两组数字分别表示最低抗拉强度 σ_b 值（MPa）和最低断后伸长率 δ 的百分数。例如牌号 QT600-3 表示最低抗拉强度为 600MPa，最低断后伸长率为 3%的球墨铸铁。常用球墨铸铁的牌号、力学性能及用途见表 3-21。

曲轴是球墨铸铁在汽车上应用最成功的典型零件。东风 5 吨载货汽车的 6100 汽油机采用球墨铸铁曲轴已有 20 多年。此外，汽车上的驱动桥壳体、发动机齿轮等重要零件也常采用球墨铸铁制造。汽车工业是球墨铸铁的主要用户，在发达的工业化国家中，球墨铸铁件产量中有 20%～40%用于汽车。球墨铸铁在汽车上的应用见表 3-22。

表 3-21　　常用球墨铸铁的牌号、力学性能及用途

牌　号	基体组织类型	力学性能(不小于)				适用范围及用途举例
		σ_s (MPa)	$\sigma_{r0.2}$ (MPa)	δ (%)	硬度 (HBS)	
QT400-18	铁素体	400	250	18	130～180	承受冲击、振动的零件,如汽车、拖拉机的轮毂、驱动桥壳、差速器壳、拨叉,农机具零件,中低压阀门,上、下水及输气管道,电机机壳,齿轮箱,飞轮壳等
QT400-15	铁素体	400	250	15	130～180	
QT450-10	铁素体	450	310	10	160～210	
QT500-7	铁素体＋珠光体	500	320	7	170～230	机器座架、传动轴、飞轮、电动机架、内燃机的机油泵齿轮、铁路机车车辆轴瓦等
QT600-3	铁素体＋珠光体	600	370	3	190～270	载荷大、受力复杂的零件,如汽车、拖拉机的曲轴、连杆、凸轮轴、汽缸套,部分磨床、铣床、车床的主轴,机床蜗杆、蜗轮,轧钢机轧辊,大齿轮,小型水轮机主轴,汽缸体,桥式起重机大小滚轮等
QT700-2	珠光体	700	420	2	225～305	
QT800-2	珠光体或回火组织	800	480	2	245～335	
QT900-2	贝氏体或回火马氏体	900	600	2	280～360	高强度齿轮,如汽车后桥螺旋锥齿轮、大型减速器齿轮,内燃机曲轴、凸轮轴等

表 3-22　　球墨铸铁在汽车上的应用

牌　号	应用举例
QT450-10	轮毂、转向器壳、制动蹄、牵引钩前支撑座、辅助钢板弹簧支架等
QT600-03	曲轴、发动机摇臂、牵引钩支撑座、钢板弹簧侧垫板及滑块等

3.3.5　蠕墨铸铁

蠕墨铸铁是近几年发展起来的一种新型铸铁。它是在灰铸铁的铁水中加入适量的蠕化剂和孕育剂,经蠕化—孕育处理后获得的具有蠕虫状石墨的铸铁。目前常用的蠕化剂有稀土镁钛合金、稀土硅铁合金和稀土硅钙合金等。

3.3.5.1　蠕墨铸铁的组织及性能

蠕墨铸铁的组织是由钢的基体和蠕虫状石墨组成。其基体也有铁素体基体、铁素体—珠光体基体和珠光体基体三种。

由于蠕墨铸铁中的石墨呈蠕虫状(类似于片状,但片短而厚,头部较圆、较钝,形似蠕虫),对基体的割裂作用介于灰铸铁与球墨铸铁之间,因此其力学性能也介于灰铸铁与球

墨铸铁之间。既具有灰铸铁良好的导热性、减振性、切削加工性和铸造性能，又有与球墨铸铁相近的抗拉强度、塑性和韧性。

3.3.5.2 蠕墨铸铁的牌号及用途

蠕墨铸铁的牌号由“RuT”和一组数字组成。其中“RuT”是蠕墨铸铁的代号，代号后面的数字表示最低抗拉强度 σ_b 值（MPa）。例如牌号 RuT300 表示最低抗拉强度为 300MPa 的蠕墨铸铁。蠕墨铸铁的牌号、力学性能及用途见表 3-23。

蠕墨铸铁主要应用于经受热循环载荷，要求组织致密、强度较高、形状复杂的零件，如大型柴油机的汽缸体、制动鼓，大型电动机外壳，阀体，机座等。在汽车上主要用于制造柴油机汽缸盖、进排气管、制动盘和制动鼓等。

表 3-23　　蠕墨铸铁的牌号、力学性能及用途

<table>
<tr><th rowspan="2">牌 号</th><th rowspan="2">基体组织类型</th><th colspan="4">力学性能(不小于)</th><th rowspan="2">适用范围及用途举例</th></tr>
<tr><th>σ_s (MPa)</th><th>$\sigma_{r0.2}$ (MPa)</th><th>δ (%)</th><th>硬度 (HBS)</th></tr>
<tr><td>RuT260</td><td>铁素体</td><td>260</td><td>195</td><td>3.0</td><td>121～197</td><td>制造活塞环、缸套、制动盘、制动鼓、玻璃模具、钢珠研磨盘、吸淤泵体等</td></tr>
<tr><td>RuT300</td><td rowspan="2">铁素体＋珠光体</td><td>300</td><td>240</td><td>1.5</td><td>140～217</td><td>带导轨面的重型机床件，大型齿轮箱体，大型龙门铣横梁，盖，座，制动鼓，飞轮，玻璃模具，起重机卷筒，烧结机滑板等</td></tr>
<tr><td>RuT340</td><td>340</td><td>270</td><td>1.0</td><td>170～249</td><td>排气管、变速器壳、缸盖、纺织机械零件、液压件、小型烧结机齿轮等</td></tr>
<tr><td>RuT380</td><td rowspan="2">珠光体</td><td>380</td><td>300</td><td>1.0</td><td>193～274</td><td rowspan="2">增压器废气进气壳体，汽车、拖拉机的某些底盘零件</td></tr>
<tr><td>RuT420</td><td>420</td><td>335</td><td>1.0</td><td>200～280</td></tr>
</table>

3.3.6 特殊性能铸铁

为满足工业上对铸铁的特殊性能要求，向铸铁中加入某些合金元素，从而可获得具有特殊性能的铸铁，其包括耐热铸铁、耐磨铸铁和耐蚀铸铁。汽车中常用的有耐热铸铁和耐磨铸铁。

3.3.6.1 耐热铸铁

普通铸铁加热到 450℃以上的高温时，会发生表面氧化和“热生长”现象。热生长是指铸铁在高温下产生的体积不可逆膨胀现象（严重时胀大 10%左右）使铸铁体积变化，力学性能降低，出现显微变形和裂纹。

耐热铸铁是在铸铁中加入硅、铝、铬等元素，使铸件表面在高温下形成一层致密的氧化膜，将内层金属与氧化介质隔绝，使内层金属在高温时不被氧化，从而提高了铸铁的耐

热性。

常用耐热铸铁有高硅和铝硅耐热球墨铸铁。例如 RQTSi5 是硅耐热球墨铸铁，使用温度可达 850℃，应用于炉条、烟道挡板、换热器等。RQTAl5Si5 是硅铝耐热球墨铸铁，使用温度可达 1050℃，应用于加热炉底板、钩链、焙烧机构件等。耐热铸铁在汽车上主要用于制造高温下工作的发动机进、排气门座和排气管密封环等。

3.3.6.2　耐磨铸铁

耐磨铸铁是在灰铸铁中加入铬、钼、铜、钛、磷等合金元素而形成的。磷在铸铁中能形成硬而脆的磷化物，从而提高铸铁的耐磨性；铬、钼、铜在铸铁中使组织细化，既能提高硬度和耐磨性，又能提高强度和韧性。

常用的耐磨铸铁有高磷耐磨铸铁和铬、钼、铜耐磨铸铁等。主要用于制造在高温下强烈摩擦的零件，如汽车的汽缸套、活塞环、排气门座圈等。

3.3.6.3　耐蚀铸铁

耐蚀铸铁是指在腐蚀性介质中工作时，具有耐腐蚀能力的铸铁。提高铸铁耐腐蚀性的途径基本上与不锈钢相同，一般加入一定量的硅、铝、铬、镍、铜等合金元素，使其在铸铁表面形成一层连续致密的保护膜，阻止腐蚀继续进行，并提高铸铁基体的电极电位，从而提高铸铁的耐腐蚀性。

耐蚀铸铁主要用于化工机械，如制造容器、管道、泵、阀门等。

3.4　典型汽车零件的选材

在汽车制造过程中，从设计新产品、改造老产品到维修、更换零件，都会涉及到零件的选材、热处理工艺的确定和热处理工序安排等问题。这对提高产品质量和生产率，降低成本有着重要的意义。下面以汽车上几个典型零件为例，介绍汽车零件选材的方法及步骤。

3.4.1　汽车齿轮的选材

齿轮是机械工业中应用最广泛的重要零件之一，其主要用于传递动力、改变运动速度和运动方向。齿轮的选材要从齿轮的工作条件、失效形式及其对材料的性能要求等方面综合考虑。汽车变速齿轮如图 3-6 所示。

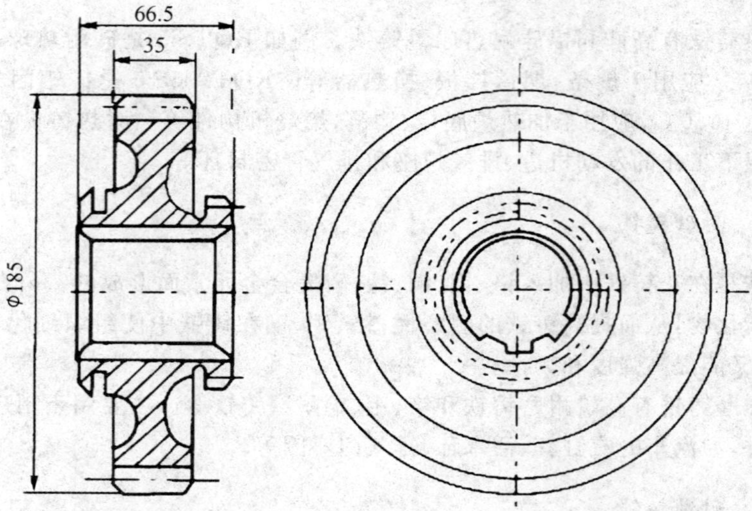

图 3-6　汽车变速齿轮

(1)汽车齿轮的工作条件

汽车齿轮主要分装在变速器和差速器中。在变速器中,通过齿轮改变发动机、曲轴和主轴齿轮的速比;在差速器中,通过齿轮增加扭矩,调节左右轮的转速。全部发动机的动力均通过齿轮传给主轴,推动汽车运行。所以,汽车齿轮受力较大,受冲击频繁,对其耐磨性、疲劳强度、心部强度以及冲击韧性等的要求比一般机床齿轮高。齿轮工作时的受力情况为:由于传递扭矩,齿根承受很大的交变弯曲应力;换挡、启动或咬合不均匀时,轮齿承受一定冲击载荷;因加工、安装不当或齿、轴变形等引起的齿面接触不良,以及外来灰尘、金属屑等硬质微粒的侵入都会成为附加载荷而使工作条件恶化。因此齿轮的工作条件和受力情况是较复杂的。

(2)汽车齿轮的主要失效形式

根据齿轮的工作条件,其主要失效形式是轮齿断裂、齿面剥落、齿面磨损以及过量塑性变形。汽车齿轮的失效形式见表 3-24。

表 3-24　　**汽车齿轮的主要失效形式**

失效形式	失效表现
疲劳断裂	主要从根部发生,这是齿轮最严重的失效形式,一齿断裂常常会引起数齿甚至所有齿断裂
齿面磨损	由于齿面接触区摩擦,使齿厚变小
齿面接触疲劳破坏	在交变接触应力作用下,齿面产生微裂纹,微裂纹的发展引起点状剥落(或称麻点)
过载断裂	主要是冲击载荷过大造成的断齿

(3)对汽车齿轮的性能要求

根据工作条件及失效形式的分析，可以对齿轮材料提出如下性能要求：

① 高的弯曲疲劳强度，特别是齿根处要有足够的强度。

② 高的齿面硬度和耐磨性。

③ 较高的心部强度和足够的冲击韧性。

④ 热处理变形小。

(4)典型汽车齿轮的选材

在我国应用最多的汽车齿轮用材是合金渗碳钢 20Cr 或 20CrMnTi，并经渗碳、淬火和低温回火。渗碳后表面碳含量大大提高，保证淬火后得到高硬度、高耐磨性和高的接触疲劳强度。由于合金元素提高了淬透性，淬火、回火后可使心部获得较高的强度和足够的冲击韧性。为了进一步提高齿轮的使用寿命，渗碳、淬火、回火后，还可以采用喷丸处理，增大表面压应力，有利于提高齿面和齿根的疲劳强度，并清除氧化皮。

合金渗碳钢齿轮的工艺路线一般为：下料→锻造→正火→切削加工→渗碳、淬火及低回→喷丸→磨削加工。

汽车、拖拉机齿轮常用钢种及热处理方法见表 3-25。

表 3-25　　汽车、拖拉机齿轮常用钢种及热处理方法

序号	齿轮类型	常用钢种	热处理	
			主要工序	技术条件
1	汽车变速器和分动器齿轮	20CrMnTi 20CrMnMo 等	渗碳	层　深：m_n①<3 时，0.6～1.0mm 3<m_s②<5 时，0.9～1.3mm m_n>5 时，1.1～1.5mm 齿面硬度：58～64HRC 心部硬度：m_n≤5 时，32～45HRC m_n>5 时，29～45HRC
		40Cr	(浅层) 碳氮共渗	层　深：>0.2mm 表面硬度：51～61HRC
2	汽车驱动桥主动及从动圆柱齿轮 汽车驱动桥主动及从动圆锥齿轮	20CrMnTi 20CrMo 20CrMnTi 20CrMnMo	渗碳	渗层深度按图纸要求，硬度要求同序号 1 中渗碳工序 层　深：m_s<5 时，0.9～1.3mm 5<m_n<8 时，1.0～1.4mm m_s>8 时，1.2～1.6mm 齿面硬度：58～64HRC 心部硬度：m_n≤8 时，32～45HRC m_s>8 时，29～45HRC

续表

3	汽车驱动桥差速器行星及半轴齿轮	20CrMnTi 20CrMo 20CrMnMo	渗碳	同序号 1 中渗碳工序
4	汽车发动机凸轮轴齿轮	HT150 HT200		170～229HBS
5	汽车曲轴正时齿轮	35、40、45、40Cr	正火	149～179HBS
			调质	207～241HBS
6	汽车起动机齿轮	15Cr 20Cr 20CrMo 15CrMnMo 20CrMnTi	渗碳	层　　深：0.7～1.1mm 表面硬度：58～64HRC 心部硬度：33～43HRC
7	汽车里程表齿轮	20 A2	（浅层） 碳氮共渗	层深：0.2～0.35mm
8	拖拉机传动齿轮，动力传动装置中的圆柱齿轮、圆锥齿轮及轴齿轮	20Cr 20CrMo 20CrMnMo 20CrMnTi 30CrMnTi	渗碳	层深：不小于模数的 0.18 倍，但不大于 2.1mm 硬度要求同序号 1、2
		40Cr 45Cr	（浅层） 碳氮共渗	同序号 1 中碳氮共渗工序
9	拖拉机曲轴正时齿轮、凸轮轴齿轮、喷油泵驱动齿轮	45	正火	156～217HBS
			调质	217～255HBS
		HT150		170～229HBS
10	汽车、拖拉机油泵齿轮	40、45	调质	28～35HRC

注：① m_n——法向模数；② m_s——端面模数。

通过分析、对比可以看出：

对于汽车、拖拉机的变速齿轮，由于承载较重，受冲击频繁，其耐磨性、疲劳强度、心部强度以及冲击韧度等，均要求比机床齿轮高，故一般均采用渗碳钢制造，经渗碳＋淬火＋低温回火处理，表层碳含量大大提高，保证淬火后高硬度、高耐磨性和高的接触疲劳抗力。由于合金元素提高淬透性，所以经淬、回火后可使工件心部获得较高的强度和足够的冲击韧度，但其中对于如汽车、拖拉机的油泵齿轮等承载轻、受冲击小的场合，亦可选调质钢经调质处理使用（这是特例）。

3.4.2　汽车轴类零件的选材

轴是汽车上的最重要零件之一，主要用于支撑传动零件（如齿轮、凸轮等）、传递运动和动力。根据轴类零件的工作条件和失效形式，对其材料有以下性能要求：

(1)良好的综合力学性能，足够的强度、硬度、塑性和一定的韧性，以防止过载断裂和冲击断裂。

(2)高的疲劳强度，对应力集中敏感性低，以防疲劳断裂。

(3)足够的淬透性，热处理后表面要有高硬度、高耐磨性，以防磨损失效。

(4)良好的切削加工性能，价格便宜。

轴类零件的选材既要考虑材料的强度，也要考虑冲击韧性和表面耐磨性。因此，轴一般用锻造或轧制的低、中碳钢或合金钢制造。

由于碳钢比合金钢便宜，并且有一定的综合力学性能，对应力集中敏感性小，所以一般轴类零件使用较多。常用的优质碳素结构钢有35、40、45、50钢等，其中45钢最常用。为改善其性能，这类钢一般要经过正火、调质或表面淬火热处理。

合金钢比碳钢具有更好的力学性能和热处理工艺性，但对应力集中敏感性较高，价格也较高，所以，当载荷较大并要求限制轴的外形、尺寸和重量，或轴颈的耐磨性要求高时，可采用合金钢。常用的合金钢有20Cr、40Cr、40CrNi、20CrMnTi、40MnB等。常用合金钢也必须采用相应的热处理才能充分发挥其作用。

除了上述碳钢和合金钢外，还可以采用球墨铸铁和高强度灰铸铁作为轴的材料，特别是曲轴的材料选用。

3.4.2.1　汽车发动机曲轴的选材

曲轴是汽车发动机中形状复杂的重要零件之一，如图3-7所示。

图3-7　汽车发动机曲轴

汽车发动机曲轴的作用是输出动力，并带动其他部件运动。曲轴在工作中受到弯曲、扭转、剪切、拉压、冲击及交变应力作用。曲轴的形状极不规则，其上的应力分布极不均匀，曲轴颈与轴承还发生滑动摩擦。曲轴的主要失效形式是疲劳断裂和轴颈严重磨损两种。根据曲轴的工作条件和失效形式，要求曲轴应具备以下性能：

(1)高的强度和一定的冲击韧性。

(2)足够的抗弯、扭转和疲劳强度。

(3)足够的刚度。

(4)轴颈表面有高的硬度和耐磨性。

实际生产中，按照制造工艺，将汽车发动机曲轴分为锻造曲轴和铸造曲轴。锻造曲轴一般采用优质中碳钢和中碳合金钢制造，如30、35、35Mn2、40Cr、35CrMo等，经模锻、调质、切削加工后对轴颈部进行表面淬火。铸造曲轴主要由铸钢、球墨铸铁、珠光体可锻铸铁及合金铸铁等制造，如 ZG230-450、QT600-3、KTZ450-5、KTZ500-4 等。铸造曲轴经铸造、高温正火、高温回火、切削加工后对轴颈进行气体渗碳、淬火、回火处理。

3.4.2.2 汽车半轴的选材

汽车半轴是驱动车轮转动的直接驱动零件，也是汽车后桥中的重要受力部件，如图 3-8 所示。汽车运行时，发动机输出的扭矩经过变速器、差速器和减速器传给半轴，再由半轴传给车轮，带动汽车行驶。半轴在工作时主要承受扭转力矩、交变弯曲及一定的冲击载荷。在通常情况下，半轴的寿命主要取决于花键齿的抗压陷和耐磨损的性能，但断裂现象也不时发生。载重汽车半轴最容易损坏的部位是在轴的杆部和凸缘的连接处、花键端以及花键与杆部相连的部位。这些部位发生损坏时，一般为疲劳断裂。

根据半轴的工作条件，要求半轴材料具有高的抗弯强度、疲劳强度和较好的韧性。汽车半轴是要求综合力学性能较高的零件，通常选用调质钢制造。中、小型汽车的半轴一般用 45 钢、40Cr 制造；而重型汽车则用 40MnB、40CrNi 或 40CrMnMo 等淬透性较高的合金钢制造。半轴加工中常采用喷丸处理及滚压凸缘根部圆角等强化方法。为提高半轴的疲劳强度，使其获得良好的综合力学性能，采用调质处理，回火采用快冷，防止出现回火脆性。花键部位为提高硬度和耐磨性，需要进行表面淬火和低温回火。

汽车半轴常用材料、热处理工艺及技术要求见表 3-26。

图 3-8 汽车半轴

表 3-26　　汽车半轴常用材料、热处理工艺及技术要求

<table>
<tr><th>类别</th><th>材料</th><th>技术要求</th><th>热处理要求</th></tr>
<tr><td rowspan="6">轿车和吉普车</td><td rowspan="2">40Cr</td><td rowspan="2">淬火、中温回火：杆部 28～32HRC
法兰 28～32HRC
感应淬火：硬化层深度 4～6mm
硬度 50～55HRC</td><td>淬火温度：840℃～860℃，水冷后空冷
回火温度：400℃～460℃，水冷</td></tr>
<tr><td>中频淬火：180℃～250℃回火</td></tr>
<tr><td rowspan="2">40MnB</td><td>预备热处理：正火</td><td>加热温度：860℃～900℃，流动空气中冷至 600℃，然后再在静止空气中冷至室温</td></tr>
<tr><td>最终热处理</td><td>淬火温度：840℃±10℃，油冷</td></tr>
<tr><td>20CrMnTi</td><td>渗碳淬火：硬化层深度 1.5～1.8mm
硬度：59～68HRC</td><td>渗碳温度：930℃±10℃，随炉冷却
淬火温度：830℃～850℃，油冷
回火温度：180℃～200℃，空冷</td></tr>
<tr style="display:none"><td></td><td></td><td></td></tr>
<tr><td rowspan="4">载重车</td><td rowspan="2">40Cr</td><td>预备热处理：正火</td><td>加热温度：860℃～900℃，流动空气中冷至 600℃空冷</td></tr>
<tr><td>最终热处理：
感应淬火：硬化层深度 3～6mm
硬度：49～62HRC</td><td>中频淬火，180℃～200℃回火</td></tr>
<tr><td rowspan="2">40MnB</td><td>预备热处理：调质硬度 229HBS～269HBS</td><td>淬火加热温度：840℃±10℃，油冷</td></tr>
<tr><td>最终热处理：
感应淬火：硬化层深度 1～7mm
硬度：52～63HRC</td><td>中频淬火，180℃～200℃回火</td></tr>
<tr><td rowspan="2">重型车</td><td rowspan="2">40CrMnMo</td><td>预备热处理：退火
硬度≤225HBS</td><td>加热温度：860℃～880℃，流动空气冷却</td></tr>
<tr><td>淬火、中温回火：硬度：37～44HRC</td><td>淬火温度：840℃±10℃，流动空气冷却
回火温度：480℃±10℃，水冷</td></tr>
</table>

3.4.3　汽车弹簧的选材

弹簧是一种重要的机械零件。它的基本作用是利用材料的弹性和弹簧本身的结构特点，在载荷作用下产生变形时，把机械功或动能转变为形变能；在恢复变形时，把形变能转变为动能或机械功。弹簧的种类很多，按形状分主要有螺旋弹簧、板弹簧、蜗卷弹簧几种，如图 3-9 所示。不同的弹簧用途不同：如汽车、拖拉机、火车中使用的悬挂弹簧，主要起缓冲或减振作用；汽车发动机中的气门弹簧，在外力去除后能自动恢复到原来位置，起到复位作用；钟表、玩具中的发条起储存和释放能量的作用。

对弹簧材料的主要性能要求是：高的弹性极限和高的屈强比，高的疲劳强度以及一定

的塑性和韧性。一些特殊弹簧还要求有良好的耐热性和耐腐蚀性。

中碳钢和高碳钢都可制作弹簧，但因其淬透性和强度较低，只能用来制造截面较小、受力较小的弹簧。合金弹簧钢则可制造截面较大、屈服极限较高的重要弹簧。

3.4.3.1 汽车板簧的选材

汽车板簧用于缓冲和吸振，承受很大的交变应力和冲击载荷。其主要失效形式为刚度不足引起的过度变形或疲劳断裂。因此对汽车板簧材料的要求是要有较高的屈服强度和疲劳强度。

汽车板簧一般选用弹性高的合金弹簧钢制造，如65Mn、60Si2Mn钢等。对于中型或重型汽车，板簧还采用50CrMn、55SiMnVB钢；对于中型载货汽车用的大截面积板簧，则采用55SiMnV、55SiMnVNb钢制造。

板簧一般采用的加工工艺路线为：热轧钢板冲裁下料→压力成型→淬火、中温回火→喷丸处理。喷丸强化处理也是对板簧进行表面强化的重要手段，目的是为了提高板簧的疲劳强度。

3.4.3.2 气门弹簧的选材

气门弹簧是一种压缩螺旋弹簧，其用途是在凸轮、摇臂或挺杆的联合作用下，使气门打开和关闭。气门弹簧受力不是很大，可采用淬透性比较好、晶粒细小、有一定耐热性的50CrVA钢制造。其工艺路线为：冷卷成型→淬火、中温回火→喷丸处理→两端磨平。

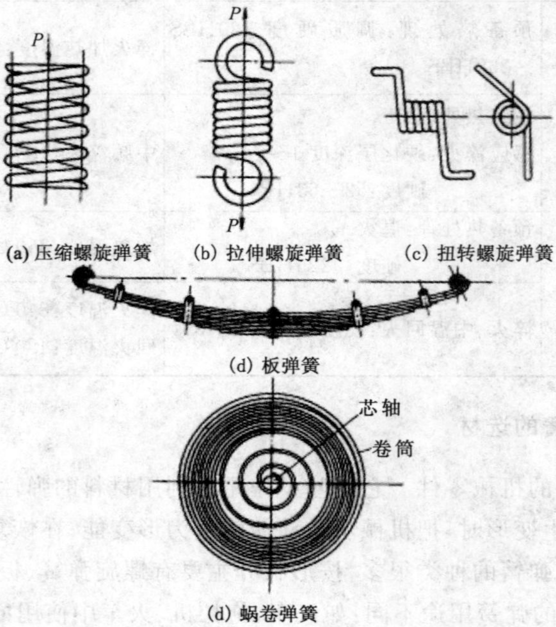

图 3-9　弹簧种类

3.4.4　箱体类零件的选材

一般箱体类零件结构复杂，具有不规则的外形和内腔，且壁厚不均匀。这类零件包括各种机械设备的横梁、支架、底座、齿轮箱、轴承座、阀体、泵体等，在汽车上的应用主要有汽缸体、汽缸盖、变速箱壳体、驱动桥壳等，质量相差很大，从几千克到数十吨。工作条件相差也很大，其中有的基础件以承受压力为主，如内燃机汽缸体（如图 3-10）、汽缸盖，并要求有较好的刚度和减摩性；有的要承受弯曲、扭转、拉压和冲击载荷，如汽车的驱动桥。总的说来，箱体类零件受力不大，但要求有良好的刚度和密封性。

根据箱体类零件的结构特点和使用要求，通常以铸件作为毛坯，且以铸造性能良好、价格低廉，具有良好的耐压、耐磨、减摩性的灰铸铁为主。对于质量要求不严格的一般内燃机的汽缸盖、汽缸体可采用灰铸铁；对于受力复杂或受冲击载荷的零件采用铸钢、可锻铸铁或球墨铸铁制造，如汽车的驱动桥壳。风冷发动机、小轿车发动机的汽缸体、汽缸盖可选用质量轻、导热良好的铝合金制造。

对铸铁件应进行去应力退火或时效处理；铸钢件常采用完全退火或正火处理。

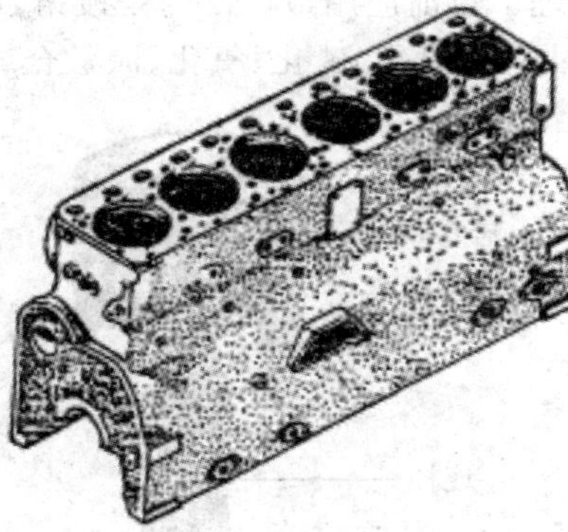

图 3-10　内燃机汽缸体

3.4.5　发动机缸套的选材

发动机的工作循环是在汽缸内完成的。汽缸内与活塞接触的内壁面，由于直接承受燃气的冲刷，并与活塞存在一定压力的高速相对运动，使汽缸内壁受到强烈的摩擦。汽缸内壁的过量磨损是造成发动机大修的主要原因之一。因此，汽缸的缸体一般采用普通铸铁或铝合金制造，而汽缸工作面则用耐磨材料制成缸套镶入汽缸。

常用缸套材料为耐磨合金铸铁，主要有高磷铸铁、硼铸铁、合金铸铁等。为了提高缸套的耐磨性，可以用镀铬、表面淬火、喷镀金属钼或其他耐磨合金等办法对缸套进行表面处理。

3.4.6　活塞组的选材

活塞、活塞销和活塞环等零件组成活塞组（如图 3-11），与缸体、缸盖配合形成一个容积变化的密闭空间，以完成内燃机的工作过程，在工作中承受燃气作用力并通过连杆将力传给曲轴输出。活塞组工作条件十分苛刻，在高温、高压燃气条件下工作，工作温度最高可达1000℃以上，并在汽缸内做高速往复运动，产生很大的惯性载荷。活塞在传力给连杆时，还承受着交变的侧压力。对活塞材料的性能要求是热强度高，导热性好，吸热性差，膨胀系数小，减摩性、耐磨性、耐蚀性和工艺性好。

常用的活塞材料是铝合金。铝合金的特点是导热性好、密度小。硅的作用是使膨胀系数减小，耐磨性、耐蚀性、硬度、刚度和强度提高。铝硅合金活塞需进行固溶处理及人工时效处理，以提高表面硬度。

活塞销传递的力矩比较大，且承受交变载荷。这就要求活塞销材料应有足够的刚度、强度及耐磨性，还要求外硬内韧，同时具有较高的疲劳强度和冲击韧性。活塞销材料一般用20、20Cr、18CrMnTi等低合金钢。活塞销外表面应进行渗碳或液体碳氮共渗处理，以满足活塞销外表面硬而耐磨、内部韧性好而耐冲击的要求。

活塞环材料应具有一定的耐磨性、韧性以及良好的耐热性、导热性和易加工性等性能特点。目前一般多用以珠光体为基体的灰铸铁或在灰铸铁的基础上添加一定量的铜、铬、钼及钨的合金元素的合金铸铁，也有的采用球墨铸铁或可锻铸铁。为了改善活塞环的工作性能，活塞环宜进行表面处理。目前应用最广泛的是镀铬，可使活塞环的使用寿命提高2～3倍。其他表面处理的方法还有喷钼、磷化、氧化、涂敷合成树脂等。

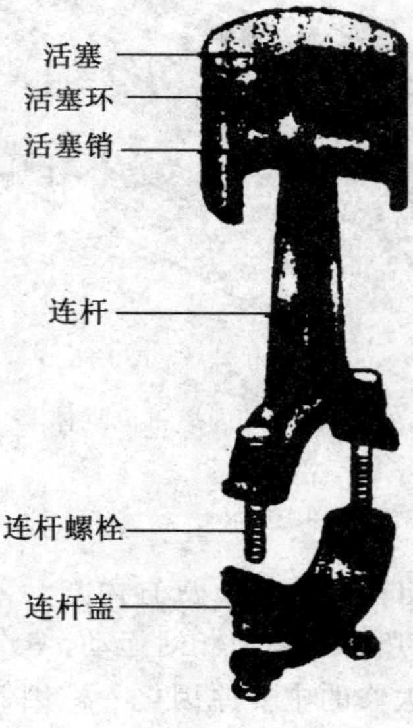

图3-11　汽车活塞组

3.4.7　连杆的选材

连杆(如图3-12)是汽车发动机中的重要零件。其作用是连接活塞和曲轴，并将活塞的往复运动转变为曲轴的旋转运动，把作用在活塞上的力传给曲轴以输出功率。

连杆工作时受到复杂的拉、压应力的作用，还要承受气体做功时的冲击载荷。其主要失效形式是疲劳断裂和过量变形。因此要求连杆材料必须具有良好的综合力学性能及高的疲劳强度。

通常连杆材料选用综合力学性能好的中碳钢和中碳合金钢，如 45、40Cr、40MnB 等。合金钢虽具有很高的强度，但对应力集中很敏感。所以，在连杆外形、过渡圆角等方面需严格要求，还应注意表面加工质量，以提高疲劳强度，否则高强度合金钢的应用并不能达到预期效果。

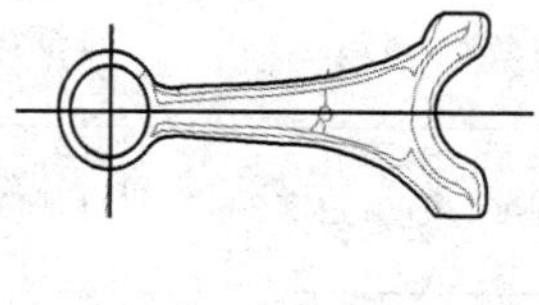

图 3-12 连杆示意图

3.4.8 气门的选材

气门的主要作用是打开和关闭进、排气道。气门工作时，需要承受较高的机械负荷和热负荷，尤其是排气门工作温度高达 650℃～850℃。另外，气门头部还承受气体压力及落座时因惯性力而产生的相当大的冲击。气门经常出现的故障有：气门座扭曲、气门头部变形、气门座表面积炭时引起燃烧废气对气门座表面强烈的烧蚀。

对气门的主要要求是保证燃烧室的气密性。气门材料应选用耐热、耐蚀、耐磨的材料。进、排气门工作条件不同，材料的选择也不同。进气门一般可用 40Cr、35CrSi、38CrSi、35CrMo、42Mn2V 等合金钢制造，而排气门则要求用高铬耐热钢制造。采用 4Cr10Si2Mo 作为气门材料时，可承受的工作温度为 550℃～650℃，采用 4Cr14Ni14W2Mo 作为气门材料时，可承受的工作温度为 650℃～900℃。

3.4.9 汽车(车身、纵梁、挡板等)冷冲压零件的选材

在汽车零件中，冷冲压零件种类繁多，占总零件数的 50%～60%。汽车冷冲压零件采用的材料有钢板和钢带，钢板包括热轧钢板和冷轧钢板。

热轧钢板主要用来制造一些承受一定载荷的结构件，如保险杠、制动盘、纵梁等。这些零件不仅要求钢板具有一定的刚度、强度，而且还要求具有良好的冲压成型性能。冷轧钢板主要用来制造形状复杂、受力较小的机械外壳、驾驶室车身等覆盖零件。这些零件对钢板的强度要求不高，但却要求具有优良的表面质量和良好的冲压性能，以保证高的成品合格率。

近年开发的加工性能良好、屈服强度和抗拉强度高的薄钢板——高强度钢板，由于其可降低汽车自重，提高燃油经济性，在汽车上获得广泛应用。高强度钢板已用于制造横梁、边梁、保险杠、车顶、车门、前脸、后围、行李箱、发动机罩等。

3.4.10 钢铁材料在汽车上的应用

目前，钢铁材料在汽车上的应用占主导地位。表 3-27 和表 3-28 分别为汽车发动机和底盘主要零件的用材情况。

表 3-27　钢铁材料在汽车发动机零件上的应用

代表零件	材料种类及牌号	使用性能要求	主要失效形式	热处理及其他
缸体、缸盖、飞轮、正时齿轮	灰铸铁：HT200	刚度、强度、尺寸稳定性	产生裂纹、孔壁磨损、翘曲变形	不处理或去应力退火，也可用ZL104铝合金制作缸体、缸盖，固溶处理后时效
缸套、排气门座等	合金铸铁	耐磨性、耐热性	过量磨损	铸造状态
曲轴等	球墨铸铁：QT600-2	刚度、强度、耐磨性	过量磨损、断裂	表面淬火、圆角滚压、渗氮，也可以用锻钢件
活塞销等	渗碳钢：20、20Cr、18CrMnTi、12Cr2Ni4	强度、冲击韧性、耐磨性	磨损、变形、断裂	渗碳、淬火、回火
连杆、连杆螺栓、曲轴等	调质钢：45、40Cr、40MnB	强度、疲劳强度、冲击韧性	过量变形、断裂	调质、探伤
各种轴承、轴瓦	轴承钢、轴承合金	耐磨性、疲劳强度	磨损、剥落、烧蚀破裂	不热处理(外购)
排气门	高铬耐热钢：4Cr10Si2Mo、4Cr14Ni14W2Mo	耐热性、耐磨性	起槽、变宽、氧化烧蚀	淬火、回火
气门弹簧	弹簧钢：65Mn、50CrVA	疲劳强度	变形、断裂	淬火、中温回火
活塞	高硅铝合金：ZL108、ZL110	耐热强度	烧蚀、变形、断裂	固溶处理及时效
支架、盖、罩、挡板、油底壳等	钢板：Q235、08、20、16Mn	刚度、强度	变形	不热处理

表 3-28　　钢铁材料在汽车底盘及车身零件上的应用

代表零件	材料种类及牌号	使用性能要求	主要失效形式	热处理及其他
纵梁、横梁、传动轴(4000r/min)、保险杠、钢圈等	钢板:25、16Mn	强度、刚度、韧性	弯曲、扭斜、铆钉松动、断裂	要求用冲压工艺好的优质钢板
前桥(前轴)转向节臂(羊角)、半轴等	调质钢:45、40Cr、40MnB	强度、韧性、疲劳强度	弯曲变形、扭转变形、断裂	模锻成型、调质处理、圆角滚压、无损探伤
变速箱齿轮、后桥齿轮等	渗碳钢:20CrMnTi、40MnB	强度、耐磨性、接触疲劳强度及断裂强度	麻点、剥落、齿面过量磨损、变形、断齿	渗碳(渗碳层深度0.88mm以上)淬火、回火,表面硬度:58~62HRC
变速器壳、离合器壳	灰铸铁:HT200	刚度、尺寸稳定性、一定的强度	产生裂纹、轴承孔磨损	去应力退火
后桥壳等	可锻铸铁:KTH350-10 球墨铸铁:QT400-10	刚度、尺寸稳定性、一定的强度	弯曲、断裂	后桥还可以用优质钢板冲压后焊成或用铸钢
钢板弹簧	弹簧钢:65Mn、60Si2Mn、50CrMn、55SiMnVB	耐疲劳、冲击和腐蚀	折断、弹性减退、弯度减小	淬火、中温回火、喷丸强化
驾驶室、车厢罩等	08 钢板、20 钢板	刚度、尺寸稳定性	变形、开裂	冲压成型
分泵活塞、油管	有色金属:铝合金、纯铜	耐磨性、强度	磨损、开裂	

复习思考

1. 填空题

(1)碳素钢简称碳钢,指碳的质量分数小于________,并含有少量锰、硅、硫、磷等杂质元素的________合金。

(2)碳素钢根据碳的质量分数的多少可分为________、________和________。

(3)Q235-A·F 表示屈服强度为________ MPa 的________级沸腾钢。

(4)45 钢按用途分类属于________钢,按钢中有害元素 S、P 含量多少分类属于________钢。

(5)所谓合金钢,是指在碳素钢的基础上,为了改善钢的某些性能,在冶炼时有目的地加入一些________炼成的钢。

(6)灰铸铁、可锻铸铁、球墨铸铁及蠕墨铸铁中石墨的形态分别为________状、________状、________状和________状。

2. 选择题

(1)常用冷冲压方法制造的汽车油底壳应选用________。

A. 08 钢　　B. 45 钢　　C. T10A 钢

(2)20 钢属于低碳钢,其平均碳的质量分数为 0.20%,用于制造汽车的________。

A. 驾驶室　　B. 风扇叶片　　C. 凸轮轴

(3)45 钢其平均碳的质量分数为________。

A. 0.45%　　B. 4.5%　　C. 45%

(4)汽车上的变速齿轮、万向节十字轴、活塞销和气门挺杆等，它们的表面要求具有高硬度、高耐磨性，而心部则要求具有高的强度和韧性，因而这些零件大多采用________制造。

A. 合金渗碳钢　　B. 合金调质钢　　C. 合金弹簧钢

(5)为了保证气门弹簧的性能要求，65Mn 钢制的气门弹簧最终要进行________处理。

A. 淬火和低温回火　　B. 淬火和中温回火　　C. 淬火和高温回火

(6)铬不锈钢的合金元素以铬为主，其含量一般大于________。

A. 0.13%　　B. 1.3%　　C. 13%

(7)HT150 可用于制造________。

A. 汽车变速齿轮　　B. 汽车变速器壳　　C. 汽车板簧

3. 判断题

(1)硫、磷是钢中的有害元素，随着其含量的增加，会使钢的韧性降低，硫使钢产生冷脆，磷使钢产生热脆。（　）

(2)40Cr 钢是最常用的合金调质钢，常用于制造转向节、汽缸盖螺栓等。（　）

(3)Q345 钢与 Q235 钢的含碳量基本相同，但前者的强度明显高于后者。（　）

(4)GCr15 钢是滚动轴承钢，其铬的质量分数为 15%。（　）

(5)铸钢用于制造形状复杂、难以锻压成型、要求有较高的强度和塑性，并承受冲击载荷的零件。（　）

(6)可锻铸铁比灰铸铁的塑性好，因此可以进行锻压加工。（　）

4. 简答题

(1)合金钢和碳素钢相比有哪些优点?

(2)举例说出合金渗碳钢、合金调质钢、合金弹簧钢、滚动轴承钢及耐热钢在汽车上的应用。

(3)制造汽车后桥壳等薄壁铸件应采用可锻铸铁还是球墨铸铁？为什么?

(4)为什么球墨铸铁的强度和韧性比灰铸铁、可锻铸铁高?

(5)试为下列汽车零件选择合适材料：

①后视镜支架　②气门推杆　③气门弹簧　④车架纵、横梁　⑤变速齿轮　⑥钢板弹簧　⑦发动机的进、排气门　⑧化油器针阀　⑨汽缸体　⑩曲轴

第4章　有色金属合金及其在汽车上的应用

学习目标

1. 掌握铝、铜合金的分类、成分与性能特点、热处理工艺及应用。
2. 熟悉合金元素对铝、铜合金的显微组织、热处理性能和使用性能的影响。
3. 了解钛及钛合金的分类、成分与性能特点、热处理工艺及应用。
4. 掌握有色金属合金，尤其是轻合金在汽车制造上的应用状况和发展趋势。

考核标准

知识要求：有色金属合金因其具有一系列不同于钢铁材料的特殊性能（物理、化学及机械等方面），亦成为现代工业中不可缺少的重要工程材料。此部分的学习重点主要为：

1. 铝及铝合金的分类、成分与性能特点、热处理工艺及应用。
2. 铜及铜合金的分类、成分与性能特点、热处理工艺及应用。
3. 钛及钛合金的分类、成分与性能特点、热处理工艺及应用。

技能要求：要求对铝、铜合金类材料中2～3个用途最为广泛的典型牌号能熟练地掌握，做到能从典型牌号中推断出其类别，并会分析合金元素的含量及其所起的主要作用，具备初步正确选材的能力。

教学建议

有条件的学校，建议参考附录中实验5“热处理综合实验”、实验6“常用金属材料的显微组织观察与分析”安排实验。

钢和铁称为铁合金，也称为黑色金属，其他金属统称为非铁合金，又称为有色金属。常用的有色金属有铝及其合金、铜及其合金、钛及其合金以及滑动轴承合金等。铸造铝合金密度小，具有一定的强度、塑性及耐蚀性，广泛应用于制造汽车轮毂，发动机的汽缸体、汽缸盖、活塞、螺旋桨及飞机起落架等。

铸造铜合金具有良好的导电、导热性和优良的耐蚀性，可以制造承受高应力、耐腐蚀、耐磨损的重要零件，如阀体、泵体、齿轮、蜗轮、轴承套、叶轮、船舶螺旋桨等。

镁合金密度小于铝合金，是目前最轻的金属结构材料，可用于制造汽车发动机汽缸盖、仪表电机壳体等。总之，非铁合金由于其具有的不同于黑色金属的性能，使其在机械制造、电器制造等工业部门得到广泛应用。

4.1　铝及铝合金

铝是一种银白色有光泽的金属，密度为 $2.7g/cm^3$，熔点为 660℃。它具有良好的延展性和导热、导电性，能代替铜用来制造电线、高压电缆、发电机等电器设备。铝虽然是活泼金属，但在空气中其表面很快会覆盖一层致密的氧化膜，使铝不能进一步同氧和水作用因而有很高的稳定性，这就使铝成为一种有用的金属构件。

铝合金中常用的合金元素有硅、铜、镁、锌、锰及稀土元素，也有用到钛、铁、铬的。这些合金元素在固态铝中的溶解度一般是有限的，故铝合金的结构除固溶体外，还可能形成金属化合物和机械混合物。铝合金是汽车制造的重要材料。

4.1.1　纯铝

4.1.1.1　性能

(1)用量最大的有色金属、银白色；

(2)面心立方晶体、塑性好：$\delta = 50\%$，$\psi = 80\%$，适于形变加工；

(3)熔点低(660℃)、密度小($2.7g/cm^3$)，为铁的 1/3，是一种轻金属材料；

(4)导电性和导热性较好，仅次于银和铜；

(5)对大气有良好的耐蚀性(Al_2O_3)，但对酸、碱、盐的耐蚀性差；

(6)强度低：$\sigma_b = 80 \sim 100MPa$，冷塑变后提高到 $\sigma_b = 150 \sim 200MPa$。

4.1.1.2　用途

工业纯铝很少用于制造机械零件，多用于制作电线、电缆及要求热导、抗蚀且受轻载的用品或器皿。

4.1.1.3　牌号

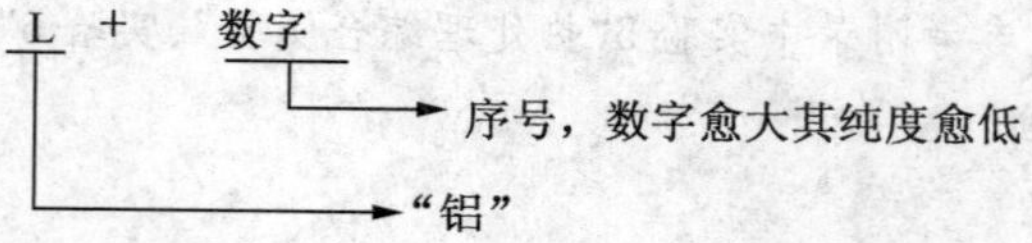

4.1.2　铝合金的分类及热处理

4.1.2.1　铝合金的分类

在铝中加入某些合金元素所形成的合金称为铝合金。其最大特点是比强度(强度/密度)高可用做受力构件和零件。其分类如下：

- 铝合金
  - 形变铝合金
    - 防锈铝合金（热处理不能强化）
    - 硬铝合金　（热处理能强化铝合金）
    - 超硬铝合金（热处理能强化铝合金）
    - 锻造铝合金（热处理能强化铝合金）
  - 铸造铝合金

4.1.2.2　铝合金的热处理

(1)固溶热处理(淬火)

在水中快速冷却，获得过饱和铜(或其他合金元素)的 α 固溶体组织。

(2)时效

经固溶热处理的合金在室温(自然时效)或加热至一定温度放置(人工时效)，随时间延长因第二相(如 $CuAl_2$)的弥散析出，使强度提高、塑性降低的现象称为时效强化，这种热处理方法称为时效。

4.1.3　常用铝合金

4.1.3.1　形变铝合金

(1)防锈铝合金(LF)——200MPa 左右

1)成分：为 Al-Mn 系、Al-Mg 系合金，Mn、Mg 的主要作用是固溶强化和提高耐蚀性。

2)热处理：不能进行时效强化，常采用冷变形方法提高其强度。

3)代号："LF ＋ 序号"，LF 是"铝防"的汉语拼音字首，例 LF5。

4)应用：主要用于制作蒙皮、容器和装饰等抗蚀构件。

(2)硬铝(LY)——300～480MPa

1)成分：Al-Cu-Mg 系合金，加入元素铜、镁形成强化相。

2)热处理与性能：经固溶—时效处理，能获得相当高的强度，故称"硬铝"，但抗蚀性差，采用"包铝"提高抗蚀性能。

3)代号："LY ＋ 序号"，"LY"是"铝硬"的汉语拼音字首，例 LY11。

4)应用：主要用于制作发动机叶片、滑轮等有一定强度要求的零件和构件。

(3)超硬铝(LC)——600MPa

1)成分：Al-Cu-Mg-Zn 系合金，加入元素铜、镁、锌形成更多的强化相。

2)热处理：固溶处理—人工时效，其室温强度最高，采用"包铝"提高抗蚀性能。

3)代号："LC ＋ 序号"，"LC"是"铝超"的汉语拼音字首，例 LC4。

4)应用：多用于制造受力大的重要构件，如飞机大梁、起落架等。

(4)锻铝(LD)——400MPa 以上

1)成分与性能：Al-Cu-Mg-Si 系和 Al-Cu-Mg-Ni-Fe 系合金，特点：多元素少量，且具有良好的热塑性、铸造和锻造性能，适合压力加工。

2)热处理：固溶处理—人工时效强化后，仍保持较高强度。

3)代号："LD ＋ 序号"，"LD"是"铝锻"的汉语拼音字首，例 LD5。

4)应用:多用于制造受重载荷的锻件和模锻件。

4.1.3.2　铸造铝合金

(1)成分

具有良好的铸造性能,其成分接近共晶点。

(2)热处理

1)变质处理。

2)固溶处理(淬火)＋ 自然(人工)时效,提高其综合力学性能。

(3)代号

Z L(铸铝) ＋ 序号(1××—硅系;2××—铜系;3××—镁系;4××—锌系)。如ZL109表示铸造铝硅合金。

(4)常用铸造铝合金牌号、性能和部分应用见表4-1。

表4-1　常用铸造铝合金牌号、性能和应用

代号	性能	应用
ZL104	铸造性好,但力学性能相对较低	汽缸盖盖罩、挺杆室盖板、离心式机油滤清器底座、转子罩、转子体、外罩及过滤凸缘
ZL108		发动机活塞
ZL109		形状复杂的零件:仪表、汽缸体、水(油)泵壳体等
ZL201	具有较高的耐热强度	内燃机汽缸盖、活塞等高温(300℃以下)工作的构件
ZL301	具有较好的耐蚀性能、高强度,但铸造性和耐热性差	泵体、船舰配件等大气或海水中工作的构件
ZL401	具有较高的强度、铸造性好、价格便宜,但耐热性差	汽车、飞机上形状复杂的构件

4.1.4　汽车用铝合金的特征

铝的密度比铁低,是最适用于不产生高应力的毂状结构件的轻量化代用材料,如罩类、箱类、管类等形状的零件。铝经合金化可使抗拉强度提高到相当于45号钢水平。所以,当用于高应力零件时,必须加大零件厚度来弥补强度的不足。铝的特点主要有:

(1)密度低。铝的密度是钢的1/3。

(2)耐蚀性。铝的表面自然形成氧化膜,故耐蚀性优良,不易生锈,易保持漂亮光洁的表面。铝合金轮毂被普遍采用的原因就在于此。

(3)柔性的强度设计。铝的合金化会使其在常温下的强度不低于铸铁,可用铝铸造或压铸

成型活塞、汽缸盖、汽缸体等零件。

(4)高的导热性能。与铸铁比,铝的导热性能约高3倍。

(5)表面美观。经阳极氧化处理可在表面生成五色透明的氧化膜。另外,利用染色电解等方法可获得各种各样的色泽。

(6)铸造性。由于铝合金的熔化温度低,流动性好,故易制造复杂形状的零件。

(7)切削性。切削性是铸铁的4～5倍,工具磨损程度仅为铸铁的1/2。

(8)耐磨性。根据表面处理及使用条件,可直接作为轴承面使用,也可用于汽缸体。

4.1.5 铝合金铸件在汽车上的应用现状

我国汽车工业的迅速发展将带动铸件生产的飞速增长。随着汽车性能、安全及排放要求的提高,汽车铸件生产向着轻量化、强韧化、精密化、复合化方向发展。轻量化的重要途径是采用密度小的有色金属,主要是铝合金或镁合金,特别是轿车采用的铝铸件更多。

铝合金铸件和压铸件主要用于汽车、摩托车等交通运输工具,其次是电子、电器、家电和小五金。近年来,在航天航空、机械制造等行业也开始广泛应用。

铝作为能使车体质量实现轻量化的材料而备受瞩目。1996年,奥迪公司就推出了全铝结构的轿车奥迪A8,它可使车体质量减少40%左右。随后,福特、丰田等汽车公司也先后推出了铝车身轿车,使得轿车车体呈现出向铝车身发展的趋势。如今,铝材料的应用日趋多样化,不仅使用铝铸件,而且冲压件、锻件、薄板件和铝薄膜也越来越多的得到应用,铝材已经占全车自身质量的25%左右。

4.1.5.1 纯铝应用

由于纯铝良好的导电性,其线材在轿车电器上被用做电线、电缆。其良好的导热性,被用于现在的加热器、散热器、化油器、油冷却器。纯铝良好耐蚀性,被用做装饰件、铭牌。装饰件除车内使用外,还包括镀边和门窗框。

4.1.5.2 形变铝合金应用

形变铝合金在现代轿车上的应用品种有板材、型材、锻件、管材等。

车身上面板可用防锈铝或硬铝生产,诸如车门、发动机罩、行李箱罩、车盖、地板和翼板。一些框架可采用铝合金型材。铝制保险杠也可用防锈铝或硬铝,由板材加工成型或者挤压型材加工而成,后者带有加强筋。

车轮既可用形变铝合金,也可用铸造铝合金,形变铝合金中防锈铝、硬铝、锻铝都可采用。整体结构的多用锻件(有的用液态模锻),两片或三片型的,其轮毂由板材成型,轮辐由板材成型或锻造成型,轮毂与轮辐可以用金属惰性气体保护焊接。

驱动系统零件中,对强度和高温强度要求不太高的零件也有用硬铝和防锈铝制作的,但还不普遍。欧美有些汽车公司用铝较多,如摇臂和一些托架、悬架采用铝锻件,活塞也有用液态模锻的。此外,由于防锈铝的性能与纯铝较为接近,所以也像纯铝那样用于热交换器、装饰件和容器。

4.1.5.3 铸造铝合金应用

轿车上应用的铝合金以铸铝为主。发动机部分汽缸体是大尺寸的铝铸件。采用铝铸件的还有曲轴箱、汽缸盖、活塞、连杆、摇臂托架、进气歧管、滤清器、发动机后盖、发动机架及泵壳等。汽缸体和汽缸盖要求材料导热性好、耐蚀，已有不少汽车公司采用铝合金汽缸。法国雪铁龙公司采用压铸的汽缸体已有 20 年的历史；日本本田公司则采用铝合金压铸件镶铸铁缸套的结构。至于所用铝合金的成分，有不少是过共晶成分的铝硅合金，以提高合金强度、增强耐磨性、降低成本。

现代轿车发动机活塞几乎都用铸铝合金，这是因为活塞作为主要的往复运动件要靠减重来减小惯性，减轻曲轴配重，提高效率，并需要材料有良好的导热性，较小的热膨胀系数，以及在 350℃左右有较好的力学性能，而铸铝合金能符合这些要求。所用成分多为共晶的铝硅合金，也有不少是含 16%～20% Si 的过共晶铝硅合金，或者加 Ti 以提高铝硅合金的耐蚀性。有的铝硅合金加稀土元素以便既提高高温力学性能又降低热膨胀系数。ZL108、ZL109 和 ZL111 可用做活塞材料，前两种是共晶合金，ZL111 是亚共晶合金，合金中的铜、镁、锰有助于提高高温力学性能，但超过 300℃后力学性能明显下降。一些覆盖件、壳体多用硬性模铸造或低压铸造，也有用压铸的。同时由于活塞、连杆采用了铸铝合金，减轻了质量，从而减少发动机的振动，降低了噪声，使发动机的油耗下降，这也符合汽车发展趋势。

底盘上采用铝铸件的零件有离合器壳和分离圆盘、变速器换挡拨叉、减速器、车架、车桥、悬架、转向器壳、转向操纵轴管、转向轮毂、制动鼓(有的镶嵌铸铁衬套)、制动器活塞和制动器主汽缸等。车架、车桥等零件部件用铝合金，不仅可减重，还有利于减振。铸造方法有多种，包括少量压铸件。

车轮除用形变铝合金制作外，也有用铸件的。铝合金车轮耗油低、散热快、平衡性好、偏摆跳动小。我国上海大众、一汽大众等都配用国产的金属型低压铸造铝合金车轮。车轮的铸造也有用离心浇注和压铸的。此外，铸铝也用做电气零件。

目前，国外轿车用铝量普遍比我国多，尤其是欧美国家，有的汽车公司甚至在开发全铝车身骨架和“全铝”汽车(用铝量占轿车总重的三分之一)。世界上工业发达国家每辆汽车平均用铝为 200kg，最高已达 380kg(轿车)。我国用铝较少，这与我国特种铸造设备投资价格高和铝材价格高有关。但随着轿车轻量化的进展和铝加工行业的配合，我国轿车上的用铝量也将增多，目前正向 100kg 迈进。

如果按铝合金铸件和压铸件占汽车用铝量 80%计算，那么汽车用铝合金铸造产品的数量是十分可观的，可以说汽车的发展是铝合金铸造产品的真正拉动力。图 4-1 为新一代汽车发动机缸体采用铝合金铸造的产品实物图。

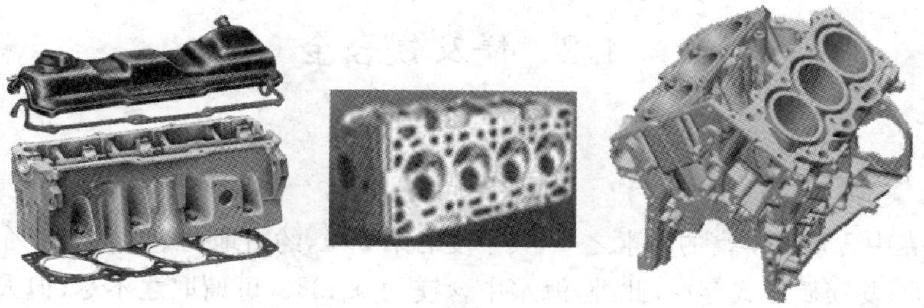

图 4-1　新一代汽车发动机铝合金缸体铸造产品

铸造铝轮毂(如图 4-2)是铝合金在汽车上广泛应用的另一个例子,铝合金轮毂一般采用 A356(ZL101)铝合金,其优点主要有:

(1)省油。平均每个铝合金轮毂比相同尺寸的钢轮毂轻 2kg ,一台轿车用 5 个便节省 10kg 质量。根据日本试验,5 座位轿车质量每减轻 1kg ,一年约节省 20L 汽油。而美国汽车工程师学会发表的研究报告指出,铝合金轮毂价格虽然比一般钢轮毂的高,但每辆汽车行走 2 万千米所节省的燃料费便足够抵回其增加的成本。

(2)增加发动机寿命。由发动机负荷与功率曲线图可知,当负荷增大至某一程度后,其功率反呈降低趋势,此边际表示此时每一单位负荷发动机将特别耗油。发动机负荷减轻,自然减少故障,延长寿命。

(3)散热好。铝合金的传导系数为钢的 3 倍,散热效果好,长途高速行驶时也能使轮胎保持在适当的温度,使刹车鼓及轮胎不易老化,增加寿命,降低爆胎的机会。

(4)真圆度好。真圆度精度高达 0.05mm ,运转平衡性能好,有利于消除一般车身超长时方向盘抖动现象。

(5)坚固耐用。铝合金轮毂之耐冲击力、抗张力及耐热能力较钢轮的好。

(6)美观。一般钢轮毂因生产工艺所限,形式单调呆板。铝合金轮毂则有各式各样的设计,加上光泽、颜色效果好,从而提高了汽车的价值与美观。

随着汽车、摩托车等现代化交通工具的高速发展,铝合金铸造产品存在着很大的空间。因此,这几十年来,铸造铝合金材料紧紧围绕汽车、摩托车等现代交通运输工业的发展,研制开发具有高强、高韧、高耐磨、低涨缩、可焊接、可表面处理、抗腐蚀、抗疲劳、流动性好的铸造和压铸用铝合金以满足汽车发动机、活塞、汽缸、车轮和轮毂及其他用途的需求。

图 4-2　铝合金轮毂

4.2 镁及镁合金

4.2.1 镁及其合金

镁是地壳中含量最丰富的元素之一，其丰度居第 8 位，约占地壳组成的 2.5%，主要以白云石(碳酸镁钙)、菱镁矿形式存在，此外，海水中含镁约 0.13%，可谓取之不尽，但人类认识镁却较晚。1828 年法国科学家 A. A. Bussy 用金属钾将镁从熔融的氧化镁中置换出来；1852 年 R. Bunsen 建立了一个小型实验电解槽用电解法生产镁；1886 年以 Bunsen 的电解槽为基础，在德国建立了首个商业性电解镁厂。1910 年世界镁产量约 10 吨/年，到 1930 年增长到 1200 吨/年以上。二战期间镁工业获得了飞速发展，从 1935 年开始，德、法、苏、奥、意等国分别建立了镁厂，美国的镁产能扩大了 10 倍，1943 年世界镁产量约为 235 千吨/年。此期间镁主要用来制造燃烧弹、照明弹、曳光弹、信号弹以及军事和飞机等军用设备的零部件。二战结束后，1946 年世界镁产量降低到 25 千吨/年，世界各国开始考虑镁合金在民用工业的开发和应用，在以后的 20 年中，美国 Dow 化学公司在开发镁合金及其生产技术方面取得了突出的成就，为镁及其合金在冶金、航空、电子、兵器、汽车、化学及防腐、印刷、纺织等民用工业部门的应用开辟了道路，使镁工业出现了连续增长的势头。实际上从二战结束以来镁产能年均增长率在 7%左右，现在世界上镁产能已达到 550 千吨/年，2000 年实际产量为 430 千吨。

几种常用镁合金的物理机械性能及与其他几种常用结构材料的对比见表 4-2。

表 4-2 几种常用结构材料的物理机械性能对比

材群 项目	镁铸件		镁锻件	铝铸件			铝锻件		铸铁	钢	塑胶 ABS
合金牌号	AZ91	AM50	AZ80-T5	Z31-H24	A380	A356-T6	6061-T6	5182*-H24	HT350	镀锌板	
制取方法	压铸	压铸	挤压	板材	压铸	永久模	挤压	板材	砂模	板材	
密度(g/cm^3)	1.81	1.77	1.80	1.77	2.68	2.76	2.70	2.70	7.15	7.8	1.07
熔点(℃)	598	620	610	630	595	615	652	638	1175	1515	260
传热系数 [$W/(m^2 \cdot K)$]	51	65	78	77	96	159	167	123	41	46	0.28
热膨胀系数 10^{-6}/℃	26	26	26	26	22	21.5	23.6	24.1	10.5	10.7	76.5
弹性模量 (GPa)	45	45	45	45	71	72	69	70	100	210	2.1

续表

抗拉强度（MPa）	240	210	380	290	324	262	310	310	293	390	43
屈服强度（MPa）	160	125	275	220	159	186	275	235	—	320	39
疲劳强度（MPa）	85	85	—	—	138	90	95	—	128	—	—
伸长率（%）	7	15	7	15	—	5	12	8	—	26	16.5
屈强重量比（以 AZ91 为 100）	100	80	172.8	140.6	67.1	76.2	115	98.5	—	32.6	41

* 美国 ASTM 标准：其成分是 Mg4.5%，Mn0.35%，Fe0.35%，Zn0.25%，Si0.20%，其余 Al。

4.2.2　镁及其合金的特性

镁合金具有电磁屏蔽性强、减振性能强、加工性能好、尺寸稳定性好、比重轻、化学活性强、可回收的特征。由表 4-2 可见，与其他结构材料相比，镁合金具有以下几个特点：

(1)镁合金的密度是钢的 23%，铝的 67%，塑料的 170%，是金属结构材料中最轻的金属。镁合金的屈服强度与铝合金大体相当，只稍低于碳钢，是塑料的 4～5 倍，其弹性模量更远远高于塑料，是它的二十多倍，因此在相同的强度和刚度情况下，用镁合金做结构件可以大大减轻零件重量，这点对航空工业、汽车工业、电子工业均有很重要的意义。镁合金与铝合金、钢、铁相比具有较低的弹性模量，在同样受力条件下，可消耗更大的变形功，具有降噪、减振功能，可承受较大的冲击振动负荷。

(2)镁合金具有较好的铸造性和加工性能。镁与铁的反应低，熔炼时可用铁坩埚，熔融镁对坩埚的侵蚀小，压铸时对压铸模的侵蚀小，与铝合金压铸相比，压铸模使用寿命可提高 2～3 倍，通常可维持 20 万次以上。镁合金的铸造性能良好，镁合金压铸件的最小壁厚可达 0.6mm，而铝合金为 1.2～1.5mm。镁的结晶潜热比铝小，在模具内凝固快，生产率比压铸铝件高出 40%～50%，最高可达两倍。镁合金有相当好的切削加工性能，切削时对刀具的消耗很低，切削功率很小。镁合金、铝合金、铸铁、低合金钢切削同样零件消耗的功率比值为 1∶1.8∶3.5∶6.3。

(3)镁合金电磁屏蔽性能和导热性均较好，适合于做发出电磁干扰的电子产品的壳、罩，尤其是紧靠人体的手机。镁合金与铝、铜等有色金属一样具有非火花性，适合做矿山设备和粉粒操作设备。镁合金表面具有非黏附性，适合于做在冰、雪、沙尘中运动的产品。镁合金有较好的耐磨性，适宜做缠绕滑动设备。

(4)镁合金有较高的尺寸稳定性和稳定的收缩率，铸件和加工件尺寸精度高。除镁—铝—锌合金外，大多数镁合金在热处理过程及长期使用中由于相变而引起的尺寸变化接近于零，适于做样板、夹具和电子产品外罩。

(5)镁合金对缺口的敏感性比较大,易造成应力集中。在 125℃以上的高温条件下,多数合金的抗蠕变性能较差,在选用它和设计零件时应考虑。

(6)可回收。与塑料类材料相比,镁合金具有可回收性。这对降低制品成本、节约资源、改善环境都是有益的。

4.2.3 汽车用镁合金压铸件

汽车用镁合金零件绝大部分是压铸件,对减少汽车质量、提高燃料经济性、保护环境、提高安全性和驾驶性、增强竞争能力等方面效果显著,所以,在汽车行业应用大有潜力。图 4-3 为超低速汽车用压铸镁合金零件实物图。

图 4-3 超低速压铸汽车用镁合金零件

4.3 铜及铜合金

铜的密度为 8.92g/cm³,熔点为 1083℃,有较高韧性和延展性,可轧成薄膜或拉成细丝。铜的导电性仅次于银,居第二位,大量用于制造电机、电线和电讯设备等。

铜合金是以铜为主体,添加适量的其他合金元素而制成的。铜合金具有良好的高温及低温加工性,良好的导电性、导热性和耐腐蚀性,应用十分广泛。铜及其合金的应用范围仅次于钢铁,在有色金属中其产量和耗用量仅次于铝,居第二位。

4.3.1　纯铜(紫铜)

(1)主要性能

1)呈紫红色,又称紫铜。纯铜密度为 8.9g/cm³,熔点 1083℃,导电性和导热性优良,无磁性,碰撞冲击时无火花。

2)很好的化学稳定性,在大气、淡水、冷水中具有很好的耐腐蚀性,但在海水、氨盐、氯化物、碳酸盐及氧化性酸中抗蚀性差,表面产生绿色的碱式碳酸铜薄膜,即铜绿。

3)强度较低,但塑性极好,可加工成铜箔,但纯铜加工硬化指数高,故冷变形强化效果好,而且其低温韧性好,焊接性能优良。

(2)应用

主要用于导电、导热及兼有耐蚀性要求的结构件,如电机、电器、电线电缆、电刷、防磁机械、化工换热及深冷设备等,也用于配制各种性能的铜合金。

(3)牌号

按其纯度不同有四个牌号:T1(99.95%Cu)、T2(99.90%Cu)、T3(99.7%Cu)、T4(99.5%Cu),其常用做导电、一般铜材及制铜合金。

4.3.2　铜合金

4.3.2.1　铜的合金化

通过合金元素固溶、淬火时效和形成过剩相来强化材料,提高合金的性能的方法称为铜的合金化。

主要固溶强化元素有 Zn、Sn、Al、Mn、Ni 等;Be、Ti、Zr、Cr 等为常用的沉淀强化元素。

4.3.2.2　铜合金的分类

按成型方法分类:变形铜合金及铸造铜合金。

按化学成分分类:黄铜、青铜和白铜三大类。

(1)黄铜

1)成分

黄铜是在铜中主要加入合金元素锌所形成的合金。

2)分类

按其成分分为:普通黄铜和特殊黄铜,普通黄铜是由铜和锌组成的二元合金,特殊黄铜是在普通黄铜中加入其他合金元素组成的多元合金。

按加工方法分为:压力加工黄铜和铸造黄铜。

3)合金元素对黄铜性能的影响

当 Zn $<$ 32%时,黄铜组织为单相 α 固溶体,Zn%↑→强度↑、塑性↑,可进行冷、热加工;当 32% $<$ Zn$<$45%时,Zn%↑→ 强度↑、塑性↓,黄铜组织为双相 $\alpha+\beta'$,可进行热加工,但不适合冷变形加工;当 Zn $>$ 45%时,Zn%↑→强度↓、塑性↓。

加入 Al、Sn、Ni、Mn 等可进一步提高合金强度和耐蚀性;加入 Si、Pb 等可提高其耐磨性。

4)黄铜的牌号

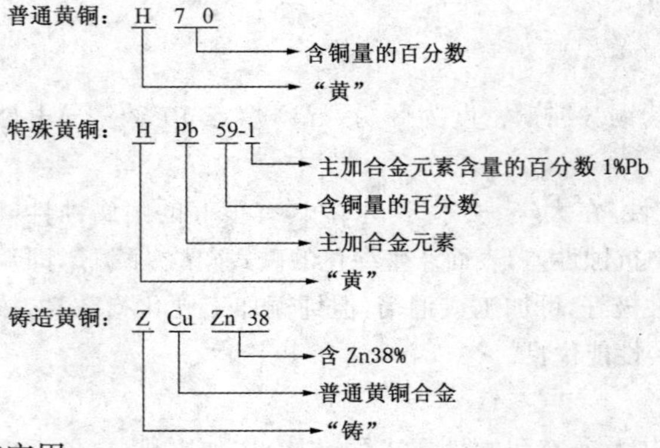

5)黄铜的性能和应用

$\sigma_b \approx 320 \sim 600\text{MPa}$，$\delta \approx 50\%$，价格便宜，因此日用品都用黄铜。

工程上制造弹壳、散热器、冷凝器管道等构件。

特殊黄铜可用于制造防海水侵蚀的船舶机械零件，如轴承、齿轮、螺旋桨叶和仪表，化工用耐蚀零件等。

经冷加工的黄铜制品存在残余应力，易发生应力腐蚀开裂，需进行去应力退火。

(2)青铜

黄铜和白铜以外的其他铜合金称为青铜。其中铜锡合金称为锡青铜，其他青铜称特殊青铜。

一般来说，青铜的耐磨性比黄铜好，所以在机械制造中青铜用得比较多。

1)牌号

压力加工：Q＋主加合金元素符号及其含量＋其他合金元素含量。

例 QSn6.5-0.1 代表 Sn＝6.5％，P＝0.1％的锡青铜。

铸造合金：ZCuSn10Pb1。

2)青铜分类、性能及应用

①锡青铜

锡青铜在大气、淡水、海水和水蒸气中具有良好的耐蚀性，但在酸类及氨水中其耐蚀性较差。Sn＜7％的锡青铜为 α 单相固溶体，塑性好，适于压力加工；Sn＞7％的锡青铜，由于塑性差，只适于铸造加工，且铸造性能一般(流动性差，易形成疏松，组织不致密，但收缩小)。

青铜的耐磨性好。压力加工锡青铜多用于制造导电弹性元件和轴瓦、轴套等耐磨零件。铸造锡青铜一般用于铸造气密性要求不高的铸件和艺术品。

②铝青铜

在铜中主要加入合金元素铝所形成的铜合金称为铝青铜。

它比黄铜和锡青铜具有更高的强度、耐磨性和耐蚀性，并易于获得致密的铸件。

Al＝5％～7％的铝青铜塑性好，一般为压力加工铝青铜，如 ZQAl9Mn2，主要用做强度和耐磨性较高的耐磨零件(齿轮、蜗杆、轴套等)。

Al＝8％～10％的铝青铜塑性低，一般为铸造铝青铜(如 QAl5、QAl7)，主要用做仪器、仪表中的耐蚀弹性零件。

③铍青铜

在铜中主要加入合金元素铍所形成的铜合金称为铍青铜。

铍青铜经固溶时效处理强化后，其强度 $\sigma_{b\,max}=1250\text{MPa}$，$\delta=2\%\sim4\%$，疲劳抗力高，弹性好。抗蚀、耐热、耐磨等性能均好于其他铜合金。

导电性和导热性优良，而且具有无磁性、受冲击时无火花等优点。

主要用于制造精密仪器、仪表的弹性元件、耐磨零件等。

4.3.3　铜和铜合金的应用

(1)纯铜的应用：利用纯铜的导电性，制造电线、电缆、电气接头盒电极夹等轿车用电器零件；利用它的导热性，制造散热器等需要热传导的汽车零部件。此外也用做轿车内外装饰件、气管油管管子、垫片垫块甚至密封材料。但由于纯铜的强度和硬度低，不宜做结构件。

(2)黄铜的应用：在轿车上可用做转向节衬套、钢板弹簧衬套、轴套等耐磨件，也用做散热器、冷凝器、冷却管、汽油滤清器滤芯、化油器零件、水箱和水箱盖，还用做装饰件、供水排水管、通风管、油管接头、制动三通接头、垫片和垫圈等。

(3) 青铜的应用：可用做水箱盖出水阀弹簧等弹性件，也用做发动机摇臂衬套、连杆衬套等耐磨件，还用做水箱盖、齿轮、蜗轮、螺母。青铜各有特点，应用也有所不同，如硅青铜可用做弹簧；铝青铜可用做轴套、齿轮、蜗轮；铅青铜可用做轴承、曲轴推力垫圈；铰青铜可用做弹性敏感元件；锰青铜可做蒸汽阀门等。

4.4　轴承合金

轴承合金指用于制作轴瓦及其内衬的合金，轴瓦可直接用耐磨合金制成，也可在钢背上浇注(或轧制)一层耐磨合金形成复合的轴瓦。

4.4.1　工作条件

周期性负荷、冲击作用；强烈摩擦和磨损；启动、停车时，出现边界润滑或半干摩擦状态，引起磨损。

4.4.2　基本性能要求

(1) 足够的抗压强度和疲劳强度。

(2) 具有良好的减摩性、磨合性、抗冷焊性和嵌镶性。

(3) 有一定的塑性和韧性。

(4) 有良好的导热性和小的膨胀系数。

4.4.3　组织和结构要求

(1)成分

1)用与钢铁互溶性小的元素组成的合金。如 Sn、Pb、Al、Cu、Zn 等的合金，其对钢铁材料的黏着性和擦伤性小。

2)有适量低熔点元素。产生高温时,展平于摩擦面并形成塑性好的润滑层,减少接触点处的压力和摩擦阻力。

(2)组织

软基体上分布有均匀硬质点;硬基体上分布均匀的软质点。

软基体(或质点)作用:凹陷、保持润滑油、嵌藏外来硬质点磨粒以免划伤轴颈。

硬质点(或基体)作用:耐磨、支承轴的压力、减小轴和轴瓦接触面积。

4.4.4 常用轴承合金

(1)锡基轴承合金(锡基巴氏合金)

1)成分

在 Sn-Sb 合金基础上添加 Cu、Pb 等元素形成,属软基体硬质点类。

2)牌号

主要有 ZchSnSb11-6、ZchSnSb8-4、ZchSnSb4-4 等,"Z"表示铸造,"ch"表示轴承合金,后为基本元素(Sn)+主加元素+ 主加元素含量 + 辅加元素含量等。例 ZchSnSb11-6 表示含 11%Sb 和 6%Cu 的 Sn 基铸造轴承合金。

3)特点

摩擦系数小、线膨胀小,有良好的工艺性、嵌镶性和导热性,耐蚀性优良,但其抗疲劳性能较差,运转工作温度应小于 110℃,且成本高。

4)应用

主要用于制作重要轴承,如汽轮机、涡轮机、内燃机、压气机等大型机器的高速轴瓦等。

(2)铅基轴承合金(铅基巴氏合金)

1)成分

是在 Pb-Sb 基合金基础上加入 Sn 和 Cu 元素形成,为软基硬质点类。

2)牌号

ZchPbSn16-16-2,表示含 16%Sn、16%Sb 及 2.0%Cu 和余量的 Pb,可制成双层或三层金属结构。

3)特点

高温强度高、亲油性好、有自润滑性、适于润滑较差的场合,而强度硬度、耐磨性、耐蚀性、导热性低于锡基合金,但成本低。

4)应用

适宜制作中低载荷的轴瓦,如汽车拖拉机的曲轴轴承。

(3)铝基轴承合金

1)成分

可分为 Al-Sn 系(Al-20%Sn-10%Cu)、Al-Sb 系(Al-4%Sb-0.5%Mg)和铝石墨系(Al-8%Si 合金+3%~6%石墨)三类。

2)特点

铝基轴承合金比重小、导热性好、疲劳强度高、抗蚀性和化学稳定性好且价格低廉。

3)应用

适用于高速高载荷下工作的汽车和拖拉机、柴油机的轴承。

(4)粉末冶金减摩材料

1)成分

铁—石墨及铜—石墨多孔含油轴承材料及金属塑料减摩材料。

(2)特点

减摩性好、寿命高、成本低、效率高,自润滑性优良,材料孔隙能储润滑油,使其工作时具有长期的润滑性。

3)应用

该类材料已广泛用于汽车、农机、冶金矿山和纺织机械中的轴承。

(5)其他轴承材料

锌基轴承合金、铜基轴承合金、多层轴承合金、非金属材料轴承。

表 4-3 为各种轴承合金性能比较结果。

表 4-3　各种轴承合金性能比较

种　类	抗咬合性	磨合性	磨蚀性	耐疲劳性	合金硬度 HBS	轴颈处硬度 HBS	最大允许压力(N/mm²)	最高允许温度(℃)
锡基轴承合金	优	优	优	劣	20～30	150	600～1000	150
铅基轴承合金	优	优	中	劣	15～30	150	600～800	150
锡青铜	中	劣	优	优	50～100	300～400	700～2000	200
铅青铜	中	差	差	良	40～80	300	2000～3200	220～250
铝基合金	劣	中	优	良	45～50	300	2000～2800	100～150
铸铁	差	劣	优	优	160～180	200～250	300～600	150

4.5　钛及钛合金

金属钛具有银白色光泽,熔点高(1600℃)、密度小(4.5g/cm³),且比钢轻(钢的密度为7.9g/cm³),但机械强度可与钢媲美,而且不会生锈。钛比铝重不到两倍,强度比铝大三倍,且耐热性能远优于铝。钛的表面容易形成一层致密的氧化物保护膜,使钛具有优异的抗腐蚀性。特别是对海水的抗腐蚀性很强,超过其他的金属材料,比不锈钢好,韧性也与钢铁相当。钛在室温下不与无机酸反应,在碱溶液和大多数有机酸中抗蚀性也很高,但能溶于热盐酸和热硝酸中,且能溶解于任何浓度的氢氟酸和含有氟离子的酸中。

钛合金化后可提高高温强度、加工性、焊接性和耐蚀性,比金属钛更优异,其突出的特点表现在:

(1)比强度高。

(2)耐腐蚀性强、无磁性。

(3)高、低温的力学性能好。

4.5.1 纯钛

4.5.1.1 性质

(1)钛在地壳中蕴藏丰富,仅次于铝、铁、镁而居第四。

(2)纯钛为银白色金属,相对密度为 4.54,也是一种轻金属。钛熔点高(1680℃)、线膨胀系数小。

(3)具有同素异物转变。

(4)纯钛弹性模量低,耐冲击性好;强度与铁相似(σ_b=220~260MPa),比强度很高,且具有很高的塑性(σ=50%~60%),钛的固溶强化显著,σ_b 可高达 550MPa,因此可直接用做工程结构材料。

(5)钛具有较好的低温塑性,在 550℃以下有较好的耐热性,故钛还常用做低温材料和耐热材料。

(6)在大气、海水、高温气体(550℃以下)及中性和氧化性介质中具有极高耐蚀性,高于不锈钢,但高温高浓度盐酸和硫酸、干燥氯气、氢氟酸和高浓度磷酸等介质对钛有较大的腐蚀作用。

4.5.1.2 纯钛的应用

工业纯钛(α-Ti)因其密度小、耐蚀性优异,而更重要的是其力学性能良好,因此是航空航天、船舶、化工等工业中常用的一种结构材料。

常用于制造 350℃以下及超低温下工作的受力较小的零件及冲压件,如飞机蒙皮、构架、隔热板、发动机部件、柴油机活塞、连杆及在海水等腐蚀介质下工作的管道阀门等。

4.5.2 钛合金及分类

4.5.2.1 α型钛合金

(1)牌号:TA5、TA6、TA7。

(2)组织:α单相固溶体或α固溶体加微量金属间化合物。

(3)热处理:不能热处理强化。

(4)性能:室温强度较低(σ_b=850MPa),但高温(500℃~600℃)强度高(σ_b= 400MPa);组织稳定、耐蚀性优良、塑性及加工成型性好;具有优良的焊接性能和低温性能。

(5)应用:常用于制作飞机蒙皮、骨架、发动机压缩机盘和叶片、蜗轮壳以及超低温容器。

4.5.2.2 β型钛合金

(1)牌号:TB1、TB2。

(2)组织:亚稳β相。

(3)热处理:淬火时效—沉淀强化效果显著。

(4)性能：σ_b＝1300MPa，δ＝5％；淬火态塑性韧性很好，冷成型性好，但该合金密度大，组织不够稳定，耐热性差，使用不太广泛。

(5)应用：制造飞机中使用温度不高但要求高强度的零部件，如弹簧、紧固件及厚截面构件。

4.5.2.3　α＋β型钛合金

(1)牌号：TC1、TC2、TC3、TC4。

(2)组织：α＋β(不超过30％)两相。

(3)热处理：930℃固溶淬火＋540℃时效2h。

(4)性能：σ_b＝1300MPa，$\sigma_{0.2}$＝1200MPa，δ＝13％，综合机械性能极佳；具有良好的耐热性和很好的低温性能。

(5)应用：可用于制造航空发动机压气机盘和叶片、火箭发动机外壳及冷却喷管、飞行器用特种压力容器及化工用泵、船舶零件和蒸汽轮机部件等，是应用最广泛的钛合金。

4.5.3　钛及钛合金在汽车零件上的应用

4.5.3.1　钛合金连杆

Ti-6Al-4V已被用于摩托车和四轮电动车的连杆上，比钢制连杆轻15％～20％。意大利新型法拉利3.5LV8与Acura的NSX发动机首次使用了钛合金连杆。

4.5.3.2　钛合金发动机气门、叶片等

用钛合金制成的气门比钢制门轻30％～40％，可提高极限转速20％。

4.5.3.3　钛合金弹簧类

钛合金的开发，可用于发动机气门弹簧、悬架弹簧上。

钛合金应用的最大难度在于成本高，且加工性、耐久性、表面技术处理、再生技术都有待于进一步的提高。

4.6　锌合金

4.6.1　锌合金

锌合金是以锌为基加入其他元素组成的合金。常加的合金元素有铝、铜、镁、镉、铅、钛等。锌合金熔点低，流动性好，易熔焊、钎焊和塑性加工，在大气中耐腐蚀，残废料便于回收和重熔，但蠕变强度低，易发生自然时效引起尺寸变化。熔融法制备、压铸或压力加工成材。按制造工艺可分为铸造锌合金和变形锌合金。

锌合金的主要添加元素有铝、铜和镁等。锌合金按加工工艺可分为形变与铸造锌合金两类。铸造锌合金流动性和耐腐蚀性较好，适用于压铸仪表、汽车零件外壳等。

4.6.2 锌合金的特点

锌合金具有以下特点：

(1)比重大。

(2)铸造性能好，可以压铸形状复杂、薄壁的精密件，铸件表面光滑。

(3)可进行表面处理：电镀、喷涂、喷漆。

(4)熔化与压铸时不吸铁、不腐蚀压型、不粘模。

(5)有很好的常温机械性能和耐磨性。

(6)熔点低，在385℃熔化，容易压铸成型。

使用过程中须注意的问题：

(1)抗蚀性差。当合金成分中杂质元素铅、镉、锡超过标准时，易导致铸件老化而发生变形，表现为体积胀大，机械性能特别是塑性显著下降，时间长了甚至破裂。

铅、锡、镉在锌合金中溶解度很小，因而集中于晶粒边界而成为阴极，富铝的固溶体成为阳极，在水蒸气(电解质)存在的条件下，促成晶间电化学腐蚀。压铸件因晶间腐蚀而老化。

(2)时效作用。锌合金的组织主要由含 Al 和 Cu 的富锌固溶体和含 Zn 的富 Al 固溶体组成，它们的溶解度随温度的下降而降低。但由于压铸件的凝固速度极快，因此到室温时，固溶体的溶解度就大大地饱和了。经过一定时间之后，这种过饱和现象会逐渐解除，而铸件的形状和尺寸也会略起变化。

(3)锌合金压铸件不宜在高温和低温(0℃以下)的工作环境下使用。锌合金在常温下有较好的机械性能，但在高温下抗拉强度和低温下冲击性能都显著下降。

4.7 特殊合金材料(形状记忆合金)

1932年，瑞典人奥兰德在金镉合金中首次观察到"记忆"效应，即合金的形状被改变之后，一旦加热到一定的跃变温度时，它又可以魔术般地变回到原来的形状，人们把具有这种特殊功能的合金称为形状记忆合金。记忆合金的开发迄今不过20余年，但由于其在各领域的特效应用，正广为世人所瞩目，被誉为"神奇的功能材料"。形状记忆合金一面世，就为航空工业立了一功。美国F-14型飞机的液压系统中，平均每架要用800个形状记忆合金接头。自1970年以来，美国海军飞机上共使用了几十万个这样的管接头，没出现过一次失效的记录。用形状记忆合金做管接头的办法是：先在转变温度以上把镍钛合金管接头按密封要求尺寸进行加工，使它的内径比所要连接管子的外径小4%；然后，在液氮低温下将管接头直径扩大，使它的内径比所要连接管子的外径稍大点(大4%)，并把两根要连接的管子从两端对准插入接头；最后，当管子处于工作状态，温度回升到转变温度以上，镍钛合金发挥形状记忆效应，管接头自动收缩，管径变细，恢复到第一次加工的尺寸，把两根管子紧紧地连到一起。

形状记忆合金之所以具有"记忆智能"，是因为它们都有自己特定的转变温度。以镍钛合金来说，它的转变温度在40℃左右，在40℃以上时它很坚硬，强度也很高；在40℃以下时，它相当软，强度低，可以方便地做成各种形状。这样当我们需要它“记住”某种形状时，可以先把它做成那种形状，进行“热处理”，让它牢牢记住。在转变温度以下它很软，可以随意变形，若要它恢复原形，只要加热到转变温度以上就行了。人们已经发现了几十种形状记忆合金，大多数含镍元素。

记忆合金在航空航天领域内的应用有很多成功的范例。人造卫星上庞大的天线可以用记忆合金制作。发射人造卫星之前，将抛物面天线折叠起来装进卫星体内，火箭升空把人造卫星送到预定轨道后，只需加温，折叠的卫星天线因具有“记忆”功能而自然展开，恢复抛物面形状。图 4-4 为形状记忆合金半球形的网状天线。

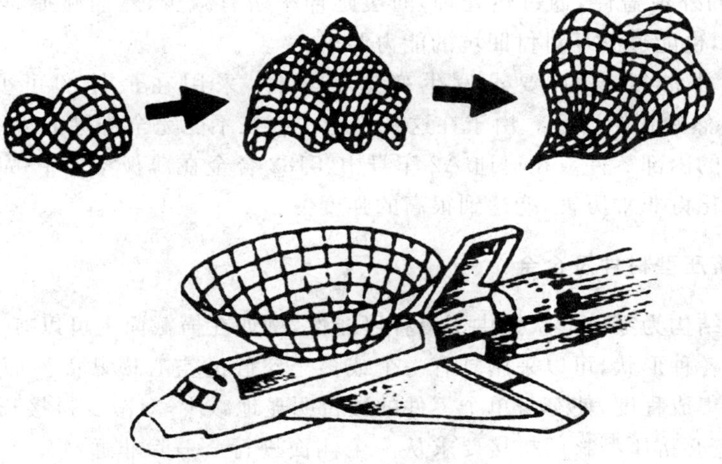

图 4-4　半球形的网状天线

记忆合金在临床医疗领域内有着广泛的应用。例如人造骨骼、伤骨固定加压器、牙科正畸器、各类腔内支架、栓塞器、心脏修补器、血栓过滤器、介入导丝和手术缝合线等等，记忆合金在现代医疗中正扮演着不可替代的角色。

记忆合金同我们的日常生活也同样息息相关。仅以用记忆合金制成的弹簧为例，把这种弹簧放在热水中，弹簧的长度立即伸长，再放到冷水中，它会立即恢复原状。利用形状记忆合金弹簧可以控制浴室水管的水温，在热水温度过高时通过“记忆”功能，调节或关闭供水管道，避免烫伤。也可以制作成消防报警装置及电器设备的保安装置，当发生火灾时，记忆合金制成的弹簧发生形变，启动消防报警装置，达到报警的目的。还可以把用记忆合金制成的弹簧放在暖气的阀门内，用以保持暖房的温度，当温度过低或过高时，自动开启或关闭暖气的阀门。

作为一类新兴的功能材料，记忆合金的很多新用途正不断被开发，例如用记忆合金制作的眼镜架，如果不小心被碰弯曲了，只要将其放在热水中加热，就可以恢复原状。

不久的将来，汽车的外壳也可以用记忆合金制作。如果不小心碰瘪了，只要用电吹风加加温就可恢复原状，既省钱又省力，实在方便。

4.8 汽车用有色金属板料

4.8.1 板材件及合金

以奥迪 A2 为例,其车身全铝空间框架结构的板材件主要采用可通过热处理淬火硬化的 6016 铝合金材料,因为它能从良好的成型性能、力学性能和抗腐蚀性能中得到最佳的折中。不仅是外部零件,而且内部零件也由这种类型的材料制成。厚度在 1.05～1.15mm之间的外覆盖件,通过热处理,断裂延伸率略有减少,然而碰撞时足够的变形能力是有保障的,也能够满足对付凹坑的能力要求。

对于形状非常复杂的、要求发生变形的零件,采用在最佳的可变形状态下的 AlMgMn 型自然硬化铝合金。由于在这种合金中存在不能完全排除的流线,故只能被用做见不到区域的内部零件。在奥迪 A2 车身中,5182 合金在薄板零件中占 15%。这种合金在深拉时强化得非常厉害,能达到很高的强度值。

4.8.2 挤压型材件及合金

挤压型材结构为零件形状提供了多种可能性,例如在横截面上可以有不同的壁厚,法兰结构可以有各种形状,可以采用具有一个或多个空腔的空心横截面。而可变的截面形状提高了功能集成程度,使车身单个零件的数目明显地减少,对减少拼接长度也有积极的影响。但是,空心挤压型材的拼接要求从一个侧面进行——除非通过一个压入的法兰进行连接。这些构件的材料全部采用处于热淬硬状态的 AlMgSi0.5 合金。奥迪 A2 车身全铝空间框架中的挤压型材总质量为 27.2kg。

车身承载对挤压型材的要求非常高,具体要求根据它在汽车中的位置不同而有不同。特别是,不允许在"与碰撞有关的"区域出现裂纹。所以,除了对于"正常的"AlMgSi0.5 合金厂方面的限制以外,还必须根据强度要求和碰撞要求进行优化热时效。壁厚在 1.2～7mm 之间,转换圆的直径在 56～280mm 之间变动。

4.9 汽车轻量化与铝、镁合金的应用

4.9.1 铝合金在汽车轻量化中的应用状况

铝合金是最常见的汽车用轻金属材料,相对于一般钢材,铝合金材料具有较高的比强度,虽然弹性模量低,但有很好的挤压性,能得到复杂截面的构件,从结构上补偿零部件的刚度,因而可在满足刚性及强度等多方面力学性能下,大大降低材料的消耗及构件的质量,从而降低产品的成本,提高经济效益。

汽车车身约占汽车总质量的 30%,对汽车本身来说,约 70%的油耗是用在车身质量上的,所以汽车车身铝化对提高整车燃料经济性至关重要,车身是轻量化设计的关键部件。铝材的吸能性好,在碰撞中的安全性方面有明显的优势,而且由于车身质量减轻,在

碰撞时产生的动能减小，因此铝合金是应用于车身较早的且技术日趋成熟的轻量化材料，它在汽车上的用量呈现持续增长的趋势。根据国际铝协统计，自 1990 年以来，铝合金在轿车上的用量翻了一番，在轻型车中的用量则增长了 2 倍。目前每辆轿车的铝合金平均用量为 121kg，约占整车质量的 10%；而所谓“铝密集型汽车”中的铝合金比例更高，如福特 P2000 轿车铝合金用量为 333kg，达到了 37%；奥迪 A8 则达到了创纪录的 546kg。

奥迪汽车公司最早于 1980 年在奥迪 80 和奥迪 100 上采用了铝合金车门，然后不断扩大应用。1994 年奥迪公司斥资 800 万欧元建立的铝材中心（1994～2002 年），后来被更名为“奥迪铝材及轻量化设计中心”。1994 年开发第一代奥迪 A8 全铝空间框架结构（ASF），ASF 车身超过了现代轿车钢板车身的强度和安全水平，但汽车自身质量减轻了大约 40%。随后于 1999 年诞生的奥迪 A2，成为首批采用该技术的批量生产轿车。2002 年，奥迪铝材及轻量化设计中心又实现了第二代奥迪 A8 的诞生。在此期间，美国铝业公司开发了全新的汽车生产技术。如今，铝制车身制造的自动化操作程度已达 80%，赶上了传统钢制车身生产的自动化水平。

形变铝合金在车身零件及结构件的应用方面发展较快，如应用日益广泛的铝合金行李箱盖、发动机罩、后举门、前翼子板、保险杠、车厢底板结构件、散热器框架以及全铝车身等。随着快速凝固铝合金、粉末冶金铝合金、超塑性铝合金、铝基复合材料和泡沫铝材等新材料的开发与应用，未来铝合金在汽车中的应用范围将进一步扩大，并将呈现铸件、型材、板材并举的局面。预计未来铝将会成为仅次于钢的第二大汽车材料，发达国家汽车车身用铝合金量情况如图 4-5 所示。

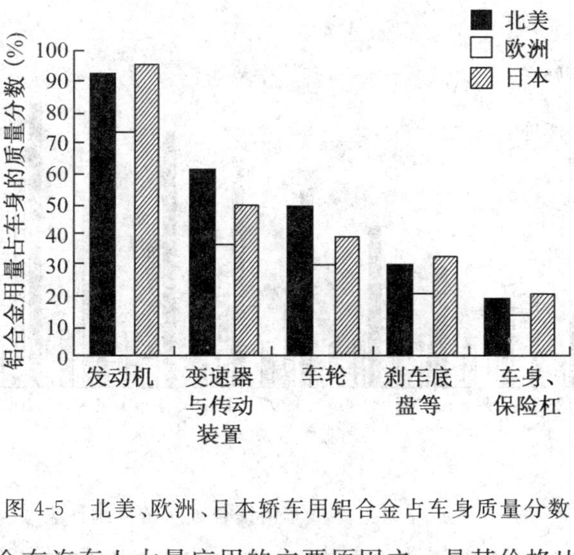

图 4-5　北美、欧洲、日本轿车用铝合金占车身质量分数

目前，制约铝合金在汽车上大量应用的主要原因之一是其价格比钢材高，为了促进铝合金在汽车上的大量应用，必须降低材料成本。除开发低成本的铝合金和先进的铝合金成型工艺外，回收再生技术可进一步降低铝合金的生产成本。扩大铝合金应用的另一个研究方向是开发新的各种连接技术，今后发展的多材料结构轿车要求连接两种不同类型的材料（如铸铁—铝、钢—铝、铝—镁等），对这些连接技术以及对材料和零件防腐蚀的表

面处理技术，是今后扩大铝合金在汽车上应用的重要课题。

综上所述，铝合金在汽车行业上的应用前景是很好的，但是碳纤维增强复合材料以其优异的性能逐渐在航空工业上得到应用，因此铝合金材料在很多工业部门的应用也将受到其他新型材料严峻的挑战，必须不断开发新的铝合金品种、新的加工工艺来提高材料的性能，迎接新的挑战。

4.9.2 镁合金在汽车轻量化中的应用状况

到目前为止，汽车上共有60多个零部件采用镁合金，其中仪表盘基座、座位框架、方向盘轴、发动机阀盖、变速箱壳、进气歧管、汽车车身等7个部件镁合金的使用率最高。按使用部位性质的不同，分为壳类和架类两类零件。壳类零件采用高塑性的镁合金不仅可减轻质量，且由于镁合金的阻尼衰减能力强，还可提高汽车抗振动及耐碰撞性能，降低汽车运行时的噪音，主要包括汽缸盖、离合器壳、变速器壳、滤油器壳、空气滤清器壳、分动器壳、增压器壳、灯罩等。架类零件包括方向盘、仪表盘、风扇架、挡泥板架、踏板托架、转向支架、刹车支架、灯托架、座椅架、轮毂等。

目前在汽车工业中镁合金用量最多的地区是北美，欧洲紧追其后，年发展速度已达30%（北美为30%，世界平均为25%），其目标都是造出百千米耗油3L的轿车，日本、韩国也在加紧追赶。镁原料价格逐渐与铝接近，世界范围内汽车用镁合金的发展极其迅猛，如图4-6所示。

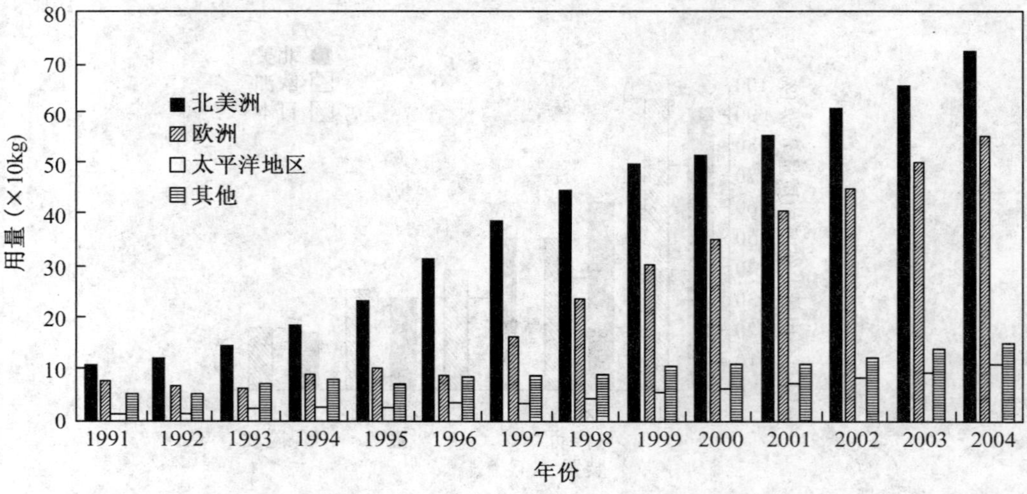

图4-6 近年来世界汽车用镁合金压铸件统计表

汽车上使用的镁合金压铸件对减轻质量和提高性能的影响是十分显著的。丰田汽车的转向盘加装安全气囊后质量增加，采用AM60B镁合金压铸件后，质量比过去的钢制品、铝制品分别减少了45%和15%，同时也减少了转向系统的振动；奔驰公司用AM20和AM50压铸的座椅骨架，质量比过去的冲压焊接钢结构件也大大减少；通用EV1轿车用镁合金制成的仪表板，将20个冲压及塑料零件组合成一个压铸件，不但质量减少了3.

6kg，而且增加了刚性，减少了装配工作量；福特公司用镁合金AM60生产的座椅支架安装在微型货车上，取代钢制支架，使座椅质量从4kg减为1kg，其卡车离合器壳改用AZ91D镁合金压铸件，不但无大气腐蚀问题，耐海水腐蚀性也比铝合金壳体好，延长了使用寿命；Cadillac De Ville车型使用AM50镁合金铸造的仪表板仅重6.8kg，比以前的散件组装钢结构轻了20.4kg，而且增加了刚性，减少了装配工作量；大众汽车公司的变速器用镁合金铸件，质量减轻4.5kg。

我国汽车工业中的镁合金应用起步较晚。上海一汽、二汽及长安汽车公司在研究和开发镁合金在汽车领域应用方面发挥了重要作用。

在国内，上汽最早将镁合金应用到汽车上。目前桑塔纳轿车镁合金变速器外壳年用镁量达2000吨以上，镁合金汽车压铸件生产和应用技术已十分成熟，镁合金汽车压铸件已开始批量生产供货。电动汽车镁合金电机壳体零件全部通过信息产业部21所的台架试验，正在进行装车试验。目前桑塔纳轿车使用镁合金量约8.5kg/辆。

一汽开发了抗蠕变镁合金，可用于制造高温负载条件下汽车动力系统部件，并获得三类有应用前景的Mg-Al-Si-Ca、Mg-Al-稀土-Ca及Mg-Al-稀土(Y、Nd)系新型压铸镁合金。其强度、150℃条件下的蠕变抗力、铸造性能均明显好于AZ91合金，表面涂装的耐蚀性能完全满足要求，且成本可控制在仅高于AZ91合金7%左右。此外，一汽还成功开发出汽缸盖罩、脚踏板、方向盘、增压器壳体、传动箱罩盖等镁合金压铸件，并已应用于生产。

二汽镁合金研发体系也已形成，研发的镁合金零部件包括：载重汽车脚踏板、变速箱上盖、制动阀壳体、真空助力器隔板、发动机气室罩盖、富康轿车用的方向盘芯、缸体罩盖、进气管、门锁芯壳、转向支架等系列产品。目前东风已有8种镁合金脚踏板安装在东风"天龙"系列重型卡车上，其用镁量已经超过300吨。

长安汽车生产的变速器、上下箱体延伸体和缸罩等7种零件已通过台架试验和道路试验，从2004年起已大批量装车进入市场销售。

尽管镁合金在汽车上的应用具有其他金属不可比拟的优点，但在过去的几十年中，由于价格和生产技术方面的原因，镁合金一直未得到广泛应用。近年来随着镁价格逐渐下降，镁合金在汽车中的全面应用逐渐成为可能。世界范围内各主要汽车生产国不断加大在镁合金开发和应用技术研究上的投入，从而促使一些新技术相继问世。

复习思考

1. 论述铝合金、铜合金的合金化的目的和热处理工艺。
2. 综述铝合金、铜合金的应用现状。
3. 合金元素对铝、铜合金的显微组织、热处理性能和使用性能有什么影响?
4. 简述钛及钛合金的性能特点。
5. 简述形状记忆合金在汽车上的应用。
6. 分析汽车用铝合金的特点与汽车的相关性。
7. 简述汽车用镁合金的特点与汽车相关性。
8. 结合所学知识，深入剖析汽车典型零件的选材。要求结合铁碳合金相图、钢的热处理、常用金属材料(工业用钢、铸铁与有色金属合金)等基本知识，重点、深入地剖析齿轮、轴等典型零件的选材。通过分析，既要找出其一般规律，又要看到其特殊点。表4-4为汽车发动机零件选用材料概况，可供参考。

表4-4　　汽车发动机零件选用材料概况

典型零件	材料类别牌号	使用性能	失效形式	热处理及其他
缸体、缸盖、飞轮、正时齿轮	灰铸铁 HT200	刚度、强度、尺寸稳定	产生裂纹、孔臂磨损、翘曲变形	不处理或去应力退火，也可用 ZL104 淬火时效做缸体、盖
缸套、排气门座	合金铸铁	耐磨、耐热	过量磨损	铸造状态
曲轴等	球墨铸铁 QT600-2	刚度、强度、耐磨、疲劳抗力	过量磨损、断裂	表面淬火、圆角滚压、氮化，亦可用锻钢件
活塞销等	渗碳钢 20、20Cr、20CrMnTi、12Cr2Ni4	强度、冲击、耐磨	磨损、变形、断裂	渗碳、淬火、回火
连杆、连杆螺栓、曲轴等	调质钢 45、40Cr、40MnB	强度、疲劳抗力、冲击韧度	过量变形、断裂	调质、探伤
各种轴承、轴瓦	轴承钢和轴承合金	耐磨、疲劳抗力	磨损、剥落、烧蚀、破裂	不热处理(外购)
排气门	耐热气阀钢 4Cr3Si2、6Mn2Al5MoVNb	耐热、耐磨	起槽、变宽、氧化、烧蚀	淬火、回火
气门弹簧	弹簧钢 65Mn、50CrVA	疲劳抗力	变形、断裂	淬火、中温回火
活塞	有色金属合金 ZL110、ZL108	耐热、强度	烧蚀、变形、断裂	淬火及时效
支架、盖、罩、挡板、油底壳等	钢板 Q235、08、20、16Mn(Q345)	刚度、强度	变形	不热处理

第 2 篇

汽车非金属材料

非金属材料是人类最先应用的材料，虽然经过了相当长的历史，但因其在国民经济和人们生活中的重要影响和作用，至今仍继续发展着。

非金属材料通常是指金属材料以外的其他材料，是以无机物为主体的玻璃、陶瓷、石墨、岩石以及以有机物为主体的木材、塑料、橡胶等一类材料，由晶体或非晶体组成，无金属光泽，是热和电的不良导体(碳除外)。由非金属元素或化合物构成的非金属材料有很多，但一般非金属材料的力学性能较差(玻璃钢除外)。随着生产和科学技术的进步，尤其是无机化学和有机化学工业的发展，人类以天然的矿物、植物、石油等为原料，制造和合成了许多新型非金属材料，如水泥、人造石墨、特种陶瓷、合成橡胶、合成树脂(塑料)、合成纤维、塑料等。这些非金属材料因具有各种优异的性能，为天然的非金属材料和某些金属材料所不及，从而在近代工业中的用途不断扩大，并迅速发展。

非金属材料是当今新材料研究领域中最富有活力、对未来经济和社会发展有着十分重要影响的研究对象，也是材料科技中最为活跃、最接近应用的重要组成部分。在未来汽车工业和高速列车上，对新一代轻质高强高韧的复合材料提出了更高的要求，而轻质、高强、耐高温、多功能防灾的水泥基复合基材料，以及能诊断、自修复智能化建筑结构材料将是明确的研究方向。

非金属材料种类繁多，主要包括高分子材料、陶瓷材料和复合材料等。

第5章　高分子材料

学习目标

1. 了解高分子材料、橡胶、塑料的分类和主要特性。
2. 掌握常用橡胶、塑料及其在汽车上的应用。
3. 了解胶黏剂、汽车涂料的组成分类和应用。

考核标准

知识要求：理解汽车对高分子材料(橡胶、纤维、塑料、高分子胶黏剂、高分子涂料等)的性能要求和应用状况。

技能要求:做到能根据汽车某些部件使用要求初步正确选择合适的高分子材料。

教学建议

有条件的学校,建议参考附录中实验7“不饱和聚酯的合成及玻璃钢的制备”安排实验。

5.1　高分子材料的分类与特性

高分子材料是由相对分子质量较高的化合物构成的材料,高分子是生命存在的形式。所有的生命体都可以看作是高分子的集合。高分子材料有很高的分子量,质轻、密度小,有优良的力学性能、绝缘性能、隔热性能。由于高分子结构的不同,其特点也不尽相同。特定的高分子材料有的有良好的光学性能,如PMMA PC PS;有的有超高的力学性能等等。功能高分子材料更是涉及到了医药、生物工程等各个方面。一般常用的高分子材料包括橡胶、塑料、纤维、涂料、胶黏剂和高分子基复合材料等。

5.1.1　高分子材料的分类

5.1.1.1　高分子材料按来源分类

高分子材料按来源分为天然、半合成(改性天然高分子材料)和合成高分子材料。

天然高分子是生命起源和进化的基础。人类社会一开始就利用天然高分子材料作为生活资料和生产资料，并掌握了其加工技术。如利用蚕丝、棉、毛织成织物，用木材、棉、麻造纸等。19 世纪 30 年代末期，进入天然高分子化学改性阶段，出现半合成高分子材料。1907 年出现合成高分子酚醛树脂，标志着人类应用合成高分子材料的开始。现代，高分子材料已与金属材料、无机非金属材料共同成为科学技术、经济建设中的重要材料。

5.1.1.2 高分子材料按特性分类

高分子材料按特性分为橡胶、纤维、塑料、高分子胶黏剂、高分子涂料和高分子基复合材料等。

(1)橡胶是一类线型柔性高分子聚合物。其分子链间次价力小，分子链柔性好，在外力作用下可产生较大形变，除去外力后能迅速恢复原状。有天然橡胶和合成橡胶两种。

(2)高分子纤维分为天然纤维和化学纤维。前者指蚕丝、棉、麻、毛等。后者是以天然高分子或合成高分子为原料，经过纺丝和后处理制得。

(3)塑料是以合成树脂或化学改性的天然高分子为主要成分，再加入填料、增塑剂和其他添加剂制得。其分子间次价力、模量和形变量介于橡胶和纤维之间。通常按合成树脂的特性分为热固性塑料和热塑性塑料；按用途又分为通用塑料和工程塑料。

(4)高分子胶黏剂是以合成天然高分子化合物为主体制成的胶粘材料。分为天然和合成胶黏剂两种。应用较多的是合成胶黏剂。

(5)高分子涂料是以聚合物为主要成膜物质，添加溶剂和各种添加剂制得。根据成膜物质不同，分为油脂涂料、天然树脂涂料和合成树脂涂料。

(6)高分子基复合材料是以高分子化合物为基体，添加各种增强材料制得的一种复合材料。它综合了原有材料的性能特点，并可根据需要进行材料设计。

5.1.1.3 高分子材料按用途分类

高分子材料按用途又分为普通高分子材料和功能高分子材料。功能高分子材料除具有聚合物的一般力学性能、绝缘性能和热性能外，还具有物质、能量和信息的转换、传递和储存等特殊功能。已实用的有高分子信息转换材料、高分子透明材料、高分子模拟酶、生物降解高分子材料、高分子形状记忆材料和医用、药用高分子材料等。

5.1.2 高分子材料的性能

高分子材料的结构决定其性能，对结构的控制和改性，可获得不同特性的高分子材料。高分子材料独特的结构和易改性、易加工特点，使其具有其他材料不可比拟、不可替代的优异性能，从而广泛用于科学技术、国防建设和国民经济各个领域，并已成为现代社会生活中衣食住行用各个方面不可缺少的材料。很多天然材料通常是由高分子材料组成的，如天然橡胶、棉花、人体器官等。人工合成的化学纤维、塑料和橡胶等也是如此。一般称在生活中大量采用的，已经形成工业化生产规模的高分子为通用高分子材料，称具有特殊用途与功能的为功能高分子。

5.2　橡胶特性、常用橡胶及其在汽车上的应用

所谓橡胶，是指在使用温度范围内处于高弹性状态的高分子材料。橡胶广泛应用于弹性材料、密封材料、防振材料和传动材料，是汽车工业的重要原材料。

橡胶制品是汽车零件的重要原材料之一，汽车用橡胶零件不仅数量大，而且耗用生橡胶的重量也占橡胶制品工业的首位。汽车用橡胶制品包括轮胎、胶管、密封条、油封、传动带、减振块和防尘罩等。橡胶制品用于每辆轿车的质量 187kg，中型载货汽车约 325kg，重型载货汽车约 400kg，占汽车总质量的 10%以上。因此，没有橡胶，汽车寸步难行。

5.2.1　概述

5.2.1.1　橡胶的性能

橡胶弹性模量低，具有很高的伸长率(100%～1000%)，即具有高弹性，同时具有良好的伸缩性和可贵的积储能量的能力。橡胶还具有高的抗拉伸强度和疲劳强度，并且具有良好的耐磨性、隔音性、不透水、不透气、耐酸碱性、耐辐射等特点。未经硫化的橡胶还能与某些树脂掺和改性，与其他材料(如金属、塑料、石棉、纤维、软木等)组合成兼有两者特性的复合性材料和制品。

由于橡胶具有上述性能，橡胶可制成汽车常用的弹性材料、密封制品，减振、防振制品，如轮胎、胶板、胶垫、胶管、密封圈等。

5.2.1.2　橡胶的结构

橡胶的分子结构有线型的、支链型的和体型的三种类型。未经硫化的生胶和乳胶是线型的或含有支链型的分子，硫化后的橡胶则是体型结构。大块生胶或牛奶似的胶乳的结构就是由许多细长而具有很大柔顺性的线型分子链组成的，这种长链的橡胶分子往往卷曲成无规则、乱如麻的线团，并且相互缠绕。当橡胶受到外力拉伸时，分子链就伸直伸长，当外力去掉后，又恢复成卷曲状，这就是橡胶高弹性的内因。但生橡胶由于分子中有不稳定的双键存在，也容易老化。例如受热发黏，遇冷变硬，只能在 5℃～35℃范围内保持弹性。生胶强度差，不耐磨也不耐溶剂，所以生胶只有经过硫化处理之后，才具有橡胶的各种优良性能。硫化后，不同分子链相互连接成立体网状结构，称为体型结构。它使橡胶的物理和力学性能得到全面增强，从而才具有实用价值。

5.2.1.3　橡胶的组成

橡胶是以生胶为基础加入适量的配合剂组成的高分子弹性体，橡胶按生胶原料来源可分为天然橡胶(从橡树或仁仲树的浆汁中制取的生胶)和合成橡胶(通过化学合成方法制造的生胶)。橡胶制品的性质主要取决于生胶的性质。

配合剂是为提高和改善橡胶制品的性能而加入的物质。配合剂包括硫化剂、硫化促进剂、防老化剂、软化剂、填充剂 、泡发剂、着色剂等。

5.2.2 常用橡胶

橡胶有两种分类方法，按原料来源分为天然橡胶和合成橡胶；按用途分为通用橡胶和特种橡胶。

5.2.2.1 天然橡胶

天然橡胶是橡胶树上流出的胶乳，经凝固、干燥、加压等工序制成片状生胶，然后在生胶中加入适量的配合剂组成的高分子弹性体。天然橡胶突出的特点是弹性、耐寒性及加工工艺性能良好，通常用来制造轮胎、胶管、胶带等制品，缺点是不耐臭氧老化、不耐油及不耐高温。

5.2.2.2 合成橡胶

合成橡胶品种较多，常用品种有如下几种：

(1)丁苯橡胶

丁苯橡胶是以丁二烯和苯乙烯为单体共聚而成的浅黄色弹性体。丁苯橡胶是合成橡胶中生产规模大、产量大、品种多的通用橡胶。丁苯橡胶品种很多，具有较好的耐磨性、耐热性、耐老化性，且价格低廉。丁苯橡胶缺点是生胶强度低、黏结性差、弹性低等。但若与天然橡胶共混，各取其长补己短，可提高丁苯橡胶的使用性能，使其用途更加广泛。

(2)顺丁橡胶

顺丁橡胶是顺式一聚丁二烯橡胶的简称，具有弹性好、耐磨性好等特点，比丁苯橡胶耐磨性高 20%。其产量仅次于丁苯橡胶位居第二，是制造轮胎的优良材料。

(3)氯丁橡胶

氯丁橡胶是氯丁二烯单体的弹性聚合物。其分子链上挂有侧基 Cl，作为极性基团，增强了分子间的作用力。因此氯丁橡胶具有耐酸、耐碱、耐油、耐热、耐氧化、耐燃烧和透气性好等优良性能，故有“万能橡胶”的美称。氯丁橡胶是橡胶工业的重要原料。

(4)丁腈橡胶

丁腈橡胶是丁二烯和丙烯腈共聚而获得的高分子弹性体，属非结晶聚合物，其力学性能较低，必须加入炭黑增强后方能使用。丁腈橡胶的耐油性和耐水性较好，并随丙烯腈含量增加而提高。主要用途是做耐油和吸振零件。

(5)硅橡胶

硅橡胶结构是以硅、氧键为主链，侧链和有机基团相连。其键的结合力大于一般碳—碳键，具有很高的热稳定性，耐老化和绝缘性能优良。作为特种橡胶，硅橡胶主要特性是耐高温也耐低温，使用温度范围宽(为－70℃～300℃)。缺点是力学性能较低、耐油性差、价格较贵。主要用于制造耐高低温的各种制品。

(6)氟橡胶

氟橡胶是以碳原子构成主链并含有氟原子的一种合成高分子弹性体。具有良好的耐腐蚀、耐油、耐多种化学药品侵蚀、耐强氯化剂腐蚀和耐热老化性能，但价格昂贵，目前仅供国防和尖端技术中的某些特殊用途。

(7)丙烯酸酯橡胶

丙烯酸酯橡胶是以丙烯酸酯为主要成分的橡胶,主要特点是具有很好的耐热性能、耐油性能,良好的耐天候老化性能和耐臭老化性能。可用来制造在150℃高温热油条件下使用的汽车橡胶制品。

(8)三元乙丙橡胶

三元乙丙橡胶是乙烯与丙烯的共聚物,其主链呈饱和状态,分子内没有极性基团,分子链比较柔顺,它的耐老化性能在通用橡胶中是最好的,可在150℃下长期使用;耐天候性好,在阳光下暴晒3年不见裂纹;冲击弹性较好,回弹率可达60%。主要用于制造密封条、胶管等非耐油橡胶部件。常用橡胶的性能和用途见表5-1。

表5-1　　常用橡胶的性能和用途

名称	代号	抗拉强度(MPa)	伸长率(%)	使用温度(℃)	回弹性	耐磨性	耐浓碱性	耐油性	耐老化	用途
天然	NR	25～30	659～900	－50～120	好	中	中	差		密封条、轮胎、通用制品
丁苯	SBR	25～20	500～600	－50～120	中	好	中	差	好	密封条、轮胎、胶板、通用制品
顺丁	BR	18～25	45～800	－50～140	好	好	好	差		轮胎、耐寒运输带
丁腈	NBR	15～27	300～800	－35～175	中	中	中	好	中	耐油密封圈、输油管
氯丁	CR	25～27	800～1000	－30～130	中	中	好	好	好	密封条、胶管、电线包皮
丁基	HR	15～20	650～800	－30～150	差		好	差	好	胶带、内胎、绝缘体、耐热布
聚氨酯	UR	29～35	300～800	80	中	好	差	好		密封条、胶管、耐磨制品
三元乙丙	EPDM	10～15	400～800	150	中	中	好	差	好	密封条、绝缘体、输油管
氟	FKM	29～22	100～500	－50～300	中	中	中	好	好	高级密封件、高真空耐蚀件
硅	MVQ	4～10	50～500	－70～275	差	差	好	差		绝缘体、耐高低温零件
聚硫	T	9～15	100～700	80～135	差	差	好	好	好	密封腻子、油库覆盖层

5.2.3 橡胶在汽车上的应用

汽车橡胶制品主要用于汽车车身、传动、转向、悬挂、制动和电器仪表等构件,如汽车轮胎、密封制品、胶管、传动胶带、减振块等。

5.2.3.1 汽车轮胎

汽车轮胎是汽车中橡胶用量最大的橡胶构件,汽车轮胎按结构分为普通结构轮胎、子午线轮胎、无内胎轮胎、活胎面轮胎等。

5.2.3.2　密封制品

汽车用橡胶密封件有：油封、密封条、密封圈、皮碗、防尘罩、衬垫等。根据其使用条件，要求橡胶制品应有良好的密封性能、耐油、抗化学试剂腐蚀、抗老化、耐热、耐寒、耐臭氧、耐磨及高强度和塑性变形小。

(1)密封条

密封条在汽车上的用量很大，每辆汽车用十几种密封条，其数量达20多件，质量达十多千克，如行李箱密封条，车门缓冲密封条，车顶密封条，前、后风窗密封条，门玻璃密封条，门框密封条，发动机盖密封条等。汽车上还使用许多密封垫片，如各种车灯密封垫片、管接头密封垫片、扬声器密封垫片等。

密封条的断面结构形式有实心(扁八边形、扁圆形)、中空及金属—橡胶复合形(有马槽形内植长绒、马蹄形外植长绒和椅形外背植短绒)，采用的橡胶种类有CR、EPDM和NR等，我国目前主要使用的是三元乙丙橡胶密封条。

(2)油封

油封和O形圈是汽车上使用最多，而且最重要的密封件。制造油封的主要材料有丁腈橡胶、硅橡胶、聚丙烯酸酯橡胶、氟橡胶及聚四氯乙烯树脂。

1)丁腈橡胶油封

丁腈橡胶是制造油封用量最多的胶种。丁腈橡胶有丁腈40、丁腈26及丁腈18三个牌号。丁腈40耐油性好，丁腈18耐寒性高。

2)硅橡胶油封

甲基乙烯基硅橡胶油封，工作温度范围为－65℃～250℃，耐热性能优于氟橡胶，耐油性能大大低于氟橡胶，硅橡胶在溶胀后有自润滑性，可减少与轴工作时的摩擦力。硅橡胶油封具有良好的随轴转动追随性，常用来制造高速高温油封，最高线速度可达50m/s。改性硅橡胶，如氰硅橡胶、氟硅橡胶大大地提高了硅橡胶的耐油性，但其价格较昂贵。

3)聚丙烯酸酯橡胶油封

聚丙烯酸酯橡胶油封的价格低于氟橡胶，而且耐油性优于丁腈橡胶，高温下的弹性还是比较好的，常温下弹性较差，在－30℃的条件下，还能满足使用要求。目前汽车广泛采用聚丙烯酸酯橡胶油封。

4)氟橡胶油封

氟橡胶油封的使用温度范围为－20℃～220℃，适用于所有的润滑油，但耐寒性不好，高温下的耐磨性、抗撕裂性较差。用聚四氟乙烯和橡胶复合制作的油封，主要用于高速旋转轴密封件，其线速度最高可达50m/s。

(3)皮碗

皮碗常常作为往复运动的轴和缸的密封元件。皮碗的形状有V形、U形和Y形，普遍采用的是Y形皮碗。汽车制动皮碗采用丁腈、丁苯、天然乙丙橡胶等材料制作，对蓖麻油和合成酯类制动液也适用，尤以三元乙丙橡胶为最好。

(4)防尘套

防尘套形式有直筒形和变截面波纹形等几种。多采用氯丁、丁腈、三元乙丙橡胶复合材料的防尘套，使用寿命较长，应用广泛。

5.2.3.3 胶管

汽车中所用的胶管有几十种，总长约30m，用胶量达到20kg以上。汽车用胶管材料有天然橡胶、丁腈橡胶、三元乙丙橡胶、氯丁橡胶、丙烯酸酯橡胶等。胶管按结构可分为纯胶管、夹布胶管和编织胶管；按其耐压性能可分为低压管、中压管、高压管和真空管。胶管用在汽车上的燃油、制动、冷却、空调等系统中。

5.2.3.4 传动胶带

汽车用传动胶带主要是V形带。按结构形式不同V带通常有三种，即包布V带、切割V带和多楔V带，其中以切割V带为多。切割V带两侧没有包布，屈挠性好，摩擦系数大，具有承受力大、线速度高、散热性好、抗疲劳性良好和节能等特点。常用的传动胶带胶种有NBR和CR等。

5.2.3.5 减振块

减振块主要用在汽车发动机、底盘等部件上，用来防止和减少汽车行驶中的振动和噪声。每辆汽车上使用的减振块有几十种，按其材料的组合形式可分为纯胶制品、塑料—橡胶复合制品及金属—橡胶复合制品。减振块胶种有天然橡胶、氯丁橡胶、聚氨酯橡胶、丁腈橡胶等。

5.3 塑料的组成分类及其在汽车上的应用

塑料是一种以有机合成树脂为主要组成成分，通过添加一定的添加剂，在加热加压条件下被注塑或固化成型的高分子材料。也可以按其力学状态，凡在室温下处于玻璃态的高聚物即可称为塑料。

最初汽车使用塑料零件的主要目的是实现汽车内饰柔软化，使乘客有安全舒适感。近年来汽车朝着轻量、高速、安全节能、舒适、多功能、低成本、延长使用寿命等方向发展，选用新型塑料零部件，使汽车零件塑料化，符合汽车轻量化发展方向。

5.3.1 塑料的组成及分类

5.3.1.1 塑料的组成成分及作用

塑料的组成成分有树脂、添加剂等。

(1)树脂

树脂是塑料的主要组成成分，它将其他组分黏结起来而具有成型能力。树脂对塑料性能起决定性作用，因此绝大多数塑料都以树脂名称而命名。树脂又分为天然树脂和合成树脂，天然树脂是指植物或动物分泌的有机物质(如松香、虫胶等)。天然树脂的特点是没有一定的熔点，受热可逐渐软化，能溶于某些有机溶剂，但不溶于水。用人工合成方法制成的与天然树脂某些性能相似的产物称为合成树脂。有些合成树脂可制成简单组分的塑料（如聚乙烯、尼龙等）；而另一些合成树脂必须加入一些添加剂后，才能成为复杂组分的塑料（如酚醛树脂、聚氯乙烯等）。

(2)添加剂

常用塑料添加剂有填料、增塑剂、稳定剂、润滑剂、固化剂等十余种。

1)填料

为了改善性能或降低成本，在塑料中加入的物质称为填料。按其形状可分为粉状、纤维状和片状。常用的粉状填料有木粉、铝粉、滑石粉、石墨粉等；纤维状填料有石棉纤维、玻璃纤维、碳纤维等；片状填料有棉布、麻片、玻璃等。

2)增塑剂

用来提高树脂可塑性和柔软性的一些低挥发性物质称为增塑剂。要求增塑剂能与树脂很好混淆，而不起化学变化，不易从制品中析出及挥发，不降低制品主要性能，无毒、无害、成本低。常用增塑剂有甲酸酯类、磷酸酯类等。

3)稳定剂

稳定剂的作用是防止塑料老化。为了阻缓高聚物的老化，确保高聚物大分子链结构稳定，常加入稳定剂。如在聚氯乙烯中加入硬脂酸盐，可防止热成型时的热分解。在塑料中加入炭黑作紫外线吸收剂，可提高其耐光辐射的能力，提高塑料抗老化能力。

4)润滑剂

为防止塑料在成型过程中黏在模具或设备上，并使制品表面光亮美观而加入的物质称为润滑剂。凡能改善其流动性、脱模性的物质都可做润滑剂，常用润滑剂有硬脂酸及盐类、石蜡烃和酯类。

5)着色剂

用于染色装饰塑料制品的物质称为着色剂，俗称染料。一般用的有机染料或无机颜料为着色剂。对着色剂的要求有：着色力强，色泽鲜艳，分散性好，不易与其他组分起化学变化，耐热、耐光性好等。

6)固化剂

固化剂的作用是将热塑性的线型高聚物加热成型时，交联成网状体型高聚物并固结硬化，制成坚硬和稳定的塑料制品。常用的固化剂有胺类和酸类及过氧化物等化合物，如环氧树脂中加入乙二胺。

7)其他添加剂

塑料中还可加入其他添加剂，如阻燃剂（阻止塑料燃烧或造成自熄的物质）、抗静电剂（提高塑料表面的导电性，防止静电积聚，保证加工操作和使用安全的添加物质）以及发泡剂（在塑料中形成气孔，降低材料的密度的添加物质）等。

5.3.1.2 塑料的特性

(1)塑料的优点

1)密度小

塑料的相对密度一般只有1.0～2.0，约为钢的1/6，铝的1/2。这对汽车轻量化具有重大意义。

2)电绝缘性

大多数塑料具有良好的电绝缘性和较小的介电损耗,是理想的电绝缘材料。

3)耐腐蚀性

塑料具有良好化学稳定性,对酸、碱、盐都具有较强的抗腐蚀能力。

4)消音和隔热性好

塑料具有优良的消音隔热作用,泡沫塑料可以用做隔音保暖材料,塑料机械零件可以减少噪音,减少环境污染。

5)耐磨性和减摩性好

大部分塑料摩擦系数小,具有自润滑能力,可以在湿摩擦和干摩擦条件下正常工作。

6)良好的工艺性能

大部分塑料都可以直接采用注塑或挤压成型工艺生产制品,无须切削加工,因此生产效率高,节约原材料,成本低。

(2)塑料的缺点

塑料的缺点是强度、硬度低,耐热性差,膨胀系数大,受热易变形、易老化、易蠕变等。

5.3.1.3　塑料的分类

(1)按其组成成分分类

一类是单纯的由一种合成树脂组成的塑料,称为简单组分;另一类除合成树脂外,还要添加某些填料或添加剂组成的塑料,称为复杂组分。

(2)按塑料受热行为分类

1)热塑性塑料

热塑性塑料是指在特定温度范围内能反复加热软化和冷却硬化的塑料。热塑性塑料由聚合树脂制成,受热时通过物理变形而使其几何形状发生变化,当再一次受热后仍具有可塑性。常用热塑性塑料有聚乙烯、聚苯乙烯、ABS、聚酰胺等。

2)热固性塑料

热固性塑料指在一定温度和压力等条件下,保持一定时间而固化,固化后成为不溶性物质的塑料。热固性塑料以缩聚树脂为基础。受热时通过化学变化使低相对分子质量的线型分子转变为体型结构的高分子化合物。当它再次受热后不具有可塑性。常用热固性塑料有:酚醛塑料、环氧塑料等。

(3)按塑料用途分类

1)通用塑料

通用塑料指产量大、用途广、价格低的常用塑料。包括聚乙烯、聚氯乙烯、聚丙烯、酚醛塑料等。

2)工程塑料

工程塑料指可以作为结构件材料的塑料,可代替金属材料作为工程结构件使用的塑料。如聚碳酸酯、ABS、聚酰胺等。某些通用塑料经改性和增强,也可成为工程构件材料。实际中通用塑料和工程塑料的界限很难完全界定。

3)特种塑料

指具有某些特殊性能的塑料。这些特殊性能包括高耐热性、高电绝缘性、高耐腐蚀性等,特种塑料如氟塑料、有机硅树脂等。

5.3.2 塑料的品种、性能和应用

5.3.2.1 聚乙烯(PE)

聚乙烯(PE)按聚合方法可分为高压、中压、低压聚乙烯;按密度可分为低密度、中密度和高密度聚乙烯。低密度聚乙烯通常用高压法生产,又称高压聚乙烯,其密度、结晶度、相对分子质量较低,因而质地柔软,主要是制成薄膜供使用。高密度聚乙烯又称低压聚乙烯,具有较高的使用温度、硬度、强度和耐化学性能,故可做工程结构件材料(如做承载小的齿轮、轴承、化工设备的管道、槽)和电缆包皮。中密度聚乙烯也称中压聚乙烯,其性能与高密度聚乙烯相近,主要用做薄板供使用。聚乙烯原料来源丰富、价格低、用途广。

5.3.2.2 聚苯乙烯(PS)

聚苯乙烯由苯乙烯单体聚合而成,是透明有光泽的热塑性塑料。聚苯乙烯具有刚性,易加工成型。其缺点是强度不高、质硬而脆、耐热性差、易燃。多用于日用、装潢和包装方面。具有优良的电性能和透明度且耐化学腐蚀性好的聚苯乙烯,可做仪表外壳、汽车灯罩、储酸槽、电工绝缘材料等。聚苯乙烯经改性后使用范围更加广泛。

5.3.2.3 聚氯乙烯(PVC)

聚氯乙烯具有优良的耐蚀性和电绝缘性,是应用范围最广的塑料品种。按加入增塑剂量的多少可分为硬质聚氯乙烯和软质聚氯乙烯两种。硬质聚氯乙烯增塑剂含量少,强度、硬度较高,耐蚀、耐油、耐水性及阻燃性好,常用于制造塑料管、板等。软质聚氯乙烯增塑剂含量多,强度、硬度较低,耐蚀性较差,易老化,但气密性好,可用来制造薄膜、软管等。

5.3.2.4 ABS 塑料

ABS 塑料是丙烯腈—丁二烯矿—苯乙烯三元共聚物,具有坚韧、质硬、刚性好和较好的综合力学性能,因此,ABS 塑料又称“塑料合金”。可改变三组元的含量,满足其性能要求。ABS 塑料冲击韧度高、尺寸稳定、易电镀和成型加工,但抗老化性能较差。在汽车上应用在挡板、扶手、仪表等处。

5.3.2.5 聚丙烯(PP)

聚丙烯是常用塑料中最轻的塑料,由于耐热性好,在没有外力作用的条件下工作温度150℃不变形,是唯一能在水中煮沸并能经受消毒温度的品种。聚丙烯有优良的电绝缘性,且无毒,可用于食品包装。聚丙烯力学性能优于低压聚乙烯,并且刚性好,可做法兰、蜗轮、把手、叶轮、接头、化工管道、容器、衬里及表面涂层,也可用于电器材料及电线包皮、电扇罩、收音机外壳、医疗器械、餐具等。

5.3.2.6　聚甲基丙烯酸酯(PMMA)

聚甲基丙烯酸酯俗称有机玻璃，是由加或不加增塑剂的聚甲基丙烯酸甲酯挤压成型的板、棒、管材等半成品塑料，分为透明、半透明、不透明或有色、无色等品种。有机玻璃的强度、韧性较高，透光率可达92%，可耐稀酸、碱，不易老化，但表面硬度低，易擦伤。有机玻璃主要用于制造要求有一定透明度的零件，如油标、窥镜、透明管道和仪器仪表零件等。

5.3.2.7　聚酰胺(PA)

聚酰胺又称尼龙或锦纶，是应用较广泛的一种塑料，聚酰胺品种有PA6、PA66、PA610、PA12、PA1010、铸型尼龙、芳香尼龙等，均属能承受载荷的热塑性塑料。

PA6为半透明或不透明的乳白色树脂，具有优良的耐磨性和自润滑性、较高的耐热性、优良的耐低温性能、抗化学腐蚀性和耐油性；吸水性高，发生燃烧能自熄，但尺寸稳定性差。

PA1010是我国独创品种。树脂是半透明坚硬固体，密度、吸水性和耐寒性都优于PA6，且受冲击时只弯曲而不断裂。

MC尼龙即铸型尼龙。是浇注成型的尼龙6，但相对分子质量比尼龙6高一倍左右，因此其物理、力学性能也高于尼龙6。

芳香尼龙具有耐磨、耐湿、耐热、耐辐射和优良的电绝缘性能。在95%相对湿度下其性能不受影响，可在200℃长期工作，是耐湿性、耐热性最好的尼龙，主要用于制造高温下工作的耐磨机械零件。

5.3.2.8　聚碳酸酯(PSF)

聚碳酸酯的冲击韧度是热塑性塑料中最高的，同时具有高的耐热性和耐寒性，其使用温度为－100℃～130℃。还具有良好电性能、抗化学腐蚀性和耐磨性等综合性能，应用广泛，如安全玻璃、轴承、齿轮、计算机外壳、录音带、线圈骨架、绝缘套管等。由于有良好的自熄性和高透光性，大量应用在航空工业。又因其无毒、无臭，耐高温，可用于高压蒸汽消毒设备、医疗手术器械及杯筒容器等。

5.3.2.9　聚甲醛(POM)

聚甲醛是一种没有侧链、高密度、高结晶的线性聚合物。聚甲醛有优良的耐疲劳性能、耐磨性和自润滑性，具有高的弹性模量和硬度，吸水性小，尺寸稳定性、化学稳定性及电绝缘性好，是一种综合性能良好的塑料。可代替有色金属及合金用来制造摩擦件和结构件，如改性聚甲醛做汽车万向节轴承，可以不注油行驶一万公里，使用寿命比金属件高一倍。

5.3.2.10　聚氨酯(PUR)

聚氨酯泡沫塑料是把含有羟基的聚醚树脂(或聚酯树脂)与异氰酸酯反应构成聚氨酯主体，并用异氰酸酯与水反应生成的二氧化碳泡(或中低沸点氟碳化合物)作发泡剂，制成泡沫塑料。聚氨酯泡沫塑料具有:强度高、相对密度小、导热系数低、耐油、耐寒、防振和隔音等良好的性能。泡沫塑料主要用于制造汽车坐垫、仪表板、扶手,也可用于制造耐磨衬套及密封圈。

5.3.2.11 聚四氟乙烯(PTFE)

聚四氟乙烯又称塑料王,是氟塑料中产量最大、应用最广的品种。聚四氟乙烯耐高温、耐低温,可在−200℃～260℃长期使用;耐酸、强碱、强氧化物;耐腐蚀性极好。至今还没发现任何一种溶剂能使它溶化,甚至在王水中煮沸也无动于衷,故得名"塑料王"。有很高的电绝缘性、非黏着性;尤其是具有极低的摩擦系数,仅为0.04。其缺点是强度较低、刚性差,高于390℃开始分解,放出剧毒气体。加工困难,成本很高。

聚四氟乙烯用于制造活塞环、阀门、自润滑轴承、密封圈、高频电缆及医疗上的人造心肺、血管。

5.3.2.12 聚砜(PSF)

聚砜具有优良的耐热性,使用温度范围为−100℃～150℃,在长期使用中其蠕变值很小,冲击韧度高,电性能和化学稳定性好,随温度升高力学性能变化缓慢。缺点是加工成型性能差和高温下流动性差。用聚砜可制成飞机上的耐热零件、高强度和耐腐蚀零件、电气绝缘零件、计算机零件、电子接插件、电视机制件、齿轮、真空泵及叶片和医疗设备耐热消毒器具。

5.3.2.13 酚醛塑料(PF)

酚醛塑料是一种最通用、最古老的热固型塑料。其特点是刚性大,不易变形,重复加热不再软化,能经受110℃～140℃的高温,且有良好的电性能及耐磨耐腐蚀等优良性能。广泛用于制作电信器材,如灯头、开关、电话耳机、仪表盒盖等。还可代替金属材料制作各种耐热、耐磨、耐腐蚀零件,如汽车制动摩擦片、正时齿轮、风扇带轮、凸轮等。但酚醛塑料脆性大、耐碱和着色性差。需对酚醛塑料进行改性处理,以扩大其应用范围。

5.3.3 塑料在汽车上的应用

随着汽车轻量化的发展,大大促进了塑料在汽车上的应用范围,汽车零件塑料的用量占整车质量的7%左右,轿车上塑料的用量见表5-2。现代汽车使用塑料的部位如图5-1所示。

表5-2　轿车上塑料的用量(kg/辆)

塑料品种	CA7220(小红旗)	上海桑塔纳	日本轿车(平均)
PVS	21.34	11.773	12.1.05
ABS	13.54	10.553	6.6
PP	16.86	18.785	30.8

续表

PS	4.13	6.15	4.4
PMMA	1.8	1.892	
POM	0.16	0.22	14.3(PMMA＋PA＋FRP)
PA	2.4	2.869	
FBP	10.56	0.336	
PF	—	0.353	1.1
PUR	9.7	9.98	9.9
其他	7.84	4.217	3.3
合计	88.33	67.1218	82.5
占整车质量(%)	7.54	6.52	7.5

5.3.3.1 汽车内饰用塑料制品材料

为创造安全、舒适、亮丽、豪华的车内乘坐空间，人们追求高档次、高质量、高款式的汽车内饰。汽车内饰采用塑料制品的有仪表板、副仪表板、座椅、顶棚、门内板、扶手、地毯、行李箱内衬、发动机罩盖内衬以及各种柔软、轻质、吸音、降噪用的毛毡垫等。

(1)仪表板

汽车上使用的塑料仪表板可分为硬质仪表板和软质仪表板。

1)轻、小型货车上用硬质仪表板。这种仪表板一次注射成型尺寸很大而且没有蒙皮，表面质量要求非常高，同时要求高温耐热和刚性。可用改性PPO、ABS树脂、填充PP等塑料制造。

2)轿车用软质仪表板由表皮、骨架、缓冲材料三部分构成。普通档次轿车采用PVC/ABS片材真空吸塑成型仪表板表皮，如一汽捷达、上海桑塔纳；中高档次轿车上采用粉末PVC搪塑成型仪表板表皮，如一汽奥迪、小红旗轿车。骨架材料采用铁板(如奥迪和小红旗)、硬纸板(如捷达和桑塔纳)和ABS、改性PP等。

为了便于塑料回收利用，热塑性聚烯烃表皮(TP)采用改性聚丙烯骨架，以聚丙烯为发泡材料构成的仪表板轿车上安装安全气囊，仪表板不需软饰来满足安全性要求，外观美观成本低的硬质仪表板完全可行。

(2)座椅

座椅缓冲材料采用软质高弹性聚氨酯泡沫塑料，采用金属材料骨架。应用较多的全塑座椅，除了缓冲垫，全塑座椅的骨架也采用长玻璃纤维增强的聚丙烯材料或30%玻璃纤维增强的PA6，可使其重量减少40%以上，成本降低15%。

(3)顶棚

车内顶棚采用复合层压内饰制品，具有装饰、隔热、隔音、吸音等特殊作用。顶棚的种类可分为成型顶棚(把成型的顶棚用镶嵌的方法固定)、粘贴顶棚(扣带表皮的泡沫直接粘

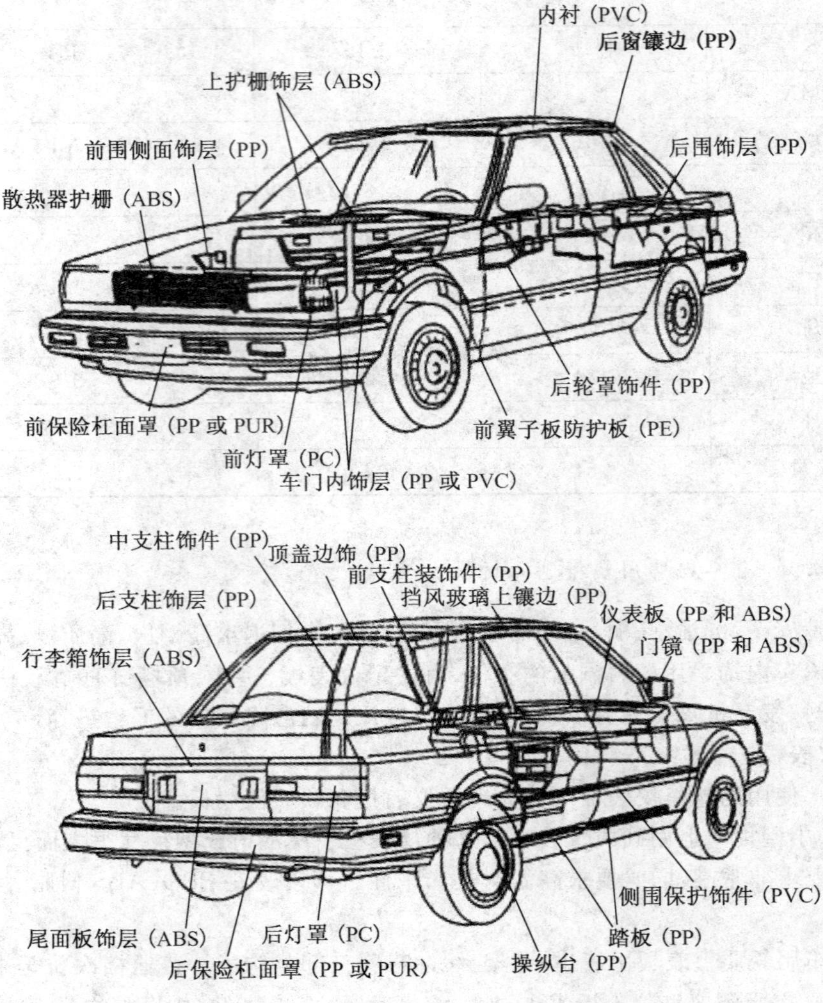

图 5-1　现代汽车使用塑料的部位

贴到车顶内部）和吊装顶棚等。70％以上的轿车用成型顶棚，货车驾驶室内和面包车常使用粘贴型顶棚。

成型顶棚由基材和表皮组成。基材要求具有轻量、高刚性、尺寸稳定、易成型等特点，常用基材有“热塑性”PU 发泡片材、玻璃纤维、瓦楞纸、蜂巢状塑料带等。表皮材料可用织物、无纺布、PVS 等。国产轿车顶棚使用“热塑性”PU 发泡片材、玻璃纤维、无纺涤纶布材料层压成型。

（4）车门内板

车门内板由骨架、发泡材料和表皮构成。车门内板以硬质纤维或 PP 木粉板为基础材料，再层压或复合上聚氨酯内衬和 PVC 薄膜或无纺布。车门内板骨架用改性 PP 或 ABS 制作，再用复合软饰材料制成整体门内板。

小红旗和奥迪轿车的门内板的骨架部分由 ABS 材料注射成型，用衬有 PB 发泡材料的针织涤纶表皮通过真空形成的方法层压在骨架上制成车门内板。

货车驾驶室使用直接贴一层PVS人造革的车门内板。

(5)地毯

地毯材料要求具有挺括、隔音、舒适、不松弛、无折皱等特点，一般采用带有橡胶基的合成纤维针刺毡或PVS低发泡体组成的地毯。

(6)其他塑料制品

门立柱盖板、杂物斗、空调的壳体、导管以及导风格栅等，大都采用ABS及聚烯烃塑料制品。

5.3.3.2 汽车外装塑料制品

(1)保险杠

汽车塑料保险杠材料有RPM法成型的热固性PUR和弹性体改性聚丙烯。国产车用塑料保险杠都采用弹性体改性PP材料；美国产车采用RPM成型法生产保险杠；欧洲产车采用经涂装的PP保险杠和PC/PBT(聚对苯二甲酸丁二酯)合金保险杠；而日本高级轿车上应用RIM保险杠。

(2)散热器格栅

散热器格栅材料有ABS、PC、PP、PET(聚对苯二甲酸乙二酯)，轿车一般采用ABS或ABS/PC注射成型、表面电镀或涂装的格栅，如小红旗轿车的格栅是ABS/PC表面喷漆。

散热器格栅可采用耐候性较好的ASA(丙烯腈—苯乙烯—丙烯酸酯共聚物)材料，注射成型后表面不涂装产品。

(3)车轮罩

塑料车轮罩分全罩和半罩型。车轮罩采用ABS、PA、PC、ABS/PPO/PA等塑料材料。

(4)翼板衬里和发动机挡泥板

轿车翼板衬里采用耐低温、高韧性的聚丙烯制品，改型后的CA1092汽车发动机挡泥板采用聚丙烯塑料制品，成本低、质量轻，防腐蚀性能良好。

(5)灯类塑料制品

1)前大灯要求保证大灯玻璃的透明性、良好的耐热性、耐冲击性、耐擦伤性和耐候性以及其加工成型性，而采用表面涂覆硬膜的PC。前大灯反射镜壳为了满足耐热性表面处理要求，一般采用PPS、PC/PBT。随着放电灯管的出现，可以采用耐热性较低的其他塑料。

2)后排组合指示灯灯罩材料为PMMA，灯壳为填料改性PP，它们之间用热熔黏结剂接合。灯壳材料若采用耐热性ABS材料，灯壳与灯罩之间可用振动焊接。

(6)其他车身部件

1)一般车门把手使用POM，车门把手电镀件采用PC/ABS塑料制品。

2)门锁采用刚性好的POM塑料制品。

3)玻璃升降器的支承机构及手摇把采用POM塑料制品。

4)雨刷器具的杆可用PBT(聚对苯二甲酸丁二酯)塑料制品，球碗可用POM塑料制品，微电机上的小齿轮使用POM塑料制品。

5.3.3.3 汽车零部件塑料制品

(1)气门室盖罩

塑料气门室罩盖质量轻、噪声低、外观美，正在逐步取代钢板冲压及铝压铸汽缸门室盖罩。塑料气门室盖罩在欧洲和日本产车选择玻璃纤维增强尼龙，美国产车多选用热固性塑料，还有PPS(聚苯硫醚)、热固性聚酯BMC(块状模塑料)、SMC(片状模塑料)和酚醛塑料等。

(2)冷却风扇、护风圈

国产车型已普遍采用由增强聚丙烯材料制成的塑料制品。

(3)油箱

塑料油箱与金属油箱相比，具有成本低、质量轻、安全性好等特点。油箱主要采用超高分子量聚乙烯制品。

(4)散热器水室

汽车散热器采用玻璃纤维增强尼龙66，耐热性、耐化学腐蚀性及尺寸稳定性能满足要求，且重量减少30%。

(5)水泵、油泵壳体

发动机的水泵和油泵壳体采用酚醛树脂塑料制品，在发动机高温、高负荷状态下，具有尺寸稳定性好、质量轻、噪声低、成本低等特点。

汽车用塑料种类及主要应用范围见表5-3。

表5-3 汽车用塑料种类及主要应用范围

树脂	应用范围
PP	仪表壳、挡泥板、保险杠、蓄电池壳、嵌板、采暖及冷却系统制件、发动机罩
PUR	仪表板、挡泥板、座椅、车内地板、遮阳板、减振器、护板、防撞条、保险杠
ABS	仪表壳、收音机壳、制冷和采暖系统、工具箱、扶手、散热格栅
PE	挡泥板、内护板、地板、油箱、行李箱、扶手骨架
聚酯类	气门室罩、结构件、外板
PA	转向节衬套、散热器水室、各种齿轮、皮带轮、发动机零件、油箱
PVS	电线电缆包材、外装材料、嵌材、地板
POM	电气设备、燃料油系统、车身体系
PC	挡泥板、保险杠、前轮边防护罩、车门把手、侧盖板、前灯
PMMA	灯罩、后挡板及其他装饰品
PPO	车轮罩盖、嵌板、耐冲击格栅
PF	化油器

5.4　胶黏剂

胶黏剂也称黏合剂或黏结剂,俗称胶,是一种具有优良黏合性能和界面浸润性能的高分子物质,它可以通过物理与化学作用将不同的材料粘接在一起。胶黏剂和涂料是高分子产业中除塑料、纤维、橡胶三大产业之外的另外二类较小的高分子产业。

利用胶黏剂将同质或异质物体表面进行胶接(黏合、粘接、胶结、胶粘)而连接在一起的技术,具有应力分布连续、重量轻、密封性好、工艺温度低等特点。胶接特别适用于不同材质、不同厚度、超薄规格和复杂构件的连接。胶黏剂既能很好地连接各种金属和非金属材料,又能对性能相差悬殊的基材如金属和塑料、水泥和木材、橡胶和帆布等实现良好的连接。其效果为铆接、焊接所不及,并且工艺简单,其应用已涉及到木材加工、建筑、轻纺、航空航天、汽车和船舶制造、机械、电子电器以及医疗卫生和日常生活等领域,在国民经济的各个领域中都起着重要的作用。

胶接技术近代发展很快,应用行业极广。对于汽车工艺的轻量化和舒适美观的要求,内饰件复合或组合成型通常采用粘接工艺,需要使用大量的胶黏剂。

5.4.1　胶黏剂的组成

胶黏剂的成分主要是黏料(合成树脂和橡胶等),黏料对胶黏剂性能起主要作用,其必须具有优异的黏附力及良好的耐热性、抗老化性等。常用的黏料有环氧树脂、酚醛树脂、聚氨酯树脂、氯丁橡胶、丁腈橡胶等。胶黏剂中除了黏料外,还含有溶剂、固化剂、增塑剂、填料、增黏剂、防腐剂等添加剂。这些添加剂是根据胶黏剂的性质及使用要求选择的。

5.4.2　胶黏剂的分类

胶黏剂的主体成分可以是无机物,也可以是有机物,大部分是以合成高分子材料为主体的合成胶黏剂,常用分类方法如下:

(1)按化学成分分类

这是一种比较科学的分类方法,将胶黏剂分为有机胶黏剂和无机胶黏剂。有机胶黏剂分为合成胶黏剂和天然胶黏剂。合成胶黏剂有树脂型、橡胶型、复合型等;天然胶黏剂有动物、植物、矿物、天然橡胶等胶黏剂。无机胶黏剂有磷酸盐、硅酸盐、硫酸盐、硼酸盐等多种。

(2)按形态分类

可分为液体胶黏剂和固体胶黏剂。有溶液型、乳液型、糊状、胶膜、胶带、粉末、胶粒、胶棒等。

(3)按用途分类

可分为结构胶黏剂、非结构胶黏剂和特种胶黏剂(如耐高温、超低温,导电、导热、导磁,密封等)三大类。

(4)按应用方法分类

有室温固化型、热固型、热熔型、压敏型、再湿型等。

随着胶黏剂应用领域的扩大,在不同领域应用的专用胶黏剂愈来愈多,许多生产经营部门已把胶黏剂分为汽车用胶、建筑用胶、包装用胶、木材用胶等。

5.4.3 常用胶黏剂

5.4.3.1 树脂型胶黏剂

(1)热塑性树脂胶黏剂

热塑性树脂胶黏剂是以线型热塑性树脂为基料,与溶剂配制成溶液或直接通过熔化的方式进行胶接。这类胶黏剂使用方便,容易保存,具有柔韧性、耐冲击性,初粘性能良好,但耐溶剂性和耐热性差,强度和抗蠕变性能低。

热塑性胶黏剂有纤维素酯、烯类聚合物(聚乙酸乙烯酯、聚乙烯醇、过氯乙烯、聚异丁烯等)、聚酯、聚醚、聚酰胺、聚丙烯酸酯、α-氰基丙烯酸酯、聚乙烯醇缩醛、乙烯—乙酸乙烯酯共聚物等类。

(2)热固性树脂胶黏剂

该类胶黏剂以多官能团的单体或低分子预聚体为基料,在一定的固化条件下通过化学反应,交联成体型结构的胶层来进行胶接。这类胶黏剂的胶层呈现刚性,有很高的胶接强度和硬度,良好的耐热性、耐溶剂性和抗蠕变性能。缺点是起始胶接力较小。热固性树脂胶黏剂有环氧树脂、酚醛树脂、脲醛树脂、三聚氰—甲醛树脂、有机硅树脂、呋喃树脂、不饱和聚酯、丙烯酸树脂、聚酰亚胺、聚苯并咪唑、酚醛—聚乙烯醇缩醛、酚醛—聚酰胺、酚醛—环氧树脂、环氧—聚酰胺等类。

5.4.3.2 橡胶型胶黏剂

橡胶型胶黏剂是以氯丁、丁腈、丁苯、丁基等合成橡胶或天然橡胶为基料配制成的一类胶黏剂。这类胶黏剂具有较高的剥离强度和优良的弹性,但其抗拉强度和抗剪强度较低,主要适用于柔软的或膨胀系数很高的材料的胶接。主要品种有:

(1)氯丁橡胶胶黏剂

基料为氯丁橡胶。这类胶黏剂具有较高的内聚性和良好的黏附性能,耐燃性、耐候性、耐油性和耐化学试剂性能等均较好。主要缺点是稳定性和耐低温性能较差。是一种广泛使用的非结构型胶黏剂。可用于极性或非极性橡胶的胶接,非金属、金属材料的胶接。在汽车、飞机、船舶制造和建筑等方面,均得到广泛应用。

(2)丁腈橡胶胶黏剂

基料为丁腈橡胶。这类胶黏剂的突出特点是耐油性好,并有良好的耐化学介质性和耐热性能。对极性材料有很强的黏附性,但对非极性材料的胶接稍差。适用于金属、橡胶、塑料、木材、织物以及皮革等多材料的胶接,尤其在各种耐油产品中得到广泛应用。

5.4.3.3 混合型胶黏剂

混合型胶黏剂又称复合型胶黏剂。它是由两种或两种以上高聚物彼此掺混或相互改性而制得,即构成胶黏剂基料的是不同种类的树脂或树脂与橡胶。

合成橡胶型:氯丁橡胶、丁苯橡胶、丁基橡胶、丁钠橡胶、异戊橡胶、聚硫橡胶、聚氨酯橡胶、氯磺化聚乙烯弹性体、硅橡胶等类。

橡胶树脂型：酚醛－丁腈胶、酚醛－氯丁胶、酚醛－聚氨酯胶、环氧－丁腈胶、环氧－聚硫胶等类。

酚醛－丁腈胶黏剂可用于金属和大部分非金属材料的胶接，如汽车刹车片的黏合、飞机结构中的轻金属的黏合、印制线路板中铜箔与层压板的黏合以及各种机械设备的修复等。

5.4.4　胶黏剂的选用

胶黏剂的种类繁多，各有不同的特点和用途，因此，要合理选用胶黏剂，必须从多方面来考虑。通常选用胶黏剂时应注意下列原则：

5.4.4.1　与被胶接对象要相容、匹配

①胶黏剂应与被粘物有良好的相容性；②胶黏剂应与被粘物的厚度、弹性和热膨胀系数相匹配；③胶黏剂的固化温度和压力应与被粘物的耐热性和耐压性相匹配；④其他方面。

5.4.4.2　胶黏剂要根据使用要求来选择

胶接问题一般分为结构胶接和非结构胶接。结构胶接要承受较大的载荷，非结构胶接承受较小的外力或不受力。结构胶接要根据胶接处的应力、使用环境和使用寿命三要素来选择胶黏剂。胶接处的应力决定对胶黏剂的最小胶接强度要求，应考虑的应力三要素为：应力类型、应力大小和应力状态。非结构胶接，一般不考虑胶接强度问题，某些情况对胶黏剂无特殊要求，而有些情况对胶层的导电性、透光性、耐温性和耐辐照性等有特殊要求，此时要选用特种胶黏剂。

5.4.4.3　胶黏剂的状态要适应胶接的工艺要求

合理的胶接应是胶接诸要素的最佳结合。在明确胶接使用要求的前提下，应考虑以下要素：①合理选用胶黏剂；②设计合理的胶接接头；③严格控制工艺质量；④具有适宜的经济性。

只有这些要素有机地结合起来才能获得最佳的胶接连接。对各种胶黏剂的选用见表 5-4。

表 5-4　各种胶黏剂的匹配选用

材料＼材料	皮革、织物、软质材料	竹木	热固性塑料	热塑性塑料	橡胶制品	玻璃陶瓷	金属
金属	2、4、3、8	1、4、2、6	1、4、3、7	1、5、4、9	4、8	1、2、3、4、5、7、10	1、2、3、4、5、7、10
玻璃、陶瓷	2、4、3、8	1、3、4	1、2、3、7	1、2、4、5	4、8	1、2、3、4、5、7、10	

续表

橡胶制品	4、8	1、2、4、8	2、3、4、8	1、4、8	4、8
热塑性塑料	4、9	1、4、9	1、4、5	1、4、5、9	
热固性塑料	2、3、4、9	1、2、4、9	1、4、7、9		
竹木	1、2、4	4、6、7			
皮革、织物、软质材料	4、8	1—环氧树脂胶 2—酚醛—缩醛胶 3—酚醛—丁腈胶 4—聚氨酯胶 5—聚丙烯酸酯胶 6—脲醛树脂胶 7—不饱和聚酯树脂胶 8—橡胶胶黏剂 9—塑料胶黏剂 10—无机胶黏剂			

5.4.5 胶黏剂在汽车中的应用

汽车制造向节能、环保、安全舒适、低成本和长寿命发展的趋势对汽车胶黏剂的使用性能和工艺性能提出了越来越高的要求。现重点介绍几种主要汽车胶黏剂的应用情况。

5.4.5.1 汽车折边胶

折边胶作为一种车用结构胶，主要用于车门、发动机罩盖和行李箱盖板的内外折边部的粘接，取代原有的点焊结构。折边胶主要有环氧树脂类、聚氯乙烯类、聚丙烯酸酯类三种类型。

5.4.5.2 顶棚胶黏剂

顶棚胶黏剂是指车身内饰软质或硬质顶棚材料粘接用胶。软质顶棚由 PVC 表皮材料或织物与 PU 软泡塑料复合而成，硬质顶棚由瓦楞纸与毛毡等材料制得。长期以来，车身软质顶棚的粘接用胶是溶剂型氯丁橡胶类胶黏剂(如 FN-303 XY-401 等)，这类胶黏剂初粘性好、胶层柔韧、常态粘接强度较高，适合汽车流水线生产使用，但胶中有毒溶剂(如甲苯)污染环境、损害工人健康且存在火灾隐患，溶剂对 PVC 表皮内增塑剂的抽提易引起 PVC 折皱或变色而影响美观；另外，胶层耐热性差易引起顶棚脱落，开发能克服这些弊端的水基顶棚胶是汽车制造厂所期望的。

5.4.5.3 挡风玻璃粘接密封胶

采用“直接粘接法”进行轿车和高档客车挡风玻璃的装配，是现今国内汽车厂家已普遍采用的一种先进技术。与传统的橡胶密封条固定挡风玻璃的装配工艺相比，它具有固定强度高、密封性能好、装配工艺简单、外观美观等突出特点。

5.4.5.4 其他

(1)动力系统

发动机罩内外板用热固化乙烯基塑料溶胶；汽缸盖垫片密封，用不干性油；螺杆及螺栓的密封，用氯丁胶乳或厌氧胶；油箱输油管密封，用可膨胀的热固化氯丁胶。

(2)运行系统

刹车衬里与闸瓦粘接,用丁腈酚醛胶;马达带与离合器粘接,用丁腈一酚醛胶;闸瓦底座与圆盘衬垫粘接,用酚醛胶。

5.4.6　汽车用胶品种发展趋势

(1)无毒不燃、无环境污染且具有良好初粘性的水基胶(如内饰用单组分水基胶)和热熔胶(如车身硬质顶棚胶和车身顶盖外焊缝用热熔胶带)。

(2)降低制造成本、减轻车身质量和具有较宽工艺适应性的塑溶胶(如低密度或低温塑化PVC类焊缝胶和抗石击涂料)。

(3)适应特定工艺要求或产品使用要求的汽车专用胶(如瞬时定位单组分湿固化型聚氨酯挡风玻璃胶、平面密封用可剥性更好的耐油硅酮密封胶、高温刹车蹄片胶等)。

5.5　汽车涂料

汽车涂料是指涂装和修补汽车零部件所用的涂料及辅助材料(如漆前处理材料及漆后处理材料等)。涂装涂料是一种流动或粉末状态的有机物质。采用不同工艺涂覆在物体表面上,形成的黏附牢固、具有一定强度的连续固态薄膜统称涂膜,又称漆膜或涂层。对于涂膜而言,涂料是半成品,涂料只有涂覆到物件表面形成涂膜后才能发挥作用。随着汽车技术的发展,为满足汽车用涂料在其耐候性、耐石击性、外观装饰性、高艺术观赏性等方面的要求,汽车工业对涂装涂料的性能提出了更高的要求。

5.5.1　汽车对涂料的性能要求

(1)耐候性和耐磨性　要求适用于各种气候条件,且油漆涂层的使用寿命要接近汽车的使用寿命;要求在苛刻的日晒、风雨侵蚀的情况下保光、保色性好,不开裂、不脱落、不起泡、无锈蚀现象。

(2)良好的施工性和配套性　能适应汽车工业高速度流水线作业要求,例如自动喷漆、大槽浸漆、静电喷漆和电泳涂漆等高效涂装方法,而且要求干燥迅速,涂层的烘干时间要不超过30min,能适应"湿碰湿"的烘干工艺,要求涂层间结合力优良,不引起咬底、渗色、开裂等漆膜弊病。

(3)良好的机械和力学强度　为了适应汽车行驶中产生的振动和石击,要求漆膜坚韧,有良好的耐磨性、耐崩裂性和抗划伤性。

(4) 极高的装饰性　要求涂层色泽鲜艳、多种多样、外观丰满,使人看到有舒适感觉,这点对轿车用漆尤为重要。

(5)不受汽油、机油和沥青等物质的侵蚀,在上述介质中浸泡一定时间后不产生软化、变色、失光、溶解或斑印等。要求能耐肥皂和清洗剂,且与鸟或昆虫的排泄物和酸雨等物质接触后不留有痕迹。

(6)要求货源广、价格低廉、低公害和无公害,便于进行三废处理。

5.5.2 汽车涂料的分类

在汽车制造和维修中使用的涂料可分为制造厂使用的原厂涂料和维修厂使用的修补涂料，它们的区别在于汽车原厂涂料是指汽车制造厂在汽车出厂前统一使用的涂料；汽车修补涂料是指对汽车原厂涂膜进行修补时所使用的涂料。

汽车制造厂对整车进行喷涂时，因车身没有其他塑料附件，喷涂作业在涂装生产线控温条件下进行，一般选用高温烘漆。而汽车修补是对车身表面因事故损伤或因使用多年涂层老化（如开裂、变色、失光、粉化等）进行的恢复性涂装。被涂装的车型、形状、颜色等都各不相同，故只能采用手工作业。为保护车身塑料附件不受破坏，应选用自干型涂料。若需烘干，其烘烤温度最高不得超过60℃。

根据《汽车油漆涂层》JB/Z111-86标准，汽车涂装用材料可分为：

(1)汽车车身用漆（TQ1、TQ2组） 是汽车主要用漆。所谓汽车用漆主要指车身用涂料。车身涂层一般是由底涂层、中间涂层和面漆涂层三层组成，也可由底涂层和面漆涂层二层构成，它们基本上要兼备上节所述汽车用漆的六条性能要求。

(2)车厢用漆（TQ3组） 其质量要求较前者低，一般为底、面二层涂层。

(3)车轮、车架等部件用的耐腐蚀涂料（TQ4组） 主要技术指标是耐腐蚀性能（如耐盐雾、耐水性等）。漆膜要求坚韧耐磨和耐机油性。

(4)发动机部件用漆（TQ6组） 因发动机不能高温烘烤，涂料要求具备低温快干性能，涂膜要求耐汽油、耐机油和耐热性较好。

(5)底盘用漆（TQ6组） 因车桥、传动轴等底盘件不能高温烘烤，也要求底盘用漆具备优良的低温快干性能、耐腐蚀性和耐油性。

(6)汽车零件制造中铸锻件、毛坯和冲压等半成品用漆（TQ7组） 半成品涂漆的目的是防锈和打底。所用涂料防锈底漆和防腐蚀涂料，要求具备较好的防锈性能、力学强度和附着性。

(7)特种用漆（TQ8组） 包括蓄电池固定架用耐酸涂料，汽油箱内表面用耐汽油涂料，汽车消声器、排气管和汽缸垫片用的耐热涂料，车身底板下表面用的耐磨防声涂料，车身焊缝用的密封涂料等。

(8)散热器用漆（TQ9组） 指散热器、钢板弹簧等用漆。涂料要求耐水性要好。

(9)车内装饰件用漆（TQ10组） 指轿车和大客车车内装饰件用涂料。涂料要求极高的装饰性。

按在涂装工艺及涂层中所起的作用，汽车涂装用材料可分为：

(1)漆前表面处理材料，主要包括脱脂、磷化及钝化材料。

(2)汽车用底漆。

(3)汽车用中间涂料。

(4)汽车用面漆。

(5)汽车用特种涂料（包括PVS密封、车底涂料、粉末粉笔料、塑料件用涂料等）。

(6)汽车涂装用辅助材料（包括打磨、擦净材料，抛光材料，防声、绝热材料等）。

5.5.3　汽车涂料品种

汽车的防腐性能主要取决于漆前处理(磷化)和底漆的选择。中间涂料的选用将对汽车涂膜的抗石击性能和丰满度起较大作用;面漆(罩光漆)的选用将影响涂层的耐候性、装饰性、抗擦伤性。需要根据产品的使用要求和汽车产品档次正确地选用配套的涂装材料。

5.5.3.1　漆前表面处理材料

漆前表面处理分为物理处理和化学处理。对于不同材质的汽车零部件,表面处理的工艺和方法也不同。汽车涂装漆前表面处理工艺一般包括脱脂、表调、磷化和钝化,其相应的漆前表面处理材料有脱脂剂、表调剂、磷化液和钝化剂等。

(1)脱脂剂

脱脂剂包括碱性脱脂剂和有机溶剂脱脂剂。

1）碱性脱脂剂

碱性脱脂剂是以碱的化学作用为主的清洗剂。碱性物质一般包括氢氧化钠(NaOH)、硅酸钠(Na_2SiO_3)、磷酸钠(Na_3PO_4、Na_2HPO_4、$Na_4P_3O_7$)、碳酸钠(Na_2CO_3)等。脱脂的机理主要是用皂化、乳化、化学溶解和机械作用相结合完成脱脂。其中NaOH 的皂化能力强,硅酸钠、磷酸钠的乳化能力强。

2)有机溶剂脱脂剂

借助于有机溶剂对各种油污的溶解能力进行除油的方法称为有机溶剂清洗法。常用的有机溶剂为白醇(200 号溶剂汽油)、二甲苯和各种含氯溶剂,如三氯乙烯。含氯溶剂清洗法是靠其蒸汽进行除油清洗。

(2)表调剂

表面调整剂是以钛的磷酸盐为主体的产品。

(3)磷化处理材料

金属表面在脱脂以后,在一定的条件下与腐蚀性的溶液接触,通过化学反应在金属表面上生成一层难溶于水的磷酸盐膜,而处理磷酸盐膜的过程称为磷化处理。

磷化处理使用的磷化液是以锌系磷化液为主,并经过低温或中温处理。

5.5.3.2　汽车用底漆

底漆是直接涂饰在经过表面处理的工作表面上的第一道漆,它是整个涂层的基础。底漆的作用:一是防止金属表面的氧化腐蚀;二是增强金属表面与腻子(或面漆)、腻子与面漆之间的附着力。对底漆的要求是:防锈能力和附着力强;作为两层涂层之间的媒介层,要使两者紧密的结合而不发生“咬底”、“揭皮”现象;底漆还应有合理的配套,后二道底漆还应具有微填充作用。

(1)汽车制造业通用底漆是阴极电泳涂料

阴极电泳涂料具有优异的渗透性,可均匀覆盖工件凹陷部分,并有极强的防腐性能,耐盐雾可达 1200h。汽车涂装中使用的阴极电泳涂料按腐蚀性能分为三级,即优质防腐级、良好防腐级和一般防腐级。优质防腐级用于涂装轿车底盘件、车轮及一些防腐性能要求高的零部件,使用材料为厚膜阴极电泳涂料。良好防腐级用于涂装轿车、载货汽车、面包车、轻型车车身及防腐性能要求较高的载货汽车、轻型车的零部件,使用材料为薄膜阴极电泳涂料。一般防腐级用于涂装载货汽车的车厢、车架以及车下一些黑漆件,使用材料为一般的阴极电泳涂料。

(2)汽车维修业用底漆

1)醇酸类底漆

具有良好的附着力和防锈能力,在国内汽车维修业涂装作业中仍在使用,但国外已被淘汰。

2)硝基类底漆

具有干燥快、漆膜硬等特点,但这类底漆的固体含量低,常用于要求耐汽油和耐润滑油的汽车部件的打底。

3)环氧类底漆

具有漆膜坚硬耐久、对基材附着力强、漆膜可烘干也可自干、耐化学腐蚀等优点。主要用于轿车基层表面打底防锈,借此来提高涂层质量。

4)丙烯酸类底漆

该类底漆干燥速度快(仅次于硝基底漆),且漆中固体含量高于硝基底漆,因此漆膜厚度优于硝基底漆。该漆的特点是附着力强、耐热、耐锈、防霉,常用于轿车、豪华客车的金属制件的打底防锈。

5.5.3.3 汽车用中间涂料

所谓中间层涂料是介于底漆层和面漆层之间的涂层所用的涂料。

(1)中间涂料的性能要求

中间层涂层的主要作用是改善被涂工件表面和底漆涂层的平整度,为面漆创造良好的基底,以提高面漆涂层的鲜映性和丰满度,提高整个涂层的装饰性和抗石击性。对于表面平整度较好、装饰性要求又不太高的载货汽车和乘用车,汽车制造业中不采用中间涂层。对于装饰性要求高的中、高级轿车,则几乎都采用中间层涂料。

为达到中间涂料上述功能,中间层涂料应具有以下特性:

1)应与底、面漆配套良好,涂层间的结合力强,硬度适中,不被面漆的溶剂咬起。

2)应具有填平性,能消除被涂漆表面的划纹等微小缺陷。

3)打磨性能良好,在湿打磨后能得到平整光滑的表面。

4)具有良好的抗石击性能。

(2)中间层涂料的品种

中间层涂料所选用的漆基与底漆、面漆所用漆基相仿,并逐步由底向面过渡,这样能保证涂层间的结合力和配套性。主要采用环氧酯、氨基醇树脂、聚氨醇树脂、聚氨酯树脂和聚酯热固性树脂,所得涂膜硬度较高、耐溶剂性能好,适合与各种漆配套使用。

1)通用底漆

可直接涂饰在金属表面上,具有底漆的功能,又具有一定的填平能力。

2)腻子

腻子是一种专供填平表面用的含颜料较多的涂料，刮涂在底漆层上。刮腻子仅能提高工件表面的平整度和装饰性，且腻子不能过厚，否则对整个涂层害多利少。腻子涂层易老化、开裂、脱落，手工涂刮和打磨的劳动强度大。汽车制造业采用中涂，已不用刮腻子，腻子主要供汽车在壳体修补中用于填平凹凸表面。

3)中涂

中涂的功用介于底漆和腻子之间，对被涂工件表面的微小缺陷有一定的填平能力，颜料和填料含量比底漆多，比腻子少，颜色一般为灰色。

4)封底漆

封底漆是漆面漆前最后一道中间涂料，它的漆基含量介于底漆和面漆之间，漆膜呈光亮或半光亮，它的漆基一般由底面漆所用的树脂配成。

封底漆仅用于装饰性要求较高的汽车修补，有用喷一道面漆来代替封底漆的作用，也有用同一底漆和面漆，按一定比例调配后作为封底漆使用。

5.5.3.4　汽车用面漆

汽车用面漆是汽车最后涂层用的涂料，面漆影响汽车的装饰性、耐候性、抗石击性和外观等，因此面漆要有优良的装饰性。漆膜要色彩鲜艳、光亮丰满，且具有良好的保护性，此外，漆膜还须有耐候性、耐水、耐油、耐磨、耐化学腐蚀性。

汽车用面漆按漆基分类如下：

(1)氨基醇酸树脂磁漆

属高装饰性面漆。汽车用氨基面漆均为三聚氰胺基醇酸树脂体系，根据氨基树脂和醇酸树脂的比例，可将氨基醇酸树脂面漆分为三类：高氨基树脂涂料、中氨基树脂涂料、低氨基树脂涂料。氨基面漆属于热固性涂料。

(2)聚氨基甲酸酯磁漆

属高装饰性面漆。聚氨基甲酸酯磁漆具有良好的耐化学腐蚀性、耐水性、耐候性、耐热性和物理力学性能，可在常温固化，烘干温度低。常采用脂肪族聚氨酯涂料，因其保光、保色性比芳香族聚氨酯涂料好，漆膜长期暴露于日光下，不会失光、粉化、泛黄，因而后者不宜作为户外涂料。因资源少、成本高，故在汽车面漆中应用较少。德国“奔驰”、“大众”等部分汽车采用聚氨基甲酸酯和丙烯酸树脂组成的热固性磁漆及双组分聚氨酯罩光漆。

(3)丙烯酸树脂磁漆

属高装饰性面漆。丙烯酸树脂磁漆已被广泛地用来制造汽车面漆，它具有下列特性：

1)耐候性优良，保光、保色性好，在紫外线的照射下不易发生断链、分解或氧化等化学变化，漆膜不变黄，其颜色及光泽可以长期保持不变。

2)由于树脂无色透明，所制得的清漆也完全透明无色。配制浅色漆时色泽鲜艳，能制得纯白色漆膜。

3)可制成中性涂料，与铝粉、铜粉等颜料无反应性，因而能制得色泽非常鲜艳的金属闪光色面漆，且耐候性优异，优于金属闪光色三聚氰胺醇酸漆。

4)耐化学腐蚀性好。可抗酸、碱、醇、油脂、汽油、机油和沥青等。

5)耐热性、耐寒性和耐温变性优良。热塑性丙酸漆一般可在 180℃ 以下使用，而热固性的丙烯矿酸漆的耐热、耐寒性能更好。

6)漆膜坚硬,具有优良的力学性能和附着力。

7)具有优良的抛光性能。能制得平整光滑、物像清晰、光亮如镜的漆膜,因此丙烯酸树脂漆是优良的装饰性涂料。

汽车用丙烯酸树脂面漆可分为热塑性和热固性两大类,前者随溶剂的挥发而干燥,而后者要靠热、触媒或两者结合的作用才能固化成膜。

热固性丙烯酸树脂磁漆的优点是:漆膜光泽明亮、清晰透彻,适于光泽清漆用;保色保光性好、色浅、不泛黄,用于高装饰浅色漆;耐候性优良、容易重涂,涂面漆前一般不需打磨。

热塑性丙烯酸树脂磁漆因其修补性能良好而成为汽车修补涂料的主要品种。

丙烯酸树脂磁漆的耐污染性,与氨基醇酸树脂磁漆比,有其优越性,因此适于做轿车面漆。

(4)硝基磁漆

属一般装饰性面漆。硝基磁漆仅适用于喷涂汽车,故又称汽车喷漆。硝基磁漆的主要优点是快干、能抛光、装饰性好、易施工和补修;缺点是耐候性、保光保色性和耐温性差,喷涂时固体含量低、溶剂耗量大、成膜薄和火灾危险性大,现逐渐被合成树脂漆代替。

(5)醇酸树脂磁漆

属一般装饰性面漆。醇酸树脂磁漆的耐候性、力学性能和附着力等明显优于硝基漆,因而有取代硝基漆的趋势。但由于其装饰性、耐水性差,在湿热的气候下易起泡,工艺性能较差等原因现已被基醇酸树脂取代,醇酸树脂磁漆仅在重型汽车和在无烘干条件下修车时才使用。

(6)过氯乙烯树脂磁漆

属一般装饰性面漆。可作为汽车喷漆代用品,其耐候性略优于硝基树脂磁漆,耐潮湿性优于醇酸磁漆,也具有快干的特点,但比硝基树脂磁漆干得稍慢。

过氯乙烯树脂磁漆的耐化学药品性、防燃性、耐寒性等也优于硝基树脂磁漆;其缺点是附着力较差、溶剂释放性差、固体含量也低。

5.5.3.5 汽车用特种涂料

(1)PVC(Poly vinyl chloride 聚氯乙烯)涂料(焊缝密封和车底涂料)

为了提高汽车的密封性、乘坐的舒适性和车身缝隙间的耐腐蚀性,车身的焊缝和内外缝隙在涂装过程中采用密封涂料(俗称密封胶)进行密封。为提高汽车车身的使用寿命,在车身底板下表面,尤其是易受泥石冲击的轮罩和挡泥板表面,增涂1～2mm厚的具有耐磨、抗石击性的涂层,称为车底涂层,所用涂料称为车底涂料。

焊缝密封涂料和车底涂料采用不同的PVC涂料,车底涂层用的是抗石击性好、易高压喷涂、施工黏度低的PVC涂料。焊缝密封涂料选用硬度、伸长度、剪切强度、抗拉强度等要求较高,施工黏度高的PVC涂料。

(2)粉末涂料

粉末涂料是固态粉末状的涂料,有热塑性的粉末涂料(如聚乙烯、聚酰胺即尼龙、氯化聚醚、聚丙烯、聚氯乙烯、聚四氟乙烯等粉末涂料）和热固性粉末涂料（如环氧、聚酯、丙烯酸等纯的或改性的粉末涂料）。

热塑性粉末涂料在汽车涂装领域应用较少。热固性粉末涂料涂膜的外观装饰性、附着力、力学强度等显著地优于热塑性粉末涂料，适用于汽车零部件涂装。聚酯、丙烯酸热固性粉末涂料具有良好的保光性和耐候性，适用于汽车外表装饰涂装。

(3)汽车塑料件用涂料

汽车塑料件涂装的目的是提高外表装饰性，消除表面缺陷和改善表面性能（提高耐候性、耐腐蚀性等）。但因塑料品种存在材质和软硬不一、不耐高温、表面能低、表面极性小、湿润性差等因素，将造成涂膜附着差，使塑料件涂装困难。因此要求涂料公司开发出汽车塑料件专用涂料。

5.5.3.6　汽车涂装用辅助材料

(1)抛光材料

在喷完汽车面漆后，为了消除漆膜表面缺陷，如颗粒、“虚烟”、橘皮等，要用抛光材料进行局部的抛光修饰。

抛光材料有抛光浆（分粗、细两种）、抛光水（供擦净被抛光表面用）、抛光蜡（保护漆膜用）和去污增光剂（是美国的一种专利产品，其维护漆膜的性能优于抛光蜡，能增光，提高鲜映性）。

抛光适用于丙烯酸树脂漆、氨基树脂漆、双组分聚氨酯漆及硝基面漆，不适用于漆膜硬度较低的油性漆及醇酸漆。一般只在装饰性要求较高的轿车车身涂装中采用抛光。

(2)防锈蜡及漆膜保护蜡

为提高汽车车身空腔结构的防腐蚀性能，在汽车车身喷完面漆并经检查合格后，送内饰装配前，将汽车车身所有空腔结构部分均喷或灌入防锈蜡。

为防止汽车（商品车）在储运过程中漆膜受损，确保汽车漆膜完好如新、无锈蚀痕迹，汽车总装的最后一道工序是经检查合格后，对整车进行喷蜡封存处理，对车身下表面及底盘件喷涂防锈保护蜡，对车身外表面喷涂漆膜保护蜡。车底下的防锈蜡在汽车使用前不去除，漆膜保护蜡在汽车准备使用前（或销售之前）可用汽油擦净去除。

为适应环保要求，在欧美汽车厂已采用水性防锈保护蜡。

(3)打磨、擦净材料

1)打磨材料　打磨材料用耐水砂纸，耐水砂纸号码代表所用砂纸磨料的粒度，号码越大，粒度越细。在汽车涂装工艺中，底涂层、腻子用较粗砂纸，中涂层及面漆用较细砂纸。

2)擦净材料　常用的擦净材料是浸有不干性树脂的擦布（称黏性布），由于擦布的黏性可将表面灰尘粘住，不会重新掉落在被擦净的工件表面上。

5.5.3.7　常用汽车涂料及应用

对于乘用车辆的涂装，往往要求较高，因为这些可见部位的美观程度尽管与实用性联系不大，但会影响到商品的价值。因此，汽车厂对车身的防锈、涂料的褪色、调色、光泽度等非常重视。

汽车需要涂装的部位有车身外板、底盘各部位、箱形结构内部、保险杠、仪表盘等，通过涂装达到防锈、美观、耐候、隔声、防振、耐冲击、防尘、防水等目的。

汽车涂装工序分为三个步骤：以防锈为目的的底涂、为保证面涂精度的中涂和为形成色彩和平滑涂装表面的面涂。其中，底漆的涂装从最早的刷漆、喷涂发展到电泳涂装，电泳涂装也由阴离子型改进为涂层密封性更好的阳离子型。目前，日本和欧美的轿车几乎完全采用阳离子涂装。中涂和面涂一般是自动静电涂装后用手动静电涂装喷枪再进行补喷。

汽车涂装修补采用的材料包括漆前处理材料、涂料、漆后处理材料和辅助材料等。汽车涂装修补常用材料的作用与分类见表5-5。

表5-5　汽车涂装修补作用与分类

名　称	作　用	分　类
漆前处理材料	漆前清除被涂表面上所有污物	脱脂、除锈、磷化及钝化材料
涂料	涂覆在物体表面上，干燥固化后形成连续的牢固附着的一层膜	底漆、中间涂料、面漆、抗石击涂料、密封涂料、腻子及修补涂料
漆后处理材料	修饰喷完面漆后出现的漆膜表面缺陷和提高防锈性能	增光、抛光及保护材料
辅助材料	消除涂层表面的缺陷，提高平整度，同时也为了防止噪声、振动、热量的产生与传播	打磨、擦净、遮蔽、密封、防声、绝热材料

复习思考

1. 什么是高分子材料？橡胶是否属于高分子物质？怎样防止高分子材料的老化？
2. 什么叫塑料？按合成树脂的热性能，塑料分为哪几类？各有什么特点？
3. 试述合成橡胶的种类。橡胶的主要成分是什么？橡胶制品为什么要硫化？
4. 与传统方法相比，胶接技术有哪些特点？
5. 常见合成胶黏剂的种类有哪些？
6. 汽车对涂料的性能要求有哪些？

第6章 陶 瓷

学习目标

1. 了解陶瓷的分类、组成及性能。
2. 掌握陶瓷在汽车上的应用。
3. 了解玻璃的分类及其在汽车上的应用。

考核标准

知识要求：理解汽车对陶瓷材料、玻璃的性能要求和应用状况。

技能要求：做到能根据汽车某些部件使用要求初步正确选择合适的陶瓷材料、玻璃材料。

教学建议

有条件的学校，建议参考附录中实验8“多孔陶瓷的制备与加工”安排实验。

6.1 陶瓷的分类、组成及性能

陶瓷是以天然矿物或人工合成的各种化合物，经粉碎、成型和高温烧结等工序制成的一种无机非金属固体材料。

陶瓷，由于其固有的物理化学性能，在现代高新科学技术领域中，已成为不可替代的关键材料，也是现代工业中具有发展前途的新型材料。陶瓷在汽车上的应用越来越广泛，如耐高温、高压的火花塞(如图6-1)，陶瓷发动机等。

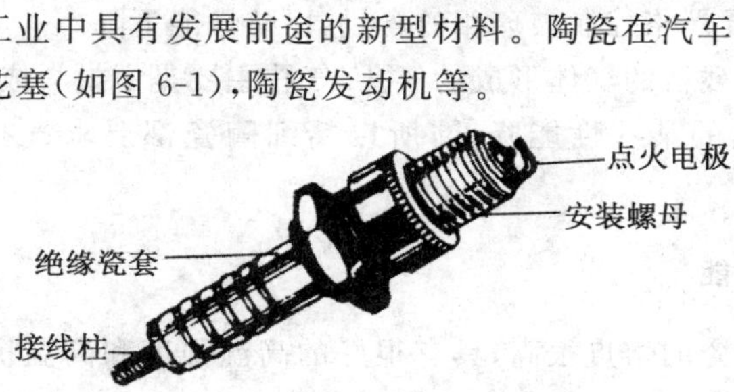

图6-1 火花塞外形

6.1.1 陶瓷的分类

陶瓷种类很多,通常分为传统陶瓷和精细陶瓷两大类。

(1)传统陶瓷,也叫硅酸盐陶瓷。主要用于卫生、日用、建筑等陶瓷制品以及工业上应用的高低压电陶瓷、耐酸及过滤陶瓷等。

(2)精细陶瓷又称新型陶瓷、高技术陶瓷或特种陶瓷。

1)精细陶瓷按照性能分类可分为高强度陶瓷、高温陶瓷、耐磨陶瓷、耐酸陶瓷、压电陶瓷、电介质陶瓷、半导体陶瓷、磁性陶瓷、光学陶瓷、卫生陶瓷等。

2)精细陶瓷按化学组成分类可分为氧化物(氧化铝、氧化锆、氧化镁)陶瓷、碳化物(碳化硅、碳化硼)陶瓷、氮化物(氮化铝、氮化硅、氮化硼)陶瓷、复合陶瓷(氧氮化硅铝陶瓷、镁铝尖晶石陶瓷、锆钛酸镧陶瓷)、金属陶瓷和纤维增强陶瓷。

3)精细陶瓷按用途可分为结构陶瓷和功能陶瓷。

6.1.2 陶瓷的组织结构

陶瓷和金属材料一样,其性能取决于化学成分和组织结构。

陶瓷具有两种晶体结构,即离子键构成的离子晶体和共价键组成的共价晶体。离子晶体中,原子直径大的非金属元素作为负离子,排列成各种不同晶格;原子直径小的金属元素作正离子,处于非金属原子间隙里。由于离子键能较高,则正负离子结合牢固。共价晶体中,其共价电子往往偏向负电性一边,这样的极化共价键具有离子键特征,同样有很高的结合能。

陶瓷的性能不但与其晶体结构有关,而且与组织的相结构密切有关。陶瓷组织结构虽然非常复杂,但它们都由晶相、玻璃相、气相组成,而且各相的组成、数量、形状和分布都直接影响陶瓷的性能。

(1)晶相是陶瓷的基本组成结构。由硅酸盐矿物做原料的陶瓷为硅酸盐结构晶相。它是由 SiO_4 四面体结构单元以不同方式相互连成的复杂结构。精细陶瓷的晶相为以离子键为主的金属氧化物晶体(如 MgO、Al_2O_3)和以共价键为主的非氧化物晶体(如 BN、SiC)。

(2)玻璃相是陶瓷烧结时,各组成物和杂质因物理化学反应后形成的液相,冷却凝固后仍为非晶态结构的部分。它分布在晶相之间,起黏结晶体、填充气孔空隙和抑制晶粒长大的作用。精细陶瓷要严格控制玻璃相的含量,以防性能下降。

(3)气相即陶瓷中残留的气体形成的气孔,气孔主要是由材料成分和加工工艺等因素形成的,气孔会使陶瓷的某些性能降低,所以精细陶瓷都要求气孔小、数量少,并分布均匀。

6.1.3 陶瓷的性能

(1)物理性能 陶瓷的熔点很高,具有很好的高温强度和高温抗蠕变性能,1000℃以上也不会被氧化,可用做耐高温材料。热膨胀系数低、导热性小、绝缘性好,是优良的高温绝缘材料,但其抗热振性差,温度剧烈变化时易破裂,不能急热骤冷。

(2)电性能 一般陶瓷都有较好的电绝缘性能，可作为传统的绝缘材料，有的可做半导体材料。用做电性能的精细陶瓷有压电陶瓷、磁性陶瓷等。

(3)化学性能 陶瓷在室温和高温都不会被氧化，对酸、碱、盐均有良好的抗腐蚀能力，是化学稳定性极强的材料。

(4)力学性能 陶瓷材料最突出的特点是高硬度、高耐磨性，这些性能都大大优于金属。几乎没有塑性、脆性大，故冲击韧度和断裂韧性很低。抗拉强度低，但抗压强度较高、弹性模量高，可达金属的数倍。

6.2 精细陶瓷

6.2.1 概 述

精细陶瓷在化学成分、内部结构、性能和使用效能等各方面均不同于传统陶瓷。它采用精制高纯的化工原料，并严格控制各个工艺过程，采用各种成型、烧结和其他先进工艺。其性能方面也是传统陶瓷望尘莫及的，强度之高可与金刚石媲美，柔韧如铸铁，透明似明镜。

精细陶瓷在热学方面具有耐热、隔热、导热、集热等特性；在力学方面具有硬度高、耐磨、高温强度高、润滑性好、耐热和低膨胀性；在化学方面具有强的化学稳定性，耐强酸强碱等腐蚀性和催化剂作用；在电磁学方面具有绝缘性、导电性、压电性、半导体性、磁性、介电性、离子导电性、电子发射性等。相对密度低(只相当于钢铁的1/2)。由于精细陶瓷具有这种独特而优异的性能，因此，它已成为高科技领域中不可缺少的关键材料。

6.2.2 精细陶瓷的品种、性能及应用

6.2.2.1 氧化铝陶瓷

(1)组成成分及生产方法

氧化铝陶瓷又称高铝陶瓷，主要组成成分是 Al_2O_3 和 SiO_2。其中，Al_2O_3 含量越高性能越好。氧化铝陶瓷的原料是工业氧化铝，添加少量添加剂后经制坯、烧结而成。对表面粗糙度或尺寸精度有较严要求的制品，还需进行研磨和抛光处理。按 Al_2O_3 的含量可分为75瓷、85瓷、96瓷、99瓷等。

(2)使用性能

氧化铝陶瓷的强度大于普通陶瓷，硬度很高，仅次于金刚石、碳化硼、立方氮化硼和碳化硅，具有很好的耐磨性，且耐高温性极好。含 Al_2O_3 高的刚玉瓷(Al_2O_3 的含量为90%～99.5%)能在1600℃高温下长期工作，而且蠕变极小。氧化铝陶瓷耐腐蚀性很强，有很好的绝缘性能，特别是在高频率下的电绝缘性能好。但是，氧化铝陶瓷脆性大、抗热振性差，不能承受工作温度突然变化。

(3)应用范围

由于氧化铝陶瓷有很好的高温性能，故可用做高温实验仪器、熔化金属的坩埚以及高温热电偶套管等。利用其耐蚀好的特点，可以制作化工零件，如化工用泵的密封滑环、机

套和叶轮等。利用氧化铝陶瓷的介电性能,可制作内燃机火花塞。

氧化铝陶瓷的耐磨性好,可用做轴承、活塞材料。由于它的硬度高、红硬性好,可用来作为高速切削刀具材料。

6.2.2.2 氮化硅陶瓷

(1)组成成分及生产方法

氮化硅是共价键结合,不能以一般的高温烧结法制造,它的生产方法有两种:

1)反应烧结法　将硅粉或硅粉与 Si_3N_4 粉混合,用一般陶瓷生产方法成型,放入氮化炉中于 1200℃预氮化,然后可以用机械加工的方法加工成所需要的尺寸形状,最后再放入炉中在 1400℃进行 20～24h 的最终氮化,成为尺寸精确的制品。

2)热压烧结法　在 Si_3N_4 粉中加入少量促进烧结的添加剂(如氧化镁),装入用石墨制造的模具中,在 1600℃～1700℃、$(2\sim3)\times10^7$Pa 条件下烧结,得到几乎没有气相的致密制品。

(2)使用性能

1)氮化硅是极性很强的共价键化合物,稳定性极强,除氢氟酸外,能耐各种酸和碱的腐蚀,也能抵抗熔融有色金属的侵蚀。

2)氮化硅的硬度很高,仅次于金刚石、立方氮化硼和碳化硼,有良好的耐磨性,摩擦系数只有 0.1～0.2。氮化硅还有自润滑性,能在无润滑剂的条件下工作,是一种非常优良的耐磨材料。

3)氮化硅的热膨胀系数小,因而有极好的抗温度急变性。

4)氮化硅的使用温度不如氧化铝陶瓷高,但高温强度在 1200℃仍不降低。

5)热压氮化硅组织致密,因而强度很高,但受模具限制,只能制作形状简单的零件。反应烧结氮化硅有 20%～30%气孔,所以强度低,但可制成形状复杂的零件。

(3)应用范围

1)反应烧结氮化硅可用于制作耐磨、耐腐蚀、耐高温、绝缘的零件,如在腐蚀介质下工作的机械密封环,可比普通陶瓷寿命提高 6～7 倍;制作高温轴承、热电偶套管、输送铝液的管道和阀门、燃气轮机叶片、炼钢生产的铁水流量计以及农药喷雾器的零件等。

2)热压氮化硅主要用于刀具材料。由于硬度高、红硬性好,可进行淬火钢、冷硬铸铁等高硬度材料的精加工和半精加工,也用于加工钢结硬质合金、镍基合金等,比金刚石和立方氮化硼刀具成本低。热压氮化硅还可以做转子发动机的叶片、高温轴承等。

近年来,在 Si_3N_4 中加入一定量的 Al_2O_3,构成 Si-Al-O-N 系统陶瓷,称赛纶(Sinlon)陶瓷,用常压烧结的方法可达热压氮化硅的性能,是强度最高的陶瓷材料,并且化学稳定性、热稳定性和耐磨性也都很好。

6.2.2.3 碳化硅陶瓷

碳化硅陶瓷是把石英、碳和木屑装入电弧炉中,在 1900℃～2000℃的高温下烧结合成。碳化硅陶瓷和氧化硅陶瓷一样,都是键能很高的共价键结合的晶体,它的生产方式也有反应烧结和热压烧结两种。

碳化硅陶瓷的最大特点是高温强度大，碳化硅的抗弯强度在 1400℃时仍保持 500～600MPa，而其他陶瓷在 1200℃～1400℃时强度显著下降。碳化硅的热传导能力很强，仅次于氧化铍，它的热稳定性、耐蚀性、耐磨性、抗蠕变性也很好。

碳化硅陶瓷具有高温强度，可用于火箭尾喷嘴、浇注金属用的喉嘴、热电偶套管、炉管、燃气轮机的叶片、轴承等零件。碳化硅陶瓷的热传导能力强，可用做高温下热交换器材料、核燃料的包封材料和各种泵的密封圈。

6.2.2.4　氮化硼陶瓷

氮化硼晶体属六方晶系，结构与石墨相似，性能也有很多相近之处，故又称“白石墨”。它有良好的耐热性、热稳定性、导热性、高温介电强度，是理想的散热材料和高温绝缘材料。氮化硼陶瓷的化学稳定性好，能抵抗大部分熔融金属的侵蚀，它也有很好的自润滑性。氮化硼陶瓷制品的硬度低，可以进行机械加工。氮化硼陶瓷可用于制造熔炼半导体的坩埚及冶金用高温容器、半导体散热绝缘零件、高温轴承、热电偶套管及玻璃成型模具等。

氮化硼的另一种晶体结构是立方晶格，结构牢固，其硬度和金刚石相差无几，是优良的耐磨材料，也用做制造刀具材料。

6.2.2.5　氧化物陶瓷

1)氧化锆陶瓷　氧化锆的熔点为 2715℃，在氧化介质中 2400℃时能保持稳定，使用温度可到 2300℃。纯氧化锆不能单独使用，因为氧化锆在发生同素异构转变时产生很大的体积变化，会引起裂纹，甚至断裂。当加入少量稳定剂(如加 CaO)后称为部分稳定氧化锆，具有较高的韧性。若加入多量稳定剂则无相变，故称稳定氧化锆。

氧化锆具有高强度和韧度、高硬度和耐磨性以及良好抗化学腐蚀性，导热系数小。可用做刀具、隔热材料，以及制作滑动零部件，如拔丝模、喷嘴、轴承、泵部件、粉碎机部件等。

2)氧化铍陶瓷　氧化铍的熔点为 2570℃，具有良好的化学稳定性。导热性、抗热冲击性也极好，适于做高频电炉的坩埚，还可用做激光管、晶体管散热片，集成电路的外壳和基片等。氧化铍的粉末和蒸气有毒性，使用时要注意。

3)氧化镁陶瓷　氧化镁的熔点为 2800℃，在氧化介质中使用温度可达 2300℃。氧化镁陶瓷是典型的碱性耐火材料，用于冶炼高纯度铁、铁合金、铜、铝、镁等以及熔化高纯度铀、钍及其合金。氧化镁陶瓷具有强度低、热稳定性差、易水解等缺点。

6.3　陶瓷在汽车上的应用

陶瓷的强度和弹性模量很高，而且具有耐腐蚀、耐磨损、耐高温的优点，密度又比一般金属材料低，是很有发展潜力的高比强度材料。但陶瓷固有的脆性使其应用范围受到很大的限制。先进陶瓷材料的研究取得很大进展，用高纯度超细粉料经特殊加工工艺而制成的陶瓷材料显微组织精细、性能优良，如碳化硅、氮化硅、氧化铝、氧化锆等先进陶瓷材料已逐步进入实用领域。陶瓷增韧的研究也取得一定的成果，为结构陶瓷材料的推广应用创造了条件。

由于精细陶瓷具有各种优良的特性，应用于汽车上可以有效地降低汽车的质量、提高发动机的热效率、降低油耗、减少排气污染、提高易损件使用寿命、完善汽车智能性功能，因此精细陶瓷在汽车上应用前景广阔。

用氮化硅陶瓷材料制成的陶瓷纤维活塞，耐热性和耐磨性好、热膨胀系数小。陶瓷纤维活塞由于热膨胀系数小不会产生“冷敲热拉”现象。

精细陶瓷可用于制作气门、气门座、摇臂等零件（如图 6-2），以充分发挥其优良的耐热性、耐磨性。日本五十铃公司研究开发的发动机用氮化硅材料制成气门，三菱公司采用陶瓷制成发动机摇臂，在使用中均获得良好效果。

精细陶瓷耐腐蚀性强，在高温下有良好的热稳定性，被广泛地用做汽油机点火系火花塞的基体（如图 6-1）。日本五十铃汽车公司研制的陶瓷发动机采用陶瓷做进、排气管，可以承受 800℃～900℃的高温。由于取消了隔热板，发动机体积减少了，排气净化效果提高 2 倍。

功能性精细陶瓷主要用于制作汽车调控系统的敏感元件，如空燃比燃烧传感器及传动装置传感器等。

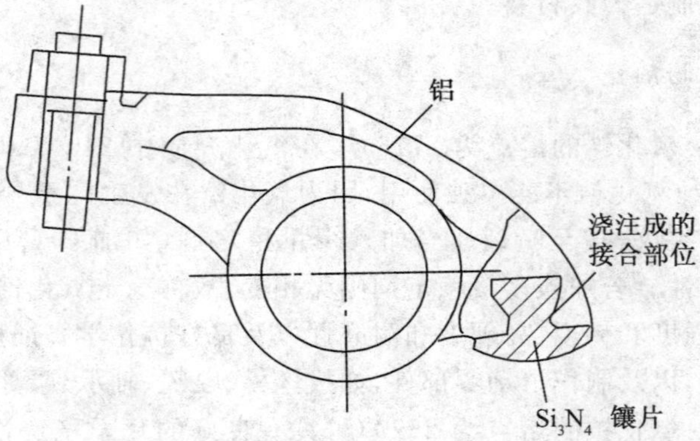

图 6-2　陶瓷摇臂镶块

随着人们对汽车的安全性、智能化、舒适性、节能及对噪声、排放污染的限值等有更高的要求，使具有绝缘性、介电性、压电性、半导体性、导磁性等特异功能的陶瓷材料在汽车上应用越来越广，品种和规格越来越多。如温度传感器、废气传感器（包括浓差电池式氧化锆传感器、半导体型氧化锆传感器、临界电流式氧化锆传感器、CO 传感器等）、压电性传感器（如爆震性传感器、超声波传感器）、湿度传感器、硅压力传感器等。

多孔陶瓷是一种新型陶瓷材料，也称为气孔功能陶瓷。多孔陶瓷具有如下特点：巨大的气孔率、气孔表面积；可调节的气孔形状、孔径及其分布；气孔在三维空间的分布连通可调；具有一般陶瓷基体性能的同时，具有与其巨大的比表面积相匹配的优良热、电、磁、光、化学等功能。目前新型多孔陶瓷，如多孔陶瓷载体、多孔吸声材料、多孔过滤渗透材料、多孔陶瓷敏感元件、生物医学多孔陶瓷材料、多孔性光学材料、蓄热储能多孔陶瓷材料、蜂窝式红外多孔陶瓷燃烧板等，不断涌现，使其应用范围更为广泛。多孔陶瓷作为一种具有优良特性的环保材料，在汽车尾气净化领域得到了广泛应用。

为了提高发动机热效率，利用陶瓷的耐热、耐磨、耐腐蚀、热膨胀系数小等特点，日本日野汽车公司开发了陶瓷绝热发动机，该机汽缸套、活塞、气门等燃烧室零件有 40%是陶瓷零件，取消了散热器和冷却装置，可以使功率提高 10%，燃油消耗降低 30%。表 6-1 是日本、美国绝热发动机上采用的结构陶瓷。

表 6-1　　日本、美国绝热发动机上采用的结构陶瓷

零件名称		要求的性能						适用的陶瓷材料
		耐热	耐磨	低摩擦	轻量	耐蚀	膨胀小	
活塞		√			√	√	√	Si_3N_4 PSZ TTA
活塞环		√	√					SSN PSZ 涂层
汽缸套		√	√	√		√	√	SiN_4 PSZ 涂层
预燃烧室		√				√		PSZ Si_3N_4
气门头		√	√		√	√		SSN PSZ 复合材料
气门座		√	√			√		PSZ SSN
气门挺杆			√					PSZ Si_3N_4 SiC
气门导管		√		√		√		PSZ SSN SiC
进、排气管		√				√		ZrO_2 Si_3O_4 Al_2O_3 Ti O_2
排气口/进气口		√						ZrO_2 Si_3O_4 Al_2O_3 Ti O_2
机械密封			√	√				SiC Si_3N_4 PSZ
涡轮增压器	叶片	√			√	√	√	Si_3N_4 SiC
	涡轮壳	√				√	√	LAS
	隔热板	√				√	√	ZrO_2 LAS
	轴承	√		√	√	√	√	SST

注：SSN 为烧结氮化硅；PSZ 为部分稳定氧化锆；LAS 为锂－铝－硅酸盐；TTA 为改性的垆性氧化铝。

虽然，精细陶瓷制品对原材料要求比较严格、成型工艺复杂、加工困难，每批制品的性能难以保持一致，而且成本高。但是，随着科学技术的飞速发展，陶瓷制造工艺的不断完善，精细陶瓷材料以其优异的性能，一定能在汽车业中得到更广泛的应用。

6.4　玻璃的分类及其在汽车上的应用

6.4.1　玻璃概述

玻璃是现代汽车不可缺少的材料，它不仅能使汽车显得十分亮丽，而且为驾驶员提供了良好的视野和舒适的驾驶条件。它还使所有的乘员能够欣赏到旅途中的风景，消除旅

途疲劳。玻璃还直接涉及司乘人员的旅行安全。

玻璃指硅酸盐类熔融物通过一定方式冷却后，具有固体的力学性能与一定结构特征的非晶态物体。所以人们常常把玻璃看作一种硅酸盐类材料。

玻璃主要是由二氧化硅（SiO_2）和各种金属氧化物组成，其化学组成为 $RO_2 \cdot RO \cdot 6SiO_2$，其中 RO_2 代表一价金属氧化物，RO 代表二价金属氧化物，如 Na_2O、K_2O、CaO、MgO、Al_2O_3、B_2O_3、BaO、ZnO 和 PbO 等。

6.4.2 玻璃的分类

玻璃的种类繁多，通常玻璃有以下几种分类方法：

(1)按金属氧化物不同分类

由于形成玻璃的主要金属氧化物不同，所以玻璃又分为石英玻璃（含 SiO_2 为 100%）、硅酸盐玻璃（基本结构是 SiO_2）、硼酸盐玻璃（基本结构为 B_2O_3）、磷酸盐玻璃（基本结构为 P_2O_5）及其他结构的玻璃。

(2)按照化学成分分类

1)钠玻璃　钠玻璃的主要成分是 SiO_2、Na_2O 和 CaO，由于含杂质多，其力学、热学、光学和化学稳定性较差，故多用于制造普通的建筑玻璃及日用玻璃制品。

2)铅玻璃　铅玻璃的主要成分是 PbO、K_2O 和 SiO_2，由于具有鲜明的色泽和光泽，对光的折射和反射强，化学稳定性高，主要用做光学仪器、高级器皿、装饰品和艺术品。

3)钾玻璃　主要成分是 K_2O、Na_2O、CaO 和 SiO_2，质硬而有光泽，多用于制作化学仪器用具及高级玻璃制品。

4)铝镁玻璃　铝镁玻璃主要成分为 MgO、Al_2O_3、SiO_2、CaO 和 Na_2O，常用于制造高级建筑玻璃。

5)硼玻璃　硼玻璃的主要成分是 B_2O_3、SiO_2 和 MgO，用于制造化工仪器、绝缘材料和耐热玻璃。

6)石英玻璃　石英玻璃又称水晶玻璃，石英玻璃化学成分为 100% 的 SiO_2，其力学性能、热稳定性和电绝缘性好，但熔制加工困难，常用于制作高级化学仪器，光学零件和耐高温、高压等特殊用途的制品。

7) 高硅氧玻璃　高硅氧玻璃是指 SiO_2 含量在 95% 以上的玻璃，又称 96%SiO_2 玻璃，其用途与石英玻璃相似，但成本较低。

(3)按照性质和用途分类

1)日用玻璃　日用玻璃主要包括瓶罐玻璃、器皿玻璃、装饰玻璃制品等。

2)建筑玻璃　建筑玻璃中主要是平板玻璃，包括商用平板玻璃、镜用平板玻璃、装饰用平板玻璃（压花玻璃、磨砂玻璃、彩色玻璃）、安全玻璃（夹层玻璃）和特种平板玻璃（如磨光玻璃、双层中空玻璃、玻璃砖等）。

3)玻璃纤维　玻璃纤维有无碱玻璃纤维（Na_2O 含量小于 0.7%）、低碱玻璃纤维（Na_2O 含量小于 2%）、中碱玻璃纤维（Na_2O 含量在 2% 左右）和高碱玻璃纤维（Na_2O 含量在 15% 左右）。

4)技术玻璃　技术玻璃包括光学玻璃、仪器玻璃、玻璃器具及设备和特种技术玻璃

(如导电玻璃、磁性玻璃、荧光玻璃等)。

5)夹丝玻璃 夹丝玻璃又称防碎玻璃。制造时在玻璃中间夹有一层金属网,夹层玻璃强度高,不易破碎,破碎了的玻璃碎片附着在金属网上不易脱落和飞溅,既能满足采光要求,又能保证安全。可用于厂房天窗、防火门窗、地下采光门窗等。

6)汽车玻璃 汽车玻璃主要有前挡风玻璃、侧面玻璃和后玻璃等。

6.4.3 汽车用玻璃

6.4.3.1 汽车用玻璃的要求及发展概况

汽车玻璃是汽车中十分重要的安全零部件,汽车玻璃的作用不仅是为了抵御风寒、雨水、尘土,而且可以防碰撞冲击,保护驾驶员和乘员的健康与安全。它不仅是安全部件,同时也是装饰制品。随着汽车运输的发展,道路状况不断改善,车速日益提高,汽车用玻璃在汽车行驶中不仅要给乘员提供良好的视野,在遇到突发性事故时还要不因玻璃破碎而伤害驾驶人员及乘员,同时要求其轻量化及多功能化。

汽车玻璃经历了由平板型向曲面型、普通型向强化型、全钢化向局部钢化、钢化玻璃向夹层玻璃、三层夹层向多层夹层等发展的过程。

20世纪50年代初期,汽车使用普通平板玻璃和热弯玻璃,当玻璃破碎时,碎片像锋利的刀一样,易造成人身伤亡,且引起了无数次交通事故。50年代后期开始使用全钢化玻璃作为前挡风玻璃,但全钢化玻璃破碎后不能保证驾驶员的视野清晰,而且小颗粒碎片易对乘员眼睛造成严重伤害,致使驾驶人员不能有效地采取制动措施,从而导致二次事故的发生;在60年代为保证前挡风玻璃破碎时有一定的视野,世界各国均有强制使用安全玻璃的要求,同时规定不得使用全钢化玻璃作为挡风玻璃。

我国于1980年开始公布和实施有关汽车安全玻璃的国家标准。国家标准包括:汽车安全玻璃抗冲击要求,抗磨性能要求,光学性能要求,耐辐射、高温、潮湿和耐热要求;汽车用安全玻璃厚度、尺寸、弯曲度、吻合度、外观质量等标准要求。

现代汽车玻璃的发展趋势是安全、美观、多功能、轻而薄,并附加新技术。如减速玻璃、吸热玻璃、带印刷陶瓷层花边的玻璃、带有印刷电路的防霜玻璃、带天线的玻璃等等。

6.4.3.2 汽车用玻璃的分类及特点

(1)汽车用玻璃的分类

1)按使用性能和材质分类

汽车用玻璃分为安全玻璃、夹层玻璃、钢化玻璃、区域钢化玻璃。

① 安全玻璃 汽车用安全玻璃是由无机材料或由无机与有机所构成的复合材料,对其可见性、强度和耐磨性等通用性都有要求。应用于车辆时,可以减少车祸中碎片伤人的危险。

②钢化玻璃 采用将玻璃加热到接近软化点附近然后急冷的方法制成的玻璃叫做钢化玻璃。经钢化处理后的玻璃提高了玻璃的强度和热稳定性,一旦玻璃破坏,碎片无尖锐棱角,可避免伤人。如图6-3(a)所示。

③区域钢化玻璃 分区域控制钢化程序处理的钢化玻璃,又称局部钢化玻璃。一旦

破坏，总体上符合安全玻璃对所裂碎片的要求。当玻璃突然受到外力作用破碎时，有的部分碎片大，有的部分碎片小，这样，既保护驾驶员和乘员的人身安全，又保留一个不妨碍驾驶的视区，保证了事故后的安全行车。如图 6-3(b)所示。

④夹层玻璃　指两片或两片以上的玻璃用胶黏剂一层或数层粘接在一起的玻璃制品，当玻璃破碎时，碎片不易伤人。如图 6-3(c)所示。

(a) 钢化玻璃　(b) 局部钢化玻璃　(c) 夹层玻璃

图 6-3　汽车玻璃

汽车的前挡风玻璃为 A 类夹层玻璃、B 类夹层玻璃或区域钢化玻璃，它们在认证标志中的产品代号分别为 LA、LB、Z；其他玻璃一般为 A 类夹层玻璃、B 类夹层玻璃和钢化玻璃(钢化玻璃的代号为 T)。其中 A 类夹层玻璃的安全性能最好。

2)按安装位置分类

根据玻璃在汽车上安装位置的不同，汽车用玻璃可分为风窗玻璃、后窗玻璃、后侧窗玻璃、后角窗玻璃、后门窗玻璃、前门窗玻璃、前角窗玻璃，如图 6-4 所示。

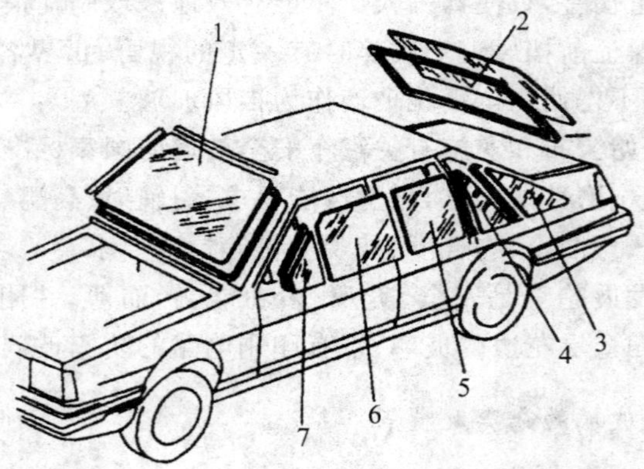

图 6-4　轿车用玻璃

1—前挡风玻璃　2—后窗玻璃　3—后侧窗玻璃　4—后角窗玻璃
5—后门窗玻璃　6—前门窗玻璃　7—前角窗玻璃

3) 按玻璃色调分类

汽车用玻璃的基材，必须是质地优良的浮法玻璃，按玻璃色调可分为无色透明玻璃、过渡蓝色玻璃、过渡绿色玻璃、青铜色玻璃几类。

(2)汽车用玻璃的特点

1)钢化玻璃和区域钢化玻璃　钢化玻璃是采用平板玻璃或浮法玻璃经过钢化处理而

成的一种高强度玻璃。由于玻璃内部发生了结构变化，因而钢化玻璃具有比普通玻璃高得多的力学性能、耐冲击性和热稳定性。当其一旦破碎时，碎片破成无数小块，且无尖锐棱角，不易伤人，增加了安全性。全钢化玻璃与区域钢化玻璃的区别在于冷却气流的强弱不同。区域钢化玻璃一般用于制作汽车的挡风玻璃，而钢化玻璃则用于其他部位。

2)中空玻璃　是用胶粘法将双层或多层平板玻璃粘接在一起，使玻璃之间形成中空的一种特殊玻璃。由于中间充以干燥空气，因而具有隔音、隔热、保温、不结霜、不产生凝结水以及吸收紫外线的作用。中空玻璃被广泛应用在高档客车的侧窗上。

3)夹层安全玻璃　汽车用夹层玻璃通常由三层组成，即玻璃、中间的强膜、玻璃。两侧的玻璃层厚度各为 2.0～3.0mm，中间的加强膜通常是由聚乙烯醇缩丁醛或聚甲基丙烯酸酯制成，膜厚为 0.38～0.76mm。夹层玻璃的突出特点是具有较高的强度，同时热稳定性也比较好。由于中间夹层物的增强作用和粘接作用，能减少玻璃之间的内应力，同时能抑制玻璃表面裂缝的扩展。当玻璃受到外力冲击破坏时仅会产生辐射状的裂纹而没有尖锐的棱角碎片，碎片脱落或飞溅时不致伤及乘员。因此夹层安全玻璃在汽车上得到了广泛的应用。

4)防爆、防弹玻璃　这是一种特制玻璃，具有较大的抗冲击强度及透光性好、耐热、耐寒等特点，当遇到爆炸或弹击时，轻者玻璃可以完好无损，重者即使玻璃破裂，子弹亦不易穿透玻璃，玻璃碎片不会脱落伤人。防弹防爆玻璃主要用于重要人物及各国首脑所乘用防弹车的玻璃。

5)防水玻璃　防水玻璃的表面涂覆一层化学耐久性优异的含氟薄膜。这种薄膜不影响玻璃原来的颜色与光泽，有效寿命可达 3～5 年。在汽车行驶时，防水玻璃上的水滴在风压的作用下迅速滚落，车内的人像和物像不会映射到挡风玻璃上，因而不会影响驾驶员的视线。

6)防雾玻璃　在夹层玻璃或钢化玻璃表面涂一层碱性有机薄膜，可以制成防雾玻璃。因为水在这种薄膜上可以均匀展开成膜，不会结露成雾，因此，这种玻璃适合寒冷地区的车辆使用。

7)特种挡风玻璃　高级轿车采用热反射膜玻璃作为挡风玻璃，玻璃表面涂有金属氧化物层，可以防止车内的热量向车外传递，保持车内温度。

6.4.3.3　汽车新型玻璃材料

在保证汽车行车安全的前提下，要求采用多用途和外形美观的汽车新型玻璃材料。因此，出现了印刷陶瓷电热玻璃、热线反射玻璃、除霜玻璃、着色钢化玻璃、顶篷玻璃、天线夹层玻璃、调光夹层玻璃、导电膜夹层玻璃、带耐磨塑料涂层的安全玻璃、经增强处理的无机玻璃制成的夹层玻璃和玻璃—塑料安全装配玻璃材料等汽车新型玻璃材料。

复习思考

1. 什么叫陶瓷材料？它有何性能？如何分类？
2. 陶瓷中的气孔是怎么产生的？
3. 精细陶瓷的品种有哪些？
4. 什么是玻璃？玻璃分为哪几种？
5. 简述汽车用玻璃的分类和特点。

第 7 章　复合材料及摩擦材料

学习目标

1. 了解复合材料的种类及性能特点。
2. 掌握复合材料在汽车上的应用状况。
3. 了解汽车摩擦材料的组成、性能及其应用状况。

考核标准

知识要求：理解复合材料性能的七大特点，即：比强度和比模量高（最突出的优点）、抗疲劳性能好、减振能力强、耐高温性能好、尺寸稳定性好、断裂安全性好、化学稳定性好。同时认识其性能存在的缺点，如：断裂伸长率较小、抗冲击性低、成本高等。理解汽车用摩擦材料的主要性能要求，如要有足够高而稳定的摩擦系数、良好的耐磨性等。

技能要求：要求对 2～3 个用途较广泛的典型复合材料、摩擦材料等能熟练掌握，做到能初步正确选材。

复合材料是由两种或两种以上不同性质的材料，通过物理或化学的方法在宏观或微观上组成的具有新性能的材料。各种材料在性能上互相取长补短，产生协同效应，使复合材料的综合性能优于原组成材料从而满足各种不同的要求。复合材料的基体材料分为金属和非金属两大类。金属基体常用的有铝、镁、铜、钛及其合金。非金属基体主要有合成树脂、橡胶、陶瓷、石墨、碳等。增强材料主要有玻璃纤维、碳纤维、硼纤维、芳纶纤维、碳化硅纤维、石棉纤维、晶须、金属丝和硬质细粒等。

复合材料使用的历史可以追溯到古代。从古至今沿用的稻草增强黏土和已使用上百年的钢筋混凝土均由两种材料复合而成。20 世纪 40 年代，因航空工业的需要，发展了玻璃纤维增强塑料（俗称玻璃钢），从此出现了复合材料这一名称。50 年代以后，陆续发展了碳纤维、石墨纤维和硼纤维等高强度和高模量纤维。70 年代出现了芳纶纤维和碳化硅纤维。这些高强度、高模量纤维能与合成树脂、碳、石墨、陶瓷、橡胶等非金属基体或铝、镁、钛等金属基体复合，构成各具特色的复合材料。

7.1　复合材料的分类及性能特点

7.1.1　复合材料的种类

复合材料是两种或多种不同性能的组分通过宏观或微观复合在一起的新型材料，组分之间存在着明显的界面，各组分保持各自固有特性的同时可最大限度地发挥各种组分的优点，赋予单一材料所不具备的优良特殊性能。此外，复合材料具有可设计性。

复合材料结构通常一个相为连续相，称为基体；而另一相是一以独立的形态分布在整个基体中的分散相，这种分散相的性能优越，会使材料的性能显著改善和增强，称为增强剂（增强相、增强体）。增强剂（相）一般较基体硬，强度、模量较基体大，或具有其他特性。增强剂（相）可以是纤维状、颗粒状或弥散状，它与基体之间存在着明显界面。

复合材料一般有下列三种分类方法：

7.1.1.1　按性能分类

(1)功能复合材料　处于初始研制阶段。

(2)结构复合材料　大量研制和应用。

7.1.1.2　按基体分类

(1)非金属基复合材料　目前大量研究和使用的是以高聚物材料为基体。

(2)金属基复合材料。

7.1.1.3　按增强剂的种类和形状分类

(1)颗粒复合材料。

(2)层状复合材料。

(3)纤维增强复合材料：①玻璃纤维增强；②碳纤维增强；③硼纤维增强；④晶须增强等。

目前使用最多的是纤维复合材料。其中：

普通复合材料：普通玻璃、合成或天然纤维增强普通聚合物复合材料，如玻璃钢、钢筋混凝土等。

先进复合材料：高性能增强剂（碳、硼、Kevlar、氧化铝、SiC 纤维及晶须等）增强高温聚合物、金属、陶瓷和碳（石墨）等复合材料。一般来讲，先进复合材料的比强度和比刚度应分别达到 $400\text{MPa}/(\text{g/cm}^3)$ 和 $40\text{GPa}/(\text{g/cm}^3)$ 以上。

结构复合材料：用做承力和次承力结构。要求具有质量轻、高强度、高刚度、耐高温以及其他性能。

功能复合材料：具有电、热、声、摩擦、阻尼等特性。包括机敏和智能复合材料。

混杂复合材料：两种或两种以上增强体构成的复合材料。通过产生混杂效应改善性能和降低成本。

结构功能一体化复合材料：在保持材料基本力学性能的前提下，具有特定功能特性，如光、电、磁、摩擦、阻尼等。

7.1.2 复合材料性能特点

(1)比强度和比模量高

许多近代动力设备和结构，不但要求强度高，而且要求质量轻，这就要求使用比强度(强度/密度)和比模量(弹性模量/密度)高的材料，复合材料便应运而生，如碳纤维和环氧树脂组成的复合材料的比强度是钢的7倍多，比模量是钢的5倍多。这对宇航、交通运输工具，在保证要求性能的前提下，减轻自重具有重大意义。图7-1为典型金属基体复合材料与基体材料合金性能的比较。

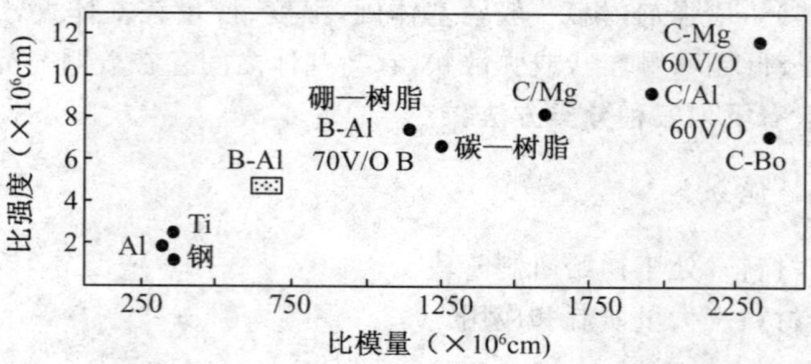

图7-1 典型金属基体复合材料与基体材料合金性能的比较

(2)抗疲劳性能好

大多数金属的疲劳强度是抗拉强度的40%～50%，而碳纤维增强复合材料高达70%～80%，这是由于裂纹扩展机理不同所致。金属疲劳破坏时，裂纹沿拉应力方向迅速扩展而造成突然断裂，而复合材料中基体和增强纤维间的界面能够有效地阻止疲劳裂纹的扩展。

(3)减振能力强

许多机器和设备，如汽车、动力机械等的振动问题十分突出，而使用复合材料就可以达到很好的减振效果。原因是纤维增强复合材料比模量大，则自振频率高，可避免共振引起的早期破坏；另外，纤维与界面吸振能力强，故振动阻尼性好，即便发生振动也会很快衰减。

(4)耐高温性能好

各种增强纤维一般在高温下仍保持高的强度，所以用它们增强的复合材料的高温强度和弹性模量均较高，特别是金属基复合材料。如400℃时，一般铝合金弹性模量接近零，强度也降至室温的10倍以下，而碳纤维或硼纤维增强后，400℃强度和弹性模量与室温水平基本一致，从而提高了金属的高温性能。

(5)良好的尺寸稳定性

加入增强体到基体材料中不仅可以提高材料的强度和刚度，而且可以使其热膨胀系数明显下降。通过改变复合材料中增强体的含量，可以调整复合材料的热膨胀系数。例如在石墨纤维增强镁基复合材料中，当石墨纤维的含量达到48%时，复合材料的热膨胀系数为零，即在温度变化时其制品不发生热变形，这对人造卫星构件非常重要。

(6)断裂安全性好

增强纤维的复合材料中在每平方厘米截面上有成千上万根纤维，即使有一部分纤维断裂，载荷也会由未断裂的纤维承担起来，所以断裂安全性好。

(7)化学稳定性好

能耐酸碱腐蚀，还具有一些特殊性能，如隔热性，特殊的电、磁性能等。

复合材料也有不足之处，其断裂伸长率较小，抗冲击性低，横向拉伸和层间抗剪强度较低，尤其是成本高，价格比其他工程材料高得多，工艺成型方法尚需改进等。相信随着对复合材料的研究和应用的不断发展，这些缺点必然会得到改善，反过来又将大大推动复合材料的发展和应用。

7.2 复合材料在汽车上的应用

复合材料应用于汽车行业最早开始于 1953 年，55 年来，复合材料在汽车行业的应用保持着持续增长的发展势头，并且这个趋势还将继续朝着向上的方向发展。复合材料的用量之所以会在汽车行业中持续增长，是因为复合材料具备了许多优秀的性能，如：强度高、重量轻、耐腐蚀，并且与铝材和钢材相比，加工成本更低、设计的灵活性更强、更容易成型等等。总之，复合材料是汽车行业替代金属材料的一个很好的可选项。然而，事实上在汽车制造领域，其制作材料并没有完全直接从金属材料转换到复合材料，尤其在大批量生产的汽车方面，复合材料的应用还是很有限的，这是因为有许多和复合材料使用相关的技术问题仍然没有得到很好的解决，其中包括准确的材料定性、生产、油漆、维修和金属材料的连接以及回收等问题。尽管近年来世界上复合材料的新材料、新工艺和新技术不断涌现，从而在很大程度上使上述问题得到了改善，促进了复合材料在各类汽车中的广泛应用，但也不能否认复合材料在汽车上的广泛应用，特别是在中国汽车行业真正广泛应用仍然存在应用技术方面的各类问题，这需要我们去关注、去研究、去探讨、去实践。

7.2.1 汽车常用复合材料

汽车常用复合材料是纤维增强塑料(FRP)。

FRP 是汽车轻量化的最重要的材料，主要由以下几部分组成：

(1)纤维：有玻璃纤维、碳纤维和陶瓷短纤维等。

(2)树脂：有聚丙烯塑料 PP、聚乙烯塑料 PVC、聚二烯塑料 PE、ABS 等不饱和热塑性树脂等。

(3)填充料：常用的玻璃微球、陶瓷微球和有机物微球。

纤维增强塑料(FRP)基体是塑料，承受载荷的主要是增强相纤维，而增强相纤维处于基体之中，彼此隔离，其中面受到基体的保护，因而不易遭受损伤。塑性和韧性较好的基体能阻止裂纹的扩展，并对纤维起到黏结作用，复合材料的强度因而得到很大的提高。

FRP 中较典型的是碳纤维增强塑料和玻璃纤维增强塑料。

(1)玻璃纤维增强塑料(GFRP)

玻璃纤维增强塑料(GFRP)是以玻璃纤维为增强剂,以树脂为黏结剂(基体)而制成的,俗称玻璃钢。以尼龙、聚烯烃类、聚苯乙烯类等热塑性树脂为黏结剂制成的热塑性玻璃钢具有较高的力学、介电、耐热和抗老化性能,工艺性能也好,与基体材料相比,强度和疲劳性能可提高 2～3 倍以上,冲击韧度提高 1～4 倍,蠕变抗力提高 2～5 倍,达到或超过了某些金属的强度。

(2)碳纤维增强塑料

以树脂为基体,碳纤维为增强剂制成的复合材料称为碳纤维增强塑料。作为基体材料的树脂以环氧树脂、酚醛树脂和聚四氟乙烯应用最多。碳纤维增强塑料具有质轻、耐热、导热系数大、抗冲击性好、强度高等特点。它的强度高于钛和高强度钢,因此在工程上应用越来越广泛,用它制造的轴承、齿轮不仅质轻而且无须润滑。在航空工业中可用于制造飞机的翼尖、尾翼,直升机的旋翼和机内设备。

7.2.2 汽车复合材料的回收

出于经济和环保的原因,在汽车行业中采用回收工艺已经有很长的历史。早期的汽车,如轿车、客车、卡车几乎全都使用了金属,回收的方法主要就是将废旧的金属部件熔化掉,以便于再次利用。这种回收方法对于金属材料来说是相当理想的,通过熔融处理,金属部件可以成为新的材料。但是,汽车复合材料却不能像金属材料这样进行回收。

汽车复合材料包括热固性汽车复合材料和热塑性汽车复合材料两大类,其中热塑性汽车复合材料可以通过再熔化回收利用,这已为大家所了解。热固性汽车复合材料同样属于可回收的材料,这在汽车复合材料应用最为发达的美国、欧洲等国家早已有定论,只是热固性汽车复合材料因为具有化学、热力学、机械稳定性较高的特点,虽然在汽车许多应用领域已成为首选材料,但却存在着回收困难的客观事实。热固性汽车复合材料不像传统金属材料和热塑性汽车复合材料那样可以通过简单再熔化方式来回收,必须用不同的加工方法处理。

针对热固性汽车复合材料的处理和回收,人们通过不断的探索和实践已研发出多种回收处理技术方案,其中较为行业普遍接受的回收处理方法有下列三种:

7.2.2.1 热解法

热解法又称为化学回收处理方法,简单地讲,热解法是在无氧的环境中加热,将有机物质有控制地热分解成可回收的一种或多种物质的方法。热固性汽车复合材料热解处理的一般过程为:先将废旧的热固性汽车复合材料制品切割成 50mm×50mm 大小的碎块,用水蒸气蒸煮后,置于热解炉中处理。结果显示,热固性汽车复合材料在处理系统中很容易被蒸馏,苯乙烯—聚酯树脂基材料很快挥发而转变为可燃气体和可燃油,并且有机物质完全从玻璃纤维和 $CaCO_3$ 中分离出来。经热解法处理后我们得到了三种可回收的物质,即热解气、热解油及固体副产物。

7.2.2.2 粉碎法

粉碎法又称为物理回收处理方法,是一种直接利用废旧热固性汽车复合材料而并不改变其化学性质的一种回收方法，也是目前最直接、最有效的方法。热固性汽车复合材料粉碎处理的一般过程为：先将废旧的热固性汽车复合材料切成50mm×20mm大小的碎块，并通过除铁处理，然后用锤磨机对碎块进一步粉碎，粉碎后的粉料通过二级气旋式分离器进行分级处理，粗料重回锤磨机再粉碎，粉料进入振动筛进行分级处理，将各种不同颗粒直径粉料分别储存于相应的收集箱内，供各种不同应用场合再利用。粉碎法的效果较好、效率较高、实用性也强，可以制成大至9.5mm有用颗粒粗料，也可生产小至200目(60μm)或更细的粉状填料。

7.2.2.3　焚烧法

焚烧法又称为能量回收法，是一种利用废旧热固性汽车复合材料作燃料进行焚烧，以获取能量的一种回收方法。热固性汽车复合材料焚烧处理的一般过程为：先将废旧的热固性汽车复合材料粉碎为粒径10mm大小的粉末，然后吹入水泥窑炉内，作为燃料燃烧，以能量的方式回收由于焚烧交联的聚酯产生的热能，而经煅烧的灰分能作为水泥原料使用。该方法是把玻璃钢废物先粉碎为粒径10mm大小的粉末，吹入水泥窑炉内，可作为燃料燃烧，煅烧的残渣作为水泥原料使用。能量回收技术有液体床技术、旋转炉技术和材料燃烧技术。这种方法的特点是：把废旧热固性汽车复合材料一部分转化成能源，可以减小部分燃料用量，也减少了二氧化碳的排放，另外因窑炉内温度高，产生的有害气体极少，没有有害气体污染空气的问题。再由于经煅烧的灰分与水泥的化学成分相同，完全可以作为水泥原料使用。因此，焚烧法能把废旧热固性汽车复合材料通过焚烧将能源利用和材料回收结合起来一次性全部回收，具有很好的推广价值。

7.3　汽车摩擦材料的组成、性能及其应用

汽车用摩擦材料是汽车的消耗性材料之一，主要起到传递动力、制动减速、停车制动等作用，是汽车制动系统与行车系统的重要组成部分，对于汽车的安全性、使用性能及操纵稳定性能起着十分重要的作用。

7.3.1　摩擦材料的组成

摩擦材料是一种高分子三元复合材料，是由骨架材料(增强材料)、黏合剂和填充材料经一系列生产加工而制成的制品。摩擦材料也是一种以摩擦为主要功能兼有结构性能要求的复合材料。

7.3.1.1　骨架材料(增强材料)

骨架材料多以石棉纤维为主，因而这种摩擦材料也被称为石棉摩擦材料，占摩擦材料总量的95%以上。

7.3.1.2　黏合剂

摩擦材料用黏合剂多以酚醛树脂为主，也有相当一部分使用了含橡胶、腰果油、聚乙

烯醇或其他高分子材料成分的改性酚醛树脂。

7.3.1.3　填充材料

填充材料多采用重晶石、硅灰石、氧化铝、铬铁矿粉、氧化铁、轮胎粉及铜、铅等粉末。

目前,摩擦材料的生产多采用模压法,即将各种组成材料经混合、热压、研磨后得到摩擦材料,也有的采用辊压法、一步成型法或其他加工方法。

7.3.2　摩擦材料的性质

摩擦材料要具有以下性质:摩擦系数要大;摩擦系数的热稳定性要好,不发生衰减现象;由于速度引起的摩擦系数的变化要小;不会发生因被水浸湿而摩擦系数降低;不发生因夜间停车凝结露水而导致摩擦系数降低;刹车时不发出声音;要有足够强度;不易生锈;使用寿命长。

7.3.3　摩擦材料的种类及用途

摩擦材料的特点是具有良好的摩擦系数和耐磨损性能,同时具有一定的耐热性和机械强度,能满足车辆或机械的传动与制动的性能要求。摩擦材料是用于诸多运动机械和装备中起传动、制动、减速、转向、驻车等作用的功能配件。它们被广泛应用在汽车、火车、飞机、石油钻机等各类工程机械设备上,也是民用品如自行车、洗衣机等作为动力的传递或制动减速用不可缺少的材料。

常用摩擦材料品种有:无石棉半金属摩阻材料、芳纶纤维复合摩阻材料、混杂纤维摩阻材料、粉末冶金摩阻材料、碳/碳复合摩阻材料。汽车用摩擦材料主要是用于制造制动摩擦片和离合器片(如图 7-2 和图 7-3)。这些摩擦材料主要采用石棉基摩擦材料,随着对环保和安全的要求越来越高,逐渐出现了半金属型摩擦材料、复合纤维摩擦材料、陶瓷纤维摩擦材料。由于摩擦材料在汽车上主要用于制造制动系统和传动系统的零件,因此要求有足够高的而且稳定的摩擦系数和较好的耐磨性。

摩擦材料在汽车工业中属于关键的安全件,汽车的启动、制动和驻车都离不开摩擦材料,摩擦材料的好坏、优劣直接关系着驾驶员的生命安全。

摩擦材料的种类、特点及主要用途见表 7-1。

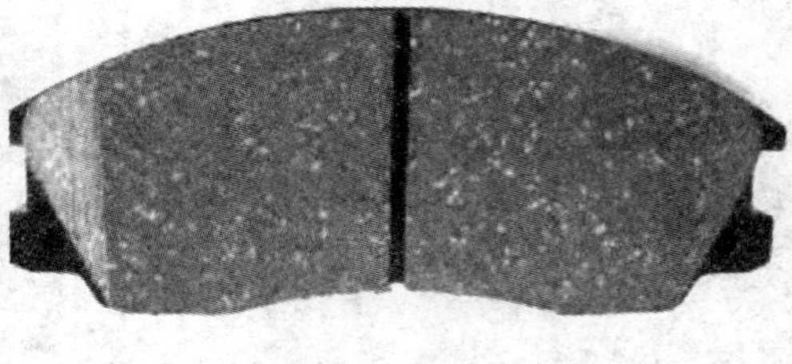

图 7-2　盘式制动片

图 7-3　鼓式制动片

表 7-1　　摩擦材料的种类、特点及主要用途

材质		基材	黏合剂	特点	用途
摩擦衬片系	软质摩擦衬片	摩擦衬片	与热塑性树脂或热固性树脂并用	质地软，能对应刹车鼓直径的变化，耐热性差	用于吊车等产业机械以及机床等轻负荷用
	特殊加工硬质摩擦衬片	摩擦衬片	热固性树脂	比软质摩擦衬片耐热、耐磨耗性好	同上中负荷用，离合器摩擦片
	半塑模	橡胶等	天然橡胶或合成橡胶	摩擦系数高、价廉	离合器摩擦片
塑模系	橡胶塑模	有机、无机金属粉末等	天然橡胶或合成橡胶	噪声小、价廉，耐热性比树脂差	中负荷用的制动衬片
	树脂塑模	有机、无机金属粉末等	热固性树脂	耐热、耐磨耗性好	汽车用制动衬片、摩擦块
	半金属制品	钢纤维与金属粉末	热固性树脂	耐磨耗性良好，是树脂的 1/3～1/10，温度稳定性也好	摩擦块、制动衬片

汽车材料衬片按以下顺序在不断改良，即软质摩擦衬片、特殊摩擦衬片、橡胶塑模、树脂塑模。现在广泛使用的是树脂塑模。此外，历来作为基材使用的石棉，由于对人体有害，现在已不使用。

半金属摩擦材料的配合组成见表 7-2，使用石墨润滑剂及金属粉末，并以钢纤维做补强材料。

表 7-2　　半金属摩擦材料的配合组成　　单位：%

原材料		A	B	C
基材	钢纤维	20～40	—	—
	无机纤维（玻璃、石棉、碳等）	—	20～40	—
摩擦磨耗调整剂	有机物系	1～5	5～10	10～20
	无机物系	10～15	10～15	15～25
	无机物系	20～30	10～15	10～15
	金属系	20～30	1～5	30～45
	氧化物系	1～5	10～20	1～5
黏合剂	变形苯酚树脂	7～15	10～20	10～20

半金属摩擦材料的特点是摩擦系数的热稳定性好，耐磨耗性非常优异，制动时很少发出声音，水衰退小。常用来制作盘式刹车的摩擦块、大型车鼓式刹车的衬片等。

金属摩擦材料是用烧结合金制成的。以铜或铁粉为基材，再混合金属或非金属的粉

末，在常温下压缩成型后烧结。

金属摩擦材料的特点是即使在高温下特性的变化也很小，对于苛刻的使用条件，磨耗也很少。此外，它的水衰退小、热传导好。

随着汽车技术水平的提高，对摩擦材料也提出了更为苛刻的技术要求。近年来开发了许多新型的摩擦材料，如钢纤维摩擦材料、玻璃纤维摩擦材料、陶瓷纤维摩擦材料、芳纶纤维摩擦材料、碳纤维摩擦材料等。并且，随着生产工艺的不断改进，目前已采用连续式回转自动生产盘式片的全自动生产线制造摩擦材料制品。

复习思考

1. 什么是复合材料？有哪些种类？其性能有什么特点？
2. 复合材料按其增强相可分为哪几类？
3. 常用的复合材料主要有哪些？
4. 汽车复合材料如何进行回收？
5. 对汽车摩擦材料的性能有何要求？

第 3 篇

汽车运行及其他材料

汽车运行材料是指在车辆运行过程中，使用周期较短，消耗费用较大，对车辆使用性能有较大影响的一些非金属材料。按其对汽车运行的作用和消耗方式可分为四大类，即燃料、润滑料、特种液料和轮胎等非金属材料，其中车用燃料是为汽车提供动力的可燃性物质，主要包括车用汽油、车用柴油、车用替代燃料（如甲醇、乙醇、乳化燃料、天然气、石油气、氢气）等，车用燃料的使用性能对汽车的动力性、排放性有直接影响，车用燃料的消耗费用约占汽车运输成本的 1/3，直接影响汽车使用的经济性；汽车润滑料是用于汽车各相对运动零件摩擦表面间的润滑介质，具有减小摩擦阻力，保护摩擦表面的功能，并有密封、吸收和传散摩擦热以及清洗零件的作用；汽车特种液料是汽车某些机构工作必需的液料，主要有汽车制动液、汽车防冻液、液力变扭器液、动力转向器液、减振器液和电解液等；汽车轮胎是汽车的行驶部件，由橡胶和骨架材料制成，装于车轮轮辋的外周，用于支承汽车重量和传递驱动力矩。随着汽车技术的进步，汽车的动力性、经济性、制动性、操纵稳定性、平顺性、环保性等性能也不断得到提高。现代电控汽油轿车使用性能的发挥与汽车运行材料的质量和正确使用密切相关，这就对汽油、发动机油、齿轮油、自动变速器油、润滑脂、制动液、冷却液、空调制冷剂以及轮胎等汽车运行材料的质量以及正确使用提出了更高的要求。

此外，随着我国汽车工业的飞速发展和人民物质生活水平的不断提高，汽车，特别是轿车已经走入千家万户。与此同时，一种新兴的行业——汽车美容业悄然兴起，并且已成为热门行业之一，越来越受到广大车主的认可和欢迎，近年来得到了迅速的发展。现代汽车美容是指利用专业美容系列产品和高科技技术设备，采用特殊的工艺和方法，对车内外进行清洗，漆面增光、打蜡、抛光、镀膜及深浅划痕处理，全车漆面美容，发动机表面翻新等一系列养车护理技术，以达到“旧车变新，新车保值，延寿增益”的功效。汽车美容是一项庞杂的系统工程。在汽车美容数十年的发展完善过程中，其作业设备和美容用品已逐渐成熟，并呈多样化系列化。汽车美容材料常被称为汽车美容用品，分为车身美容护理用品、车身漆面处理材料、汽车内饰清洁护理用品、汽车发动机清洁护理用品等几大系列。

第8章　汽车燃料

学习目标

1. 了解车用汽油的使用性能、评定指标、牌号和规格。
2. 熟悉车用汽油的选择与使用方法。
3. 了解车用柴油的使用性能及评定指标。

考核标准

知识要求：理解汽车使用的燃料（汽油、柴油）的作用、使用性能及评定指标。

技能要求：初步学会选择与使用汽车用燃料（汽油、柴油）。

8.1　车用汽油的使用性能及评定指标

车用汽油是汽油机的主要燃料，是通过石油提炼得到的密度小、易挥发的液体燃料。根据石油的炼制方法，将馏程在35℃～200℃范围内，含有适当添加剂的精制石油馏分称为汽油。其自燃点为415℃～530℃。根据其作用、品质的不同，汽油可分为汽车用汽油、航空汽油、工业汽油、溶剂汽油等。航空汽油用于飞机发动机；工业汽油用于工业加工；溶剂汽油供洗涤机件及污物用。以上三类汽油的性能与汽车用汽油不同，不能作为汽车发动机燃油使用，通常将汽车所用汽油简称汽油。汽油性能的好坏，对于汽油机的动力性、经济性、可靠性及排气污染等均有很大影响。

汽油性能好坏，对于汽油发动机的动力性、经济性、可靠性、使用寿命及排气污染等均有很大的影响。评定车用汽油的主要性能指标有抗爆性、蒸发性、化学安定性、防腐性和清洁性等。

8.1.1　汽油的抗爆性及评定指标

8.1.1.1　抗爆性

汽油的抗爆性是指汽油发动机燃烧室中燃烧时防止爆燃的能力。

汽油发动机的正常燃烧过程是火花塞产生高能量的电火花，使两电极间的可燃混合气温度急剧升高并被点燃,形成火焰中心,火焰前锋以 20～30m/s 的速度迅速向燃烧室远离火花塞的各点传播,使汽缸内混合气绝大部分燃烧完毕并释放出热能的燃烧过程。此时汽缸内的压力升高率每度曲轴转角不大于 200kPa,温度上升也很均匀,汽油发动机工作柔和平稳,动力性能得到充分发挥。爆燃则是在正常火焰前锋到达之前,由于火焰前锋的压缩和热辐射作用,温度急剧升高而使混合气自燃着火,形成多个火焰中心,使火焰传播速度高达 1000～2000m/s,燃气压力突然升高使燃烧室壁、活塞顶和汽缸壁产生金属敲击声,并引起发动机振动的现象,爆燃会对发动机工作产生极其不利影响。

8.1.1.2 评定指标

评定汽油抗爆性的指标是辛烷值(ON,Octane Number)和抗爆指数。

汽油的辛烷值主要由其烃类组成和各类烃分子的化学结构决定,同时也与所含烃化合物的种类、数量以及馏分组成有关。芳香烃和异构烷烃的辛烷值最高,正构烷烃最低,环烷烃和烯烃居中。

辛烷值(或抗爆指数)越高,表示汽油的抗爆性越好。辛烷值测定方法有研究法(RON,Research Octane Number)和马达法(MON,Motor Octane Number)两种。

(1)研究法:以较低的混合气温度(一般不加热)和较低的发动机转速(一般为 600r/min)的中等苛刻条件为其特征测得的实验室标准发动机的辛烷值。

(2)马达法:以较高的混合气温度(一般加热至 149℃)和较高的发动机转速(一般达 900r/min)的苛刻条件为其特征测得的实验室标准发动机的辛烷值。其测定方法与研究法辛烷值基本相同。

由测定条件可知:马达法辛烷值表示汽油在发动机重负荷条件下高速运转的抗爆能力,它模拟载货汽车在公路条件下行驶的工况;研究法辛烷值表示汽油发动机在正常负荷条件下低速运转时的抗爆能力,它模拟轿车在城市道路条件下行驶的工况。同一种汽油用研究法测定的辛烷值比马达法测定的辛烷值要高 6～10 个单位,这一差值叫做汽油的灵敏度,可用来反映汽油抗爆性随发动机运转工况激烈程度的增加而降低的情况,汽油灵敏度越小越好。

由于研究法辛烷值和马达法辛烷值都不能全面反映车辆运行中燃烧的抗爆性能,某些国家引用抗爆指数作为汽油抗爆性的指标,它是指在同一种汽油研究法下辛烷值和马达法辛烷值的平均数。即:

$$抗爆指数\ AKI=(ROM+MON)/2$$

抗爆指数也叫平均辛烷值,可反映在一般条件下汽油的平均抗爆性。

我国用研究法辛烷值作为汽油抗爆性评定指标,并以此划分汽油牌号。美国从 1970 年开始用抗爆指数代替研究法辛烷值作为抗爆性的评定指标。日本、欧盟等国家都采用研究法辛烷值作为汽油抗爆性的评定指标。

8.1.1.3 提高车用汽油抗爆性的方法

我国从 2000 年 1 月 1 日起已实现汽油无铅化。因此,传统的通过添加四乙基铅来提高辛烷值的方法已不可行。现行采用提高辛烷值的方法有:

(1) 采用二次加工的炼制工艺(如烷基化、加氢裂化),以得到含量较高的异构烷烃和芳香烃,可使辛烷值大幅提高。

(2) 在汽油中增加辛烷值改善组分[加入含氧化合物如甲基叔丁醚(MRBE)和叔丁醇(TBA)等]。MTBF 的研究法辛烷值为 117,不仅抗爆性好,因含氧燃烧性能好,使车用汽油在有较高抗爆性的前提下,尾气排放符合环保要求,它已成为提高汽油辛烷值的主要手段。

8.1.2　汽油的蒸发性及评定指标

(1)蒸发性

汽油由液体状态转变为气体状态的性质称为汽油的蒸发性。汽油能否在发动机进气系统中形成良好的可燃混合气,汽油的蒸发性是主要因素。

(2)评定指标

评定汽油蒸发性的指标是馏程和饱和蒸气压力。

1)馏程是指在石油产品馏程测定仪上对 100mL 油品蒸馏时,从初馏点到终馏点的温度范围。初馏点指对 100mL 汽油在规定条件下蒸馏时,得到第一滴汽油时的温度;10%馏出温度指对 100mL 汽油在规定条件下蒸馏时,得到 10%汽油馏分时的温度。10%馏出温度表示汽油中所含轻质馏分的多少,对汽油机低温起动的难易程度及高温发生"气阻"与否有很大的影响。该温度低,发动机易起动,起动时间短,耗油少;该温度过低时,在夏季易产生"气阻"。10%馏出温度与汽油发动机可能起动的最低温度见表 8-1。

表 8-1　汽油 10%馏出温度与汽油机可能起动的最低温度

可能起动的最低温度(℃)	−29	−18	−7	−5	0	5	10	15	20
10%馏出温度(℃)	36	53	71	88	98	107	115	122	128

国家标准规定各牌号汽油的 10%馏出温度不高于 70℃,但未规定汽油 10%馏出温度下限,而是通过饱和蒸气压来控制。一般要求汽油 10%馏出温度不低于 60℃～70℃,50%馏出温度不高于 120℃,90%馏出温度不高于 190℃。

终馏点指对 100mL 汽油在规定条件下蒸馏时,蒸馏结束时的温度。其影响与 90%馏出温度类同,国家标准中规定各牌号汽油的终馏点不高于 205℃。

测定汽油馏程的国家标准有 GB/T6536-1997《石油产品蒸馏测定法》、GB/T225-77《石油产品蒸馏测定法》,分别用于不同规格的汽油。

2)汽油的饱和蒸气压是指在一定的温度下,汽油的液气两相达到平衡状态时汽油蒸汽所产生的压强。

汽油饱和蒸气压越高,汽油含轻质馏分越多,蒸发性越好,低温下汽油发动机越容易起动。大气压强越低或环境温度越高,汽油饱和蒸气压也随之提高。但饱和蒸气压不能过高,过高易产生"气阻",甚至中断供油,影响汽油发动机正常工作。饱和蒸气压的测定按 GB/T8017-87《石油产品蒸气压测定法(雷德法)》或 GB/T257-82《发动机燃料饱和蒸气压测定法(雷德法)》的规定进行。

汽油的蒸发性并不是越强越好。夏季时，汽油蒸发性太强，会导致发动机供油系统发生“气阻”现象。汽油的饱和蒸气压和10%馏出温度对气阻有显著影响。试验表明，汽油不产生气阻的最大饱和蒸气压与气温的关系见表8-2。

表 8-2 各种气温下不致引起气阻的汽油最大饱和蒸气压力

气温(℃)	10	16	22	28	33	38	44	49
最大饱和蒸气压(kPa)	93.3	84.0	76.0	69.3	56.0	48.7	41.3	36.7

8.1.3 汽油的安定性及评定指标

(1)化学安定性及评定指标

汽油在使用过程中，保持不被蒸发损失的性能称为安全性。汽油的化学安定性是指汽油在储存、运输、加注和其他作业时，抵抗氧化生胶的能力。安定性不好的汽油在使用过程中，受到空气中的氧、环境温度和光等的作用，会发生氧化缩合而生成胶质，使汽油颜色变黄并产生黏稠沉淀。由于胶质易使喷嘴发生堵塞，从而影响发动机正常工作，因此，为了保证汽油机可靠地工作，要求车用汽油具有良好的化学安定性。

评定汽油化学安定性的指标是实际胶质和诱导期。

(2)物理安定性及评定指标

汽油的物理安定性主要取决于汽油中所含低沸点烃类的多少。因此当汽油在加注、运输、储存等过程中，为了改善汽油机的起动性，希望汽油中含低沸点烃类多些，但这些烃类过多时容易蒸发逸散，导致蒸发损耗增加，使汽油的物理安定性变差。

评定汽油物理安定性的指标是饱和蒸气压和馏程。

8.1.4 腐蚀性及评定指标

(1)腐蚀性

汽油在运输、储存、加注等使用过程中，要与各种金属接触，如果汽油具有腐蚀作用，运输设备、储存容器和发动机的零部件就会受到腐蚀。

汽油成分中的各种烃类，都是没有腐蚀性的，而引起腐蚀的物质主要是硫，硫化物，有机酸，水溶液酸、碱等，因此减少引起腐蚀的物质，能降低汽油腐蚀性。

(2)评定指标

评定汽油腐蚀性的指标是硫含量、铜片腐蚀试验、水溶性酸或碱、酸度和博士试验。

汽油中含硫量高，不但增加汽油的腐蚀性，使汽车排放尾气中有害物增多，严重污染环境，还会使催化转化器中的催化剂中毒，使催化剂活性下降，甚至失效。随着我国无铅化汽油的实现，使用清洁燃料将是今后燃料发展的方向。在2000年颁布的《车用无铅汽油国家标准》中明确规定：“从2000年1月1日起，在北京、上海和广州销售的车用无铅汽油应加入有效的汽油清洁剂。”

8.1.5 清洁性及评定指标

清洁性是指汽油中是否含有机械杂质和水分的性质。

机械杂质对发动机零部件的磨损以及正常工作都有严重的影响。它可引起发动机油路和喷嘴堵塞。机械杂质进入燃烧室会使燃烧室沉积物增多，加速汽缸、活塞环的磨损。汽油中水分会加速汽油的氧化，并与汽油中的低分子有机酸生成酸性水溶液而腐蚀金属件，低温时易结冰成为冰粒而堵塞油路，影响发动机正常工作。所以车用汽油中应严格控制机械杂质和水分的含量。

评定汽油清洁性的指标是机械杂质和水分。

8.2　汽车用汽油的牌号和规格

GB17930-1999《车用无铅汽油标准》代替了 GB484-1993 含铅汽油，其牌号和评定指标见表 8-3。车用无铅汽油按研究法辛烷值分为 90 号、93 号和 95 号三个牌号。目前市场上供应 90、93、97 号汽油。

表 8-3　　GB17930-1999 车用无铅汽油规格代替 GB484-1993

项　目		质量标准			试验方法
		90 号	93 号	95 号	
抗爆性					GB/T5487
研究法辛烷值(RON)	不小于	90	93	95	GB/T503
抗爆指数[(RON+MON)/2]	不小于	85	88	90	GB/T5487
铅含量(g/L)	不大于		0.005		GB/T8020
馏程：10%蒸发温度(℃)	不高于				GB/T636
50%蒸发温度(℃)	不高于		70		
90%蒸发温度(℃)	不高于		120		
终馏点(℃)	不高于		190		
残留量[%(V/V)]	不大于		2		
气压(kPa)　从 9 月 16 日至 3 月 15 日	不大于		88		GB/T8017
从 3 月 15 日至 9 月 16 日	不大于		74		
实际胶质(mg/100mL)	不大于		5		GB/T8019
诱导期(min)	不小于		480		GB/T8018
硫含量(m/m)	不大于		0.10		GB/T380
硫醇(需满足下列要求之一)：					
博士试验			通过		SH/0174
硫醇硫含量[%(m/m)]	不大于		0.001		GB/T1792
铜片腐蚀(50℃,3h)(级)	不大于		1		GB/T5096
水溶性酸或碱			无		GB/T259
机械杂质及水分			无		目测

续表

苯含量[%(V/V)]	不大于	2.5	
芳烃含量[%(V/V)]	不大于	40	GB/T11132
烯烃含量[%(V/V)]	不大于	35	GB/T11132

8.3 汽车用汽油的选择与使用

8.3.1 汽油的选择

选择汽油主要根据汽车使用说明书的要求，以正常运行条件下发动机不发生爆燃为前提，选择车用汽油的牌号。

按压缩比的高低选择汽油的方法及理念已越来越模糊，因为影响发动机爆燃的因素除压缩比外，还有其他因素。如在电控燃油喷射发动机上，微机控制的电子点火系统可根据燃油的品质及发动机运行工况自动调节点火提前角，使点火提前角调整为最佳值，从而消除了爆震，使发动机的功率得以更充分的发挥。

我国大部分载重汽车及部分轿车均采用 90 号国产汽油，如 CA1091、EQ1091、桑塔纳、奥迪、捷达、本田雅阁、富康轿车等，而上海别克、夏利电喷轿车使用 93 号国产汽油；上海帕萨特 B5、日产风度、奔驰 S600 轿车等使用 97 号国产汽油。

国外进口轿车要求使用 91(RON)号汽油也可使用国产 90 号汽油代替。因为我国国产汽油的实测辛烷值一般要比标定的高一个单位以上，所以，如果进口汽车使用说明书要求使用 91(RON)号汽油，不论是货车还是轿车，一般均可使用国产 90 号汽油。如果 90 号汽油抗爆性不能满足车辆正常运行要求时，可改用 93 号或 97 号汽油。

8.3.2 汽油使用的注意事项

(1)燃油的品质直接影响整车的动力性、经济性、排放性及机件的使用寿命。因此，必须按汽车使用说明书规定的牌号选用汽油牌号。如奥迪发动机不允许加注低于 93 号的汽油，否则有可能损坏燃油的供给系统。

(2)油箱要经常装满汽油，尽量减少油箱中的空气含量，以避免生成胶质。同时应保持油箱盖的通气阀作用良好，按要求定期清洁油箱与汽油滤清器。

(3)不能使用长期存放后已变质的汽油，否则将导致电喷发动机的喷嘴结胶堵塞。

(4)加强消防防火安全工作。

8.4 车用柴油的使用性能及评价指标

我国生产的柴油分为轻柴油、重柴油和农用柴油。高、中速柴油发动机使用的轻柴油，简称为柴油。我国目前没有专门的车用柴油，汽车用柴油主要是轻柴油（故简称轻柴油)。与汽油相比,轻柴油的黏度大、自燃点低(为 240℃～400℃)、蒸发性比汽油差。

8.4.1　车用柴油的使用性能及评定指标

8.4.1.1　燃烧性及评定指标

(1)燃烧性

所谓柴油的燃烧性是指柴油的自燃能力。

从柴油喷入燃烧室到燃烧明显开始的时间间隔叫着火延迟期。如果柴油的着火延迟期长其燃烧性能就差,喷入燃烧室的柴油积聚量就多,一旦着火,就有过量的柴油着火燃烧,使汽缸内压力急剧上升,发动机产生强烈的震击现象,把这种现象称为柴油发动机工作粗暴。柴油机的工作粗暴与汽油机的爆震一样,会使发动机曲柄连杆机构承受过大的冲击载荷,产生强烈的金属敲击声,加速零件的磨损并且使柴油机起动困难,造成柴油机功率下降,油耗增大。燃烧性能良好的柴油自燃点低,在着火延迟期,燃烧室的局部易于形成高密度的过氧化物,成为着火中心。整个燃烧过程着火延迟期短、发热均匀、汽缸压力升高平缓、柴油机工作柔和平稳。

(2)评定指标

柴油燃烧性的评定指标是十六烷值。十六烷值的测定标准是 GB/T386-91《柴油十六烷值测定法(同期闪火法)》。

十六烷值是代表柴油在柴油发动机中燃烧性的一个重要指标数值。在规定条件下的标准发动机试验中,通过与标准燃料进行比较来测定,采用和被测定燃料具有相同着火延迟期的标准燃料中正十六烷的百分数表示。标准燃料由两种碳氢化合物组成,一种是自燃点低、发火性能好的正十六烷,将其十六烷值定为 100;另一种是自燃点高、发火性能差的 α-甲基萘,将它的十六烷值定为 0。两种化合物按不同的体积混合,就可得到需要的标准燃料十六烷值。

十六烷值高的柴油,其燃烧性能好、着火延期短、速燃期内压力升高率不过大、柴油机不易产生工作粗暴。十六烷值低的柴油,其燃烧性能差、着火延期长、易产生工作粗暴。

十六烷值对柴油机的起动性能也有一定的影响。十六烷值高的柴油,即使在较低的气温条件下也易起动。但十六烷值不宜过高,由于柴油十六烷值过高其分子量过大,使柴油的低温流动性、喷雾和蒸发均受到影响,致使燃烧不完全,降低发动机功率,增加油耗。所以,选用十六烷值为 40～50 的柴油即可满足柴油机工作要求,Q/SHR006-2000《城市车用柴油技术要求》规定轻柴油十六烷值不小于 48。

8.4.1.2　雾化和蒸发性及评定指标

(1)雾化和蒸发性

为了保证柴油机的动力性和经济性,可燃混合气燃烧过程必须在活塞处于压缩行程上止点附近迅速完成。要求喷油持续时间极为短促,曲轴转角只有 15°～30°,可燃混合气形成时间只有汽油机的 1/20～1/30。在已定的喷油设备条件下,柴油的雾化和蒸发性将决定柴油在燃烧室内形成混合气的质量和速度。因此,要求柴油有良好的雾化和蒸发性能。

(2)评定指标

评定柴油的雾化和蒸发性的主要指标是运动黏度、馏程、闪点和密度。

1)运动黏度

液体受外力作用时,液化分子间所呈现的内部摩擦力叫做黏度。运动黏度表示液体在重力作用下流动时内摩擦力的量度。

运动黏度不仅影响柴油的流动性,更主要的是影响着柴油的雾化和蒸发质量。现代高速柴油发动机的柴油通过喷油器的高压喷射形成一团由无数细粒组成、外形与火炬相似的油雾。油雾雾粒的平均直径越小,柴油被雾化得越好。

实践证明,柴油运动黏度不可太大,也不可太小。适当的运动黏度,可提高柴油雾化和蒸发质量。运动黏度的测定标准是GB/T265-88《石油产品运动黏度测定法》。

2)馏程

测定柴油的馏程和测定汽油的馏程的方法基本相同,唯一不同的是柴油馏程的测定项目有50%、90%和95%的馏出温度。

50%馏出温度越低,表明柴油中的轻质馏分含量越多,蒸发速度越快,柴油机越易起动。柴油50%馏出温度与起动时间的关系见表8-4。

表8-4　柴油50%馏出温度与起动时间的关系

柴油50%馏出温度(℃)	200	225	250	275	285
柴油机的起动时间(s)	8	10	27	60	90

但50%馏出温度太低,柴油中轻质馏分含量过多,喷入汽缸的柴油蒸发太快,易引起全部柴油迅速燃烧,造成压力剧增,使柴油机产生工作粗暴。

90%和95%馏出温度越低,表明柴油中重质馏分含量少,混合气能燃烧完全,可以提高柴油机的动力性,减少机械磨损,降低油耗,避免发动机过热现象。

柴油馏程的测定标准是GB/T6535-1997《石油产品蒸馏测定法》。

3)闪点

在规定条件下,加热油品所逸出的蒸汽和空气所组成的混合物与火焰接触发生瞬间闪火的最低温度,叫闪点,单位是℃。

闪点根据测定方法和仪器不同,可分为开口闪点和闭口闪点。用规定的闭口杯闪点测定器所测得的闪点,称为闭口闪点。闭口闪点用于测定低闪点的油品,如柴油。用规定的开口杯闪点测定器所测得的闪点,称为开口闪点。开口闪点用于测定高闪点的油品,如发动机油、汽车变速器齿轮油。

柴油的闪点既是表征柴油蒸发性的指标,也是保证柴油安全性的指标。闪点低的柴油中轻质馏分多,蒸发性能好。但闪点过低的柴油中轻质馏分过多,蒸发过快,造成汽缸内压力突然上升,引起柴油机工作粗暴,而且在使用中不安全。

柴油的馏程指标只规定了50%馏出温度不高于300℃,以保证柴油有较强的蒸发性,但没有规定不低于多少度。为了控制柴油的蒸发不致过快,Q/SHR006-2000《城市车用柴油技术要求》规定了各牌号国产柴油的闭口闪点应不低于某一数值。用闭口闪点和馏程两个指标控制柴油的馏分不能过重或过轻。

柴油闪点的测定标准是GB/T261-83《石油产品闪点测定法(闭口杯法)》。

4)密度

柴油的密度增大其黏度也增大,使雾化效果变差,不能形成良好的混合气,使燃烧条件变差。柴油内存在着芳香烃造成排气冒黑烟是柴油的密度高的原因,芳香烃使柴油机产生工作粗暴现象。

柴油密度的测定标准是GB/T1184-83《石油和液体产品密度测定法(密度计法)》。

8.4.1.3 低温流动性及评定指标

(1)低温流动性

柴油在低温条件下具有一定的流动状态的性能称为柴油的低温流动性,它直接影响柴油在低温条件下能否可靠地供给汽缸,能否保证发动机正常工作。

(2)评定指标

评定柴油机低温流动性能的指标有凝点、浊点、冷滤点。

1)凝点

将柴油装在规定的试管内,冷却到预期的温度,将试管倾斜45°,经过1min液面不移动,此时的温度,便是柴油的凝点。柴油凝点的测定标准是GB/T510-83(91)《石油产品凝点测定法》。我国的轻柴油按凝点编制牌号。

2)浊点

柴油中开始析出石蜡晶体和失去透明时的最高温度称为浊点。柴油达到浊点后虽然未失去流动性,但易造成燃料供给系统中油路堵塞,使供油量减少或中断供油,浊点测定标准是GB/T6986-86《石油产品浊点测定法》。

3)冷滤点

在规定的冷却条件下,柴油在1.96kPa压力进行抽吸试油,1min通过缝隙宽度45μm金属滤网的柴油体积少于20mL的最高温度称为冷滤点。测定标准是GB/T428-92《馏分燃料、柴油冷滤点测定法》。

由于冷滤点测定的条件近似于使用条件,冷滤点也近似于柴油的实际使用最低温度,因此可作为根据气温选择柴油牌号的依据。

8.4.1.4 安定性及评定指标

(1)安定性

柴油的安定性是指柴油在运输、储存和使用过程中保持其外观颜色、组成和使用性能不变的能力。安定性差的柴油容易生成胶状物质使发动机供油系统堵塞。

(2)评定指标

评定柴油机安定性的指标有实际胶质、10%蒸余物残炭、颜色等。

8.4.1.5 腐蚀性及评定标准

(1)腐蚀性

柴油中含有的硫、硫化物、水分及酸性物质,会对发动机零部件产生腐蚀作用,导致燃烧后的排放物对环境污染严重,而且还会生成柴油机沉积物。

(2)评定指标

腐蚀性可用硫含量、硫醇硫含量、酸度、铜片腐蚀试验、水溶性酸或碱等评定指标。测定标准与汽油相同。其中主要测定硫和硫醇硫含量。

1)硫含量

柴油中硫含量高,不仅会增加柴油机机件的磨损(如图 8-1)和腐蚀,还使柴油机的沉积物增加,排气污染严重。因此,现代柴油发动机要求使用清洁柴油。

2)硫醇硫含量

硫醇硫含量高会增加柴油机机件的磨损,特别是供油系统零件的磨损(如图 8-2),并对人造橡胶件产生不良影响。

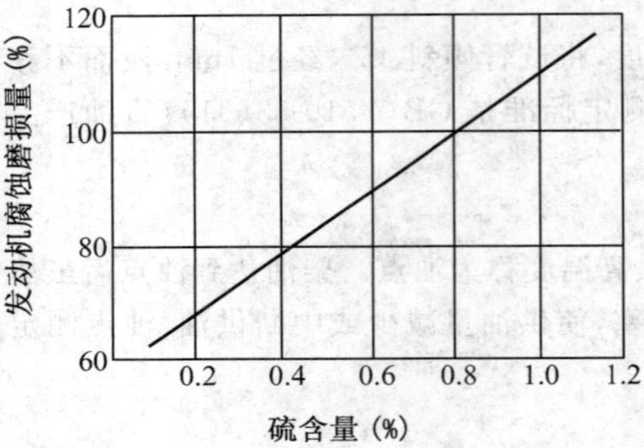

图 8-1 柴油硫含量对柴油机的影响

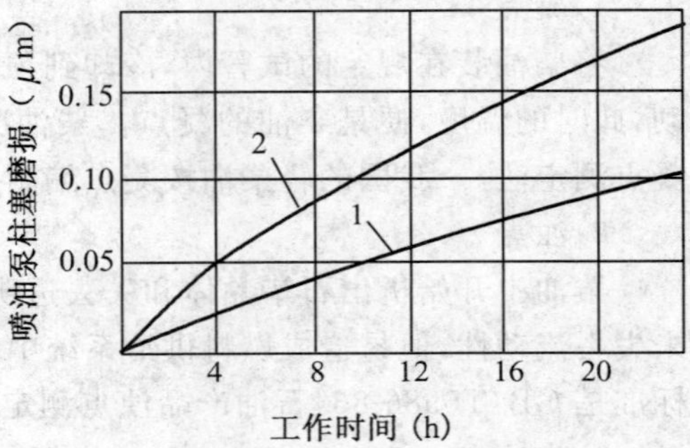

图 8-2 柴油的硫醇硫含量对喷油泵柱塞副腐蚀磨损的影响

1—硫醇硫含量低的柴油

2—硫醇硫含量为 0.025%的柴油

8.4.2 汽车用柴油的牌号和规格

目前我国没有汽车用柴油的标准,是套用 GB252-1994 轻柴油国家标准,该标准规定十六烷值不低于 45,优级品硫含量不大于 0.2%,一级品含硫量不大于 0.5%,合格品含硫量不大于 1.0%,实际胶质不大于 70mg/100mL。该标准将柴油按凝点分为 10、0、10、−20、−35 和−50 六种牌号。1980 年修订此标准,不再按硫含量分优级品、一级品和合格品,只要求硫含量大于 0.2%。2000 年,中国石化集团发布了城市柴油企业标准《城市车用柴油技术要求》Q/SHR006-2000(见表 8-5),并于 2000 年 4 月 1 日起执行。该标准要求硫含量不大于 0.05%,氧化安定性总不溶物不大于 2.5mg/100mL,十六烷值不低于 48。该标准按凝点将城市车用柴油分为六个牌号:10 号、5 号、0 号、−5 号、−10 号、−20 号。

表 8-5　城市车用柴油的技术要求(Q/SHR006-2000)

项　目		质量指标						试验方法
		10 号	5 号	0 号	−5 号	−10 号	−20 号	
色度(号)	不大于	3.5						GB/T6540
氧化安定性(mg/100mL)	不大于	2.5						SH/T0175
硫含量(质量分数)(%)	不大于	0.05						GB/T380
酸度(mgKOH/100mL)	不大于	7						GB/T258
10%蒸余物残炭(质量分数)(%)	不大于	0.3						GB/T268
灰分(质量分数)(%)	不大于	0.01						GB/T506
铜片腐蚀(50℃,3h)(级)	不大于	1						GB/T5096
水分(体积分数)(%)	不大于	痕迹						GB/T5260
机械杂质		无						GB/T511
运动黏度(20℃)(mm^2/s)		3.0～8.0			2.5～8.0			GB/T265
凝点(℃)	不高于	10	5	0	−3	−10	−20	GB/T510
冷滤点(℃)	不高于	12	8	4	−1	−5	−14	SH/T0248
闪点(闭点)(℃)	不低于	55						GB/T261
十六烷值	不小于	48						GB/T386
馏程：								GB/T6536
50%回收温度(℃)	不高于	300						
90%回收温度(℃)	不高于	355						
95%回收温度(℃)	不高于	365						
密度(20℃)(kg/m^3)		实测						GB/T1884 GB/T1885

8.4.3　汽车用柴油的选择和使用

(1)汽车用柴油的选择

柴油牌号主要是根据当地当月最低环境气温进行选择。为保证在最低环境气温下柴油机能正常工作,凝点应比当地当月最低环境气温还低 5℃以上。各地风险率为 10%的最低气温见表 8-6。

城市汽车用柴油参照下列情况选用：

10 号城市车用柴油——适用于有预热设备的柴油机。

5 号城市车用柴油——适用于风险率为 10%的最低气温在 8℃以上的地区使用。

0 号城市车用柴油——适用于风险率为 10%的最低气温在 4℃以上的地区使用。

−5 号城市车用柴油——适用于风险率为 10%的最低气温在−1℃以上的地区使用。

−10 号城市车用柴油——适用于风险率为 10%的最低气温在−5℃以上的地区使用。

－20 号城市车用柴油——适用于风险率为 10％的最低气温在－14℃以上的地区使用。

表 8-6　　部分地区风险率为 10％的最低气温(℃)

	1 月	2 月	3 月	4 月	5 月	6 月	7 月	8 月	9 月	10 月	11 月	12 月
河北省	－14	－13	－5	1	8	14	19	17	9	1	－6	－12
山西省	－17	－16	－8	－1	5	11	15	13	6	－2	－9	－16
内蒙古自治区	－43	－42	－35	－21	－7	－1	1	1	－8	－19	－32	－43
黑龙江省	－44	－42	－35	－20	－6	1	7	1	－6	－20	－35	－43
吉林省	－29	－27	－17	－6	1	8	14	12	2	－6	－17	－26
辽宁省	－3	－21	－12	－1	6	12	18	15	6	2	－12	－20
山东省	－12	－12	－5	2	8	14	19	18	11	4	－4	－10
江苏省	－10	－9	－3	3	11	15	20	20	12	5	－2	－8
安徽省	－7	－7	－1	5	12	18	20	20	14	7	0	－6
浙江省	－4	－3	1	6	13	17	22	21	15	8	2	－3
江西省	－2	－2	3	9	15	20	23	23	18	12	4	0
福建省	－1	－2	3	8	14	18	21	20	15	8	1	－3
台湾省	3	0	2	8	10	16	19	19	13	10	1	2
广东省	1	2	7	12	18	21	23	23	20	13	7	2
广西壮族自治区	3	3	8	12	18	21	23	23	19	15	9	4
湖南省	－2	－2	3	9	14	18	22	21	16	10	4	－1
湖北省	－6	－4	0	6	12	17	21	20	14	8	1	－4
河南省	－10	－9	－2	4	10	15	20	18	11	4	－3	－8
四川省	－21	－17	－11	－7	－2	1	2	1	0	－7	－14	－19
贵州省	－6	－6	－1	3	7	9	12	11	8	4	－1	－4
云南省	－9	－8	－6	－3	1	5	7	7	5	－1	－5	－8
西藏自治区	－29	－25	－21	－15	－9	－3	－1	0	－6	－14	－22	－29
新疆维吾尔自治区	－40	－38	－28	－12	－5	－2	0	－2	－6	－14	－25	－34
青海省	－33	－30	－25	－18	－10	－6	－3	－4	－6	－16	－28	－38
甘肃省	－23	－23	－16	－9	－1	3	5	5	0	－8	－16	－22
陕西省	－17	－15	－6	－1	5	10	15	12	6	－1	－9	－15
宁夏回族自治区	－21	－20	－10	－4	2	6	9	8	3	－4	－12	－1

(2)使用注意事项

1)不同牌号的柴油可掺兑使用,以调节高凝点柴油的凝点。

2)柴油中不能掺入汽油,因为汽油的发火性能差,掺入汽油会导致起动困难,甚至不能起动。

3)低温起动可以采取预热措施,也可使用低温起动液。

4)柴油加入油箱前,要经过沉淀和过滤,沉淀时间不少于48h,以去除杂质,确保柴油的清洁。

5)柴油在运输、保管、使用中,应注意消防安全。

复习思考

1. 汽车用汽油应具有哪些使用性能?
2. 我国汽车用汽油的牌号是如何划分的,现有哪几种牌号?
3. 如何合理地选用车用汽油,使用时应注意哪些事项?
4. 汽车用柴油应具有哪些使用性能?
5. 如何合理地选用车用柴油,使用时应注意哪些事项?

第9章　车用润滑油及特种液

学习目标

了解车用发动机润滑油、代用燃料发动机润滑油、车用齿轮油、液力传动油和车用特种液、润滑脂等的作用、分类和使用性能及主要应用。

考核标准

知识要求：理解汽车润滑油是用于汽车各相对运动零件摩擦表面间的润滑介质，具有减小摩擦阻力，保护摩擦表面的功能，并有密封、吸收和传散摩擦热以及清洗零件的作用；汽车特种液是汽车某些机构工作必需的液料，主要有汽车制动液、汽车防冻液、液力变扭器液、动力转向器液、减振器液和电解液等。

技能要求：初步学会选择与使用汽车用润滑油和特种液。

汽车在正常运行过程中，许多零部件间产生相对运动，加之载荷和温度的作用，易引起零部件摩擦和磨损。磨损是汽车零部件耗损的主要形式之一，是汽车发生故障和降低使用寿命的主要原因之一。为了减缓磨损，减少故障，延长汽车使用寿命，必须正确使用润滑材料。

在使用中，根据用油(脂)部位的工作条件，正确、合理地选用润滑剂，不仅能减少机件的磨损，延长汽车的使用寿命，而且能节约燃料。

汽车用润滑剂主要包括发动机润滑油、汽车齿轮油和汽车润滑脂等。

9.1　发动机润滑油

汽车发动机润滑油是车用润滑油中用量最大、性能要求较高、品种规格繁多、工作条件异常苛刻的一种油品。在汽车的使用中，要根据发动机的性能、结构，并结合使用条件正确使用润滑油。

9.1.1　发动机润滑油的作用

发动机润滑油的主要作用是润滑曲轴、连杆、活塞、汽缸壁、凸轮轴、气门等摩擦部位，除此之外，还应具有冷却、清洁、密封、防锈和缓冲等功能。

9.1.1.1　润滑作用

发动机工作时，润滑油进入高速运转的摩擦副(如活塞、活塞环和汽缸壁、连杆大头与曲颈、曲轴与主轴承等)后，在摩擦副之间形成油膜层，黏附其表面的油膜随之移动，从而防止金属表面直接接触而引起干摩擦，此过程称为润滑作用。

9.1.1.2　冷却作用

发动机燃料燃烧产生的热量大约 30％转化为机械功，其余热量一部分消耗在配合副的摩擦上，另一部分随废气排出。发动机的散热 60％依靠冷却系统，剩余部分就是靠润滑油的传导散热，也称为润滑油冷却作用。

9.1.1.3　密封作用

发动机各零部件之间都有一定间隙，润滑油充满这些间隙，形成油封，防止漏气漏油，称为密封作用。

9.1.1.4　洗涤作用

发动机工作时，燃料燃烧产生的积炭、润滑油高温氧化形成的胶质、配合副之间摩擦产生的金属屑、空气中带来的灰尘等杂物，经润滑油的流动循环和冲洗，送回油底壳，再经机油滤清器过滤，干净的润滑油继续循环使用，此过程称为洗涤作用。

9.1.1.5　防锈作用

加有防锈剂的润滑油，油吸附在金属表面，可防止水及酸性物质的侵蚀，从而起到防锈的作用。

9.1.1.6　缓冲作用

发动机零部件经常受到冲击载荷的作用，配合副间的润滑油膜可起到缓冲作用。

9.1.2　发动机润滑油的使用性能

9.1.2.1　润滑性

发动机油具有的降低摩擦、减缓磨损和防止金属烧结的能力，叫做发动机油的润滑性。润滑油的黏度和化学性质对发动机零件在不同润滑状态的润滑性有重要的影响。

9.1.2.2　黏度及黏温性

(1)黏度

当一部分液体相对另一部分液体发生相对运动时都要遇到一定阻力，这种阻力是由液体内部分子或微粒的内摩擦产生的，所谓黏度就是液体流动时内摩擦力的量度。

黏度是润滑油的主要性能指标，它是润滑油分类和使用的主要依据，而且对发动机工作有很大的影响。黏度过小，在高温高压条件下容易从摩擦面流失，不能形成足够厚度的油膜，使摩擦和磨损加剧，密封作用不良，引起汽缸漏气，机油受到燃油稀释和污染，发动机功率下降。黏度小的机油蒸发性大，机油容易窜入燃烧室，不仅增大机油消耗量，而且造成发动机工作不良。但是黏度过大时，发动机低温起动困难，机油泵送油性能差，此时摩擦副容易出现干摩擦或半液体摩擦。据试验证明，汽缸、活塞环和轴瓦等零件的磨损量有 2/3 是起动时造成的，这是发动机零部件磨损的主要原因。因此，在使用时要求润滑油的黏度适当。

黏度的表示方法主要有动力黏度、运动黏度和条件黏度。在我国采用动力黏度和运动黏度。动力黏度表示液体在一定的切应力下流动时内摩擦力的量度，其单位为帕斯卡·秒(Pa·s)或千分之帕斯卡·秒(mPa·s)，在润滑油规格中主要用于评定油的低温黏度。运动黏度表示液体在重力作用下流动时内摩擦力的量度，其值为相同温度下，液体的动力黏度与流体密度 ρ 之比，单位为二次方米每秒(用 m^2/s)，润滑油黏度等级划分通常采用 100℃时的运动黏度。

(2)黏温性

发动机油的黏度是随温度变化而变化的。温度升高，黏度变小；温度降低，黏度增大。润滑油黏度随温度变化的特性称为黏温性。它是发动机润滑油的一项重要指标。

润滑油在发动机润滑部位的工作温度范围很大，从汽车的较低起动温度到摩擦面工作温度可达 200℃～300℃，若发动机油黏温性不良，就会造成低温时黏度过大，发动机起动困难；高温时黏度过小，造成机件磨损和损坏。因此润滑油要具有良好的黏温性。

润滑油的黏温性用黏度指数(VI)表示，黏度指数越大，表明黏度受温度影响小，黏温性越好。一般石油润滑油黏度适应了高温时的黏度要求，低温时往往黏度过大，而适应了低温时的要求，往往高温时黏度过小，这种只能适应较窄的温度范围使用要求的机油被称为单级油。在轻质基础油中加入黏度指数改进剂(也叫增稠剂)而制得的机油黏度指数常在 100 以上，有的可高达 170。这种机油具有良好的黏温性，既能在高温时保持足够的黏度，以便形成有效的油膜，又能在低温时黏度不过大，以保证发动机有良好的冷起动性能。这种能适应很宽温度范围使用要求的机油被称为多级油。

9.1.2.3 低温流动性

发动机油的低温流动性是指保证发动机在低温条件下容易起动和供油可靠的性能。温度低时，润滑油黏度增加，起动时转运曲轴的阻力矩增加，曲轴转速下降，从而起动困难；黏度增大后，机油流动阻力增加，油的泵送性能变差，供油不足，造成零件磨损。所以，发动机润滑油包括有利于低温起动和降低磨损两方面。评定发动机油低温流动性的指标有低温动力黏度、边界泵送温度和倾点等。

低温动力黏度也称为表观黏度。低温动力黏度是划分冬季用发动机油黏度级号的依据之一。

边界泵送温度是指能将发动机油连续地、充分地供给发动机油泵入口的最低温度。

倾点是指油品在规定条件下冷却时，能够流动的最低温度。

9.1.2.4　抗氧化性

在一定条件下,发动机油抵抗氧化变质的能力,称为发动机油的抗氧化性。发动机油在一定条件下便会发生氧化,使油品颜色变深、黏度增加、酸性增大,并析出沉积物。发动机油的氧化是发动机沉积物生成和发动机油变质的前兆,发动机油在使用中容易氧化变质、对零件腐蚀和生成沉积物等,是影响发动机油使用寿命的重要因素。

9.1.2.5　抗腐蚀性

发动机油抵抗腐蚀性物质对金属腐蚀的能力,称为发动机油的抗腐蚀性。发动机油在使用过程中不可避免被氧化而生成各种有机酸,在高温、高压和有水存在的条件下,将对金属起化学腐蚀作用。腐蚀的机理是:金属先与氧化产物发生化学反应,生成金属氧化物,金属氧化物与有机酸发生化学反应生成金属盐。特别是高速柴油机中的铜铅、镉银和镉镍轴承,其抗腐蚀性差,在发动机油中只要有微量的酸性物质就会引起对轴承的严重腐蚀,使轴承表面产生斑点、麻坑,甚至整块金属剥落等缺陷。

9.1.2.6　抗泡沫性

发动机油消除泡沫的性质,叫做发动机油的抗泡沫性。发动机油由于快速、流动、循环和飞溅运动,易将空气混入油中产生泡沫。如果泡沫太多或泡沫不能及时消除,将会产生气阻,导致摩擦副间供油不足和磨损加剧等故障。

9.1.2.7　清净分散性

发动机油能抑制积炭、漆膜和油泥形成或将这些沉积物清除的性能,叫做发动机油的清净性。润滑油的基础油本身不具备清净分散性,而是通过添加清净剂和分散剂获得的。清净添加剂是一种具有表面活性的物质,它能吸附油中固体污染颗粒,并把它悬浮在油的表面,以保证参加循环的是清净的机油,减小高温沉积物和漆膜的形成。分散剂则能将低温油泥分散于油中,以便在机油循环过程中将其过滤掉。清净分散添加剂是清净剂和分散剂的总称,它还兼有洗涤、抗氧化及抗腐蚀等作用,因此被称为多效添加剂。

9.1.3　发动机润滑油的分类

我国发动机润滑油按发动机类型分为汽油机润滑油(简称汽油机油)和柴油机润滑油(简称柴油机油)两类,每一类润滑油又按其使用性能和黏度分成若干等级。

9.1.3.1　国外发动机油的分类

国际化标准组织(ISO)还没有确定出发动机润滑油的分类方法,国际上广泛采用美国汽车工程师协会(SAE)的黏度分类和美国石油协会(API)的使用性能分类法。

(1)SAE 黏度分类

美国汽车工程师协会(SAE)目前执行的是 SAEJ300-1987《发动机油黏度分类》(见表 9-1),该标准采用字母 W(冬用)和不含字母 W(春秋和夏用)两组系列黏度进行等级的划分。前者以最大低温黏度最高边界泵送温度和 100℃时的最小温度黏度划分，后者仅以 100℃时的运动黏度划分。冬用发动机油分为 0W、5W、10W、15W、20W 和 25W 六个等级。春秋和夏用发动机油分为 20、30、40、50、60 五个等级。

表 9-1 发动机润滑油 SAE 黏度分类

黏度分级	最大低温黏度		最高边界泵送温度(℃)	最高稳定倾点(℃)	100℃运动黏度(mm^2/s)	
	黏度(Cp)	温度(℃)			最小	最大
0W	3250	−30	−35		3.8	
5W	3500	−25	−30	−35	3.8	
10W	3500	−20	−25	−39	4.1	
15W	3500	−15	−20		5.6	
20W	4500	−10	−15		5.6	
25W	6000	−5	−10		9.3	
20					5.6	小于 9.3
30					9.3	小于 12.5
40					12.5	小于 16.3
50					16.3	小于 21.9
60					21.8	小于 26.1

(2) API 使用性能分类

发动机润滑油的使用性能分类，就是根据在发动机试验评定中所表现的抗磨性、清净分散性、抗氧化性、抗腐蚀性等确定其等级。目前使用的 API 使用性能分类法是 1971 年美国石油协会(API)、美国工程师协会(SAE)和美国材料试验协会(ASTE)共同提出的 SAEJ183 发动机润滑油性能和分类方法，该方法将发动机润滑油分为汽油机润滑油和柴油机润滑油。按使用性能分类，将汽油机油定为 S 系列，柴油机油定为 C 系列。在 S 系列中有 SA、SB、SC、SD、SE、SF、SG、SH、SI、SJ 等；在 C 系列中有 CA、CB、CC、CD、CD-II、CE、CF、CF-2、CF-4、CG-2 和 CG-4 等。它是按发动机强化程度和工作条件的苛刻程度来划分的，为了保证油品的使用性能，以上两个系列的各级油品，质量除应符合各自规定的理化性能要求外，还必须通过规定的发动机试验。

9.1.3.2 我国发动机润滑油的分类

(1)按照黏度分类

我国颁布的《内燃机油黏度分类》是等效采用美国汽车工程师协会 SAEJ300-1987《发动机油黏度分类》的标准。该分类标准采用含字母 W(冬用)和不含字母 W(春秋和夏用)两组黏度等级系列。冬用油以最大低温黏度最高边界泵送温度和 100℃时的最小运动黏度划分为 0W、5W、10W、15W、20W、25W 六个级号；而春秋和夏用油仅以 100℃时的运动黏度划分,级号有五个:20、30、40、50、60。我国发动机油的黏度分类见表 9-2。

国产发动机润滑油也分为单级油和多级油。一个多级发动机油,其低温黏度和边界泵送温度满足黏度分类中一个 W 级的需要,并且 100℃时运动黏度满足在黏度分类中的一个非 W 级分类规定的黏度范围,即含 W 的低温黏度级和 100℃时运动黏度级,并且两个黏度级号之差至少等于 15。例如 10W/30 或 20W/40。

表 9-2　　我国发动机油的黏度分类(GB/T14694-94)

黏度分级	最大低温黏度		最高边界泵送温度(℃)	100℃运动黏度(mm^2/s)	
	(mPa·s)	(℃)		最小	最大
0W	3250	−30	−35	3.8	
5W	3250	−25	−30	3.8	
10W	3250	−20	−25	4.1	
15W	4500	−15	−20	5.6	
20W	6000	−10	−15	5.6	
25W		−5	−10	9.3	
20				5.6	小于 9.3
30				9.3	小于 12.5
40				12.5	小于 16.3
50				16.3	小于 21.9
60				21.8	小于 26.1

(2)按照使用性能(使用等级)分类

我国颁布的《内燃机油分类》也是等效采用《发动机油性能及发动机使用分类》SAE J183-1991 制定。该标准规定了汽车用及其他固定式发动机润滑油的详细分类,但不包括铁路内燃机和船用内燃机。

发动机润滑油的详细分类是根据产品特性、使用场合和使用对象确定的。汽油机油用第一个字母 S 表示,柴油机油用第一个字母 C 表示,汽油机油和柴油机油详细分类见表 9-3。

发动机油的命名和标记,应包括使用性能级别代号和黏度级别代号两部分。

例如:一个特定的汽油机油产品可命名为 SE 30;一个特定的柴油机油产品可命名为 CC10W/30;一个特定的汽油机油/柴油机油通用产品可命名为 SE/CC15W/40。

表 9-3　　我国润滑油的品种代号、特性和使用场合(GB/T7631.3-1995)

汽油机油规格(参照 API)	润滑油性能和用途
SA	不含添加剂,无性能试验要求,适用于运行条件非常温和的老式发动机

续表

SB	仅含抗氧化、抗磨损添加剂，适用于1930年前出厂汽车要求
SD	含有抗低温油泥添加剂，要求能控制汽油机高、低温沉积物，磨损、锈蚀和腐蚀，性能优于SC，并可替代SC，用于1968～1971年型轿车和一些载货车汽油机
SE	含有抗高温氧化、抗低温油泥及抗腐蚀的添加剂，用于1972～1979年出厂轿车和一些载货车汽油机
SF	具有更优良的抗氧化、抗磨损、抗摩擦性能，可节约燃油，还具有抗菌素沉淀、防锈蚀和防腐的性能。适合于1980～1988年生产的轿车及一些载货车
SG	性能包括SC或SD级的要求，改进了发动机沉淀油氧化和磨损的控制，具有防锈和防腐的性能，适合于1989年及以后出厂的轿车、轻型货车
SH	规定用于制造商推荐维护程序下运转的轿车、货车和轻型货车的汽油发动机。它的抗沉积物形成和氧化安定性、抗磨损、防锈、防轴瓦腐蚀等性能测定结果符合美国工业项目说明局的A-A-52039的规定要求。为延长催化剂使用寿命，SH级油磷含量小于0.12%。适用于1992～1994年生产的轿车
SJ	SJ级油是目前台架试验要求最严格的，具有低温流动性更佳，可减少汽车冷起动的磨损；挥发性更低，降低运转中的机油损耗；磷含量最低，小于0.1%。降低对催化转化器的伤害；过滤性更好，减少阻塞；抗起泡性，以免气泡附着机件表面，降低油膜强度，增加磨损；高温热氧化安定性更佳，减少高温下形成积炭。该级机油适合1997年后生产的汽车
CA(废除)	适用于使用清洁燃料，轻到中负荷运行的柴油机，具有防止轴承腐蚀和高温沉积的性能
CB(废除)	适用于使用低质高硫燃料，轻到中负荷运行的柴油机，具有更好的防止轴承腐蚀和高温沉积的性能
CC	适用于高负荷条件下运行的自增压及低增压柴油机，并包括重负荷汽油机。具有抑制高温沉积及轴承腐蚀的能力，也能抑制汽油机的低温沉积
CD	用于使用各种质量燃料的高增压柴油机，包括高硫燃料非增压和增压柴油机，具有控制轴承腐蚀和高温沉积的性能，并可取代CC级
CD-II	用于重负荷二冲程柴油机，具有优良的磨损和沉积控制的性能，也适用于所有CD级汽车
CE	适用于低速高负荷和高速高负荷条件操作的大功率、高增压柴油机，主要包括1983年后生产的重负荷增压柴油机，它改进了CD级油的油耗、油的增稠、活塞积炭
CF	适用于间接喷射柴油机，对燃料的要求较松，如硫含量可能超过1.5%。具有很强的控制磨损、沉积物和铜轴承腐蚀的能力。可用于1993年以来制造的自然吸气涡轮增压式柴油机，也可满足要求使用CD级油性能要求的柴油机

续表

CF-2	用于要求高效控制汽缸磨损、活塞环积炭和沉积物的重负荷二冲程柴油机，以及要求使用 CD-II 级油和 CD 级油的发动机
CF-4	用于高速四冲程柴油机。在油耗和活塞沉积物控制方面性能优于 CD 并可替代 CE。特别适合高速公路行驶的重负荷货车
CG-2	用于二冲程大功率、重负荷的柴油机。节省燃料、排放低
CG-4	用于高速公路行驶的大功率、重负荷增压直喷式柴油机，燃料宜用低硫、低芳烃柴油，对环保方面排入要求更严格。更有效地防止发动机关键部件表面沉积物的形成

9.1.4　发动机润滑油的规格

发动机润滑油的产品是由品种（使用等级）与牌号（黏度等级）两部分构成的。每一特定品种都附有规定的牌号，共规定了 SC、SD、SF、SD/CC、SE/CC 和 SF/CD 等七个级别的汽油机油规格和 CC、CD 两个级别的柴油机油规格。国产发动机润滑油的品种与牌号见表 9-4。产品按统一的方法命名，例如 SC30 是指使用等级为 SC 级，黏度等级为 30 的汽油机油；SE/CC30 则为汽油机/柴油机通用油，它符合 SE 级汽油机油和 CC 级柴油机油使用性能，且黏度等级为 30；CC10W/30 为多级柴油机油；SF/CD5W/30 为多级汽油机/柴油机通用油等。

表 9-4　国产发动机润滑油的品种与牌号

品　种	黏度牌号
SC	5W/20、10W/30、15W/40、30、40
SD(SE/CC)	5W/30、10W/30、15W/40、30、40
SE(SE/CC)	5W/30、10W/30、15W/40、20/20W、30、40
SF(SF/CD)	5W/30、10W/30、15W/40、30、40
CC	5W/30、5W/40、10W/30、10W/40、15W/40、20W/40、30、40、50
DD	5W/30、5W/40、10W/30、10W/40、15W/40、20W/40、30、40

9.1.5　发动机润滑油的选择

发动机润滑油主要根据发动机的类型、结构特点、使用条件、气候条件等选择其使用性能级别和黏度级别。

9.1.5.1　汽油机润滑油的合理选用

(1)根据发动机的压缩比及附加装置选用汽油机润滑油的质量等级

发动机的热负荷和机械负荷越大，对润滑油的要求越高，因此要求使用质量等级高的润滑油。汽油机压缩比越高，其发动机的热负荷和机械负荷越大，要求汽油机润滑油的质量等级越高。

(2)根据发动机工作的环境温度选择汽油机润滑油的黏度等级

黏度是发动机油的重要指标，确定汽油机润滑油的质量等级后，选择合适的黏度就更加重要。黏度过大或过小都会引起能源浪费、磨损增加。汽油机油黏度等级的选用原则是由发动机工作的环境温度来决定，冬季寒冷地区应选用黏度小的汽油机润滑油；夏季或全年气温较高的地区应选用黏度适当高一些的汽油机润滑油，黏度等级与使用环境温度范围的参考值见表 9-5。

表 9-5　黏度等级与使用环境温度范围的参考值

黏度等级	适用环境气温(℃)	黏度等级	适用环境气温(℃)
5W	−30～−10	5W/20	−30～25
10W	−25～−5	10W/30	−25～30
20	−10～30	10W/40	−25～40
30	0～30	15W/40	−20～40
40	10～50	20W/40	−15～40

9.1.5.2　柴油机润滑油的合理选用

(1)根据发动机的强化系数确定柴油机润滑油的质量等级

柴油机的热负荷和机械负荷是影响润滑油质量变化的主要因素，柴油机负荷越大，工作温度也越高，工作强度越剧烈，要求使用柴油机润滑油的质量也越高。

柴油机可按其强化程度来选用柴油机油。柴油机的强化程度，可用柴油机的强化系数 K 来表示，强化系数越大，其热负荷和机械负荷就越大，发动机油的工作条件也就越苛刻，因此要求使用的柴油机油的级别也越高。当 $K \leqslant 50$ 时，应选用 CC 级柴油机油；$K \geqslant 50$ 时，应选用 CD 级柴油机油。

国产柴油车黄河 JN171、跃进 NJ1061 等，可选用 CC 级柴油机油；康斯明、斯太尔重型汽车、日野 ZM400、五十铃 4BD1、4BG2 等可选用 CD 级油；南京依维柯可选用 CF-4 级油。

(2)根据发动机工作的环境温度选择柴油机油的黏度等级

柴油机油的黏度等级的选择与汽油机润滑油一样，要根据使用的环境温度来选择。一般在严寒地区为保证冬季顺利起动，应选用多级油，具体的选用方法见表 9-4。

除上述的选择外，也可选用汽油机和柴油机通用的润滑油，如 SF/CC、SG/CE 等汽油机、柴油机通用润滑油。SF/CC 表示既适用于要求使用 APISF 级油(包括 SE、SD 及 SC 级)的汽油机也适用于 APICC 级的柴油机；SG/CE 表示既适用于要求使用 APISG 级油的汽油机也适用于要求使用 APICE 级油(包括 CD、CC 级油)的柴油机。

9.1.6　发动机润滑油的使用原则与使用注意事项

9.1.6.1　发动机润滑油的使用原则

(1)定期换油

定期换油的方法是根据发动机的结构特性,运动条件和发动机油、燃料的质量,根据汽车制造厂或用户确定的行驶时间或行驶里程更换发动机油。

(2)按质换油

按质换油是指根据发动机润滑油在实际使用中的质量变化,定期检测其理化指标的变化情况,然后根据标准规定的发动机润滑油换油指标,适时地更换发动机润滑油。

9.1.6.2　发动机润滑油使用注意事项

(1)按使用性能级别和黏度级别正确选用发动机润滑油。遇下列情况之一者,使用等级应酌情提高一级:汽车长期处于停停开开使用状态,长期低温、低速行驶,长时间高温、高速下工作,灰尘大的场所,满载并拖挂车长时间行驶。

(2)注意经常检查和保持正常油位。正常油位应位于机油尺的满刻度标志线和 1/2 刻度标志线之间,不可过多或过少。

(3)不同牌号发动机润滑油不可混合使用,同一牌号但不同生产厂家的润滑油也尽量不要混合使用。

(4)一般使用等级较高的油可代替使用等级较低的油,但使用等级低的油绝不能代替使用等级高的油,否则会导致发动机早期磨损和损坏。

(5)应注意用油的地区或季节的变化,及时换用适宜的黏度级别。使用中应尽量选用多级油。不同黏度等级的油不能混用。

(6)应进行在用油的质量监测,尽可能实行按质换油。换油时一定要在热车时进行,油温高,旧油不仅容易从放油孔流出,并且油中的劣化物被悬浮、分散,易和旧发动机油一起排出发动机。加入新油后发动机应启动数分钟,停机 3min 后,再检查油面高度。在无油品质量分析手段,不能实行按质换油时,可实行定期换油。

(7)做好空气滤清器和机油滤清器的日常维护,并及时更换滤芯,以保持发动机润滑油的清洁。

9.2　代用燃料发动机润滑油

9.2.1　天然气发动机润滑油

使用天然气为汽车燃料能显著减少排放污染,并具有良好的经济性。但汽车使用天然气作燃料时,会导致发动机功率下降和早期磨损。目前气体燃料发动机油的规格和分类仍在起步阶段,各大汽车及发动机制造厂都提出自己的一些要求。API 提出了一个建议分类方案，即 NG-1 用于固定式发动机；NG-2 用于移动式发动机；NG-3 用于客车发动机。也有提出按所用气体的不同来分类，例如天然气无灰无硫无腐蚀气体时，用低灰低碱值油，随着气体燃料中碳含量的变化和硫化物的上升，可以用碱值和灰分更高一些的油。由于这些规格和分类还在讨论中，因而它们的评定方法和项目也尚未出台。但一般情况天然气发动机使用专用油 10W/40。

由于中国的天然气资源丰富，并且成本低廉，尤其是天然气在燃烧过程中产生的有害物质极少，产生的二氧化碳仅为煤的 40%左右，产生的二氧化硫也很少，天然气燃烧后无废渣、废水产生，相较于煤炭、石油等能源具有使用安全、热值高、洁净等优势。所以越来越多的出租车公司、公交车公司、私家业主改装或者购买了天然气发动机的车辆。但是，由于天然气发动机的工作温度及工作方式的不同，导致天然气发动机在使用普通发动机的润滑油时出现了很多不良情况，比如：积炭严重导致点火时间的改变，换油周期较短，损耗较为严重等问题。

9.2.1.1 NGV 燃气发动机专用油的作用

保持活塞和发动机部件的清洁；防止油泥和磨损产生，尤其是在高负荷运转区域，如气阀集结区；特别为需要抑制高温燃烧而形成的氧化和硝化产物的车辆量身定制；极大幅度减少机油的消耗；特有的精选添加剂，延长换油周期；最大输出功率，保持发动机处于最佳工作状态。

适合用于使用压缩天然气（CNG）、液化石油气（LPG）、液化天然气（LNG）等作为燃料的燃气汽车（NGV），如各类公交车及出租车。NGV 燃气发动机专用油也同时适用于使用汽油和乙醇汽油作为燃料的发动机。

天然气汽车同普通燃油汽车相比，具有资源丰富、燃烧清洁、技术成熟、安全可靠、经济实用等优点，在较长一段时间内，天然气燃料将是最为现实和技术上成熟的石油代用能源之一。天然气发动机在车用动力装置中将起着举足轻重的作用。

9.2.1.2 天然气发动机油性能要求

(1)硫酸盐灰分低

气体燃料发动机燃烧室温度高，使得润滑油中的金属添加剂分解，在火花塞处易形成沉积物，影响点火，并促使 NO 生成。为此，天然气发动机要求所用的润滑油中硫酸盐灰分在 0.5%左右，而通常汽、柴油机油硫酸盐灰分在 1%左右。

(2)磷含量低

发动机中少量润滑油经燃烧后其产物随尾气排放，其添加剂中的磷、硫会使三元催化转化器的催化剂中毒。此外，ZDDP 反应生成的烷基硫酸锌，不溶于油，形成的黑色胶状物堵塞滤清器。因此，天然气发动机润滑油需少用或不用 ZDDP 添加剂。

(3)在油品中使用无灰抗氧化剂和抗磨剂

天然气主要成分是甲烷，与汽油相比有较高的热值。但气体不能像汽油、柴油燃料那样靠液体蒸发降温，在燃烧过程中也没有过量的空气来冷却燃烧气，因此发动机温度较高，很容易引起润滑油油品氧化和硝化，因而要求润滑油具有非常好的氧化稳定性，油品中需采用无灰抗氧化剂。同时对油品的抗磨性能提出特殊的要求，需采用无灰抗磨添加剂。

但目前世界上尚无统一的燃气发动机润滑油标准和发动机台架评定方法，仅有发动机厂商各自的技术指标。

9.2.2　醇类汽油发动机油

9.2.2.1　醇类燃料对润滑油的影响

(1)醇类本身对润滑油的影响

醇类本身对润滑油的影响这里指甲醇和乙醇分别进入润滑油内的影响。醇类或含醇燃料在使用过程中，不可避免或多或少有甲醇或乙醇进到润滑油里去。发动机工作过程中窜气，发动机工作中的冷却过程，都有可能使醇类冷凝而进入润滑油内。例如甲醇进入机油时，会导致黏度指数改进剂从油中沉淀出来并生成油泥，这是由于甲醇对机油的溶解稀释，使这种高分子聚合物溶解度变小所致。因此用于甲醇燃料发动机的润滑油、多级油不能使用黏度指数改进剂。乙醇进入润滑油也有类似情况，只是乙醇溶解能力没有甲醇那么强而已。

醇类冷凝进入摩擦副油膜，如汽缸壁，使部分油膜溶解脱落，影响到摩擦副正常润滑。醇类吸湿性强，尤其是甲醇和乙醇，因此，醇类或含醇燃料在使用过程中会有水分进入，而又会进入机油膜内。对于醇类燃料发动机来说，润滑油的抗乳化防锈性和油泥分散性很重要。醇燃料含水时会使燃料分层，影响到燃料系统和正常燃烧过程。

此外，甲醇和乙醇对本身耐汽油的少数非金属橡胶材料如丁腈橡胶、氟橡胶等以及对少数塑料材料如聚酯树脂等腐蚀较重。这会对供油系统的橡胶如油泵的密封橡胶部件造成影响。

(2)醇燃料燃烧产物对润滑油的影响

甲醇在燃烧过程中会氧化生成甲醛进而氧化生成甲酸。由于甲醛沸点为－21℃，则会进入尾气排放系统，而不存在于润滑油中。甲醇燃料发动机尾气检测也证实了这点。至于生成的甲酸(蚁酸)，由于其特性(甲酸的酸性较高，pK 值为－3.77，沸点为 100.5℃)，进入润滑油后，会与碱性清净剂发生中和作用，而无游离甲酸存在。而当用过的润滑油碱值消耗殆尽时，存在着甲酸腐蚀磨损的潜在危险。

9.2.2.2　乙醇汽油发动机油

乙醇汽油是国家战略部署的新型清洁能源，燃料乙醇具有替代石油资源、解决陈化粮、提高农民收益、有利于环保等优点。我国于 2000 年开始探索使用乙醇汽油，2002 年开始在河南和东北部分城市试点推广，2004 年中国将车用乙醇汽油的试点从原来的 5 个城市扩大至东北三省、河南、安徽省等 9 个省区，并于 2005 年底实现强制推广乙醇汽油。2008 年 2 月起，广西全境封闭销售车用乙醇汽油。随着变性燃料乙醇生产技术的发展，基于国家石油安全问题和环境改善的目的，乙醇燃料这种可再生清洁能源有较好的发展前景。

乙醇燃料与汽油相比，其燃烧生成的乙酸等酸性物质，其酸性高于汽油燃烧产物的酸性。乙醇在燃烧过程中会氧化生成乙醛和乙酸，这是汽油燃料燃烧产物中所没有的化合物。根据其性质和发动机工作环境分析，排放尾气中会含有少量醇和醛的化合物。乙醛和乙酸会对润滑油使用带来一些影响。酸性物质随燃料窜入润滑油中，易导致发动机油碱值迅速降低。同时这些酸性物质会对发动机的金属部件造成腐蚀，也会引起活塞环和汽缸壁的腐蚀与磨损。未完全汽化而窜入汽缸的乙醇会将附着在汽缸壁上的润滑油膜清洗下来，从而造成活塞和汽缸壁的摩擦磨损。因此，发动机使用乙醇汽油时，要求润滑油应当具有良好的酸中和能力、抗腐蚀和抗磨损性能。

我国研发的 SF10W/30 轿车乙醇汽油发动机油和 SJ 10W/30 高级轿车乙醇汽油发动机油分别通过了 SF 和 SJ 质量级别全套发动机台架试验和改进的 L-38 发动机台架（燃料油采用 E10 乙醇汽油）试验。

研制的乙醇汽油发动机油在出租车公司改造的乙醇汽油车上分别进行了 8000km 和 12000km 的行车试验，结果表明乙醇汽油发动机油相对于普通汽油机油具有更加优良的抗腐蚀、抗乳化性能，更好的清净分散和抗氧化性能，能够满足乙醇汽油发动机的用油要求，金属磨损量低。

9.2.2.3 甲醇燃料发动机润滑油

甲醇及含甲醇燃料发动机润滑油应充分考虑到甲醇及其燃烧产物的性质和影响。这就是说甲醇发动机润滑油不使用高聚物黏度指数改进剂，强化油品的防锈蚀、抗乳化和油泥分散性。15W/30 甲醇燃料发动机油正是根据上述原则研制的，可适用于一切醇燃料发动机润滑。国外关于醇燃料发动机润滑油报道甚少，但是醇类燃料发动机还是要专用的润滑油。对于 M100 甲醇燃料发动机，壳牌公司有专用的 LP1060 机油，其黏度级别为 15W/30 。

甲醇汽油发动机专用润滑油甲醇汽油由于其毒性、材料腐蚀等问题，目前，只是少部分地区在使用，国家标准正在酝酿中。

9.3 车辆齿轮油

车辆的齿轮油是指用于汽车、拖拉机和工程机械等车辆的手动变速器和驱动桥齿轮传动机构的润滑油。和其他润滑油一样，齿轮油具有润滑、冷却、清洗、密封、防锈、缓冲和降噪等作用。由于其工作条件与发动机润滑油不同，对车辆齿轮油的性能要求也不同。

9.3.1 车辆齿轮油的工作条件

(1)齿轮传动效率高，一般圆柱齿轮传动效率可达 98%，与传动件轴承相比，齿轮的当量曲线半径小，润滑油油楔条件差。

(2)齿轮传动中齿与齿之间是线接触，因此，轮齿接触面积小，单位接触压力大。一般汽车齿轮轮齿单位接触压力可达 2000～3000MPa，而双曲线齿轮更高，则达 3000～4000MPa。

(3)齿轮传动不仅是线接触,还有滑动接触。特别是双曲线齿轮,轮齿间有较高的相对滑动速度,一般可达 8m/s 左右。在高速大负荷条件下,会使油膜变薄甚至局部破裂,加剧摩擦与磨损,甚至引起擦伤和咬合等耗损。

(4)汽车齿轮油的工作温度一般较发动机低,但随环境温度变化而变化,汽车齿轮油的工作温度一般不高于 100℃。现代轿车采用双曲线齿轮,因其轴线偏置较大,转速高时齿轮轮面间的相对滑动速度很高,使油温达到 160℃～180℃。

9.3.2　车辆齿轮油的使用性能

9.3.2.1　润滑性和低温流动性

为了保证车辆齿轮油具有良好的润滑性和低温流动性能,车辆齿轮油应具有适当的黏度、良好的低温流动性和黏温性。齿轮油黏度不能过低,以保证形成油膜,实现液体摩擦状态。为带走摩擦产生的热量和低温时迅速供油,齿轮油的黏度又不能过大。和发动机油一样,通常采用加入黏度指数改进剂的多级油,以提高齿轮油的黏温性。

评定润滑性和低温流动性的指标有黏度指数、倾点、成沟点及表观黏度等。

9.3.2.2　油性及极压性、抗磨性

齿轮油油性是指能有效地使润滑油膜吸附于运动着的零件摩擦面之间,具有降低摩擦作用的性质。极压性、抗磨性是指油品保持在运动部件之间的油膜,能有效地防止金属间直接相接触的能力。

在齿轮油中加入油性添加剂,能增加吸附油膜的强度、减小摩擦系数、提高抗磨性能。

9.3.2.3　热氧化安定性

汽车齿轮油抵抗高温条件下氧化作用的能力,叫热氧化安定性。

汽车主减速器使用的齿轮油工作温度较高,使油的氧化增大,加之齿轮箱中金属的催化作用,容易使油的使用性能变差。因此,要求汽车齿轮油具有在较高的温度下不易氧化变质的性质,即具有良好的热氧化安定性。

9.3.2.4　抗腐蚀性和防锈性

齿轮油防止齿轮、轴承腐蚀和生锈的能力,叫做抗腐蚀性和防锈性。

汽车齿轮油内的水分和氧化生成的酸性物质,是齿轮和轴承腐蚀、生锈的主要原因。

9.3.3　车辆齿轮油的分类

ISO 尚未发布车辆齿轮油的分类标准,我国仍按美国 SAE 的车辆齿轮油黏度分类标准和 API 的车辆齿轮油使用性能分类标准。

9.3.3.1　SAE 车辆齿轮油黏度分类

SAE 车辆齿轮油黏度分类见表 9-6。SAE 分类的黏度等级有 70W、75W、80W、

85W、90、140、250 七种和冬、夏季两组。带有 W 是冬用齿轮油，不带 W 是夏用齿轮油，车辆齿轮油也有多级油和冬夏通用油，例如 80W/90、85W/90 等。

表 9-6　SAE 车辆齿轮油的黏度分类

SAE 黏度级号	达到 150Pa·s 的最高温度(℃)	100℃运动黏度(mm^2/s)	
		最低	最高
70W	－55	4.1	—
75W	－40	4.1	—
80W	－26	7.0	—
85W	－12	11.0	—
90	—	13.5	<24.9
140	—	24.0	<41.0
250	—	41.0	—

9.3.3.2　API 车辆齿轮油使用性能分类

API 车辆齿轮油使用性能根据工作条件苛刻程度划分为 GL-1、GL-2、GL-3、GL-4、GL-5 和 GL-6 六级，其使用性能及用途分类见表 9-7。

表 9-7　车辆齿轮油 API 使用性能分类

分　类	使用说明	用　途
GL-1	在低齿面压力、低滑动速度的汽车螺旋锥齿轮、涡轮式驱动桥以及各种手动变速器规定用 GL-1 级齿轮油。直馏矿物油满足这类情况的要求，可以加入抗氧化剂、防锈剂和消泡剂改善其性能，但不加摩擦改进剂和极压剂	汽车手动变速器，包括拖拉机和载货汽车手动变速器
GL-2	汽车涡轮式驱动桥，由于其负荷、温度和滑动速度的状况，用 GL-1 齿轮油不能满足要求，规定用 GL-2 齿轮油，通常都加有脂类物质	蜗杆传动装置
GL-3	滑动速度和负荷比较苛刻的汽车手动变速器和螺旋锥齿轮的驱动桥规定用 GL-3 级油。这种使用条件要求润滑油的负荷能力比 GL-1 和 GL-2 级油高，但比 GL-4 级油要低	苛刻条件的手动变速器和螺旋锥齿轮的驱动桥

续表

GL-4	在低速高扭矩、高速低扭矩下操作的各种齿轮，特别是客车和其他各种车用的双曲线齿轮，规定用 GL-4 级齿轮油，适用于其抗擦性能等于或优于 CRCRGO-105 参考油。该级油已做过各种试验证明具有 1972 年 4 月 ASIM STP 说明的性能水平	手动变速器、螺旋锥齿轮和使用条件不太苛刻的双曲线齿轮
GL-5	在高速冲击负荷，高速低扭矩、低速条件下操作的各种齿轮，特别是客车和其他车用的双曲线齿轮，规定用 GL-5 齿轮油。适用于其抗擦性能等于或优于 CRCRGO-110 参考油。该级油已做过各种试验证明具有 1972 年 4 月 ASIM STP 说明的性能水平	适用操作条件缓和或苛刻的双曲线齿轮及其他各种齿轮，也可用于手动变速器
GL-6	在高速冲击条件下运转的轿车和其他车辆的各种齿轮，特别在大偏移距的双曲线齿轮，偏移距大于 50mm 或接近于齿轮直径的规定用 GL-6 级齿轮油，其抗擦性能应等于或优于参考油 L-1000，该级油已做过各种试验证明具有 1972 年 4 月 ASIM STP 说明的性能水平	

9.3.3.3　我国车辆齿轮油的分类

我国 GB/T17477-1998《驱动桥和手动变速器润滑剂黏度分类》等效采用 SAE 车辆齿轮油黏度分类；而车辆齿轮油使用性能则参照 API 使用性能分类法分为三类：即普通车辆齿轮油、中负荷齿轮油和重负荷齿轮油三个品种，它们与 API 使用分类的对应关系见表 9-8。

表 9-8　　我国车辆齿轮油分类与 API 对应关系

我国油名	API 品种	特性和作用说明	使用部位
普通车辆齿轮油	GL-3	适用于中等速度和负荷比较苛刻的手动变速器和螺旋伞齿轮的驱动器	手动变速器、螺旋伞齿轮的驱动桥
中负荷车辆齿轮油	GL-4	适用于在低速高扭矩、高速低扭矩下操作的各种齿轮，特别是客车和其他各种车辆的准双面曲线齿轮	手动变速器、螺旋伞齿轮和使用条件不太苛刻的准双面曲线齿轮的驱动桥
重负荷车辆齿轮油	GL-5	适用于在高速冲击负荷、高速低扭矩和低速高扭矩操作下的各种齿轮，特别是客车和其他各种车辆的准双面曲线齿轮	操作条件缓和或苛刻的准双面曲线齿轮及其他各种车辆的驱动桥

9.3.4 车辆齿轮油规格

(1)普通车辆齿轮油和中负荷车辆齿轮油

普通车辆齿轮油和中负荷车辆齿轮油分为80W/90、85W/90和90号三个黏度牌号。

(2)重负荷车辆齿轮油

重负荷车辆齿轮油分为73W、80W/90、85W/90、85W/140、90和140号六个黏度牌号。

9.3.5 车辆齿轮油的选择与使用

9.3.5.1 选择使用性能级别

车辆齿轮油使用性能级别的选择，主要根据齿面的压力、滑动速度和油温等工作条件的苛刻程度。

为减少同一辆车用齿轮油的用油级别，在汽车各传动装置对齿轮使用性能级别要求相差不大情况下，可按选用中使用性能级别最高的油选择同一级别的齿轮油。

电喷发动机轿车及部分载重汽车驱动桥双曲线齿轮，接触压力在3000MPa以上，滑动速度超过10m/s，油温高达120℃，工作条件苛刻。如奥迪V6、本田雅阁、上海别克、夏利电喷轿车等必须采用重负荷车辆齿轮油；国产东风EQ1092、北京BJ2020等驱动桥也采用单级双曲线齿轮，但其齿面接触压力在3000MPa以下，滑动速度在1.5～8m/s之间，使用条件不太苛刻，采用中负荷车辆齿轮油可满足其使用要求；解放CA1091采用普通螺旋锥齿轮驱动桥，可采用普通齿轮油。

9.3.5.2 选择黏度级别

车辆齿轮油黏度级别的选择，主要根据最低气温和最高油温等环境条件，并考虑车辆齿轮油换油周期较长等因素。

汽车齿轮油的黏度应保证在低温条件下汽车起步容易，又能满足油温升高后的润滑性要求。汽车齿轮油的低温表观黏度达150Pa·s时的最高温度决定其使用的最低温度。75W、80W和85W号油的最低使用温度分别为－40℃、－26℃和12℃，应对照当地冬季最低气温来选用。齿轮油的最高工作温度下的黏度要求不低于10～15 mm^2/s。一般地区，如长江流域及其他冬季气温不低于－10℃的温区，全年可使用90号齿轮油；只有在天气特别热或负荷特别大的车辆上，如夏季气温达40℃的南方炎热地区，宜选用140号或全年使用85W/140号齿轮油；长城以北及冬季气温不低于－26℃的严寒地区，冬季应使用75号齿轮油，夏季则换用90号单级油。

9.3.6 使用车辆齿轮油的注意事项

(1)不同使用级别的车辆齿轮油不能混用。

(2)不能将使用级别较低的车辆齿轮油用在使用级别要求较高的汽车上，但使用级别较高的车辆齿轮油可以用在使用级别要求较低的汽车上，但是过多降级使用经济上不合算，是一种浪费。

(3)不要以为高黏度的车辆齿轮油润滑性能好。使用黏度级别过高的齿轮油，将使燃料消耗及磨损显著增加，特别是对高速轿车影响较大，应尽可能合理使用多级齿轮油。

(4)加油量要适当。加油量过多会增加齿轮运转时的搅拌阻力，造成能量损失；加油量过少，会造成润滑不良，加速齿轮磨损。应经常检查齿轮箱油量和渗漏情况，保证各油封、衬垫完好，保持一定油量。

(5)汽车齿轮油工作温度正常，使用寿命较长，齿轮油消耗量较少，一般行驶 2 万～3 万千米时才换油。如使用单级油，在换季维护换油时，放出的旧油尚未达到换油指标，在再次换油时仍可使用。但旧油应妥善保存，严防污染。

(6)齿轮油应按规定的换油指标换油。无油质分析手段时，可按定期换油。

9.4　液力传动油

液力传动油，又称汽车自动变速器油(Automatic Transmission Fluid)，简称 ATF 油，是用于汽车自动液力变速器中液力变矩器、液力耦合器的工作介质。

9.4.1　液力传动油的使用性能要求

液力传动油是一种多功能液体，应具备传动、控制、润滑、冷却和清洁等多种功能。

9.4.1.1　适当的黏度和良好的低温性和黏温性

液力传动油黏度低有利于提高液力变矩器的传动效率和控制系统动作的灵敏性；黏度高能满足齿轮和轴承的润滑要求、减少液压控制系统和油泵泄漏，确保换挡正常。但液力传动油的黏度不能过高。过高不仅使变矩器的传动效率下降，而且会造成低温起动困难。若综合考虑传动效率、低温起动性能和润滑要求等因素，液力传动油 100℃时的运动黏度一般在 $7mm^2/s$ 左右。液力传动油的使用温度范围要求很宽，一般在 －40℃～170℃，因此要有很高的黏温性，黏度指数达 170 左右，这就要求液力传动油具有适当的黏度和良好的黏温性。对液力传动油要求 100℃、－23℃和－40℃时的黏度，并要求进行稳定性试验，即测定耐久性试验后的 99℃时的黏度。

9.4.1.2　良好热氧化安定性

由于液力传动油的工作温度很高，所以，液力传动油的热氧化安定性在使用中极为重要。如热氧化安定性不好，则会生成油泥、漆膜和沉淀物，少量沉淀物便会使自动变速器液压控制系统的管路和阀门堵塞，油内氧化生成的酸或氧化物对轴承、橡胶密封材料也有腐蚀作用。因此，对液力传动油热氧化安定性要求严格。液力传动油的热氧化安定性采用“氧化试验”来评定。

9.4.1.3　良好抗磨性或极压抗磨性

为确保自动变速器的行星齿轮机构、轴承、垫圈和油泵等长期正常工作，要求液力传动油必须具有良好的润滑性、抗磨性和极压抗磨性。

液力传动油的抗磨性是通过四球机磨损试验、梯姆肯磨损试验和叶片泵试验来评定的。

9.4.1.4 与橡胶材料的适应性

液力传动油不应使自动变速机构中使用的丁腈橡胶、丙烯橡胶和硅橡胶等密封材料过分膨胀、收缩和硬化,否则将会产生密封不良、漏油和其他故障。

液力传动油与橡胶密封材料的适应性通过橡胶浸泡试验来评定。

9.4.1.5 良好抗泡沫性

液力传动油在高速流动中产生气泡,由于泡沫的可压缩性导致系统压力波动或下降,甚至供油中断,将影响自动控制系统的准确性,使液力变矩器传动效率下降,破坏正常的润滑条件,造成离合器打滑、烧坏等故障,因此,要求液力传动油有良好的抗泡沫性。

液力传动油的抗泡沫性能通过 GM DTD 泡沫试验器、ASTMD892 程序试验进行评定。

9.4.2 液力传动油的分类、牌号和规格

9.4.2.1 国外液力传动油的分类、牌号和规格

国外液力传动油的分类多采用美国材料试验学会(ASTM)和美国石油学会(API)共同提出的 PTF(Power Transmission Fluid)使用分类,将 PTF 分为 PTF-1、PTF-2 和 PTF-3 三类,见表 9-9。

表 9-9　液力传动油使用分类

分　类	符合的规格	适用范围
PTF-1	通用汽车公司 GM DexronⅡ 福特汽车公司 FORD M2C33-F 或 C M2L138-CJ M2C166-H 克莱斯勒 CHRYSLER MS-3256 或 4228 SAE J1285-80	轿车、轻型货车的自动变速装置
PTF-2	通用汽车公司 GM Track 和 Coach 阿里森 Allison C-2、C-3	重型货车、履带车和越野汽车的功率转换器和液力耦合器
PTF-3	约翰·狄尔 John Deere JDT303 或 J-20A 福特 FORD M2C41A 玛赛·费格森 Mqssey-Ferguson M-1135	农业和建筑机械的液压、液力和制动等装置

9.4.2.2 国产液力传动油的品种、牌号和规格

国产液力传动油目前仅有两种企业规格液力传动油,按 100℃运动黏度分为 8 号和 6 号两种(见表 9-10、表 9-11)都是采用精制的基础油加入油性剂、抗磨剂、抗氧化剂、黏度

指数改进剂和抗泡沫剂等。8号液力传动油规格相当于国外PTF-1类油中的GM Dexron Ⅱ，主要用于轿车。6号液力传动油规格相当于国外PTF-2类油，主要用于内燃机车、载货汽车以及工程机械的液力传动系统。

表9-10 国产8号液力传动油规格

项　目		质量指标	试验方法
运动黏度(50℃)(mm^2/s)		18～24	GB/T265-88
酸值(mgKOH/g)	不大于	0.08	GB/T264-83
闪点(开口)(℃)	不低于	160	GB/T267-88或GB/T3536
凝点(℃)	不高于	－35	GB/T510-88
水溶性酸或碱		无	GB/T295-88
灰分(%)	不大于	0.005	GB/T508-85
机械杂质(%)		无	GB/T511-88
水分(%)		无	GB/T260-72(88)
铜片腐蚀(100℃,3h)		合格	SH/T0195-92
抗氧化安定性(氧化后酸值)		0.35	SH/T0193
氧化后沉淀(%)		0.1	

表9-11 国产6号液力传动油规格

项　目		质量指标	试验方法
运动黏度(mm^2/s)			
(100℃)	不小于	8	GB/T265-88
－20℃	不大于	2000	
闪点(开口)(℃)	不低于	160	GB/T267-88或GB/T3536
凝点(℃)	不高于	－55(－25)	GB/T510-88
机械杂质(%)		无	GB/T511-88
水分(%)		无	3142-88
临界负荷(常温)(N)	不大于	800	GB/T3142-88
抗泡沫性(93℃,24℃)(mL)	不低于	50	GB/T12579-90
铜片腐蚀(100℃,3h)		合格	GB/T0195-92

9.4.3 液力传动油的选择与使用

选择液力传动油时，应按车辆使用说明书的规定，选用适当品种和牌号的液力传动油。轿车和轻型货车应选用国产8号油，进口轿车要求用GM-A型、A-A型或Dexrom型自动变速器油的也可用8号油代替。重型货车、工程机械的液力传动系统则应选用国产6号油。使用时应注意：经常检查液面，及时补充、及时发现可能的漏油。

9.5 润滑脂

润滑脂是石油产品中的一大类，是将稠化剂分散于液体润滑剂中所得到的一种稳定的固体或半固体状态的产品，其中还要加入改善基本特性的添加剂和填料，也可以说是一种稠化了的润滑油。外形呈黏稠的半固体油膏，所以俗称黄油。润滑脂在常温下可附着于垂直表面不流失，并能附在敞开或密封不良的零件摩擦部位工作，具有其他润滑剂所不可替代的性质。因此，汽车和工程机械上广泛采用润滑脂作为润滑材料。

9.5.1 润滑脂的特点

汽车上低速、大负荷和冲击力较大的部位，工作环境差、难以密封的部位等，不宜使用液体润滑剂，需使用润滑脂，因其具有如下优点：

(1)黏附性良好，能附着在摩擦表面上，不容易流失或飞溅，故使用周期长，无须经常补充，可减少维护工作量。

(2)承压高磨性强，在大负荷和冲击载荷下，仍能保持良好的润滑性。

(3)密封、防护作用更好。

(4)使用温度范围较宽。

但润滑脂流动性差，散热能力较差，内摩擦阻力大，运转时功率损失也较大，混入杂质也难去除，这是润滑脂使用范围受到一定限制的原因。

9.5.2 润滑脂的组成

汽车用润滑脂主要由基础油、稠化剂、添加剂及填料三部分组成。汽车用润滑脂基础油占75%～90%，稠化剂占10%～20%，添加剂及填料占5%以下。

9.5.2.1 基础油

基础油为液体，是润滑脂中起润滑作用的主要组分，它对润滑脂的使用性能有较大的影响。一般采用中等黏度及高黏度的矿物油作为基础油，为适应在苛刻条件下工作也有采用合成润滑油作为基础油，如酯类油、硅油、聚α-烯烃油等。

9.5.2.2 稠化剂

稠化剂是润滑脂的固体部分，并用来改善润滑脂的抗水性和耐热性等使用性能，稠化剂分散在基础油中并形成润滑脂的结构骨架，使基础油被吸附和固定在结构骨架中。稠化剂有皂基稠化剂(即脂肪酸金属皂)和非皂类稠化剂(烃类、无机类和有机类)两大类。

大多数的润滑脂是用天然脂肪或脂肪酸与碱反应制成的皂类作为稠化剂的。常用的天然脂肪和脂肪酸有牛油、猪油、棉子油、硬脂肪酸、1,2-羟基硬脂肪酸等。也有的采用氧化石蜡的合成脂肪酸作为代用品，但效果不及天然脂肪酸。所用的碱类则多为碱金属和碱土金属的氢氧化物，如氢氧化钙、氢氧化钠和氢氧化锂等，可以分别制成钙皂、钠皂和锂皂稠化剂。再用这些稠化剂＋基础油便可制成钙基、钠基和锂基润滑脂，而且还可以制成复合皂基润滑脂等。

9.5.2.3　添加剂和填料

添加剂是加入润滑脂中用以改善其使用性能的物质。一类添加剂是润滑脂所固有的，叫胶溶剂，它使油皂结合更加稳定，如甘油和水等。钙基润滑脂中一旦失去水，其结构就完全破坏，不能成脂，而甘油在钠基润滑脂中则可以调节脂的稠度。另一类是和润滑油中相同的添加剂，如抗氧化剂、抗磨剂和防锈剂、抗腐剂、稳定剂、金属钝化剂、极压抗磨剂等，但用量一般比润滑油中的多。加入石墨、二硫化钼等固体润滑剂作为填料。

9.5.3　润滑脂的使用性能指标

9.5.3.1　稠度

稠度是指润滑脂在受力作用时抵抗变形的程度。稠度反映润滑脂对变形和流动阻力的一个综合性的概念。适当的稠度可以使润滑脂容易加注并能附着在摩擦面上，以保持持久的润滑作用。稠度不同的润滑脂，适用于不同转速、不同负荷和不同环境温度等工作条件。

9.5.3.2　锥入度

锥入度是评定润滑脂的稠度指标，润滑脂的锥入度是指在规定时间、温度条件下，规定质量的标准锥体刺入润滑脂试样的深度。其单位以 0.1mm 表示。工件负荷较大、速度较低的摩擦零件，应选用锥入度较小的润滑脂，反之，则应选用锥入度较大的润滑脂。

9.5.3.3　极压性与抗磨性

(1)极压性

润滑脂(膜)具有的承受负荷的特性就称作润滑脂的极压性。在基础油中添加了皂基稠化剂后，能增强润滑脂的极压性。在苛刻条件下使用的润滑脂，还添加极压添加剂以增强其极压性。

(2)抗磨性

润滑脂通过保持相互接触零件金属表面间的脂膜，防止金属相互接触磨损的能力称为抗磨性。润滑脂中的基础油和稠化剂就是油性剂，具有良好的抗磨性。在苛刻条件下使用润滑脂，还添加二硫化钼、石墨等减磨剂和极压剂，被称为极压型润滑脂，它具有比普通润滑脂更好的抗磨性。

9.5.3.4　高、低温性能

温度对于润滑脂的流动性具有很大的影响，温度升高，润滑脂变软，润滑脂附着性能降低而易于流失。在较高的温度条件下会增大润滑脂基础油的蒸发损失，使氧化变质与凝缩分油现象严重。由于凝胶的萎缩和基础油的蒸发损失是润滑脂失效的主要原因，所以润滑脂失效过程的快慢与其使用温度密切相关。高温性能好的润滑脂可以在较高的使用温度下保持其附着性能,其变质失效过程也比较缓慢。评定润滑脂的高温性能的指标是滴点、蒸发度和轴承漏失量等。

在低温条件下润滑脂仍能保持良好的润滑性称为润滑脂的低温性能。汽车起步时润滑脂的温度几乎和环境温度一样,汽车在寒冷地区使用时,要求润滑脂具有良好的低温性能。评定低温性能的指标有润滑脂低温条件下的相似黏度及低温转矩。

1)相似黏度:润滑脂的黏度在一定温度条件下随着剪切速率而变化的量,单位为Pa·s。相似黏度影响发动机起动和功率,影响润滑脂进入摩擦面间隙的难易程度。

2)低温转(扭)矩:润滑脂在低温条件下使用时,阻滞滚动轴承转动的程度。

9.5.3.5 抗水性

抗水性是指润滑脂遇水后抵抗结构改变和稠度等的性能。

抗水性差的润滑脂,遇水后稠度下降,甚至因乳化而流失。汽车在雨天和涉水行驶时,底盘各摩擦点可能与水接触,因此要求使用抗水性能良好的润滑脂。润滑脂的抗水性能主要取决于稠化剂的抗水性。

钠基润滑脂抗水性最差,钙钠基润滑脂次之,钙基、锂基润滑脂抗水性都较好。

9.5.3.6 防蚀性

防蚀性是指润滑脂防止与其相接触金属被锈蚀、腐蚀的能力。润滑脂的基础油和稠化剂一般不会腐蚀金属。润滑脂产生腐蚀性的因素很多,主要是氧化产生的酸性物质,过多的游离有机酸、碱、水分都会引起腐蚀。

9.5.3.7 胶体安定性

胶体安定性是指润滑脂在储存和使用中避免胶体分解,防止液体析出的能力。润滑脂发生油皂分离的倾向表明其胶体安定性差,将直接导致润滑脂的稠度改变和流失。

9.5.3.8 氧化安定性

氧化安定性是指润滑脂在储存和使用中抵抗氧化的能力。润滑脂中的基础油和稠化剂与空气接触,将在不同程度上被氧化,使其酸值增加,易腐蚀金属,稠度变软,使润滑脂使用寿命缩短。作为稠化剂的金属皂有促进氧化的作用,所以润滑脂的氧化安定性要比其基础油差,因此在润滑脂中要加入抗氧化剂,以提高润滑脂的氧化安定性。

9.5.3.9 机械安定性

机械安定性指润滑脂在机械工作条件下抵抗稠度变化的能力。润滑脂在使用过程中因受到机械运转时的剪切作用,稠化剂的纤维结构不同程度被破坏,使润滑脂稠度降低,软化而流失,这表明润滑脂的机械安定性差。

9.5.4　汽车润滑脂的分类、品种、牌号和规格

9.5.4.1　汽车润滑脂的分类

根据 GB7631·8-90 的规定，我国润滑脂的分类参照国际标准(ISO)的分类方法。润滑脂属于 L 类(润滑剂和有关产品)的 X 组(润滑脂)。根据润滑脂在应用中的操作条件(温度、水污染及负荷等)对润滑脂进行分类(见表 9-12)。

每一种润滑脂用一组(5 个)大写字母组成的代号来表示。每个字母都有特定的意义。润滑脂标记的字母顺序见表 9-13 所列。

例如：L-XCCHA2，其中：L——类别(润滑剂)；X——组别(润滑脂剂)；C——最低温度(－30℃)；C——最高温度(120℃)；H——水污染(经受水洗，淡水能防锈)；A——极压性(非极压型脂)；2——数字(稠度等级，2 号)。本润滑脂相当于汽车通用锂基润滑脂(GB/T5671-1995)。汽车润滑脂分类和性能见表 9-14。

表 9-12　润滑脂按操作条件的分类及标记

代号字母 1	总的用途	使用要求									标记	备注
		操作温度范围				水污染	字母 4	负荷 EP	字母 5	稠度		
		最低温度①(℃)	字母 2	最高温度②(℃)	字母 3							
X	用润滑脂的场合	0 －20 －30 －40 ＜－40	A B C D E	60 90 120 140 160 180 ＞180	A B C D E F G	在水污染的条件下润滑脂的润滑性、抗水性和防锈性	A B C D E F G H I	在高负荷或低负荷，表示润滑脂的润滑性和极压性，用 A 表示非极压型脂，用 B 表示极压型脂	A B	000 00 0 1 2 3 4 5 6	一种润滑脂的标记是由代号字母 X 与其他 4 个字母及稠度等级号联系在一起来标记的	包含在空虚分类体系范围里的所有润滑脂彼此相容是不可能的，而由于缺乏相容性，可能导致润滑脂性能水平的剧烈降低，因此，在允许相接触之前，应和产销部门协商

注：①设备起动或运转时，或者泵送润滑时所经历的最低温度。

②在使用时，被润滑部件的最高温度。

表 9-13　　润滑脂标记的字母顺序

L	X(字母 1)	字母 2	字母 3	字母 4	字母 5	稠度等级
润滑脂类	润滑脂组别	最低操作温度	最高操作温度	水污染(抗水性、防锈性)	极压性	稠度号

表 9-14　　汽车润滑脂分类和性能

种 类	标号	性 能	使用温度范围(℃)	稠度(锥入度)	可能行驶距离(km)
底盘车体脂	LA	轻中负荷,抗氧化、防锈、抗磨、机械安定		主要 2 号	轿车 3200 以下
	LB	苛刻负荷,振动、水接触、长期运转	−40～120	主要 2 号	轿车 3200 以上
轮毂轴承脂	GA	较轻负荷	−20～70		
	GB	轻到中负荷,抗氧化、抗腐蚀、抗磨	−40～120(有时也到 160)	主要 2 号(1、3 号也用)	高速公路
	GC	中到苛刻负荷,抗氧化、抗腐蚀、抗磨	−40～160(有时也到 200)	主要 2 号(1、3 号也用)	开、停频繁用

9.5.4.2　汽车常用润滑脂的牌号和规格

(1)钙基润滑脂(GB491-87)

由动植物脂肪酸与石灰制成的钙皂稠化矿物润滑脂,并以水作为胶溶剂制成,分为1、2、3、4 四个稠度牌号。滴点在 80℃～90℃之间,使用温度范围为−10℃～60℃。抗水性好,容易黏附于金属表面,胶体安定性好,但耐热性差,使用寿命短。

(2)钠基润滑脂(GB492-89)

由动植物脂肪酸与氢氧化钠制成的钠皂稠化矿物润滑脂制成,分为 2、3 两个稠度牌号。它耐高温但不耐水,滴点可达 160℃。可在 120℃下长时间工作,有较好的抗压抗磨性能,但抗水性差,不能用于潮湿环境或与水接触的部件。

(3) 汽车通用锂基润滑脂(GB5671-85)

由动植物脂肪酸与氢氧化锂的锂皂低凝固点润滑脂,并加入抗氧化剂、防锈剂制成。稠度为 2 号,滴点为 180℃。具有良好的机械安定性、胶体安定性、防锈性、氧化安定性和抗水性,适用于 30℃～120℃下工作的汽车轮毂轴承、底盘、水泵和发电机等各摩擦部位润滑,是目前推荐使用的汽车通用润滑脂。

(4)极压复合锂基润滑脂(SH0335-93)

它比汽车通用锂基润滑脂具有更高的极压抗磨性,适用于−20℃～160℃条件下的高负荷机械设备的齿轮和轴承润滑,有 1、2、3 号三个稠度牌号,目前部分高级轿车推荐使用极压复合锂基润滑脂。

(5)石墨钙基润滑脂

由动植物脂肪酸与石灰制成的钙皂稠化N68润滑脂，再加入10%的鳞片状石墨而制成。具有良好的耐压性、耐磨性和抗水性。但耐热性较差，滴点为80℃。适应于重负荷、低转速摩擦部位，如汽车钢板弹簧、起重机转盘齿轮、绞车齿轮及拖挂车的转盘等受压部位。

9.5.5 汽车用润滑脂的选择与使用

9.5.5.1 合理选择润滑脂

汽车用润滑脂规格的选择包括润滑脂品种(使用性能)和稠度级号的选择。选择时应按照汽车和机械设备生产厂家提供的使用说明书的要求，选用与用脂部位工作条件相适应的润滑脂的品种和稠度级号。

所谓工作条件包括以下几个方面：

(1)运转速度

润滑脂的黏度随着剪切速率的变化而变化，运转速度高，润滑脂所受的剪切应力大及切变速率高，润滑脂的相对黏度下降，润滑性能变差，降低了润滑脂的使用寿命。

(2)负荷

对齿轮而言，负荷是指轮齿齿面受压负荷。对轴承来说，负荷指径向负荷和轴向负荷。一般而言，负荷越大，对润滑脂性能要求越高。负荷发生变化(如有冲击和振动)，对润滑脂的润滑性能要求更高且对其寿命影响更大。

(3)工作温度

润滑部位工作温度的高低和变化幅度对润滑脂使用性能和使用寿命有很大的影响。一般而言，温度越高，润滑脂的使用寿命越短。

(4)工作环境

指润滑脂工作部位的外界环境及条件，如气候、尘埃、温度等。冬季起动时，轴承处的温度接近气温，要求润滑脂具有良好的低温黏度。而且雨季行车时，空气的潮湿及路面上的积水难免被吸收或激溅进入轴承内的润滑脂中，因此要求润滑脂的耐水性好。

润滑脂牌号的选择与润滑油一样，应以适当为好。一般按汽车使用说明书推荐使用1号或2号润滑脂，实际中多选用2号。

9.5.5.2 润滑脂使用注意事项

(1)不同牌号的润滑脂不能混用。因为不同化学成分和性质的油脂混合后会降低润滑脂的使用性能和寿命，易使润滑脂变软和胶体安定性下降。所以润滑脂不能混用，换用时须将原润滑脂擦净，不然将加速新鲜润滑脂氧化变质。

(2)轮毂轴承是主要用脂部位，南方地区全年使用2号脂，北方地区冬天用1号脂、夏季用2号脂。不少用户习惯上常年使用3号脂，该脂稠度太大，会增加轮毂轴承转动阻力。试验表明，用2号脂比用3号脂节能，3号脂只宜在热带地区重负荷车辆上使用。

(3)润滑脂一次加入量不要过多，否则会使运动阻力增加，工作温度升高。轴承的填充量与节能关系较大，油脂填充量大，工作时滚动阻力大，动力消耗大，轴承温升高，燃料消耗量增加。轴承有两种润滑方法：一种是满毂润滑，除轴承装满润滑脂外，轮毂内腔也装满润滑脂；第二种方法是空毂润滑，在轴承内装满润滑脂，轮毂内腔仅薄薄地均匀涂抹一层润滑脂。实践经验表明：满毂润滑脂在开始转动时，多余的脂很快被挤到滚道外面并被甩到轮毂内腔和轴承盖里，由于多余的脂被强烈搅动，产生黏滞阻力，使轴承温度升高。而真正起到润滑作用的仅仅是留在轴承滚动面上的薄层润滑脂。轮毂内腔中装满油脂只能使轴承散热困难，温度升高，甚至可能因脂流到制动蹄片上，造成制动失灵。而空毂润滑避免这一缺点，还可节省润滑脂80%以上。国外于20世纪50年代以后就推广空毂润滑，有的汽车生产厂商在汽车使用说明书中有明文规定：除为了防锈在轮毂内腔涂一薄层润滑脂外，轮毂内腔不能装满润滑脂。

(4)按使用说明书规定及时向汽车润滑点注脂，一般情况下，润滑脂与润滑油不能混用。

(5)润滑脂一旦混入杂质便难以除去，在保存、分装和使用过程中，严格防止灰尘、沙粒和水分等杂质混入，容器和注脂工具必须干燥清洁，作业场所要清洁无风沙。轴承注脂口在加脂前必须擦洗干净。尽可能减少脂与空气的接触。作业完毕盛脂容器和加注器管口应立即加盖或封帽。

9.6 车用特种液

根据使用工作液的汽车结构系统不同，汽车工作液可分为制动液、减振液、防冻液、制冷剂等。正确、合理地选用工作液，不仅能减少机件的磨损，延长汽车的使用寿命，保证汽车安全行驶，而且能节约能源。

9.6.1 汽车制动液

汽车制动液，俗称刹车油，是汽车液压制动系统所采用的传递压力的非矿物油型工作介质。制动时，脚踏板传力至刹车总泵活塞，通过制动液传递能量到车轮分泵，使摩擦片张开，制动车轮。

9.6.1.1 汽车制动液的使用性能

为了适应现代汽车各种运行工况的要求，汽车制动液必须具备的使用性能有高温抗气阻性、与橡胶的配伍性、抗腐蚀性和防锈性、低温流动性、溶水性、稳定性、抗氧化性。

(1)高温抗气阻性

现代汽车的车速越来越高，汽车制动液的温度一般为100℃～130℃，最高可达150℃。行驶于多坡道山间公路的汽车和城市公交汽车，由于汽车制动频繁，制动液温度更高。如使用沸点较低的制动液，在高温时制动液会蒸发使制动系统管路充有蒸汽，产生气阻，引起制动失灵。为保证行车安全，要求制动液有较高的沸点。评定汽车制动液高温抗气阻性的指标是平衡回流沸点和湿平衡回流沸点。

1)平衡回流沸点(ERBP)

与馏分沸点不同,ERBP是表示在冷凝回流系统内与大气平衡条件下,试样沸腾的温度。使用仪器是100mL的双口圆底烧瓶,瓶口上安装直型冷凝管和温度计。取60mL试样,在100mL烧瓶内与大气平衡,以一定的回流速度(每秒钟1～2滴)加热至沸腾,将一定时间内(2min)所测出的平均沸腾温度校准到标准大气压下的温度作为平衡回流沸点。

2)湿平衡回流沸点(WERBP)

WERBP是指对一定容积的制动液,按一定方法增湿后所测得的平衡回流沸点,以评定制动液吸水后平衡回流沸点的下降趋势。

(2)与橡胶的配伍性

汽车液压制动系统有皮碗、软管等橡胶件,制动液与系统的橡胶件接触时,橡胶件不应产生软化、溶胀、溶解、硬化和紧缩等不良现象,以免制动失灵。制动液与橡胶的配伍性通过橡胶皮碗试验评定,即在规定的条件下(皮碗规格、材料、试验温度和时间),将皮碗浸入制动液中,然后观察外观,测定根径增值和硬度下降值。皮碗材料为丁苯胶(SBR),直径为28.25mm,试验条件有两种:试验温度120℃、试验时间70h和试验温度70℃、试验时间70h,分别进行。

(3)抗腐蚀性和防锈性

汽车液压制动系统的缸体、活塞、弹簧、导管和阀等部件主要使用铸铁、铝、铜和钢等金属材料制成,制动液会引起金属腐蚀。当制动液渗进橡胶分子的间隙中,会使橡胶中析出一部分组分,析出物对金属也有腐蚀作用。

汽车制动液的抗腐蚀性和防锈性用金属腐蚀性试验评定。具体方法是:将六种金属片与皮碗一起浸入被试制动液中,在规定的温度和时间内(100℃,120h),检测金属试片的质量变化(mg/mm^2)、金属片外观、皮碗外观、皮碗根径增值(%)、制动液的pH值和沉淀物的体积百分含量。六种金属片的材料分别为镀锡铁皮、钢、铝、铸铁、黄铜和紫铜。

(4)适当的黏度和良好的低温流动性

制动液应在较宽的温度范围内保持适当的黏度,具有很好的流动性,保证迅速传递压力,确保制动系统的安全可靠。当气温低时,汽车液压制动液黏度会增大,使其流动性变差,影响制动液准确地传递压力。为了保证制动可靠性,要求汽车制动液在低温时黏度变化较小,具有较好的低温流动性。

评定汽车制动液低温流动性和高温黏度的指标有:−40℃、100℃的运动黏度;−40℃、−50℃时流动性(倒置试管测量气泡上升到液面的时间);−40℃、−50℃试样外观(放置规定时间后,取出观察其外观变化,如透明度、沉淀、分层等现象)。

(5)溶水性和吸湿性

所谓溶水性是指制动液吸水后能与水互溶,不产生分离和沉淀的性能。制动液的溶水性通过溶水性试验来评定。具体方法是:将浸湿后的制动液加入到一定容量的离心管中,在规定的温度和保持时间后,观察试样的外观和观测离心管倒置时气泡上升到液面的时间。

制动液吸收周围的水分会使沸点下降,评定制动液吸湿性的指标是湿平衡回流沸点,它是对一定容积的制动液,按一定方法增湿后所测得的平衡沸点,以评定制动液吸水后平衡回流沸点的下降趋势。湿沸点低的制动液同样会产生气阻,因此,要求制动液不仅沸点高，而且吸湿性要小。

(6)良好的稳定性

所谓稳定性是指制动液的物理、化学稳定性。制动液稳定性的测定方法是在规定的试验条件下，将制动液加热并与溶液混合后，测定的平衡回流沸点变化。若变化小，则高温稳定性和化学稳定性好。

(7)抗氧化性

所谓抗氧化性是指制动液与氧化物接触时抵抗氧化的性能。汽车制动液抗氧化性通过抗氧化性试验来评定。具体方法是：用过氧化苯甲酰、蒸馏水和制动液配成试验用混合液，并放入1/8个橡胶皮碗和铝、铸铁试片组。在70℃烘箱内保持168h后，取出试片检查有无坑蚀、粗糙不平等腐蚀现象，并检查试片的质量变化。

9.6.1.2 汽车制动液的分类、品种

(1)国外汽车制动液

国外汽车制动液常用规格有三个系列标准：

1)美国联邦机动车辆安全标准(FMVSS)是FMVSS NO·116 DOT-3、DOT-4、DOT-5，这是世界公认的通用标准。

2)美国汽车工程师协会标准(SAE)是SAE J1703e和SAE J1703f等。

3)国际标准组织标准(ISO)是《道路车辆—非石油基制动液》ISO 1925-1978，它是参照FMVSS NO·116 DOT-3制定的，具体规格是100℃的运动黏度不小于1.5mm^2/s，平衡回流沸点不低于205℃，湿平衡回流沸点不低于140℃。

(2)国产汽车制动液

1)国家标准

GB10830-1998《机动车制动液使用技术条件》以JG作为汽车制动液使用技术条件规格的代号，简称JG系列机动车制动液。按使用技术条件分为JG_3、JG_4、JG_5三级。J、G分别为交通部、公安部两部汉语拼音首字母，JG右下角的阿拉伯发数字3、4、5为JG系列各级的序号。

2)分类及组成

过去我国根据制动液的组成和特性，将制动液大致分为矿物油型、醇型和合成型三种。GB10830-1998强调制动液应是非矿物型的，醇型制动液因沸点低、吸湿性大易产生气阻而被国家技术监督局宣布停止使用。所以，现代汽车使用的制动液主要是合成型制动液。合成制动液是以有机溶剂中的醇、醚和脂为基础，再加入添加剂调制而成，是世界上各国目前广泛使用的汽车制动液。

3)系列代号

1991年我国颁布了GB12981-91《HXY_2、HXY_3、HXY_4合成制动液》，该标准系列的代号由汉语拼音和阿拉伯数字两部分组成，把合成制动液定为HZY_2、HZY_3、HZY_4三种，其中H、Z和Y分别为合成、制动和液体汉语拼音首字母大写，阿拉伯数字作为区别本系列各标准的标记，它与GB10830-1998《机动车制动液使用技术条件》的对应关系见表9-15。

表 9-15　　**HZY 合成制动液与 GB10830-1998 的对应关系**

牌号(GB12981-91)	与 GB10830-1998 的对应关系
HZY_2	JG_3
HZY_3	JG_4
HZY_4	JG_5

9.6.1.3　合理选择制动液

汽车制动液的选择原则：首先选用合成制动液；其次质量等级以 FMVSS No·116DOT 标准为准；然后按照汽车生产厂家汽车使用说明书规定选择。国产汽车制动液的主要使用特性和推荐使用范围见表 9-16。

表 9-16　　**JG 系列汽车制动液的主要特性和推荐使用范围**

级别	制动液的主要特性	推荐使用范围
JG_3	具有良好的高温抗气阻性能和优良的低温性能	相当于 ISO4296-78 和 DOT*-3，我国广大地区使用
JG_4	具有良好的高温抗气阻性能和良好的低温性能	相当于 DOT-4，我国广大地区均可使用
JG_5	具有良好的高温抗气阻性能和低温性能	相当于 DOT-5，供特殊要求车辆使用

* DOT 是美国运输安全部的缩写，3、4、5 是该部门的机动车制动液标准中所使用的制动液牌号。

9.6.2　汽车发动机冷却液

汽车发动机冷却液，简称防冻液。汽车水冷式发动机可以用清洁的水作为冷却液，但水的冰点较高，在 0℃就要结冰，若冬季冷却水结冰，体积膨胀 8.3%，容易胀裂汽缸体、汽缸盖、散热器等。水在 100℃时便沸腾，影响散热效果。冷却水在工作中还易生成水垢，使水箱散热能力显著降低，且会使金属水箱生锈等。所以，水不能满足汽车使用方便性和现代汽车发动机性能要求。为防止在冬季室外停车时冷却水结冰，在最低气温下保持其流动性，发动机冷却液必须加注防冻剂。用防冻液作为冷却液，它在冷却系统中可以起冷却和防冻的作用。

9.6.2.1　对冷却液的性能要求

(1)比热大，传热性好，以保证良好的冷却和散热性能。

(2)冰点低，以保证冬季低温条件下不结冰。

(3)黏度小，流动性好，以保证冷却液循环系统的正常工作。

(4)沸点高，减少冷却液的蒸发损失。

(5)不腐蚀冷却系统的金属及橡胶件。

(6)不易产生泡沫,不影响传热效率。

(7)不易着火燃烧。

(8)无毒、无公害、无固态杂质。

9.6.2.2 汽车防冻冷却液的规格

由于用纯水作为冷却液已不适应现代汽车发动机工作的要求,因此广泛采用乙二醇水基型发动机冷却液。为了便于运输和储存,乙二醇型发动机冷却液制成浓缩液:乙二醇含量高达95%以上,水的含量在5%以下。

乙二醇冷却液具有许多优点:①沸点(197.4℃)高、蒸发损失少;②冰点低而且可用不同比例的乙二醇和水配制成不同冰点的冷却液;③热容量大、冷却效率高;④黏度小、流动性好。主要缺点是有毒性,对金属零件有腐蚀作用。

我国实行SH0521-92《乙二醇型汽车发动机冷却液及其浓缩液》规定了以乙二醇为防冻剂,加有各种添加剂和适量的水调配而成的发动机冷却液及其浓缩液的质量指标。该标准所属产品按质量分为一级品和合格品两个等级;冷却液按冰点分为-25号、-30号、-35号、-40号、-45号和-50号六个牌号。

9.6.2.3 合理选择汽车发动机冷却液

(1)选用原则

汽车发动机冷却液的选择原则是:汽车发动机冷却液的冰点至少要低于当地环境最低气温5℃,以确保在特殊情况下冷却液不结冰。浓缩液应按产品说明书规定的比例加入蒸馏水或去离子水。一般按JT225-1996《汽车发动机冷却液安全使用技术条件》推荐的使用范围选用,见表9-17。

表9-17 汽车发动机冷却液推荐使用范围(JT225-1996的部分内容)

牌号	推荐使用范围
-25	在我国一般地区如长江以北、华北等环境最低气温在-15℃以上地区均使用
-35	在东北、西北大部分地区和华北等环境最低气温在-25℃以上的寒冷地区使用
-45	在东北、西北和华北等环境最低气温在-35℃以上的寒冷地区使用

(2)注意事项

发动机冷却液的冰点除极易受外界温度影响外,在一定乙二醇浓度条件下,还与冷却液中所加添加剂的类型和用量有很大的关系。所以,不同的厂家生产的发动机冷却液,虽然乙二醇浓度一样,但冰点可能有所不同。上海桑塔纳、奥迪、红旗、捷达、皇冠3.0、凌志LS400、奔驰560和凯迪拉克等轿车的发动机冷却液均推荐选用G11防冻剂与水的混合液,G11防冻剂调制浓度与发动机冷却液冰点之间的关系见表9-18。

汽车发动机冷却液应选择汽车制造厂家使用说明书推荐品种。汽车发动机冷却液的选择要根据发动机的类型、性能强化程度和冷却系材料及种类等条件,除了保证发动机冷却液能降温、防冻外,还要考虑防沸、防腐蚀和防水垢等要求。要注意区别是浓缩液还是已调好的发动机冷却液，以此来判断是一级品还是合格品。

表 9-18　　G11 防冰剂调配浓度与发动机冷却液冰点之间的关系

冰点(℃)	调配浓度(V/V)	
	G11	蒸馏水
−25	40%	60%
−30	50%	50%

9.6.3　汽车用减振器油

汽车行驶中常受到冲击力使车架和车身产生振动，而且这种振动会持续一段时间，直到冲击能量完全耗尽为止。为了加速振动的减退，汽车悬架系统采用减振器。所谓减振器就是利用油液的阻尼作用来减缓汽车振动的装置。减振器所用油称减振器油。

减振器油是汽车减振器的工作介质，主要用于各种载重汽车前轮及轿车前后轮的减振器内。

9.6.3.1　减振器油的性能要求

(1)具有优良的黏温性，保证在工作温度发生变化时，能维持适当的黏度和良好的吸振作用。

(2)良好的低温流动性，凝点低，以适应寒冷地区低温环境下的使用。

(3)较好的抗氧化、抗泡和防锈性能。

(4)一定的抗磨性能。

9.6.3.2　减振器油的选用

随着现代汽车的发展，对减振器油的性能要求越来越高，利用变压器油、汽轮机油、柴油等代用品已不能满足现代汽车的性能要求，因此必须合理选用减振器油。新疆克拉玛依炼油厂的减振器油特点是凝点很低，有良好的黏温性，适合在寒区使用。另有一种按上海石油公司企业标准生产的减振器油，其凝点不高于−8℃，适合在温区使用。

缺乏减振器油时，还可用 50%汽轮机油 HU-22 和 50%变压器油 25 号(按重量计)的混合油，也可用 10 号机械油代替。

减振器油在使用中应注意减振器密封良好，无渗漏现象，在 40000～50000km 定期维护时要拆检减振器，同时更换减振器油液，油量不能过多或过少，如东风 EQ1090E 型汽车为 0.44L，解放 CA1091 型汽车为 0.32L。

9.6.4　汽车空调制冷剂

空调制冷剂是汽车空调系统中完成制冷循环的工作介质，是一种化学物质。目前汽车空调制冷系统使用的制冷剂主要有 R12 和 R-134a 两种。代号 R 是英文 Refrigerant(制冷剂)的第一个字母。

9.6.4.1 汽车空调制冷剂的性能要求

(1)无毒、无异味。
(2)不易燃、不爆炸。
(3)易改变吸热和散热的状态,有很强的重复变态能力。
(4)化学性能稳定,无腐蚀性。
(5)与润滑油无亲和作用。
(6)有利于环境保护。

9.6.4.2 制冷剂的品种、性能及应用

用于汽车空调制冷系统的制冷介质R12(即二氯二氟甲烷,CF_2Cl_2),属于氟里昂系的制冷剂,具有制冷能力强,化学性质稳定,与冷冻机油相溶和安全等优点。其蒸发潜热大,易液化;在含水的场合,除了侵蚀镁和铝之外,不腐蚀其他金属;能溶化天然橡胶,但不侵蚀合成橡胶;对于水的溶解度极小,在循环中水分易结冰,需作用吸湿剂;无毒且不易燃烧,但遇火会产生有毒物质。

但是,由于R12分子中含有氯原子,当其被排放到大气中并升入大气同温层后,在太阳光的强烈照射下会分离出氯离子,氯离子与臭氧层(O_3)发生化学反应形成ClO和O_2,从而导致大气臭氧层的破坏。大气臭氧层可以吸收太阳紫外线,若大量的紫外线直接照射到地球表面,会产生使全球变暖的温室效应,将会使人类和地球上其他生物造成严重的危害。因此它在1987年臭氧蒙特利尔议定书中第一批被禁用,发达国家已从1996年1月1日起停止使用,发展中国家将到2006年完全禁止使用。蒙特利尔议定书自签订以来,经过科研人员的不断探索和实验,一致公认制冷剂R-134a是汽车空调的首选替代工作介质。这主要是由于R-134a不含氯离子,对臭氧层无破坏作用,温室效应影响小,其热力性质稳定并与R12相近。表9-19为制冷剂R12与R-134a的理化特性。

表9-19 R12与R-134a制冷剂的理化特性

项目	R12	R-134a	项目	R12	R-134a
学名	二氯二氟甲烷	1,1,1,2-四氟乙烷	临界压力(MPa)	4.125	4.065
分子式	CF_2Cl_2	$CH_2FC F_3$	临界密度(kg/cm^3)	558	511
分子量	120.91	102.03	0℃蒸发潜热(kJ/kg)	151.4	197.5
沸点(℃)	−29.79	−26.19	燃烧性	不燃	不燃
临界温度(℃)	111.8	101.14	臭氧破坏系数	1.0	0

9.6.4.3 R-134a制冷剂的使用注意事项

(1)R-134a使用中存在的问题

由于R-134a与R12性质的差异,若将R-134a替代R12直接用于原来的汽车空调系

统中会出现以下问题：

1)原用制冷压缩机润滑油与R-134a几乎不相溶，因此在制冷循环过程中，从压缩机中流出的润滑油无法随制冷剂流回压缩机，将使压缩机润滑条件恶化而导致其使用寿命大大缩短。

2)R-134a对原设备所用的橡胶管与密封材料有极强的溶解与分离作用，必将导致制冷剂大量泄漏，使系统无法正常运转。

3)原用干燥罐内的硅胶干燥剂易被R-134a吸附，破坏其吸湿能力。

4)当温度低于17℃时，R-134a的饱和压力要比R12的饱和压力略低。

绝对避免R12与R-134a混用，在汽车发动机和压缩机上必须以醒目的标记提示制冷剂的使用型，制冷剂加注口采用不同规格的螺纹。

(2)使用R-134a的具体措施

针对上述问题，只有改进和更新原有设备和材料，方能正常有效地使用R-134a。具体措施如下：

1)压缩机的润滑油由原来的矿物油改用合成油，即聚烃乙二醇(PAG)。

2)原连接系统各处的软管和用于密封作用的橡胶件材料，由聚腈橡胶(HNBR)取代原用的丁腈橡胶。新型系统管件改用特殊复合材料制成，管件上设有R-134a专用标记。

3)更换原用干燥剂，改用细小孔径且不吸附R-134a的合成泡沫沸石。

4)调整膨胀阀的流量特性及制冷剂的工作压力。

5)适当增高压缩机排气压力。

6)采用平流式冷凝器和层流式蒸发器，以增大换热面积，提高换热器的效能。

7)注意使用标记，严禁R12和R-134a混合使用。

复习思考

1. 发动机润滑油的作用有哪些？有哪些使用性能及评定指标？
2. 国产发动机油如何分类？其牌号如何表示？
3. 如何合理选用发动机油？在什么情况下需更换发动机油？
4. 汽车齿轮油的使用性能及评定指标有哪些？
5. 汽车齿轮油如何分类？其牌号如何表示？
6. 如何正确选用汽车齿轮油？
7. 如何正确选用液力传动油？
8. 汽车用润滑脂有哪些使用性能？
9. 汽车用润滑脂的品种有哪些？如何合理选用汽车用润滑脂？
10. 如何做好发动机润滑油的质量监控工作？
11. 汽车制动液应具备哪些使用性能？
12. 汽车制动液的品种有哪些？如何合理地选用？
13. 如何选用汽车发动机冷却液？
14. 汽车空调包括哪些装置？
15. 试比较制冷剂R12和R-134a的使用性能和应用。

第10章 汽车轮胎

学习目标

了解轮胎作用、选择与使用条件。

考核标准

知识要求：理解汽车轮胎是汽车的行驶部件，由橡胶和骨架材料制成，装于车轮轮辋的外周，用于支撑汽车重量和传递驱动力矩。

技能要求：初步学会选择与使用汽车用轮胎。

10.1 轮胎概述

轮胎是汽车的重要部件，它的消耗量很大，以致世界上生产的橡胶（天然橡胶和合成橡胶）80%用来制造轮胎。

轮胎在运行中承受着车辆的全部负荷，与地面产生很大摩擦，并承受巨大的振荡冲击，轮胎使用时其温度显著升高，这些都容易造成汽车轮胎的损坏。因此，汽车轮胎若选择、使用、保养不当，极易损坏，留下隐患，危及行车安全。据统计，交通事故中20%左右由轮胎引起，高速公路上的交通事故中46%是由轮胎引起的，其中爆胎占了70%，爆胎成了高速行驶的“头号杀手”。因此，国家将轮胎列为3C认证的首批强检项目。安全气囊和安全带是车辆上的安全设备，但这些设备都是意外发生后才发挥作用，而轮胎却是防止发生意外事故的主动安全设备，因此，轮胎比其他安全设备更重要！很多车主花钱配置高级音响，却不舍得花钱配用高质量轮胎，就是因为他们意识不到轮胎的重要性。

正确使用轮胎不仅直接关系到行驶的安全性，还关系到汽车行驶的操控性、舒适性和经济性。随着现代汽车制造技术的提高，设计者们往往将轮胎与悬架系统一起设计，大大提高了汽车行驶的安全性和稳定性。优良的轮胎可以使汽车在凸凹不平的路面上平稳地行驶，提高乘坐的舒适性。

由于使用和保养情况不同，轮胎的使用寿命可在3万～18万千米之间变化；同时，轮胎的技术状况可使油耗在10%～15%范围内变化，因此轮胎直接关系到汽车的运输成本。

轮胎的合理使用直接影响着车辆的安全性、操控性、舒适性和经济性。正确地使用和保养轮胎，对于充分发挥汽车性能、提高车辆动力性和操控性、延长轮胎使用寿命、降低运输成本、提高经济效益具有十分重要的意义。

10.1.1　轮胎的发展历史

轮胎发展已有一百多年的历史。最早出现的轮胎是实心木质轮胎，如我国古代的战车和国外的绅士马车。第一个空心轮胎的发明者是英国人罗伯特·汤姆逊，他在 1845 年提出用压缩空气充入弹性囊，以缓和运动时的振动与冲击。尽管当时的轮胎是用皮革和涂胶帆布制成，然而这种轮胎已经显示出滚动阻力小的优点。1888 年约翰·邓录普制成了橡胶空心轮胎，随后托马斯又制造了带有气门开关的橡胶空心轮胎，其缺点是因为内层没有帆布，不能保持一定的断面形状和断面宽度。

1895 年随着汽车的出现，充气轮胎得到广泛的发展。首批汽车轮胎样品是由平纹帆布制成的单管式轮胎，虽有胎面胶却无花纹。直到 1908 年至 1912 年间，轮胎才有了显著的变化，即胎面胶上有了提高使用性能的花纹，从而开拓了轮胎胎面花纹的历史，并增加了轮胎的断面宽度，允许采用较低的内压，以保证获得较好的缓冲性能。

1892 年英国的伯利密尔发明了帘布，提高了轮胎性能，扩大了轮胎品种，还使外胎具备了模制的可能性。随着对轮胎性能要求的提高，帘布性能也得到了改进，棉帘布由人造丝代替，20 世纪 50 年代末人造丝又被弹力性能更好、耐热性能更高的尼龙、聚酯帘线代替，现在又出现了钢丝帘线，大大提高了轮胎的承载力。

1904 年马特创造了炭黑补强橡胶。胎面中掺用炭黑以前，轮胎大约只行驶 6000 千米就磨光了，掺用炭黑后，一组货车轮胎大约可行驶 10 万千米，在好的路面上，甚至可行驶达 20 万千米。

随着汽车工业的发展，轮胎技术一直不断地得到改进与提高。如 20 世纪 20 年代初至 30 年代中期，轿车轮胎由低压轮胎过渡到超低压轮胎，20 世纪 40 年代开始轮胎逐步向宽轮辋过渡，20 世纪 40 年代末出现了无内胎轮胎，20 世纪 50 年代末出现了低断面轮胎等。

随着汽车工业的发展，轮胎研究的重点从提高其使用性能转到提高安全性能、舒适性能和经济性能上来。随着轮胎外缘的标准化、制造工艺的逐渐完善，轮胎生产速度大幅度提高，轮胎的产量与日俱增。

轮胎规格有向两头发展的趋势，即轿车轮胎规格不断缩小，载货车轮胎规格不断增大，无内胎轮胎将取代有内胎轮胎。今后轮胎将力争在同一轮胎上实现“子午线化、扁平化、轻量化、无内胎化”，称为“四化一体”。

随着对轮胎高效、节能、降耗要求的提高，开发经济环保的轮胎新材料、大力发展轮胎翻新技术、加强废旧轮胎的利用、减小“黑色污染”成为当今轮胎发展的新目标。

在汽车行驶过程中，轮胎与地面的接触部分因为负重而使周边产生弯曲，当其旋转离开地面时，弯曲部分会随着胎内压力变小而恢复原状。但如果胎压不足或车轮速度太快，弯曲部分来不及恢复原状，轮胎就会产生波状变形，俗称“驻波”现象。“驻波”现象发生时，轮胎滚动阻力急剧上升，轮胎温度迅速升高。如果继续高速行驶，会导致胎体帘线剥落或折裂，进而引起爆胎。

子午线轮胎带束层设计加强了帘布层与胎体的结合，从而避免了帘布层与胎体的剥落，大大提高了轮胎胎体强度，即使高速行驶也不容易发生"驻波"现象，因此，子午线轮胎适合高速行驶。

子午线轮胎给汽车带来的不仅仅是轮胎耐用，更重要的是高速度，从而对现代交通产生了决定性的影响。因此，子午线轮胎的出现被誉为"轮胎工业的革命"。

10.1.2 轮胎的基本性能要求和作用

对汽车轮胎的基本要求是：轮胎应具有较大的负荷承载能力和适当的弹性；胎面应具有能增强附着作用的花纹，以适应汽车在不同路面条件下行驶。轮胎在不同路面状况的附着系数如表 10-1 所示。

表 10-1　　轮胎在不同路面状况的附着系数

路面状况	干柏油路	湿柏油路	干土路	湿土路	冰雪路	
					0℃～－5℃	－5℃以下
附着系数	0.6～1.0	0.3～1.5	0.5～0,7	0.1～0.3	0.05	0.01～0.02

现代汽车行驶速度不断提高，轮胎在高速滚动下内摩擦加剧，温度升高，将使轮胎材料的物理力学性能下降，同时引起动负荷增加，工作条件恶化，所以还特别要求轮胎在高速使用条件下安全可靠、滚动阻力小、使用寿命长，以保证汽车行驶的安全性和经济性。

上述要求往往是有矛盾的，如承载大，胎面磨损快，寿命短；柔软舒适的轮胎，牵引能力就较差；减少滚动阻力，节油效果好，但操纵稳定性就差。轮胎技术的进步，就是围绕解决这些矛盾，使轮胎的结构、材料和制造技术得到不断的改进和提高。

轮胎对汽车的性能有很大的影响。它的作用是：支承汽车的总质量；吸收和缓和汽车行驶时所受到的一部分冲击和振动，以保证汽车具有良好的乘坐舒适性和行驶平顺性；保证轮胎与路面有良好的附着作用，以提高汽车的牵引性、操纵性和通过性。

10.1.3 轮胎的分类

(1)按车种分类

轮胎按车种的不同分为八种：PC——轿车轮胎；LT——轻型载货汽车轮胎；TB——载货汽车及大客车轮胎；AG——农用车轮胎；OTR——工程车轮胎；ID——工业用车轮胎；AC——飞机轮胎；MC——摩托车轮胎。

(2)按轮胎组成分类

轮胎按组成的不同分为有内胎轮胎和无内胎轮胎两种。

(3)按轮胎花纹分类

轮胎按花纹的不同分为横沟花纹轮胎、纵沟花纹轮胎、混合花纹轮胎、泥雪地花纹轮胎、越野花纹轮胎等。

(4)按轮胎胎体结构分类

轮胎按胎体结构的不同可分为斜交线轮胎、子午线轮胎、带束斜交轮胎、活胎面轮胎等。

(5)按轮胎大小分类

轮胎按大小的不同分为巨型、大型、小型轮胎。外胎断面宽度在 17in(1in＝25.4mm)以上的轮胎属于巨型轮胎;外胎断面宽度在 17in 以下、10in 以上的轮胎属于大型轮胎;外胎断面宽度在 10in 以下的轮胎属于中小型轮胎。

(6)按轮胎胎压大小分类

轮胎按充气压力的不同可分为高压胎、低压胎和超低压胎三种。

1)高压胎(0.5～0.7MPa):滚动阻力小,节约燃料。但对材料要求高、弹性差、舒适性差、附着性差,现已不使用。

2)低压胎(0.2～0.5MPa):弹性好、断面宽、与道路接触面大、胎壁薄而散热性良好,提高了汽车的行驶平顺性、转向操纵稳定性,同时,可以一定程度地延长轮胎的使用寿命。因此,目前轿车、货车几乎全都采用低压胎。

3)超低压胎(＜0.2MPa):特大断面宽度,通过能力好。多用于越野车、高级轿车、赛车。

10.1.4　轮胎的结构

10.1.4.1　有内胎的充气轮胎

由外胎、内胎、垫带组成,如图 10-1 所示。

(1)外胎

外胎是一个强度高而富有弹性的外壳,紧固于轮辋上,与路面接触,承受内胎充气压力和车辆负荷,传递牵引力、转向力和制动力。外胎结构如图 10-2 所示。

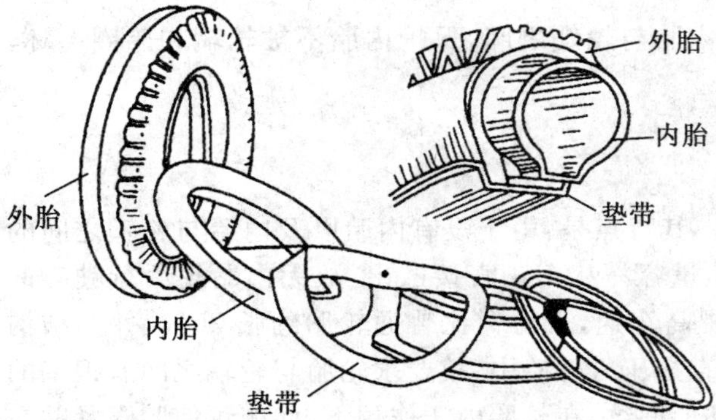

图 10-1　有内胎充气轮胎的组成

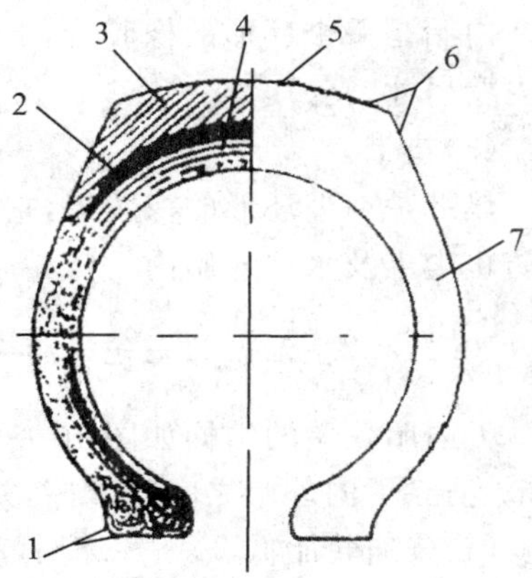

图 10-2　外胎的结构

1—胎圈　2—缓冲层　3—胎面　4—帘布层　5—胎冠　6—胎肩　7—胎侧

外胎

- 胎面（耐磨橡胶制成）：
  - 胎冠：承受冲击与磨损、保护胎体、增加附着力，其上有花纹。
  - 胎肩：是胎冠与胎侧面的过渡部分，一般也有花纹，以利防滑散热。
  - 胎侧：保护胎侧部分的帘布层免受机械损伤及水分侵蚀。胎侧承受较大的挠曲变形。
- 缓冲层（帘线材料＋橡胶制成）或带束：斜交线轮胎采用缓冲层，一般两层，交叉排列，帘线较稀疏，能加强胎面与帘布层结合，防止制动时两者脱离，同时还能减少路面对轮胎的冲击和振动。子午线轮胎采用带束，用于阻止帘布层的移动，同时又提高了胎面的刚性。
- 帘布层（帘线材料制成）：是外胎的骨架，主要承受负荷，保护轮胎外缘尺寸和形状，在相同的帘线材料下，层数越多，强度越大，弹性越差。
- 帘线材料主要有：
  - 棉线（早期）：强度差、帘布层层数多、轮胎重、滚动阻力大，但吸湿性好、结合性好。
  - 人造丝：性能较好，但吸湿性差、结合性差。
  - 尼龙或钢丝：强度高、性能好，可减少帘布层层数，胎轻、滚动阻力小，轮胎寿命长。
- 胎圈：是帘布层的根基，由钢丝圈、帘布层包边和胎圈包布组成。它有较大的刚度和强度，轮胎靠胎圈固装在轮辋上。

(2)内胎

内胎是一个环形的橡胶管，上面装有气门嘴，以便充入或排出空气，其尺寸稍小于外胎内壁尺寸。

(3)垫带

热带是一个环形的橡胶带，它垫在内胎与轮辋之间，保护内胎不被轮辋和胎圈磨坏，还防止尘土及水侵入胎内。

10.1.4.2 无内胎充气轮胎

无内胎轮胎的结构如图 10-3 所示。其特点是：由于没有内胎以及内胎与轮辋之间的衬带，消除了内外胎之间的摩擦，并使热量容易从车辆直接散出，故无内胎轮胎行驶时的温度，较普通轮胎低 20%～25%，利于提高车速，且寿命比普通轮胎约长 20%，并有结构简单、质量小的特点。无内胎轮胎空气直接压入外胎中，故要求轮胎与轮辋之间有很好的密封。为此在胎圈上做出若干道同心环形槽纹，在轮胎内压作用下，此槽纹使胎圈紧贴在轮辋边缘上，以保证轮胎与轮辋之间的气密性。此外，轮胎内壁上附加了一层厚 2～3 mm 的橡胶气密层，当轮胎被刺穿后，气密层的橡胶处于压缩状而紧箍刺物，使得轮胎不漏气或漏气很慢，因此，这种轮胎的突出优点是安全。但制造材料和工艺要求较高，特别是大尺寸轮胎尤为困难，途中维修也有困难，目前这种轮胎在轿车上广泛应用，也开始在部分载货汽车上使用。

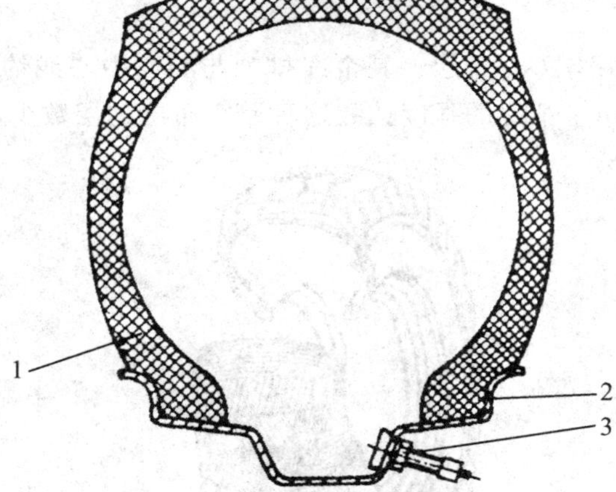

图 10-3　无内胎轮胎

1—橡胶密封层　2—胎圈橡胶密封层　3—气门嘴

10.1.5　轮胎的胎体结构

10.1.5.1　普通斜交线轮胎

斜交线轮胎结构如图 10-4 所示。其帘线排列与胎面中心线约呈 35°角，为提高帘线使用强度，每两层帘布的帘线交错排列，故设计制造帘布层有偶数要求。

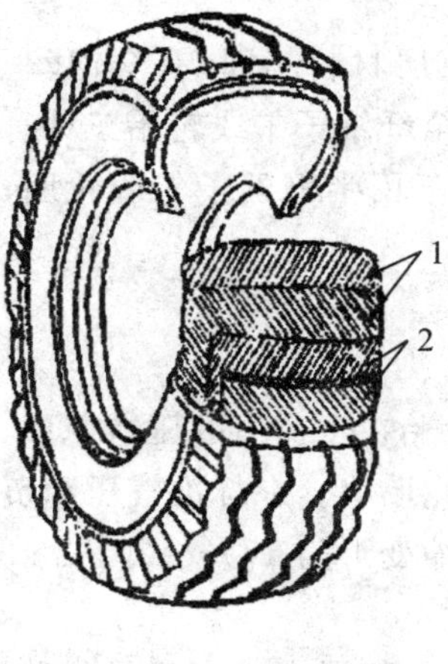

图 10-4　斜交线轮胎

1—帘布层　2—缓冲层

斜交线轮胎特点：胎面到胎侧的柔软度是一致的，能缓和汽车在行驶时受到的冲击；低速行驶时噪声小；乘坐舒适性好，且价格便宜。由于斜交线轮胎层数多，胎较厚，使得轮胎弹性差，在汽车行驶中斜交线轮胎交叉的帘线强烈摩擦，使胎体易生热，加速胎纹的磨损；斜交线轮胎的帘线布局不能很好地提供优良的操控性和舒适性。因此，斜交线轮胎的综合性能不突出。

10.1.5.2　子午线轮胎

子午线轮胎结构如图10-5所示。其帘线排列与胎面中心线约呈90°角，由于帘线按子午方向排列，充分利用了帘线的强度。故这种胎帘布层的层数少，且没有偶数要求。

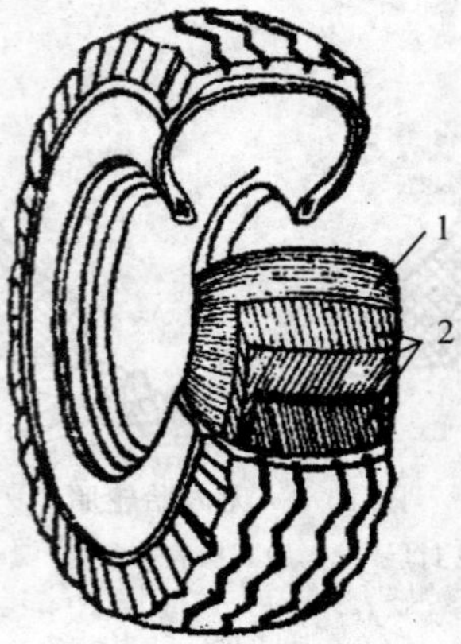

图10-5　子午线轮胎

1—帘布层　2—带束层

由于胎面承受很大应力，为保证帘线的稳固，在帘线层外部有若干层由高强度的材料制成的带束层（又称箍紧层），其帘线方向与子午断面呈70°～75°，用于阻止帘布层的移动，同时又提高了胎面的刚性。

子午线轮胎的帘线层和带束层材料不同，有全钢丝子午线轮胎、半钢丝子午线轮胎（即带束是钢丝，胎体是纤维）和全纤维子午线轮胎三种。其中，重型载货汽车用全钢丝或半钢丝子午线轮胎；轻型载货汽车用半钢丝子午线轮胎；轿车所用子午线轮胎有半钢丝的，也有全纤维的。

（1）子午线轮胎的变形特点

1）径向变形大

子午线轮胎径向变形是指轮胎在负荷下的压缩变形。由于子午线轮胎的胎体帘线呈径向排列，它的压缩要比斜交线轮胎大。在标准气压和负荷下，斜交线轮胎的压缩变形为10％～16％，而子午线轮胎的压缩变形为17％～20％。

2）侧向变形大

子午线轮胎另一个特征是侧向变形大。由于子午胎胎侧薄而柔软，故在外力的作用下轮胎的侧向变形也大，周向变形小。斜交线轮胎除了滚动外，还有局部不易觉察的滑移，而子午线轮胎沿周向有几乎不能伸张的钢丝带束层紧紧地箍着胎体，因此不产生滑移。倘若两种轮胎在负荷下具有相同的静半径，又旋转相同的转速，那么斜交线轮胎每行驶100km，子午胎则可行驶104km，即提高了4％。

3）高速旋转下的轮胎变形小

旋转物体的离心力与其转动速度的平方成正比。因此,高速旋转时,轮胎离心力将急剧地增加。子午线轮胎由于钢丝带束层最大限度地限制了它的周向伸张,故轮胎断面径向变形小;而斜交线轮胎的旋转速度越快,径向变形也越大,因而断面宽变窄,断面高变大,温度急骤升高,轮胎极易破损。

(2)子午线轮胎的性能特点

1)适合高速行驶

由于子午线轮胎在帘布层外面箍着强有力的带束层,在高速行驶时发挥了巨大作用。子午线轮胎的带束层设计为尼龙无接头式,受热时收缩,可减少轮胎受热膨胀,同时带束层加强了帘布层与胎体的结合,避免了帘布层与胎体的剥落,大大地提高了轮胎胎体强度,即使高速行驶也不容易发生“驻波”现象,因此子午线轮胎适合高速行驶。

2)耐刺穿能力强、耐磨性好、使用寿命长

由于子午线轮胎胎冠有钢带层,而且使用坚硬的橡胶,不容易被铁钉等尖硬物刺破,耐磨性好,能延长使用寿命。

3)滚动阻力小,可降低油耗

由于与地面接触时胎面变形小,同时帘布层层数少,滚动时内摩擦力小。

4)负荷能力大、操纵性能好

由于子午线轮胎的胎面比较宽、附着性能好、胎面滑移小、单位压力小,充分利用了帘线强度,负荷能力大、操纵稳定性能好、安全性能强。

5)径向弹性大、缓冲性能好,轮胎不易爆破

子午线轮胎因其胎侧薄,行驶时升温低、散热快,使得汽车在高速行驶中轮胎胎压不易升高。例如:子午线轮胎以 110km/h 的速度行驶时,温度为 100℃,而当斜交线轮胎以 69km/h 的速度行驶时,其温度高达 120℃。

6)减振性好、乘坐舒适、噪声低

由于子午线轮胎胎壁柔软、吸振性好,因此乘坐舒适、噪声低。

7)重量轻、节约原料

子午线轮胎的帘布层数可比斜交线轮胎少 40%～50%。

子午线轮胎的缺点:由于子午线轮胎的胎侧较薄,侧面变形大,导致汽车的侧向稳定性差,如图 10-6 所示。胎侧较薄而胎冠较厚,使胎侧的过渡区易产生裂口;子午线轮胎生产工艺复杂、技术要求严格、价格较贵。由于子午线轮胎的综合性能显著优于斜交线轮胎,因此,目前子午线轮胎应用得越来越多。

10.1.5.3　带束斜交线轮胎

带束斜交线轮胎是介于普通斜交线轮胎和子午线轮胎之间的一种折中结构的轮胎。带束斜交胎和普通斜线轮胎一样,相邻帘布层的帘线交错排列成“人”字形,其交角比普通斜交线轮胎小,帘布层为偶数,帘布层数较子午线轮胎多,较普通斜线胎少。

带束斜交线轮胎的寿命和滚动阻力也介于上述两种轮胎之间,其耐磨性和缓冲性能均不如子午线轮胎,寿命也不如子午线轮胎高。但是,由于其胎侧较子午线轮胎坚硬,轮胎的横向偏离较小,汽车侧向稳定性较子午线轮胎好。

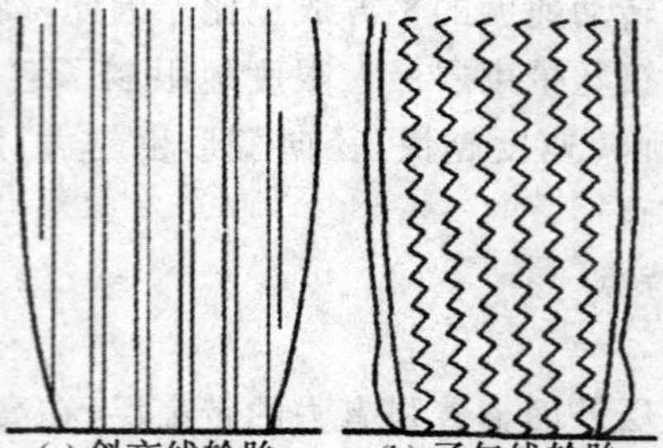
(a) 斜交线轮胎　(b) 子午线轮胎

图 10-6　子午线轮胎与斜交线轮胎胎壁形状比较

10.1.6　轮胎的花纹

(1)普通花纹

普通花纹的沟槽细而浅,花纹块的接地面积大,如图 10-7(a)所示。纵向花纹的轮胎滚动阻力小、防侧滑和散热性能好、噪声小、高速行驶性能好,但甩石性和排水性较差,多用于轿车、轻型车。横向花纹的轮胎耐磨性能好、不易夹石、附着性好,但散热差、工作噪音大,不适合高速行驶的车使用,因此,多用于货车。

(2)越野花纹

越野花纹的沟槽粗而深,花纹块接地面小,防滑性好,越野花纹是专门为各种泥泞、沙路、松软土路和崎岖山路而设计的花纹,这种花纹的轮胎能适应各种恶劣环境和气候,用于越野车、工程车、拖拉机。如图 10-7(c)所示。

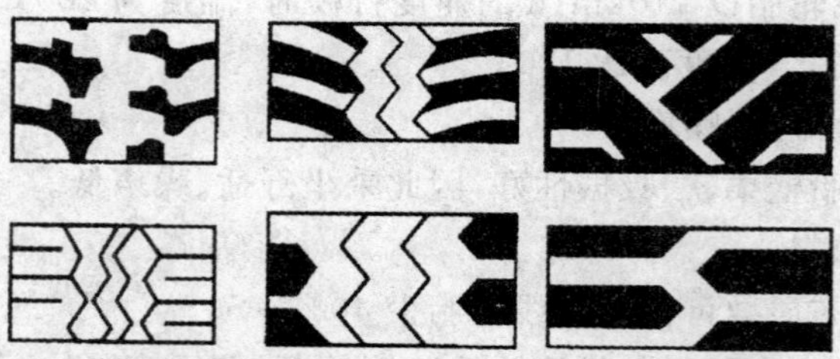
(a) 普通花纹　(b) 混合花纹　(c) 越野花纹

图 10-7　轮胎的花纹

缺点:由于花纹的接触压力大、滚动阻力大,所以不适合在良好硬路面上行驶,否则,将加剧花纹磨损、增加燃油消耗,振动也大。

越野花纹分为无向花纹和有向花纹两种。有向花纹使用时具有方向性,如:安装“人”字形花纹轮胎时,要将“人”字尖端指向汽车前进方向以提高排泥性能和附着力。

(3)混合花纹

混合花纹兼有普通花纹和越野花纹的特点,胎冠中部花纹通常为菱形或纵向锯齿形,而在两边多为横向大块越野花纹。其缺点是耐磨性能较差和胎面磨损不均匀等。它适合在各种路面上使用。如图 10-7(b)所示。

(4)泥雪地花纹

泥雪地花纹轮胎的胎面大,但是胎纹窄而深,实际接地面积小,能咬住冰雪面,所以这种轮胎在雪地和泥泞里能表现出很好的附着力。

泥雪地花纹轮胎(简称雪地胎)用字母“M+S”表示,“M”指泥地,“S”指雪地。如果在平地使用这种轮胎时,一定要将胎面上的防滑钉去掉,否则,会破坏路面。

缺点:泥雪地花纹轮胎成本较高,只能在冬季使用,保存时比较占用空间,保管麻烦。

10.2　轮胎的选择与使用

正确识别轮胎是轮胎选配的前提条件。轮胎的尺寸规格、速度等级及负荷能力均标记在胎侧,如图 10-8 所示。选用时必须认真核对,使轮胎的规格、性能完全符合该车型及运用条件的要求。

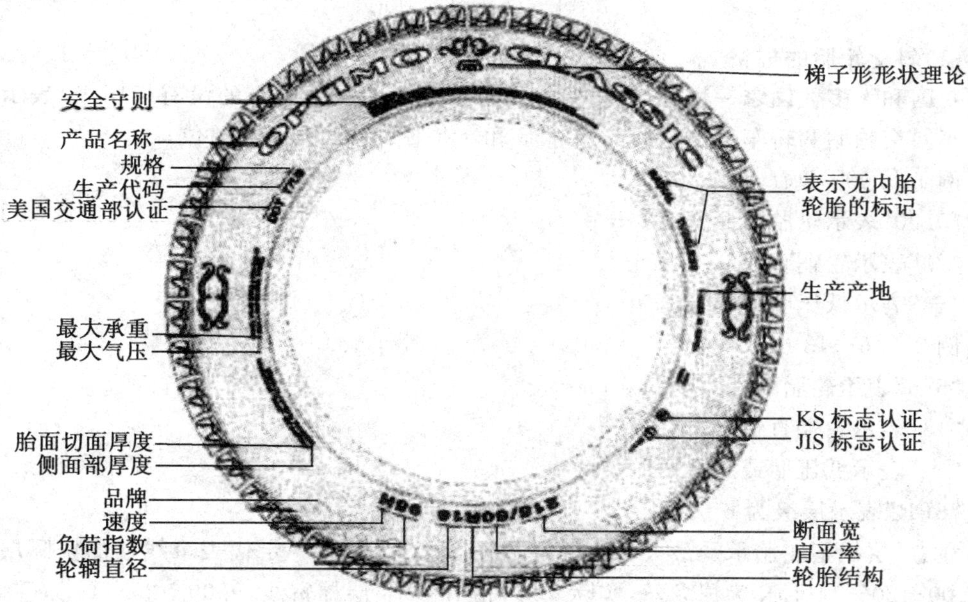

图 10-8　轮胎侧面标记

10.2.1　轮胎的尺寸规格

轮胎的尺寸规格可用外胎直径 D、轮辋直径 d、断面宽度 B 和断面高度 H 的名义尺寸代号表示,如图 10-9 所示。

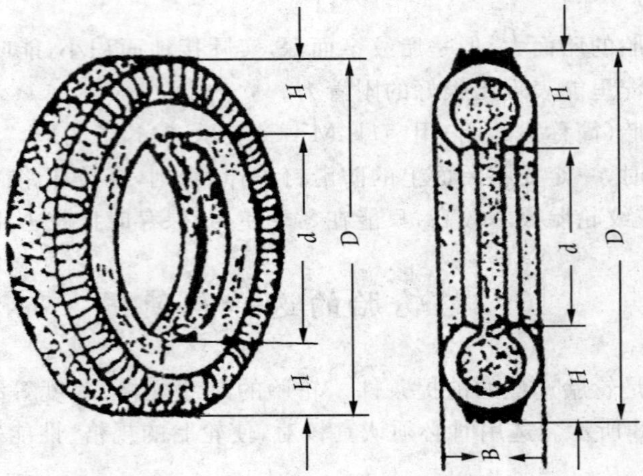

图 10-9 轮胎尺寸标记

(1)斜交轮胎的规格

我国和大多数国家一样，斜交轮胎的规格用“$B-d$ 层级”(有的没有标层级)表示，载重汽车斜交轮胎和轿车斜交轮胎的尺寸 B 和 d 均使用英寸(in)为单位。

例 1：9.00－20

“9.00”表示轮胎断面宽度 9 in;

“20”表示轮辋直径 20 in;

“－”表示低压胎或超低压胎。

例 2：5.6－13 6PR

“5.6”表示轮胎断面宽度 5.6 in;

“13”表示轮辋直径 13 in;

“－”表示低压胎或超低压胎；

“6PR”表示层级为 6 层(可查表 10-2)。

注意：层级指轮胎承受最大负荷的特定强度标志，它不一定代表帘线层的实际层数。如 9.00－20－14N，N 为尼龙丝，实际 8 层，相当于 14 层棉帘线；9.00－20－14G，G 为钢丝，实际 1 层，相当于 14 层棉帘线。

表 10-2　　负荷级别与层级对应表

负荷	对应层级	负荷	对应层级	负荷	对应层级
A	2	E	10	J	18
B	4	F	12	L	20
C	6	G	14	M	22
D	8	H	16	N	24

(2)子午线轮胎的规格

国产子午线轮胎规格用“*B*R*d* 层级”(有的没有标层级)表示,其中 R 代表子午线轮胎(即“Radial”的第一个字母)。

例如:9.00R20

“9.00”表示轮胎断面宽度 9 in;

“20”表示轮辋直径 20 in;

“R”表示子午线轮胎。

(3)轿车子午线轮胎规格

随着轮胎的扁平化,仅用断面宽 *B* 和轮辋直径 *d* 已不能完全表示轮胎的规格。即在断面宽 *B* 相同的情况下,断面高随不同扁平率而变化。轮胎按其扁平率——高宽比划分系列,根据 GB/T2978-2008《轿车轮胎规格、尺寸、气压与负荷》规定,目前我国轿车子午线轮胎有 80、75、70、65、60、55、50、45、40、35、30、25 系列 12 个系列,数字分别表示断面高 *H* 与断面宽 *B* 的比值(%)。显然,数字越小,胎越矮,即轮胎越扁平。不同扁平系列示意图如图 10-10 所示。

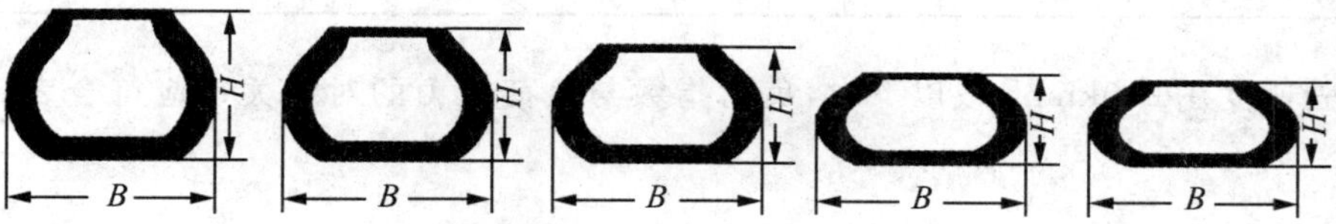

图 10-10 不同扁平率轮胎示意图

国产轿车子午线轮胎断面宽 *B* 已全部改用公制单位(mm),而轮辋直径 *d* 的单位仍为英寸(in)。轿车轮胎表示方法:*B*/扁平率、速度标记 R*d* 或 *B*/扁平率、R*d* 负荷指数、速度标记。

例如:185/60SR13

“185”表示轮胎断面宽度为 185mm;

“60”表示高宽比(扁平率)为 60%;

“S”表示速度标记(最高速度)为 S 级(可查表 10-3);

“R”表示子午线轮胎;

“13”表示轮辋直径 13 in。

美国规定轿车轮胎在规格前加“P”(表示轿车轮胎)。

例如:P195/75R14 92S

“P”表示轿车轮胎;

“195”表示轮胎断面宽度为 195mm;

“75”表示高宽比(扁平率)为 75%;

“R”表示子午线轮胎;

“14”表示轮辋直径 14 in;

“92”表示负荷指数为 92(可查表 10-4);

“S”表示速度标记(最高速度)为 S 级。

速度符号与最高速度的对应关系应符合表 10-3 的规定。

表 10-3　　速度符号与最高速度对应表

速度符号	最高速度(km/h)	速度符号	最高速度(km/h)
C	60	P	150
D	65	Q	160
E	70	R	170
F	80	S	180
G	90	T	190
J	100	H	210
K	110	V	240
L	120	W	270
M	130	Y	300
N	140	—	—

行驶速度在 210km/h 或以下时，负荷指数与负荷能力的对应关系应符合表 10-4 的规定。

表 10-4　　负荷指数与负荷能力对应表

负荷指数	负荷能力(kg)	负荷指数	负荷能力(kg)	负荷指数	负荷能力(kg)	负荷指数	负荷能力(kg)	负荷指数	负荷能力(kg)	负荷指数	负荷能力(kg)	负荷指数	负荷能力(kg)
60	250	70	335	80	450	90	600	100	800	110	1060	120	1400
61	257	71	345	81	462	91	615	101	825	111	1090	121	1450
62	265	72	355	82	475	92	630	102	850	112	1120	122	1500
63	272	73	365	83	487	93	650	103	875	113	1150	123	1550
64	290	74	375	84	500	94	670	104	900	114	1180	124	1600
65	290	75	387	85	515	95	690	105	925	115	1215	125	1650
66	300	76	400	86	530	96	710	106	950	116	1250	126	1700
67	307	77	412	87	545	97	730	107	975	117	1285	127	1750
68	315	78	425	89	560	98	750	108	1000	118	1320	128	1800
69	325	79	437	89	580	99	775	109	1080	118	1360	129	1850

(4)无内胎轮胎的规格

按国家标准 GB/T2977-1997 的规定，载货汽车普通断面子午线无内胎轮胎规格表示如下：8R22.5，其中，“8”为轮胎名义断面宽度代号；“R”为子午线结构代号；“22.5”为无内胎轮辋名义直径代号。

有些子午线无内胎轮胎，采用在规格中加“TL”标志，例如，轻型载货汽车子午线轮胎7.00R16.5TL，轿车子午线轮胎205/70SRl5TL等，其中的“TL”表示无内胎轮胎。

10.2.2　轮胎的选用方法

正确选用轮胎包括：所选轮胎的尺寸规格符合车辆使用说明书的规定；轮胎的速度等级须与车辆最高行驶速度相适应；轮胎的负荷能力要与载重量相适应；轮胎的花纹要与道路条件相适应等。

一般情况下，轮胎类型和规格由制造厂在设计制造时根据汽车特性综合选定，因此，在选择轮胎时应优先考虑原厂轮胎类型和规格。

选配轮胎时要特别注意与轮辋配套。不同型号规格的轮辋，即使直径相同，轮辋宽度和凸缘高度也往往各不相同。窄胎装宽轮辋，或宽胎装窄轮辋，都会造成轮胎早期损坏，甚至发生行车事故。特别是轿车轮胎，应根据轮辋规格，选用相应扁平率的轮胎。在换胎或更换轮辋时，要查阅该车型使用说明书。

如果不清楚原厂轮胎类型，或在有些情况下要变换轮胎时，应根据车辆类型、承载负荷、行驶速度、路面状况、气候环境、驾驶员要求等进行综合考虑，兼顾汽车行驶的各种需求，使之达到一个完美的平衡。

(1)考虑汽车类型

车辆类型是选择轮胎的重要依据。轮胎类型主要根据汽车类型来选择，轮胎尺寸应与车型相适应。轮胎尺寸过大，会降低车辆的牵引力；轮胎尺寸过小，会使轮胎超负荷。如：轻型载重汽车要选用载重汽车轮胎系列中的轻型载重汽车轮胎，轿车要选用轿车轮胎，越野汽车要选用越野轮胎。

(2)考虑汽车负荷能力

对于货车、大型客车和挂车，应充分考虑负荷能力，按汽车满载轴荷计算，其轮胎负荷率可选用0.95～1范围的。对于前单胎承载兼转向、后双胎为主承载的情况，后双胎负荷能力应比单胎减少10%～15%。

(3)考虑汽车速度特性

对于轿车要强调轮胎的速度特性。高速公路上的爆胎翻车事故，很大原因是因为轮胎的速度级别不够。轮胎的速度级别一定要大于或等于汽车最高行驶速度。

(4)考虑轮胎的花纹

轮胎花纹的选择是轮胎选择的重要方面，直接关系到轮胎的磨损、生热和稳定性等，应根据车辆类型、路况、气候和车速等来选择合适的轮胎花纹。

(5)考虑路面条件

经常在良好的硬路面行驶的车辆应选用直排、细小的纵向花纹，因为阻力小、速度快，汽车的燃料消耗低；在乡间泥泞的沙石路上行驶，应选择“M＋S”和耐磨性好的轮胎。

(6)考虑行驶速度

经常高速行驶的车辆应尽量选择抗滑水轮胎，这种花纹有方向性，中部有宽大的排水沟、有通往胎侧的侧沟，故排水效率高，可有效地防止浮滑现象的产生。高速汽车不宜采用加深和横向花纹的轮胎，不然会因过分生热引起早期损坏。低速重载、在路面行驶的汽车宜采用加深或超深花纹轮胎，可提高轮胎使用寿命。

(7)考虑季节情况

车辆一般装配的是四季轮胎，四季皆宜，但在寒冬季雨雪多，路面结冰后非常湿滑，汽车的驱动轮很容易打滑或空起步，上坡、停车时还会出现后溜车现象，造成冬季交通事故率远远高于平常。因此，轮胎的抓地、排水、操控稳定性及耐低温性能成为冬季天气下行车安全的关键，应尽可能选择冬季轮胎。

10.2.3 轮胎的使用

合理使用轮胎，目的在于降低轮胎的磨损速度，防止不正常的磨损和损坏，从而延长轮胎的使用寿命。轮胎使用的基本要求有以下几个方面。

10.2.3.1 保持气压正常

轮胎充气压力是决定轮胎使用寿命和工作好坏的主要因素(如图 10-11)。

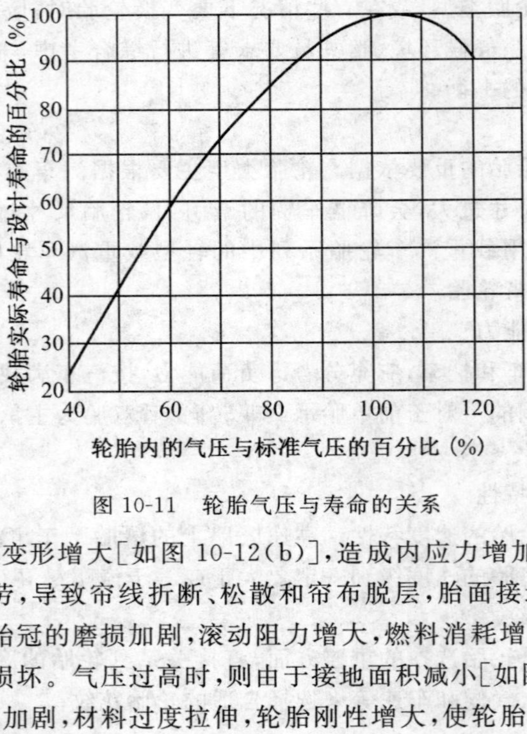

图 10-11 轮胎气压与寿命的关系

气压过低时，胎体变形增大[如图 10-12(b)]，造成内应力增加，并过度生热升温，加速橡胶老化和帘线疲劳，导致帘线折断、松散和帘布脱层，胎面接地面积增大，滑移量增加，磨损加剧，特别是胎冠的磨损加剧，滚动阻力增大，燃料消耗增加，双胎中一胎气压过低还会使另一胎超载损坏。气压过高时，则由于接地面积减小[如图 10-12(c)]，单位压力增高，使胎冠部分磨损加剧，材料过度拉伸，轮胎刚性增大，使轮胎在受到冲击时，动载荷增大，易产生胎冠爆破。

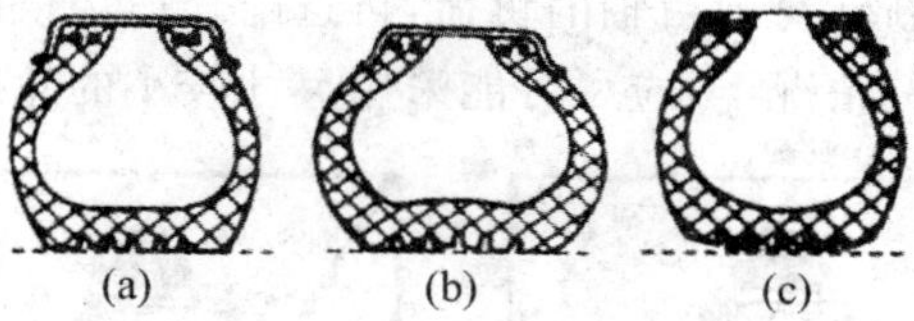

图 10-12 轮胎气压与轮胎接地面积的关系

轮胎的气压与轮胎所承受的负荷有直接对应关系。负荷小时，气压低；负荷大时，气压高，否则就会使轮胎异常磨损。选择和保持最宜气压是正确使用轮胎的最重要条件。

最宜气压与轮胎的使用条件有关。甚至其中一个使用因素改变时，就要求气压做相应的改变。如轮胎换位时，轴荷较大的后轮胎换到前轮就要相应降低气压，而轴荷较轻的前轮胎换到后轮，就要增高气压。所以在使用中必须严格按汽车制造厂使用说明书中规定的前后轮标准气压充气，而不能按胎侧所标的该规格轮胎的最大负荷所对应的气压充气。

检查轮胎气压要用气压表，在冷态时进行。要把偏差控制在±20kPa（载货汽车）和±10kPa（轿车）的范围内，尤其要严格控制子午线轮胎的气压。子午线轮胎由于胎体变形大，气压偏高偏低都不易看出，使用中必须勤查气压，特别要防止气压偏低，偏低时由于子午线轮胎胎肩的变形剧增，会使趾口和缓冲层迅速磨损、脱层而报废。

10.2.3.2 防止轮胎超载

轮胎负荷对寿命有重大影响。超载行驶时，轮胎变形增大，帘布和帘线应力增大，容易造成帘线折断和帘布脱层，同时因为接地面积增大，增加胎肩的磨损，尤其在遇到障碍物时，即使一个不大的石块，由于受到冲击也会引起轮胎爆炸。在转弯和不平路面上行驶时轮胎负荷超过50%，寿命缩短59%；超过一倍，寿命缩短80%以上（如图10-13）。

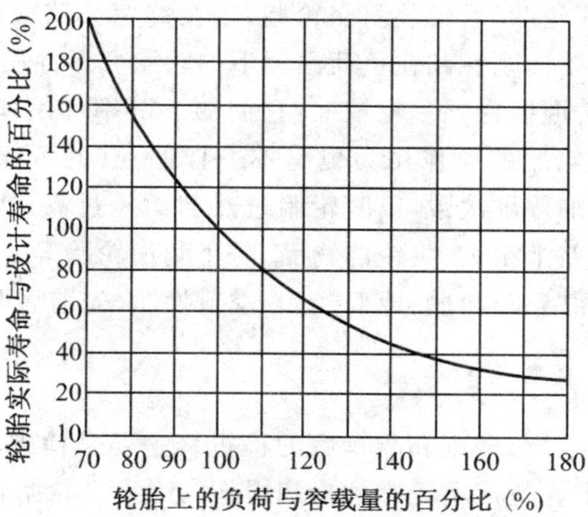

图 10-13 轮胎负荷与寿命的关系

因此必须按标定的容载量装货载客，不得超载，注意货物装载平衡，防止在车辆行驶时发生货物移动及倾斜，物品在载货汽车上的正确分布如图10-14所示。由于车辆改装需改变轮胎规格时，要重新计算前后轴的负荷，再选配合适规格的轮胎。选择轮胎规格的原则是：在轮胎负荷允许的情况下，应尽可能采用尺寸较小的轮胎。

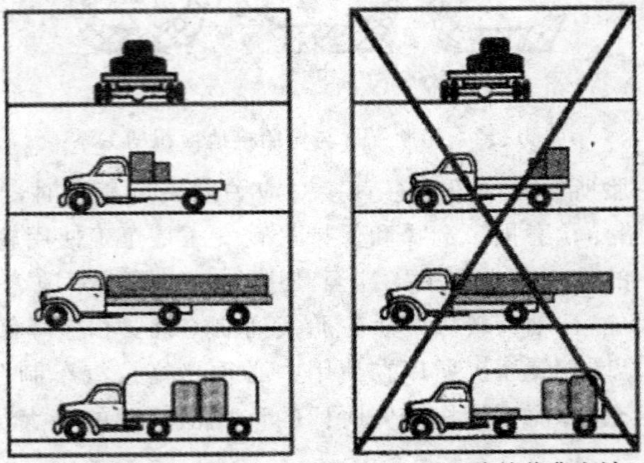

(a) 正确的载货方法　　(b) 不正确的载货方法

图 10-14　载货汽车上物品分布

10.2.3.3　合理搭配轮胎

同一车轴上应装配同一规格、结构、层级和花纹的轮胎，双胎并装时，还要求同厂牌，以求负荷、磨耗均匀。这是因为轮胎规格中的数字是名义尺寸，与实际尺寸是不一致的。轮胎的实际尺寸是轮胎安装到相应的轮辋上并充气到标准压力后实际测量得到的。规格相同，结构、层级或花纹不同，实际尺寸，包括充气后的轮胎直径和在规定负荷下的静半径往往各不相同，所以不能在同一车轴上使用，尤其是子午线胎和斜交胎不得装在同一轴上，也不能前轴装子午线轮胎，后轴装斜交轮胎，这在高速公路或快速车道上显得更加重要。因为子午线轮胎的胎体刚性和在负荷滚动下的轮胎变形性质都不一样。即使是充气外缘尺寸相同的轮胎，若混装在同一轮轴上，它们的下沉率和滚动半径也不尽相同，各自刚性差异引起的地面对轮胎的反作用力也是不一样的，有的可能出现单胎打滑，磨损加剧。此外夏季行车应增加停歇次数，以防轮胎过热和内压过高；严禁放气降压和泼冷水；行车中应注意散落在道路上粗大、尖锐的物品，防止刺伤轮胎等。

更换新胎时，应遵循"整车换胎、成双换胎、季节换胎、先前后驱、先主后挂"的原则。

10.2.3.4　做好日常维护

日常维护包括出车前、行车中和收车后的检视。主要是检视轮胎气压和有无不正常的磨损和损伤，并及时消除造成不正常磨损和损伤的因素。轮胎日常维护的作业内容有：

(1)出车前检视

用气压表检查轮胎气压是否符合规定、气门嘴是否漏气、气门帽是否齐全、气门嘴是否碰擦制动鼓。检查轮胎螺母是否紧固，翼子板、挡泥板、货厢等有无碰擦轮胎现象，并设法消除。检查随车工具，如撬胎棒、千斤顶、轮胎螺母套筒扳手、气压表、手锤、挖石子钩等是否齐全。

(2)行驶途中检视

行驶途中检视应结合途中停车、装卸等各种机会进行。停车地点应选择清洁、平坦、阴凉和不影响其他车辆通过的处所。检查轮胎螺母有无松动，翼子板、挡泥板、货厢等有无碰擦轮胎现象，并设法消除。及时发现并挖出轮胎夹石和花纹中的石子及杂物。检查轮胎气压，摸试轮胎温度。检查轮胎胎面及胎侧有无不正常的磨损和损伤，以及轮辋有无损伤。

(3)收车后检视

停车场地应干燥清洁、无油污，严寒地区应扫除停车场上的冰雪，以免轮胎与地面冻结。停车后应注意检查轮胎有无漏气现象，并查找漏气原因，并予以排除。检查花纹并挖出夹在花纹中的石子及杂物。检查轮胎螺母是否松动，备胎架装置是否牢固，以及车辆机件有无碰擦轮胎的现象。

10.3 21世纪新型轮胎简介

10.3.1 环保型超低滚动阻力轮胎

在车辆行驶过程中，轮胎滚动阻力所需能耗可达总能耗的30%，因此，“绿色”环保型轮胎研发的一个重要目标就是通过降低轮胎滚动阻力来减少车辆的整体能耗。

所谓“绿色轮胎”也称环保轮胎或低污染轮胎。“绿色”主要表现在在不失其原有良好抓地力表现的情况下，轮胎滚动时保持低阻力，从而减少燃油消耗与车辆尾气排放，有效地保护环境。早在20世纪90年代，轮胎工程师发现，如果使用特殊处理的二氧化硅取代传统炭黑作为胎面橡胶的补强材料，不仅可以减少轮胎中炭黑以及芳烃油等致癌物质通过轮胎磨损而污染空气，同时轮胎滚动阻力也会变小，油耗降低，废气排放减少，并产生更大的环保效应。我推荐韩泰的 Enfren H430，在保证轮胎基本安全性能不损失的情况下，运用高效能动态轮廓技术和绿色节油配方，有效降低废气排放和最大限度地降低噪音。欧洲ISO轮胎滚动阻力测试结果表明，这款产品降低了21%的轮胎滚动阻力，可节省燃油消耗2%，行驶中排放的二氧化碳比一般产品每千米减少4.1克。

环保轮胎注重两个方面：重量轻、燃料消耗低，同时有害物质排放降低。环保型轮胎由天然的“生物”轮胎填充物(玉米淀粉)来取代传统的轮胎填充物(炭黑和硅胶)。它可将车辆行驶中的能量损耗减少到最低程度，降低30%的轮胎滚动阻力，最终实现油耗和二氧化碳排放量的降低。

10.3.2 聚氨酯轮胎

目前使用的橡胶轮胎在生产和使用过程中会产生很多废料，报废后的轮胎回收再利用难度很大，容易造成环境污染. 每年有数以百万计的报废轮胎等待处理，而且处理这些轮胎还要花费大量的人力、物力和财力，毫无疑问环保型轮胎将成为21世纪轮胎研究开发的热点。由于聚氨酯轮胎在耐磨性、滚动阻力以及抗撕裂性等方面都明显优于子午胎；

同样尺寸的聚氨酯轮胎负重容量是橡胶轮胎的6～7倍;其生产过程可以实现连续化和自动化,在生产和使用过程中产生很少废料,而且更为重要的是废旧轮胎的部分胎体可以回收用做其他聚氨酯产品,不会造成环境污染;并且其制造工艺简单——液体浇注成型,属于新型轮胎成型工艺,因而被人们称为21世纪的绿色环保轮胎。聚氨酯轮胎将是未来汽车轮胎发展的主流,在汽车行业拥有广阔的应用前景,将在轮胎制品中得到广泛的应用。

10.3.3 智能轮胎

智能轮胎内装有计算机芯片,或有计算机芯片与胎体相连接,它能自动监控并调节轮胎的行驶温度和气压,以便在不同情况下都能保持最佳的运行状态,达到提高安全性、节省开支的目的。今后的智能轮胎还可以探测出路面的潮湿程度后改变轮胎的花纹,以防打滑。

10.3.4 装饰轮胎

被称为汽车彩色鞋子的装饰轮胎起源于20世纪60年代。装饰轮胎侧壁上带有白、红、黄、蓝、绿等颜色的凸形大字体或环带,可与车型的种类、造型、漆色、商标色等其他饰物相匹配,突出车辆的个性。

随着轮胎制造技术的发展,汽车装饰轮胎的生产已经成熟。从20世纪80年代起,日本、德国、美国等汽车制造业厂商开始生产并在一些车型上大量使用装饰轮胎。据了解,20世纪60年代以前生产的老爷车及近年来生产的仿古车,多采用侧壁上带有1.5～3in宽的白色环带装饰胎,以显示其高贵与尊严。各种各样的越野车、多用途车、赛车等,也多采用胎侧带有空心或实心彩色大字体的装饰胎,使汽车看上去美观、醒目,又富有动感。我国当前也成功开发出新型系列装饰轮胎,并批量生产投入市场。

10.3.5 PAX系统

PAX系统(胎唇垂直锚泊系统)由轮胎、特制的轮辋、内置支撑环和压力检测器四个关键部件组成。由于拥有新的胎唇锚泊系统以及长度较短并绷紧的胎壁,PAX轮胎系统大大减小了在行驶中的偏跑现象。尤其在转弯时,为驾驶者提供了更佳更快速的反馈信息。在轮胎漏气时,PAX系统使其不会像普通轮胎那样由于车身质量的压迫造成胎体塌陷甚至损坏轮胎。该系统的两个卡子牢牢地把轮胎固定在轮辋上,同时借助卡在轮辋上的支撑环承担车身质量,能让车胎在缺气状态下保持较长距离的行驶能力。

10.3.6 缺气保用轮胎

与PAX系统不同的是,缺气保用技术采用了强化的胎侧,靠轮胎和压力检测器就能实现PAX系统的功能,使轮胎在漏气和气压完全消失之后仍能继续行驶。这样不仅行驶安全性得到显著提升,并可借此取消备胎。从而实现了车身轻量化,节省燃油费用,而且其成本较PAX系统低一些。

10.3.7 “霸力泡”技术

在轮胎的设计中，胎面的刀槽是提高轮胎抓地力的。轮胎的胎面刀槽越多抓地力就越强，但若刀槽过多，胎面的完整性将受到破坏，会极大地降低轮胎的操控性。“霸力泡”技术就是为了解决这一难题应运而生的。

“霸力泡”通过精密的轮胎模具设计加工，在轮胎的胎面细刀槽中制作出可以互相咬合的半球状凸起和凹陷。当轮胎受到压力时，这些凸起和凹陷相互咬合，来保持胎面的一体性，确保操控性不降低，从而大幅度提高轮胎的抓地力。

10.3.8 AQ 多能驰技术

轮胎的不断使用和磨损会导致各种性能下降，带来安全隐患。AQ 多能驰技术的设计初衷正是为了减少轮胎磨损对性能带来的影响。AQ 多能驰轮胎的最大特点是采用胎面的双层结构。当轮胎磨损达到 50%时，抓地力更强的 AQ 胎面开始出现，这样可以有效地抑制轮胎后期性能下降，使其保持和新轮胎差不多的性能。

10.3.9 非充气式轮胎

21 世纪 Resilient Technologies 和 LLC 公司为美国军方研制的新型轮胎（如图 10-15）采用了蜂窝式设计，可以抗击地雷和一些小型武器的打击，从而帮助悍马等军用车型在战场上畅行无阻。

如果其舒适性得到更好的改善，那么在民用市场也会大有用武之地。它可以使民用车辆避免爆胎的危险，安全性自然得到了大幅提升。

图 10-15　非充气式轮胎

复习思考

1. 汽车对轮胎的性能要求有哪些？
2. 何谓季节换胎？
3. 怎样才能合理使用轮胎，具体措施有哪些？
4. 与普通斜交胎相比，子午胎有何优点？
5. 如何防止轮胎超载？
6. 说明 PC185/70R13 88R 的含义。
7. 新胎换胎的原则是什么？
8. 对于同一车轴左右轮胎有何要求？

第11章 汽车美容材料

学习目标

1. 了解汽车美容的作用与分类。
2. 掌握常用汽车美容材料的品种与分类。
3. 了解常用汽车美容材料的选用和美容护理工艺。

考核标准

知识要求：理解现代汽车美容的概念和作用意义，认识汽车美容材料的分类：车身美容护理用品、车身漆面处理材料、汽车内饰清洁护理用品、汽车发动机清洁护理用品等几大系列。

技能要求：初步学会选择汽车美容材料。

11.1 汽车美容的作用与分类

随着我国汽车工业的迅速发展和汽车保有量的不断增加，汽车美容业得到了长足发展，并成为热门行业之一。

"汽车美容"源于西方发达国家，英文名称为"CarBeauty"或"CarCare"。它是一种全新的汽车养护概念，与一般的洗车打蜡有着本质区别。现代汽车美容，是指利用专业美容系列产品和高科技技术设备，采用特殊的工艺和方法，对车内外进行清洗、漆面增光、打蜡、抛光、镀膜及深浅划痕处理、全车漆面美容、发动机表面翻新等一系列养车护理技术，以达到"旧车变新，新车保值，延寿增益"的功效。

11.1.1 汽车美容的作用

11.1.1.1 保持车体的健康、亮丽

汽车美容护理集清洁、打蜡、除尘、翻新及漆面处理为一身，可以由表及里地还给汽车生命又一度"青春"。汽车美容是车辆美的缔造，及时清除车表尘土、酸雨、沥青等污染物，保持车表清洁，防止漆面及车身其他部件受到腐蚀和损害。汽车打蜡不但能给车身以光

彩亮丽的视觉效果，而且它的防紫外线、防酸雨、抗高温及防静电功能，能为汽车带来无微不至的"呵护"。车室美容在除尘、清洁的同时，施以特殊的工艺，进行必要的上光保护、翻新修补、杀菌及空气净化。

11.1.1.2　为车主增添自信

汽车与人是一个密不可分的整体，人的视觉是美的"伯乐"，凡同汽车打交道者，其视点大多集中在车辆美学角度上。

汽车美容也是车主形象的映照，如同对现代个人的包装。人需要以整洁、得体、不同档次的服饰来表征个人的某些内在的意识、个性气质乃至生活观念和生活态度。作为汽车的拥有和使用者，汽车与车主朝夕相伴。无疑它早已成为车主形象表征的重要组成部分，汽车美容可协助车主塑造一个全新的自我。

11.1.1.3　增添城市道路的现代风采

随着我国国民经济的不断发展和科学技术的不断进步，以及人们生活水平的不断提高，道路上行驶的各种汽车也越来越多。五颜六色的汽车装扮着城市的各条道路，形成一条条美丽的风景线，对城市和道路环境起着美化作用，给人们以美的享受。这些成果的得来与我国的汽车美容业的兴起是分不开的。如果没有汽车美容，道路上行驶的汽车车身灰尘污垢堆积，漆面色彩单调、色泽暗淡，甚至锈迹斑斑，这样将会形成与美丽的城市建筑极不协调的景象。因此，美化城市环境离不开汽车美容。

11.1.2　汽车美容的分类

(1)根据汽车的服务部位分

可分为车身美容、内饰美容和漆面美容。

1)车身美容

车身美容服务项目包括高压洗车，去除沥青、焦油等污物，上蜡增艳与镜面处理，新车开蜡，钢圈、轮胎、保险杠翻新与底盘防腐涂胶处理等。还包括车身的外部装饰，如对汽车顶盖、车窗、车身周围及车轮等部位进行装饰。

2)内饰美容

内饰美容服务项目可分为车室美容、发动机美容及行李箱清洁等项目。其中，车室美容包括仪表台、顶棚、地毯、脚垫、座椅、座套、车门内饰的吸尘清洁保护，以及蒸汽杀菌，冷暖风口除臭，室内空气净化等项目。

发动机美容包括发动机冲洗清洁、喷上光保护剂、做翻新处理及三滤水箱、蓄电池等清洁、检查、维护项目。还包括对汽车驾驶室和乘客室进行装饰。

3)漆面美容

漆面处理服务项目可分为氧化膜、飞漆、酸雨处理，漆面深浅划痕处理，漆面部分板面破损处理及整车喷漆等。

(2)根据汽车的实际美容程度分

可分为一般美容、修复美容和专业美容。

1)一般美容

就是人们普通所说的汽车美容，即洗车、打蜡这种方法，将汽车表面上的污物、尘土洗去，然后打蜡，增加车身表面的光亮度，起到了粗浅的“美容”作用。

2)修复美容

汽车修复美容是对车身漆膜有损伤的部位，先进行漆膜修复，然后再进行美容。这种美容的工艺过程为：沙子划痕——涂快干原子灰——研磨——涂快干底漆——涂底色漆——涂罩光漆——清除接口。汽车修复美容必须在比较正规的汽车美容中心进行，它需要必要的设备和工具，必须有一定的修复美容工艺，才能满足汽车美容的基本要求。但是，这种美容并非很完善，对整车而言，只是对车身的漆膜部分进行了保养护理。

3)专业美容

专业汽车美容，不仅仅包括对汽车的清洗、打蜡，更主要的是根据汽车实际需要进行维护。它包括对汽车护理用品的正确选择与使用、汽车漆膜的护理(例如对各类漆膜缺陷的处理、划痕的修复美容等)、汽车装饰、汽车防护及精品的选装等内容。其中，汽车防护服务项目有贴防爆太阳膜，安装防盗器、静电放电器、汽车语音报警装置等；汽车精品服务是汽车美容服务的延伸项目，能满足司机及乘员对汽车内部附属装饰、便捷服务的需求，如车用香水、蜡掸、剃须刀、扩目镜、脚垫、座套、把套等的配置，能使汽车美容服务更加贴身贴心，体现人性化的服务。

专业汽车美容是通过先进的设备和数百种用品，经过几十道工序，从车身、内饰、发动机、钢圈、轮胎、底盘、保险杠、油路、电路、空调系统、冷却系统、进排气系统等各部位进行彻底的清洗、保养和维护，使旧车变新并保持长久，使整车焕然一新。这样的汽车美容才是真正的专业汽车美容。

①专业汽车美容包含的主要项目和内容

整车细部全面彻底清洗；油污、飞漆、污物的清洗处理；尘粒、橘皮等漆膜缺陷的砂平处理；漆膜粗研磨处理；漆膜细磨抛光处理；漆膜增艳处理；漆膜抗氧化保护处理；持久保护层处理；漆膜镜面处理；钢圈、轮胎、保险杠、底盘等保养护理；室内各部位及主要配置的保养护理；发动机系统的美容护理等。

②专业汽车美容后效果

车身漆膜应达到艳丽的新车效果，并能长久保持，应具有防静电、防酸雨、防紫外线的“三防”功能；发动机的清洗翻新，可使发动机表面形成光亮的保护膜并能长久保持；风窗玻璃的修复抛光，使开裂发乌的玻璃变得清晰明亮，完好如初；轮毂、轮胎经美容护理后，具有艳丽光泽并能延长使用寿命；室内、后备箱内经美容处理后，应更显洁净华贵；金属裸露部分经除锈、防锈处理后，应具有金属光泽，不再生锈，延长其使用寿命。

汽车美容是一项庞杂的系统工程。在汽车美容数十年的发展完善过程中，其作业设备和美容用品已逐渐成熟，呈多样化、系列化。汽车美容材料常称为汽车美容用品，分为车身美容护理用品、车身漆面处理材料、汽车内饰清洁护理用品、汽车发动机清洁护理用品等几大系列。现代汽车美容常用设备及用品见表 11-1。

表11-1　现代汽车美容常用设备及用品

美容项目	具体作业项目	设备及用品	选用要点
车身美容	汽车清洗	龙门滚刷清洗机，小型高压清洗机，鹿皮、毛巾、板刷、清洗护理二合一清洗剂、玻璃清洗剂、柏油沥青清洁剂、轮胎清洗保护剂、黑镀清洗保护剂、银镀清洁保护剂、清洁上光剂等	小型美容企业宜选用小型高压清洗机；北方冬季宜选用调温式清洗机；不宜选用碱性清洗剂洗车
	汽车打蜡	打蜡机、打蜡海绵、无纺布毛巾及各种保护蜡、上光蜡、防静电蜡、镜面釉等	根据汽车漆面性质、特点及汽车运行环境选用车蜡；镜面釉是非蜡质保护剂
漆面处理	浅划痕及漆面失光处理	抛光机，不同粒度的抛光剂、还原剂、漆面增艳剂、漆面保护剂	抛光后须进行还原处理
	深划痕处理	设备、用品与喷漆施工相同	
	喷漆	喷漆间、烤漆房、空压机、喷枪、砂纸、刮板、底漆、腻子、中涂漆、面漆	宜选用喷漆烤漆两用房；修补施工宜选用快干型涂料
内饰美容	车室美容	吸尘器、高温蒸汽杀菌器、喷壶、毛巾、真皮、塑料、纤维织物清洁保护剂、真皮上光保护剂、真皮与塑料上光翻新保护剂、地毯清洁剂等	不宜用碱性清洁剂进行车室清洁；纤维织物清洁剂一般可用于地毯清洁
发动机美容	发动机清洁、翻新	喷壶、毛巾、发动机表面活性清洗剂、机头光亮保护剂、清洁油等	不宜用酸、碱类清洁剂

11.2　常用汽车美容材料的品种与分类

常用的汽车美容护理用品按各类产品的特性、适用范围、护理功能不同分主清洁保护用品、油漆护理用品、汽车整容及装饰用品。

11.2.1　车身美容护理用品

常用车身美容护理用品主要有车用清洗剂和车蜡两大类。

11.2.1.1　车用清洗剂

用一般的洗衣粉、洗洁精来清洁车身表面，虽能达到清洁车身的目的，但同时也会把车表面的蜡层清洗掉，这些清洁剂一般呈碱性，对车身漆面及金属具有强烈的腐蚀性，导致漆面失光、生锈。为此，汽车清洁需专用清洗剂。

(1)水系清洗剂

目前在国内外汽车专业美容行业中广泛使用水系清洗剂,其配方基本不含碱性,一般由多种表面活性剂配制而成,具有很强的浸润和分散能力,能有效地去除车身表面的尘埃、油污,保护车身不受有害物质的侵蚀,保持漆面原有的光泽。常用的水性清洗剂有不脱蜡洗车液、脱蜡洗车液、上光洗车液、泡沫上光洗车剂、天然洗车液等。

(2)有机清洗剂

主要用来去除车身表面的油脂、润滑油、污垢、石蜡、硅酮抛光剂、橡胶加工助剂以及手印等。目前经常使用的有机溶剂有煤油、汽油、甲苯、二甲苯、三氯乙烯、四氯化碳及200号溶剂汽油。

(3)二合一清洗剂

亦称二合一香波,是一种高级表面清洗剂,它既有清洗功能,又有上蜡功能,可以满足快速清洗兼打蜡的要求。二合一清洗剂主要由多种表面活性剂配制而成。上蜡成分是一种具有独特配方的水蜡,清洗作业中,在漆面形成一层蜡膜,增加车身的鲜艳程度,可有效地保护车漆。常用的二合一清洗剂有汽车清洁上蜡香波、电脑洗车机用高泡香波、电脑洗车机用上蜡香波等。

11.2.1.2 车蜡

汽车打蜡的目的主要是保持车身漆面亮丽整洁,保护车漆。车蜡的主要成分是聚乙烯乳液或硅酮类高分子化合物,并含有油脂成分,它可以在漆面形成一层油膜而散发光泽。由于车蜡中所含的添加成分不同,使其在物质形态、性质上有所区别,进而划分为不同的种类。

按物理状态不同可分为固体蜡和液体蜡两种。在日常作业中,液体蜡应用较多,如龟牌蜡、即时抛等。

按其作用不同可分为防水蜡、防高温蜡、防静电蜡、防紫外线蜡等。

按其功能不同可分为去污蜡、亮光蜡、镜面蜡、彩色蜡等。

按生产国别不同可分为国产蜡和进口蜡。中高档车蜡多用进口蜡,这些高级美容蜡含有特殊材料成分,用水冲洗多次,一般都不会流失,也不用担心光泽在较短时间失去,施工后车蜡表面水滴呈扁平状,透镜作用不明显,可有效地保护漆面。另外,进口蜡还有一种活性非常强的渗透剂,能使车蜡迅速渗透于漆层内,和漆面之间产生牢固的结合力,打完蜡后的漆面看起来浑然一体,效果非常好。

11.2.2 车身漆面处理材料

现代意义的汽车,其车身的保养重要性超过任何系统。若钣金及面漆不良,汽车的使用价值将大打折扣。

漆面处理作为现代汽车美容的重要组成部分,包括漆面失光处理、漆面浅划痕处理、漆面深划痕处理、喷涂等内容。漆面失光处理在汽车美容作业中采用特殊处理工艺与方法,配合专用的护理用品,可以有效地去除失光,再现漆面的亮丽风采。但对于因摩擦、硬伤所产生的各种划痕处理,浅划痕采用抛光研磨的方法,深划痕则需采用喷涂施工完成。

所以车身漆面处理材料分为车身漆面护理材料和车身漆面修补材料两大类。

(1)研磨剂

研磨是利用坚固的浮岩作为摩擦材料去除车漆原有的缺陷。研磨剂是漆房、修理厂及做深度划痕(露底漆)的汽车美容护理中心必不可少的用品。研磨剂有普通漆研磨剂和透明漆研磨剂两种。透明漆研磨剂的摩擦材料比普通漆研磨剂有了很大的革新,它采用微晶体物和合成磨料或陶土替代了浮岩。这种新型的摩擦材料在一定的热量下,可通过化学反应变小或变无,不会把透明漆磨掉。这些新型研磨剂不仅适用于透明漆,同样也适用于普通漆。常用的透明漆研磨用品有透明漆微切研磨剂、透明漆中切研磨剂、透明漆深切研磨剂(不含硅氧烷)。

(2)抛光剂

抛光是去除研磨遗留的缺陷,消除研磨造成的细微划痕,处理车漆的轻微损伤和污斑,为还原、打蜡(镀膜)做好准备。抛光剂不含上光材料。常用的抛光剂有普通漆抛光剂、全能抛光剂、镜面釉抛光剂等。镜面釉抛光剂是国外现代汽车护理的高科技产品,含有高分子釉剂,能把任何车型的漆面做成釉质撞面效果。特殊配方的抛光剂能去除抛光作业时产生的环划痕,使漆面特别光亮,有较强的耐清洗、抗磨损能力,不怕水、不怕油污和酸碱,使用后能在汽车漆面形成光滑、明亮、密封的釉质镜面保护膜,使汽车终年保持亮丽色彩。

(3)增光剂

可实现最终的镜面效果。增光剂与抛光剂的唯一区别在于增光剂含蜡或上光剂。因为有蜡,增光剂实际上是一种二合一用品,可以缩短工作时间,进一步完善抛光的效果。增光剂虽然有蜡的效果,但它一般保持时间不长,接触几次水后就会流失,要取得长久保持的效果,增光剂上还应再加一层高质量的蜡。常用增光剂的品种有普通漆增光剂、增艳剂等。

(4)还原剂

还原是找回车漆的本来面目,是打蜡前的最后一道完善工序。还原剂主要用来去除抛光后的车漆仍旧残存的一些发丝划痕、抛光盘旋转的印子花纹等,从而把打蜡前的车漆还原到漆色固有光泽的最高境界。常用的还原剂品种有普通漆镜面还原剂、金属漆镜面还原剂等。后者是一种专为还原普通漆面光泽和色彩而设计的新用品,可有效除去氧化层和沥青污迹,在几秒钟内还原车漆本色,使漆面光亮如新,该剂也适用于普通烤漆的车身抛光翻新和漆面修补抛光作业。

11.2.3　汽车内饰清洁护理用品(汽车专业保护剂)

随着汽车业的发展,人们对车室内的装饰要求也越来越高。车内真皮座椅、顶棚、仪表板、地毯等长期使用后极易藏污纳垢,久而久之使细菌滋生而产生异味,影响使用者的健康。使用专业清洁保护剂,不仅有美容功能,还有防污、抗尘、防水、杀菌除臭等作用。专业保护剂是较新的汽车美容用品,也是发展最快的汽车美容用品。汽车专业保护剂主要分以下几类。

11.2.3.1 皮革类专业保护剂

高级轿车中越来越广泛地装饰真皮座椅、真皮门边蒙皮、真皮把套等，这些真皮装饰件在使用中易出现松面、裂浆、露底、僵硬等。在汽车美容中有专用的皮革清洁护理用品，它们可以对皮革进行清洗、上光，令皮革恢复原有光泽，也可在表面形成一层保护膜，防止老化。

皮革类专业保护主要品种有水性真皮清洁柔顺剂、油性真皮上光保护剂、2001 配方皮革保护剂，其他还有硬质皮革清洗液、超级防护剂等多种皮革专业保护剂。

11.2.3.2 化纤类专业保护剂

现代汽车中，车室内纤维物覆盖面所占比例较大，广泛用于顶棚、座椅、地毯等处。清洁时严禁使用碱性较强的洗衣粉或洗洁精清洗纤维织物，因为这些碱性物质在清洁结束后会腐蚀纤维织物，使织物变黄。

常用的化纤专用保护剂有化纤保护剂、化纤皮革清洁保护剂、丝绒清洁保护剂、地毯洗涤保护剂等。

11.2.3.3 塑胶类专业保护剂

汽车车室的塑料、橡胶件在使用过程中易出现老化、失去光泽、划伤、腐蚀等缺陷。使用专用的塑胶类保护剂进行处理，会消除这些缺陷，美容效果非常明显。

常用的塑料专业保护剂有塑胶护理上光剂、皮塑防护剂、塑件橡胶润光剂。

11.2.3.4 电镀件专业保护剂

现代汽车中镀铬件的应用大大提高了汽车的装饰效果。对镀铬件表面最有害的是空气中的硫化气体和海滨地区空气中的盐分，这些腐蚀性物质附在镀铬层表面会造成镀铬件失光，影响其装饰效果。所以，对镀铬件的保护及翻新处理尤为重要。

常用的电镀件专业保护剂有电镀件除锈保护剂、汽车镀铬抛光剂等。使用后可使锈蚀发暗的镀铬表面恢复原有的光泽，并延缓日后的腐蚀。

11.2.3.5 玻璃专业保护剂

为了使车用玻璃光洁明亮，保证行车安全，玻璃清洁尤为重要。常用的玻璃保护剂有玻璃清洁防雾剂、玻璃抛光剂等。它们可以有效去除挡风玻璃上沾染的污斑、昆虫及不易用一般清洁剂清除的污垢，能改善雨刮器产生的擦痕，使玻璃晶莹透亮，并对已发乌的旧玻璃有很好的还原能力，适用于挡风玻璃、反光镜及玻璃门窗的清洁和上光。

11.2.4 汽车发动机的清洁护理用品

发动机清洁翻新作为汽车美容的一部分，对汽车发动机的性能影响非常大。油泥、灰层及污物的附着，不但影响发动机的美观，而且还易造成发动机附件的故障，更主要的是影响发动机的散热能力，加速发动机运动副的磨损，使发动机的使用寿命降低。

发动机美容护理用品主要有发动机清洁剂、发动机强力清洗剂、发动机外部清洗剂、气门清洁剂等。

11.2.5　汽车改装用材料

随着汽车逐步进入家庭，汽车的形象设计也开始流行起来。汽车形象设计也称汽车改装，目前国内一些大城市的汽车装饰店或专业改装店，已经开展汽车外形改装业务，以满足现代汽车所有者追求个性化的需求。

汽车改装所用材料一般有两种：玻璃钢和碳纤维。由于碳纤维成本较高，而玻璃钢具有质量轻、抗撞性好、价格低廉等优点，所以汽车改装时使用较多的是玻璃钢。

此外，还可进行汽车太阳膜装饰。贴上太阳膜除了能降低车内的温度、减轻空调的负担之外，还能起到装饰的作用。若太阳膜的颜色能与车型和车身的颜色搭配得当，将产生意想不到的效果。

11.3　常用汽车美容材料的选用和美容护理工艺

在进行汽车美容时，除充分了解各种汽车美容材料的性能和用途之外，还需要正确选用美容用品，并采取适当的护理工艺。

11.3.1　车身打蜡美容护理

车身是一部车最重要、最显眼的外表。要保持汽车车容的整洁亮丽，打蜡是必不可少的。

11.3.1.1　汽车美容蜡的正确选用

正确地选择使用汽车漆面美容蜡是打蜡成败的关键。目前市场上车蜡种类繁多，性能不同，其产生的作用和效果也不一样，选择不当不仅不能保护车体，反而会对车身表面产生不良影响，严重的还会令车漆褪色或变色。所以，要求美容者要根据汽车漆面的实际情况加以正确选择。选择时，应注意以下几方面的问题：

(1)区分漆面类型。例如，风干漆与烤漆，虽说都可作抛光处理，但选用的抛光蜡不一样，用错会造成漆膜变软、裂口及变色。

(2)浅色漆与深色漆的抛光蜡不能混用。

(3)分清机蜡和手蜡。机蜡配合专用抛光机使用，手蜡直接用手涂擦抛光。

(4)素色漆与金属的抛光蜡应区分使用。

(5)分清漆膜保护增光蜡与镜面处理蜡。镜面处理蜡是对漆面进行增光处理的专用蜡，其保护作用不如保护增光蜡。保护增光蜡含有许多成分，可在漆面上形成一层保护膜，抵御外界紫外线、酸雨、静电粉尘、水浸等侵害。

(6)尽量不用砂蜡。一般的砂蜡对漆面有很强的研磨作用。

在选择车蜡时，应根据各种车蜡的作用特点、车辆的新旧程度、车漆的不同颜色和车辆的行驶环境等因素进行综合考虑。对于高级轿车，可选用高级的车蜡；新车最好选用彩涂上光蜡，以保护车体的光泽和颜色；夏天宜用防紫外线车蜡、三重蜡；普通漆面使用水晶蜡、镜面蜡；雨季或硬水地区使用水晶蜡。当然，选用车蜡还必须考虑与车漆颜色相配合，一般深颜色的车漆选用黑色、红色或绿色车蜡；浅颜色的车漆则选用银色、白色或珍珠色系列的车蜡。

11.3.1.2 打蜡的基本工艺过程

打蜡前最好用专用的洗车水对车身进行彻底的清洗，把附在车身表面上的泥沙和尘土清除干净。切记不可盲目地使用洗洁精或肥皂水，因其所含的氢氧化钠等碱性成分会侵蚀车身表面的漆层和蜡膜以及橡胶件，令车身表面失去光泽，橡胶件老化变硬甚至脱落。

打蜡时应将汽车停放在阴凉处，以保证车体不致过热。不可将车停在太阳光下，边晒边打蜡，因为随着温度的升高，车蜡会结化变硬、附着性变差，影响打蜡效果。

在打蜡处理时，整个作业过程应连续完成。车身均匀涂抹蜡层后 5～10min 即可用干净柔软的干毛巾进行擦抹，一些快速水蜡可以边涂边擦，而抛光蜡则需专业抛光机进行处理。

车身打蜡后，会在车灯、车牌、玻璃、门缝处残留下一些车蜡，这时需及时清除。如果想让车蜡保留的时间长些，可以在打完蜡的车身上喷抹一层护车素，既保护车蜡又可提高车身表面的光泽度，还可以起到防晒、防雨、防酸的作用。

11.3.2 汽车漆面浅划痕处理

由于汽车平时停放或行驶在露天的环境中，遭受风吹雨打太阳晒及酸雨和空气中强氧化物的侵蚀，漆面会逐渐变色和粗糙，失去原有的光泽；行驶中不注意被刮擦、创伤的情况时有发生，导致漆面出现浅划痕。这些漆面瑕疵如不进行及时处理，不但影响汽车的美观，同时会使漆面受到腐蚀的可能大大增加，导致汽车使用寿命的降低。所以在汽车美容作业中一般采用抛光研磨的方法，以去除漆面上出现的浅划痕。

11.3.2.1 漆面浅划痕处理用品的正确选用

抛光研磨的作用是消除漆面细微划痕（发丝划痕），治理汽车漆面轻微损伤及各种斑迹，进而达到光亮无瑕的漆面效果。

抛光研磨的主要方法是依靠研磨，即用非摩擦材料把细微划痕去除，再依靠车蜡的光泽来弥补漆面残存的缺陷。但若不注意选择研磨剂摩擦材料颗粒的大小，在处理细微小划痕的同时，研磨剂的砂粒又可能造成新的划痕。所以在抛光研磨时要根据漆面的状况和质量，划痕的大小、深浅，合理选用研磨剂。深切用研磨剂粒度的选择，以能保证抛去漆面 95%左右的划痕为宜，其粒度一般应为 320～400 目。中切研磨剂的粒度应以 400～600 目为宜，微切用研磨剂的粒度一般。

11.3.2.2 浅划痕处理具体工艺过程

(1)洗车

洗车的目的是清除汽车车身表面的污染物、泥土等，避免造成意外伤害。

(2)开蜡

开蜡的目的是为了保证抛光效果。开蜡作业要求使用专用开蜡水，去除漆面原有的蜡质层。在对蜡质层进行彻底分解的同时，不损伤漆面及塑料。

(3)漆面研磨抛光

在进行研磨抛光作业时，要根据漆面的状况及质量，如厚度、硬度、耐磨性等，选择合适的抛光剂。其研磨抛光过程可分四个步骤进行。

1)深切研磨

目的是去除漆面较深的划痕，提高作业效率，保证抛光质量。

具体操作方法是：首先用小块毛巾将研磨剂均匀涂抹在待抛漆面上，涂抹面积以操作人员不需移动脚步且能自如抛光为宜。然后将海绵抛光盘安装在抛光机上，沾满水，保持抛光盘平面与待抛漆面基本平行(局部抛光除外)，起动抛光机，使其转速设置在 1500～1800r/min，抛光时为保持海绵抛光盘湿润，应不断向抛光盘上洒洁净的清水，以降低摩擦表面的温度，避免由于摩擦升温过高而造成的抛光盘焦化和损坏面漆。研磨抛光作业在清除 95%左右划痕时停止即可，然后用洁净清水冲洗抛光表面，擦去残余物，检查抛光效果。

2)中切研磨

主要目的是清除粗切留下的砂痕。具体操作方法与粗切相同，一定要更换成中切抛光盘。

3)微切研磨

主要目的是清除中切留下的细微砂痕，进行表面磨光处理，以进一步提高漆面光泽度。具体操作方法与前相同，只是需更换成微切用抛光盘。

4)抛光

抛光的作用是清除研磨留下的细微划痕。根据不同车蜡的说明，一般涂抹后 5～10 min 即可进行抛光。抛光时遵循后上蜡先抛光的原则，确保抛光后的车表不受污染。抛光作业通常使用无纺布毛巾做往复直线运动，适当用力按压，可消除剩余车蜡。

(4)漆面还原增艳

抛光作业结束后，漆面浅划痕已基本消除，对于抛光作业中残留的一些发丝划痕、旋印等，可通过漆面还原进行处理。漆面还原时用小块无纺布将还原剂均匀地涂抹于漆面，然后用无纺布毛巾抛光即可。经还原处理后的漆面亮丽如新。

(5)漆面保护

漆面保护通过对漆面上保护剂来实现，其作用原理是在漆面形成高分子附着层，有效地保护漆面，使其永葆亮丽风采。

复习思考

1. 什么是汽车美容？现代汽车美容服务项目有哪些？

2. 常用车蜡的种类有哪些？作用是什么？

3. 漆面处理包括哪些主要内容？

4. 如何对漆面浅划痕进行处理？

5. 简述车身打蜡美容护理用品的选用及打蜡的基本工艺过程。

附录　实验实训项目(供选择)

实验实训1　金属室温拉伸力学性能的测定

一、实验目的

1. 掌握金属材料屈服强度σ_s、抗拉强度σ_b、断后伸长率δ和断面收缩率ψ的测试方法。

2. 了解用引伸仪测定金属材料弹性模量E的方法。

二、实验原理概述

拉伸试验是用拉力拉伸试样，一般拉至断裂，以测定材料的一项或几项力学性能的试验方法。常温下的拉伸试验是测定材料力学性能的基本实验，可用于测定弹性模量E和泊松比μ，屈服强度σ_s(上屈服强度或下屈服强度)，规定非比例延伸强度，如$\sigma_{p0.2}$，抗拉强度σ_b，断后伸长率δ和断面收缩率ψ等，这些力学性能指标都是工程设计的重要根据。

1. 弹性模量E的测定

弹性模量是应力低于比例极限时应力与应变的比值，即：

$$E=\frac{\sigma}{\varepsilon}=\frac{Fl_0}{A\Delta l} \tag{1-1}$$

可见，在比例极限内，对试样施加拉伸载荷F，并测出标距l_0的相应伸长Δl和试样的原始横截面积A，即可求得弹性模量E。在弹性变形阶段内试样的变形很小，测量变形需用高放大倍数的机械式引伸仪，例如放大倍数为2000倍(分度值为1/2000mm)球铰引伸计或用数显电子引伸计。

为检查载荷与变形的关系是否符合虎克定律，减少测量误差，试验一般用等增量法加载，即把载荷分成若干相等的加载等级ΔF[如附图1-1(a)]，然后逐级加载。为保证应力不超出比例极限，加载前先估算出试样的屈服载荷，以屈服载荷的70%～80%作为测定弹性模量的最高载荷F_n。此外，为使试验机夹紧试样，消除引伸仪和试验机机构的间隙，以及开始阶段引伸仪刀刃在试样上的可能滑动，对试样应施加一个初始载荷F_0，F_0可取为屈服载荷的10%，从F_0到F_n将载荷分成n级，且n不小于5，于是：

$$\Delta F = \frac{F_n - F_0}{n}(n \geqslant 5)$$

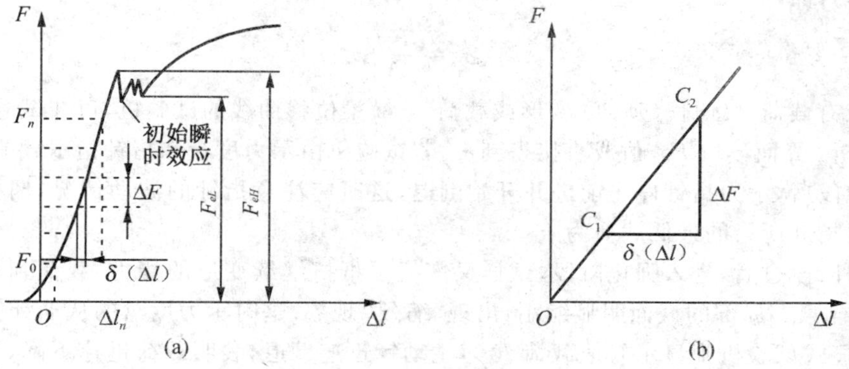

附图 1-1　拉伸载荷—位移曲线示意图

例如低碳钢的下屈服强度 $\sigma_s = 300\text{MPa}$,试样直径 $d = 10\text{mm}$,则:

$$F_n = \frac{1}{4}\pi d^2 \times \sigma_s \times 80\%\text{N} = 18850\text{N}\quad(\text{取为 18kN 或 19kN})$$

$$F_n = \frac{1}{4}\pi d^2 \times \sigma_s \times 10\%\text{N} = 2356\text{N}\quad(\text{取为 3kN 或 4kN})$$

试验时,从 F_0 到 F_n 逐级加载,载荷的每级增量为 ΔF。对应着每个载荷 $F(i = 1, 2, \cdots, n)$,记录下相应的伸长 Δl_i,Δl_{i+1} 与 Δl_i 的差值即为变形增量 $\delta(\Delta l)_i$,它是 ΔF 引起的伸长增量。在逐级加载中,若得到的各级 $\delta(\Delta l)_i$ 基本相等,就表明 Δl 与 F 成线性关系,符合虎克定律。完成一次加载过程,将得到 F 和 Δl_i 的一组数据,按线性拟合法求得:

$$E = \frac{(\sum F_i)^2 - n\sum F_i{}^2}{\sum F_i \sum \Delta l_i - n\sum F_i \Delta l_i} \cdot \frac{l_0}{A} \tag{1-2}$$

除用线性拟合法确定 E 外,还可以用下述弹性模量平均法。对应于每一个$(\Delta l)_i$,由公式(1-1)可以求得相应的 E_i 为:

$$E_i = \frac{\Delta F \cdot l_0}{A \cdot \delta(\Delta l)_i}(i = 1, 2, \cdots, n) \tag{1-3}$$

n 个 E_i 的算术平均值:

$$E = \frac{1}{n}\sum E_i \tag{1-4}$$

如能精确绘出拉伸曲线,即 F—Δl 曲线,也可以在弹性直线段上确定两点[如附图 1-1(b) 的 C_1、C_2],测出 ΔF 和 $\delta(\Delta l)$,计算 E。

2. 下屈服强度 σ_s 及抗拉强度 σ_b 的测定

上屈服强度是试样发生屈服而力首次下降前的最高应力,下屈服强度 σ_s 是屈服期间不计初始瞬间时的最低应力。

测定 E 后重新加载,同时记录载荷—变形(或位移)曲线,当达到屈服阶段时,低碳钢的拉伸曲线呈锯齿形。与最高载荷 Fe_H 对应的应力为上屈服强度,它受变形速度和试样形状的影响较大，没有特殊要求一般不测定，也不作为强度指标。屈服期间初始瞬时效应以后的最低载荷 F_{eL}，除以试样的原始横截面积 A，为下屈服强度 σ_s（在材料力学性能中称为屈服极限），即：

$$\sigma_s = \frac{F_{eL}}{A} \tag{1-5}$$

记录有载荷 — 伸长（延伸）变形或载荷 — 横梁位移曲线的试验机，可在试验结束后，进入“分析”界面读取 F_{eL} 值或直接得到 σ_s。若试验机由示力度盘和指针指示载荷，则在进入屈服阶段后，示力指针停止前进并开始倒退，这时应注意指针的波动情况，捕捉初始瞬时效应后指针所指的最低载荷为 F_{eL}。

屈服阶段过后，进入强化阶段，试样又恢复了抵抗继续变形的能力。载荷到达最大值 F_b 时，试样某一局部的截面明显缩小，出现“缩颈”现象。这时示力度盘的从动针停留在 F_b 不动（屏显式试验机则显示峰值载荷 F_b）。主动针迅速倒退，表明载荷迅速下降，直至试样被拉断。以试样的原始横截面面积 A 除以 F_b 得抗拉强度 σ_b，即：

$$\sigma_b = \frac{F_b}{A} \tag{1-6}$$

3. 断后伸长率 δ 和断面收缩率 ψ 的测定

试样拉断后，原始标距部分的伸长与原始标距的百分比，称为断后伸长率，用 δ 表示。试样的原始标距长为 l_0，拉断后将两段试样紧密地对接一起，量出拉断后的标距长为 l_u，则断后伸长率为：

$$\delta = \frac{l_u - l_0}{l_0} \times 100\% \tag{1-7}$$

断口附近塑性变形最大，所以 l_u 的量取与断口的部位有关。如断口发生于 l_0 的两端标记点或 l_0 之外，则试验无效，应重做。若断口距 l_0 的一端的距离小于或等于 $l_0/3$[如附图 1-2(b)(c)]，则按下述断口移中法测定 l_u。在拉断后的长段上，由断口处取约等于短段的格数得 B 点，若剩余格数为偶数[如附图 1-2(b)]，取其一半得 C 点，设 AB 长为 a，BC 长为 b，则 $l_u = a + 2b$。当长段剩余格数为奇数时[如附图 1-2(c)]，取剩余格数减 1 后的一半得 C 点，加 1 后的一半得 C_1 点，设 AB，BC 和 BC_1 的长度分别为 a，b_1，b_2，则 $l_u = a + b_1 + b_2$。

当采用 $l_0 = 11.3\sqrt{A}$ 或定标距试样（例如 $l_0 = 80\text{mm}$）时，测定的断后伸长率应加以脚注，如 $\delta_{11.3}$ 或 δ_{80}。

断面收缩率 ψ 是拉断试样后，缩颈处横截面面积的最大缩减量与原始横截面积的百分比，用 ψ 表示。设原始横截面积为 A，试样拉断后，缩颈处的最小横截面积为 A_u，由于断口不是规则的圆形，应在两个互相垂直的方向上量取最小截面的直径，以平均值 d_u 计算 A_u，然后按式(1-8) 计算断面收缩率 ψ。

$$\psi = \frac{A - A_u}{A} \times 100\% \tag{1-8}$$

三、实验设备及材料

1. 万能材料试验机。

2. 球铰式引伸仪或电子引伸计。

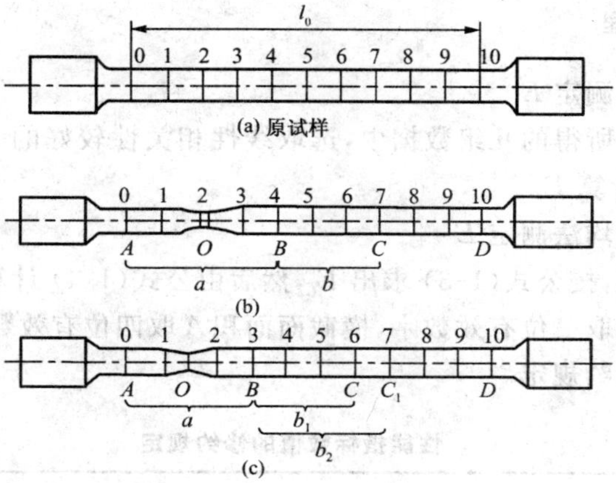

附图 1-2　拉断后的拉伸试样示意图

3. 游标卡尺。

4. 低碳钢拉伸试样，$l_0 = 5d$，将 l_0 十等分，用划线机刻画圆周等分线或用打点机打上等分点。

四、实验步骤与方法

1. 测量试样尺寸

在标距 l_0 的两端及中部三个位置上，沿两个相互垂直的方向，测量试样直径，以其平均值计算各横截面面积，再以三者的平均值作为公式(1-1)、公式(1-2) 和公式(1-3) 中的 A，至于公式(1-5)、公式(1-6) 和公式(1-8) 中的 A，则应以上述三个截面面积中的最小值为 A。

2. 试验机准备

按使用的液压万能机、屏显液压万能机或电子万能机的操作规程进行准备，使机器进入试验状态。

3. 安装试样及引伸仪

4. 进行预拉

为检查机器和仪表是否处于正常状态，先把载荷预加到测定 E 的最高载荷 F_n，然后卸载到 $0 \sim F_n$ 之间，当引伸仪读数不正常时应重新安装。

5. 加载

测 E 时，先加载至 F_0，记下引伸仪的初读数。加载按等增量法进行，应保持加载的均匀、缓慢，并随时检查载荷与试样变形关系是否符合虎克定律。载荷增加到 F_n 后卸载。测定 E 的试验应重复三次，完成后卸载取下引伸仪。然后以 0.5～1.0kN/s 或 1～5mm/min 的速率加载直至测量 F_{eL}，在此期间应保持加载速率恒定。屈服阶段后可增大应变速率，但也不应使两夹头分离速率超过 25mm/min，最后直至将试样拉断，记下最大载荷 F_b。使用电子万能机做实验时，通过进入“分析”状态读出 F_{eL}。

6. 取下试样，将试验机恢复原状

五、实验数据处理

1. 用直线拟合法测定 E

在测定弹性模量所得的几组数据中，选取线性相关性较好的一组数据 F_i，Δl_i 拟合为直线，按公式(1-2) 计算 E。

2. 用弹性模量平均法测定 E

利用上述数据组，按公式(1-3) 求出 E_i，然后由公式(1-4) 计算 E。

3. 弹性模量一般取三位有效数字，横截面面积 A 取四位有效数字，其他性能指标的数值遵守附表 1-1 的修约规定。

附表 1-1　　性能指标数值的修约规定

性　能	范　围	修约间隔
σ_s、σ_p、σ_b	$\leqslant$ 200MPa	1MPa
	$>$ 200 ～ 1000MPa	5MPa
	$>$ 1000MPa	10MPa
δ		0.5%
ψ		0.5%

六、实验报告要求

将实验数据分别填入附表 1-2 ～ 附表 1-5 中，并计算出实验材料的 E、σ、σ_b、δ、ψ。

附表 1-2　　试样尺寸

原标距 l_0(mm)	平均直径 d(mm)			原始截面积 A(mm^2)		断后标距 l_u(mm)	断裂处最小直径 d_u(mm)			断裂处最小面积 A_u(mm^2)
	上	中	下							

附表 1-3　　测定 E 的数据记录表

载荷(kN)	伸长变形(第一次)		伸长变形(第二次)		$\overline{C_i} = \frac{C_1 + C_2}{2}$	$\overline{\Delta C_i} = \frac{\overline{\Delta C_1} + \overline{\Delta C_2}}{2}$
	读数 C_1(字或格)	ΔC_1(字或格)	读数 C_2(字或格)	ΔC_2(字或格)		

续表

$F_0=$ $F_1=$ $F_2=$ $F_3=$ $F_4=$ $F_5=$			
$\Delta F=$	平均$\overline{\Delta C_1}=$	平均$\overline{\Delta C_1}=$	$\delta(\Delta l)_i=\frac{\overline{\Delta C_i}}{k}=$ mm

附表 1-4　　弹性模量 E 计算结果

$\sum F_i^2$	$(\sum F_i)^2$	$\sum \Delta l_i^2=$ $\sum(\overline{c_i}/k)^2$	$(\sum \Delta l_i)^2=$ $\sum \Delta l(\overline{c_i}/k)^2$	$\sum F_i \Delta l_i=$ $\sum F_i \overline{c_i}/k$	$\sum F_i \sum \Delta l_i=$ $\sum F_i \overline{c_i}/k$	$i=1,2,\cdots,n$
相关系数	$\gamma=\frac{n\sum F_i \Delta l_i-\sum F_i \sum \Delta l_i}{\sqrt{[n\sum F_i^2-(\sum F_i)^2][n\sum \Delta l_i^2-(\sum \Delta l_i)^2]}}$					
弹性模量 E(GPa)	$E=\frac{(\sum F_i)^2-n\sum F_i^2}{\sum F_i \sum \Delta l_i-n\sum F_i \Delta l_t}\cdot\frac{l_0}{A}=$			平均法 $E_i=\frac{\Delta F\cdot l_0}{A\delta(\Delta l)_i}$;$E=\frac{1}{n}\sum E_i=$		

附表 1-5　　材料的强度及塑性指标

屈服载荷 F_{eL}(kN)	下屈服强度 σ_s(MPa)	最大载荷 F_b(kN)	抗拉强度 σ_b	断后伸长率 δ(%)	断面收缩率 ψ(%)

注:k 为机械式引伸仪放大倍数,如球铰引伸仪 $k=2000$;用电子引伸计配直读数显仪表测量伸长变形时,$k=1$。

实验实训 2　金属材料硬度测定

一、实验目的

1. 了解不同种类硬度测定的基本原理及常用硬度试验法的应用范围。
2. 学会使用布氏、洛氏、维氏硬度计并掌握相应硬度的测试方法。

二、实验原理概述

金属的硬度可以认为是金属材料表面在接触应力作用下抵抗塑性变形的一种能力。硬度测量能够给出金属材料软硬程度的数量概念。由于在金属表面以下不同深处材料所承受的应力和所发生的变形程度不同,因而硬度值可以综合地反映压痕附近局部体积内金属的弹性、微量塑性变形抗力，塑性变形强化能力以及大量形变抗力。硬度值越高，表明金属抵抗塑性变形能力越大，材料产生塑性变形就越困难。另外，硬度与其他力学性能(如强度指标及塑性指标)之间有着一定的内在联系，所以从某种意义上说硬度的大小对于材料的使用寿命具有决定性意义。常用的硬度试验方法有：

布氏硬度试验——主要用于黑色、有色金属原材料硬度测定，也可用于退火、正火钢铁零件的硬度测定。

洛氏硬度试验——主要用于金属材料热处理后的产品硬度测定。

维氏硬度试验——主要用于薄板材或金属表层的硬度测定以及较精确的硬度测定。

显微硬度试验——主要用于测定金属材料的显微组织组分或相组分的硬度。

1. 布氏硬度

布氏硬度试验是施加一定大小的载荷 F，将直径为 D 的钢球压入被测金属表面(如附图 2-1)保持一定时间，然后卸除载荷，根据钢球在金属表面上所压出的凹痕面积 $A_{凹}$ 求出平均应力值，以此作为硬度值的计量指标，并用符号 HB 表示。

其计算公式如下：

$$HB = F/A_{凹} \tag{2-1}$$

式中：HB 为布氏硬度；F 为施加外力(N)；$A_{凹}$ 为压痕面积(mm^2)。

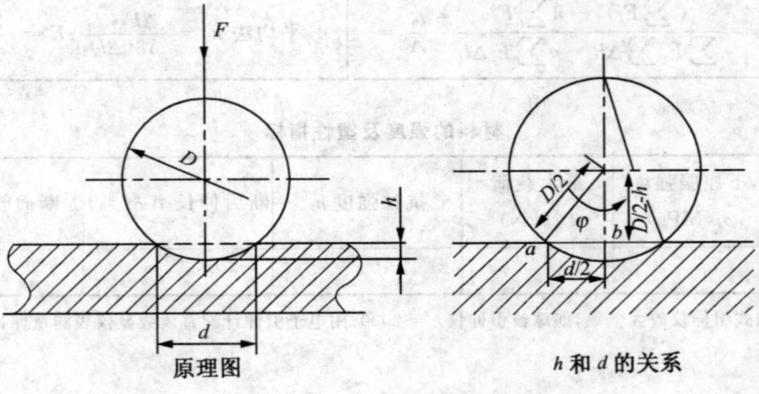

附图 2-1 布氏硬度试验原理

根据压痕面积和球面面积之比等于压痕深度 h 和钢球直径之比的几何关系，可知压痕部分的球面面积为：

$$A_{凹} = \pi Dh \tag{2-2}$$

式中：D 为钢球直径(mm)；h 为压痕深度(mm)。

由于测量压痕直径 d 要比测定压痕深度 h 容易，故可将式(2-2)中的 h 改换成 d 来表示，这样可以根据几何关系求出：

$$(D/2) - h = [(D/2)^2 - (d/2)^2]^{1/2}$$

$$h = [D - (D^2 - d^2)^{1/2}]/2 \tag{2-3}$$

将式(2-2)和式(2-3)代入式(2-1)即得：

$$HB = F/A_{凹} = 2F/\{\pi D[D - (D^2 - d^2)]^{1/2}\} \tag{2-4}$$

当试验力 F 的单位是 N 时：

$$HB=0.102F/A_{凹}=0.204F/\{\pi D[D-(D^2-d^2)]^{1/2}\} \quad (2\text{-}5)$$

式中，d 是变数，故需测出压痕直径 d，根据已知 D 和 F 值就可以计算出 HB 值。在实际测量时，可由压痕直径 d 直接查表得到 HB 值。

由于金属材料有硬有软，所测工件有厚有薄，若只采用同一种载荷(如 29400N)和同一个钢球直径(如 $D=10$mm)时，则可能对有些试样合适，而对另一些试样不合适，会发生整个钢球陷入金属中的现象；若对厚的试样合适，则对薄的试样会出现压透的可能，所以在测定不同材料布氏硬度值时要求用不同载荷 F 和不同直径 D 的钢球。为了得到统一的可以进行相互比较的数值，必须使 D 和 F 之间维持某一比值关系，以保证所得到的压痕形状和相似关系，其必要条件就是使压入角 φ 保持不变。根据相似原理，由附图 2-1 可知 d 和 φ 的关系是：

$$\frac{D}{2}\sin\frac{\varphi}{2}=\frac{d}{2},d=D\sin\frac{\varphi}{2}$$

以此代入式(2-4)得：

$$HB=\frac{F}{D^2}\left[\frac{2}{\pi\left(1-\sqrt{1-\sin^2\frac{\varphi}{2}}\right)}\right] \quad (2\text{-}6)$$

式(2-6)说明，当 φ 值为常数时，为使 HB 相同，F/D^2 也应保持为一定值。因此对同一材料而言，不论采用何种大小的载荷和钢球直径，只要能满足 $F/D^2=$常数，所得到的 HB 值就是一样的。对不同的材料来说，得到的 HB 可以进行比较。按照国标的规定，F/D^2 比值有 30、10 和 2.5 三种，具体布氏硬度试验规范和适用范围可以参考附表 2-1。

附表 2-1　　布氏硬度试验规范

材料	硬度范围 HB	试样厚度(mm)	$0.102F/D^2$	钢球直径(mm)	载荷 F(N)	载荷保持时间(s)
黑色金属	140～450	6～3	30	10	29400	10
	<140	4～2		5	7350	
		<2		2.5	1837.5	
		>6	10	10	9800	10
		6～3		5	2450	
		<3		2.5	612.5	

2. 洛氏硬度

洛氏硬度试验常用的压头为圆锥角 $\alpha=120°$、顶部曲率半径为 0.2mm 的金刚石圆锥体或直径 $D=1.588$mm 的淬火钢球。试验时(如附图 2-2)，先对试样施加初试验力 F_0，在金属表面得一压痕深度 h_0，以此作为测量压痕深度的基线。随后再加上主试验力 F_1，此时压痕深度的增量为 h_1。金属在 F_1 作用下产生的基线，随后再加上主试验力 F_1，此时压痕深度的增量为 h_1。金属在 F_1 作用下产生的总变形 h_1 中包括弹性变形和塑性变形。

当将 F_1 卸除后，总变形中的弹性变形恢复，使压头回升一段距离。于是得到金属在 F_0 作用下的残余压痕深度 h（将此压痕深度 h 表示成 e，其值以 0.002mm 为单位表示），e 值愈大表明金属洛氏硬度愈低；反之，则表示硬度愈高。为了照顾习惯上数值愈大硬度愈高的概念，故用一个常数 K 减去 e 来表示洛氏硬度值，并以符号 HR 表示，即：

$$HR = K - e \tag{2-7}$$

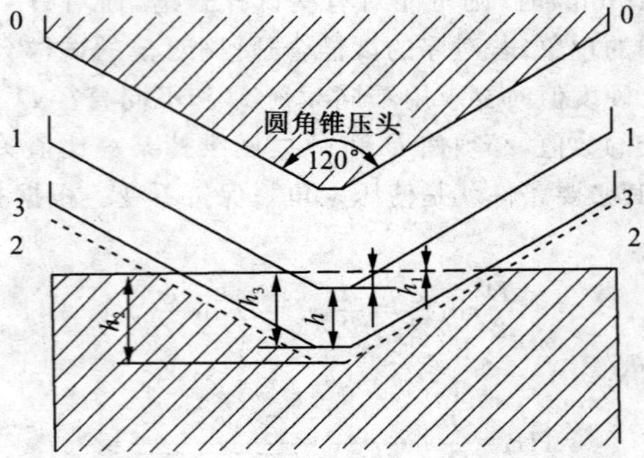

附图 2-2　洛氏硬度的试验原理

当使用金刚石圆锥体压头时，常数 K 定为 100；当使用淬火钢球压头时，常数 K 定为 130。

实际测定洛氏硬度时，由于在硬度计的压头上方装有百分表，可直接测出压痕深度，并按式(2-7)换算出相应的硬度值。因此，在试验过程中金属的洛氏硬度值可直接读出。

为了测定软硬不同的金属材料的硬度，在洛氏硬度计上可选配不同的压头与试验力，组合成几种不同的洛氏硬度标尺。每一种标尺用一个字母在 HR 后注明。我国最常用的标尺有 A、B、C 三种，其硬度值的符号分别用 HRA、HRB、HRC 表示。洛氏硬度试验规范和适用范围见附表 2-2。

附表 2-2 各种洛氏硬度值的符号、试验条件和应用

标尺	压头类型	初始试验力［kgf(N)］	主试验力［kgf(N)］	硬度值测量范围	应用实例
HRA	120°金刚石圆锥体	10(98)	50(490)	65～85	高硬度的薄件、表面处理钢件、硬质合金等
HRC	120°金刚石圆锥体	10(98)	140(1372)	20～67	硬度大于 100HRB 的淬火及回火钢、钛合金等
HRB	∅1.588mm 淬火钢球	10(98)	90(882)	25～100	铜合金、铝合金、退火钢件、可锻铸铁等
HRD	120°金刚石圆锥体	10(98)	90(882)	40～47	薄钢板、中等表面硬化钢、珠光体可锻铸铁
HRE	∅3.175mm 钢球	10(98)	90(882)	70～100	灰铸铁、铝合金、镁合金、轴承合金
HRF	∅1.588mm 钢球	10(98)	50(490)	60～100	退火铜合金、软质薄合金板
HRG	∅1.588mm 钢球	10(98)	140(1372)	30～94	可锻铸铁、铜镍合金、铜镍锌合金
HRH	∅3.175mm 钢球	10(98)	50(490)	80～100	铝、铅、锌
HRK	∅3.175mm 钢球	10(98)	140(1372)	40～100	轴承合金,较软金属,薄材

3. 维氏硬度

维氏硬度的试验原理与布氏硬度相同,也是根据压痕单位面积所承受的试验力来表示维氏硬度值。所不同的是维氏硬度用的压头不是球体而是两对面夹角为 $\alpha=136°$ 的金刚石四棱锥体。压头在试验力 F(单位是 kgf 或 N)作用下,将试样表面压一个四棱锥形压痕,经规定时间保持载荷之后,卸除试验力,由读数显微镜测出压痕对角线平均长度 d:

$$d=\frac{d_1+d_2}{2} \tag{2-8}$$

式中 d_1 和 d_2 分别是两个不同方向的对角线长度,用以计算压痕的表面积。所以维氏硬度值(HV)就是试验力 F 除以压痕表面积 A 所得的商。当试验力 F 为 1kgf(9.8N)时计算公式如下:

$$\mathrm{HV}=\frac{F}{V}=\frac{2F\sin(136°/2)}{d^2}=1.8544\,\frac{F}{d^2} \tag{2-9}$$

当试验力 F 的单位为 N 时计算公式如下:

$$\mathrm{HV}=\frac{0.0102F}{A}=\frac{0.204F\sin(136°/2)}{d_2}=1.891\,\frac{F}{d_2} \tag{2-10}$$

与布氏硬度一样,维氏硬度值也不标注单位。维氏硬度值的表示方法是:在 HV 前书写硬度值,HV 后按顺序用数字表示试验条件(试验力/试验力保持时间,保持时间为

10～15s 者不标）。例如 640HV30/20 表示用 30kgf(294N)试验力保持 20s 测定的维氏硬度值为 640。如果试验力为 1kgf(9.8N)，试验加载保持时间 10～15s，测得的硬度值为 560，则可表示为 560HV1。

维氏硬度试验的试验力为 5(49)～100(980)kgf(N)，小负荷维氏硬度试验的试验力为 0.2(1.96)～5(49)kgf(N)，可根据试样材料的硬度范围和厚度来选择。其选择原则应保证试验后压痕深度 h 小于试样厚度(或表面层厚度)的 1/10。

在一般情况下，建议选用试验力 30kgf(294N)。当被测金属试样组织较粗大时，也可选用较大试验力。但当材料硬度在 500HV 以上时，不宜选用大试验力，以免损坏压头。试验力的保持时间：黑色金属 10～15s，有色金属(30±2)s。

4. 显微硬度

金属显微硬度试验原理与宏观维氏硬度试验法完全相同。只不过所用试验力比小负荷维氏硬度试验力试验时还要小，通常在 0.01～0.2kgf(0.098～1.96N)范围内。所得压痕对角线也只有几微米至几十微米。因此，显微硬度是研究金属微观组织性能的重要手段。常用于测定合金中不同的相、表面硬化层、化学热处理渗层、镀层及金属箔等的显微硬度。

金属显微硬度的符号、硬度值的计算公式和表示方法与宏观维氏硬度试验法完全相同。金属显微硬度试验的试验力分为 0.01(9.8×10^{-2})、0.02(0.196)、0.05(0.49)、0.1(0.98)及 0.2(1.96)kgf(N)五级，尽可能选用较大的试验力进行试验。

三、实验设备及材料

1. 硬度计：布氏、洛氏、维氏及显微硬度计。

2. 读数显微镜：最小分度值为 0.01mm。

3. 标准硬度块：不同硬度试验方法的标准硬度块。

4. 材料：20、45、T8、T12 钢退火态、正火态、淬火态及回火态试样，2024、7075、6063 退火态及时效态试样，尺寸为∅20mm×10mm。

四、实验步骤与方法

1. 了解各种硬度计的构造、原理、使用方法、操作规程和安全注意事项。

2. 对各种试样选择合适的实验方法和仪器，确定实验条件。根据实验和试样条件选择压头、载荷(砝码)。

3. 用标准硬度块校验硬度计。校验的硬度值不应超过标准硬度块硬度值的±3%(布氏)或±(1%～1.5%)(洛氏)。

4. 试样支撑面、工作台和压头表面应清洁。试样平稳地放在工作台上，保证试验加载过程中不发生移动或翘曲，试验力平稳地加在试样上，不得造成冲击和振动，施力方向与试样表面垂直。保持载荷规定的时间(对布氏、维氏硬度，卸去载荷后用读数显微镜测量压痕尺寸，计算或查表)，卸去载荷准确地记录实验数据。

五、实验注意事项

1. 试样两端要平行,表面应平整,若有油污或氧化皮,可用砂纸打磨,以免影响测量。

2. 圆柱形试样应放在带有"V"形槽的工作台上操作,以防试样滚动。

3. 加载时应细心操作,以免损坏压头。

4. 测完硬度值,卸掉载荷后,必须使压头完全离开试样后再取下试样。

5. 金刚石压头系贵重物件,质硬而脆,使用时要小心谨慎,严禁与试样或其他物件碰撞。

6. 应根据硬度试验机的使用范围,按规定合理选用不同的载荷和压头,超过使用范围,将不能获得准确的硬度值。

六、实验报告要求

1. 简述布氏硬度和洛氏硬度的试验原理、优缺点及应用。

2. 设计实验表格,将实验数据填入表内,对结果进行分析并进行必要的硬度值换算。

3. 分析用布氏硬度试验方法能否直接测量成品或较薄的工件。

实验实训 3　铁碳合金平衡组织的观察与分析

一、实验目的

1. 观察碳钢和铸铁试样在平衡状态下的显微组织。

2. 了解含碳量对铁碳合金显微组织的影响,从而加深理解成分、组织、性能之间的关系。

3. 学习用金相法确定钢的含碳量。

二、实验原理概述

通常将含碳量小于 2.11%的 Fe-C 合金称为钢,含碳量大于 2.11%的 Fe-C 合金称为铁。根据铁碳二元相图(如附图 3-1),它们在室温下的组成相都是铁素体和渗碳体,但它们在显微组织上有很大的差异。

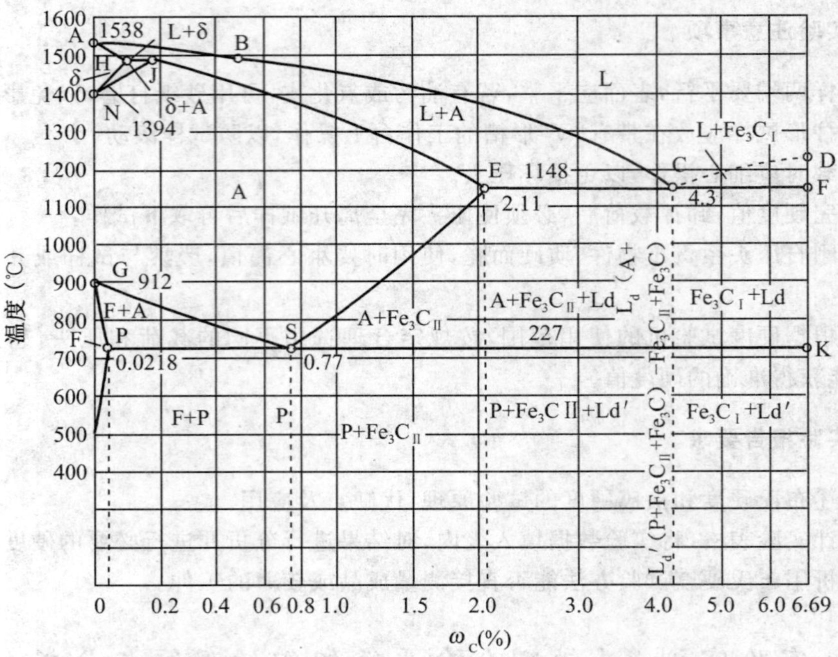

附图 3-1　铁碳二元相图

1. 铁碳合金中的几种基本相和组织

(1)铁素体(F)

铁素体是碳在 α-Fe 中的固溶体,为体心立方晶格,具有磁性及良好的塑性,硬度较低。用 3%～4%的硝酸乙醇溶液侵蚀后,在显微镜下呈现明亮色的多边形晶粒。亚共析钢中,铁素体呈块状,当含碳量接近于共析成分时,铁素体则呈断续的网状分布于珠光体(共析体)周围。

(2)渗碳体(Fe_3C)

渗碳体是铁与碳形成的一种化合物,其含碳量为 6.69%。用 3%～4%的硝酸乙醇溶液侵蚀后,呈亮白色;若用热苦味酸钠溶液侵蚀,则渗碳体呈黑色而铁素体仍为白色,由此可区别铁素体与渗碳体,此外,按铁碳合金成分和形成条件不同,渗碳体呈现不同的形态:一次渗碳体,从液相中析出,呈条状;二次渗碳体(次生相),从奥氏体中析出,呈网络状沿奥氏体晶界分布,经球化退火,渗碳体呈颗粒状;三次渗碳体从铁素体中析出,常呈颗粒状;共晶渗碳体与奥氏体同时生长,所得组织称为莱氏体;共析渗碳体与铁素体同时生长,所得组织称为珠光体。

(3)珠光体(P)

珠光体是铁素体和渗碳体的机械混合物,是共析转变的产物。由杠杆定律可以求得铁素体与渗碳体的含量比为 8∶1。因此,铁素体厚渗碳体薄。硝酸乙醇溶液侵蚀后可观察到两种不同的组织形态。

片状珠光体:它是由铁素体与渗碳体交替排列形成的层片状组织,经硝酸乙醇溶液侵蚀后,在不同放大倍数的显微镜下,可以看到具有不同特征的层片状组织。

球状珠光体:其组织的特征是在亮白色的铁素体基体上,均匀分布着白色的渗碳体颗粒,其边界呈暗黑色。

(4)莱氏体(Ld)

莱氏体室温时是珠光体、二次渗碳体和共晶渗碳体所组成的机械混合物。它是含碳量为4.3%的液态共晶白口铸铁在1148℃发生共晶反应所形成的共晶体(奥氏体和共晶渗碳体),其中奥氏体在继续冷却时析出二次渗碳体,在727℃以下分解为珠光体。因此,莱氏体的显微组织特征是在亮白色的渗碳体基体上相间地分布着黑色斑点或细条状的珠光体。

2. 铁碳合金在室温下的显微组织特征

(1)工业纯铁

含碳量低于0.0218%的铁碳合金通常称为工业纯铁,它为两相组织,即由铁素体和三次渗碳体组成。

(2)碳钢

亚共析钢是含碳量在0.0218%～0.77%范围内的铁碳合金。其组织由先共析铁素体和珠光体组成,随着含碳量的增加,铁素体的数量逐渐减少,而珠光体的数量则相应地增多。

共析钢是含碳量为0.77%的铁碳合金。其显微组织由单一的共析珠光体组成。

过共析钢是含碳量在0.77%～2.11%范围内的铁碳合金。其组织由先共析渗碳体(即二次渗碳体)和珠光体组成。钢中含碳量越多,二次渗碳体数量越多。

(3)白口铸铁

含碳量大于2.11%的铁碳合金叫白口铸铁。其中的碳以渗碳体的形式存在,断口呈白亮色而得此名。

亚共晶白口铸铁:含碳量小于4.3%的白口铸铁称为亚共晶白口铸铁。在室温下亚共晶白口铸铁的组织为珠光体+二次渗碳体+莱氏体。用4%硝酸乙醇溶液侵蚀后,在显微镜下呈现黑色枝晶状的珠光体和斑点状莱氏体,其中二次渗碳体与共晶渗碳体混在一起,不易分辨出来。

共晶白口铸铁:共晶白口铸铁的含碳量为4.3%,它在室温下组织由单一的共晶莱氏体组成。经4%硝酸乙醇侵蚀后,在显微镜下,珠光体呈暗黑色细条或斑点状,共晶渗碳体呈亮白色。

过共晶白口铸铁:含碳量大于4.3%的白口铸铁称为过共晶白口铸铁,在室温时的组织由一次渗碳体和莱氏体组成。用4%硝酸乙醇溶液侵蚀后,在显微镜下可观察到在带黑色斑点的莱氏体基体上分布着亮白色的粗大条片状的一次渗碳体。

三、实验设备及材料

1.金相显微镜。

2.碳钢(亚共析钢、共析钢、过共析钢)试样。

3.白口铸铁(亚共晶白口铸铁、共晶白口铸铁、过共晶白口铸铁)试样。

四、实验内容与方法

1. 按附表 3-1 的要求制备试样，并观察各试样的显微组织特征。

2. 根据 Fe-C，Fe-Fe_3C 双重相图，详细分析各试样的显微组织。

3. 根据显微组织测定附表 3-1 中 3 号亚共析钢样品的含碳量。

附表 3-1　　实验内容

试样编号	名称（含碳量）	状态	显微组织	侵蚀剂
1	工业纯铁（大于 99.99%）	铸造	铁素体	4%硝酸乙醇
2	亚共析钢（0.20%）	铸造	铁素体＋珠光体	4%硝酸乙醇
3	亚共析钢（0.45%）	铸造	自行确定	4%硝酸乙醇
4	共析钢（0.8%）	铸造	珠光体	4%硝酸乙醇
5	过共析钢（1.2%）	铸造	珠光体＋二次渗碳体	4%硝酸乙醇
6	亚共晶白口铁（3.5%）	铸造	莱氏体＋珠光体＋二次渗碳体	4%硝酸乙醇
7	共晶白口铁（4.3%）	铸造	莱氏体	4%硝酸乙醇
8	过共晶白口铁（5.6%）	铸造	莱氏体＋一次渗碳体	4%硝酸乙醇

五、实验报告要求

1. 写出实验目的。

2. 画出所观察样品的显微组织示意图，注明焊接成分、状态、放大倍数及各组织组成物的名称，并用箭头于组织图外标明相组成物和组织组成物的名称。

3. 画出 Fe-C 相图，并以所观察的任一样品为例，分析其结晶过程。

4. 根据组织的变化过程，说明含碳量对铁碳合金的组织和性能影响的规律。

实验实训 4　普通铸铁显微组织的观察与分析

一、实验目的

1. 了解与比较铸铁中石墨形态及对性能的影响。

2. 学习石墨的辨认和尺寸测量。

二、实验原理概述

铸铁是人类使用的最古老的材料之一，也是目前重要的一类工程材料。铸铁由于容易制造，生产成本低，具有优良的流动性和铸造性能，可以铸造出各种复杂形状的金属结构件，具有好的切削性能，优良的消振性能，良好的抗腐蚀能力和高的抗压强度等，被广泛应用于汽车、拖拉机等行业。

通常所说的普通铸铁,相当于在钢的基体上分布有石墨的合金,而且可以理解为是铁—碳—硅三元合金(相比之下碳钢可以理解为铁和碳的二元合金)。工业用铸铁含碳量为1.7%～4.5%,含硅量为1%～3%。

铸铁的石墨化过程分为三个阶段:第一阶段为高温石墨化阶段。从先共晶液相中直接析出一次石墨或在共晶转变过程中形成共晶石墨,以及由一次渗碳体、共晶渗碳体在高温下分解析出石墨。第二阶段为共晶—共析阶段,也叫过程石墨化阶段。从奥氏体中直接析出二次石墨,或者由二次渗碳体在此温度范围内退火分解而形成石墨。第三阶段为共析反应阶段,也称低温石墨化阶段,即在共析反应中奥氏体直接转变为石墨或由共析渗碳体分解成石墨。

实践证明,灰口铸铁中石墨化的程度不同时,获得的金相组织基体也不同。三个阶段都得以完全进行的为铁素体基体;第三阶段进行不完全的得到铁素体和珠光体基体;第三个阶段未进行的为珠光体基体。根据石墨的大小及形态的不同,可分为普通灰口铸铁、球墨铸铁、可锻铸铁和蠕墨铸铁。每种铸铁都可具有上述三种基体。

1.灰口铸铁

普通灰口铸铁化学成分一般为2.5%～3.6% C、1.1%～2.5% Si、0.6%～1.2% Mn、≤0.5% P、≤0.15% S。由片状石墨分布在铁素体+珠光体或珠光体上。

2.球墨铸铁

球墨铸铁是一种较为理想的铸铁。在浇注前加入球化剂(镁铁)和墨化剂(硅铁),使石墨结晶成球状,从而提高铸铁的强度、塑性和韧性,使其综合机械性能接近于钢。一般地说,石墨的圆整度越好,球径越小,分布越均匀,则铸铁的机械性能也越好。

3.可锻铸铁

将白口铸铁经过可锻化退火处理称为可锻铸铁,又称展性铸铁。可锻铸铁中的石墨呈花絮状。可锻铸铁按热处理条件的不同,可分为黑心和白心可锻铸铁两类。黑心可锻铸铁是由白口铁经长时间高温石墨化退火而得。其断口特征是,中心呈暗灰色,表面层(由于有些脱碳)呈灰白色,故称为“黑心可锻铸铁”。白心可锻铸铁是由白口铸铁经石墨化退火和氧化脱碳而得。其断口中心呈灰白色,表面层呈暗灰色,故称为“白心可锻铸铁”。由于其韧性较差,退火周期长,故很少应用。

三、实验步骤及方法

1.采用灰口铸铁、球墨铸铁、可锻铸铁的试样,制备成金相试样。抛光之后不进行腐蚀。

2.用带刻度的10倍目镜与10倍物镜构成100倍的显微镜观察。

3.在同一个试样上分别测定不同视场的石墨长度。测量要沿不同方向,随机进行,并记录石墨尺寸的目测刻度值。

4.用物镜测微尺校对目镜刻度,转换成目镜刻度的实际长度。计算出所测石墨尺寸。

四、实验报告要求

1.简述实验内容。

2. 说明不同铸铁石墨形态特征,并分析石墨特征如何影响铸铁的性能。

3. 汇总石墨长度或尺寸数据,并用一定的标准进行评定。

实验实训 5　热处理综合实验

一、实验目的

1. 根据材料成分与组织性能的关系,制订合理的热处理工艺,掌握热处理操作过程。

2. 加深对不同热处理工艺将获得不同硬度及金相组织的理解。

3. 了解常用热处理设备及温度控制方式。

二、实验内容

1. 7075 铝合金的淬火及时效

(1)制订固溶淬火及时效工艺(包括单级时效和双级时效)。

(2)比较单级时效和双级时效时硬度变化特点。

(3)分析淬火组织的特点,并画出示意图。

(4)硬度测试采用 HB(∅5 钢球,250kgf/30s)。

2. 碳钢的退火与正火

材料:工业纯铁(含 0.02% C)、20 钢(含 0.2% C)、45 钢(含 0.45% C)、T8 钢(含 0.8% C)、T12 钢(含 1.2% C)。

要求:

(1)制订退火及正火工艺。

(2)比较不同含碳量对退火组织及硬度的影响。

(3)比较不同含碳量对正火组织及硬度的影响。

(4)硬度测试采用 HRB 或 HB(∅1.588 钢球或∅5 钢球,250kgf/30s)。

3. 碳钢的淬火

材料:20 钢、45 钢、T8 钢、T12 钢。

要求:

(1)制订淬火工艺。

(2)分析不同含碳量对淬火组织及硬度变化的影响规律。

(3)硬度测试采用 HRC(金刚石压头,150kgf/10s)。

4. 钢的淬火及回火

材料:45 钢、T10 钢和轴承钢 GCr15(含 0.95%～1.0% C)。

要求:

(1)制订淬火及回火工艺。

(2)分析比较三种钢淬火及回火组织。

(3)研究不同温度回火时硬度变化规律。

(4)硬度测试采用 HRC。

三、实验组织和程序

1.每班可分为多组,每组3～4人,任选上述实验内容中的有色合金和钢的热处理实验各1项。

2.要求每组学生自己查阅资料,拟定实验方案,经教师审批后进行实验。

3.实验后由教师组织学生进行交流、讨论和总结。

四、实验报告要求

1.写出实验名称与实验方案(包括整体方案和本人负责部分的方案)。

2.记录实验数据及总结实验结果。

3.分析实验结果的规律性。

4.显微组织均需画出示意图,并作出说明和比较。

实验实训6　常用金属材料的显微组织观察与分析

一、实验目的

1.观察几种常用合金钢、铸铁和有色金属的金相组织。

2.了解以上金属材料的组织特征和常见缺陷。

3.分析典型金属材料的组织和性能的关系及应用。

二、实验原理概述

1.合金钢的显微组织

合金钢是在碳钢的基础上,加入适当和适量合金元素而得到的。在合金钢中,由于合金元素对相图及相变的影响,其显微组织比碳钢要复杂得多,组织中除了有合金铁素体、合金奥氏体、合金渗碳体外,还有金属间化合物,其组织形态随合金含量的不同而呈现不同的特征。按用途将合金钢分为三大类:合金结构钢、合金工具钢及特殊性能钢。

(1)合金结构钢

一般合金结构钢是低合金钢,由于加入合金元素,铁碳相图发生一些变动,但其平衡状态的显微组织与碳钢的显微组织并没有本质的区别。低合金钢热处理后的显微组织与碳钢的显微组织也没有根本的不同,差别只是在于合金元素都使C曲线右移(Co除外),即以较低的冷却速度可以获得马氏体组织。在合金结构钢中主要介绍渗碳钢。

20CrMnTi是常用的合金渗碳钢,主要用于制造汽车和拖拉机的渗碳件。根据渗碳温度、渗碳时间及渗碳介质活性的不同,钢的渗碳层厚度与含碳量的分布也不同。一般渗碳层的厚度为0.5～1.7mm。渗碳层的含碳量,从表层向中心,含碳量逐渐下降。渗碳后钢的表面含碳量为0.85%～1.05%。经渗碳后的退火态组织:由表面到心部依次是过共析钢组织(珠光体+网状渗碳体)、共析钢组织(片状珠光体)、亚共析钢组织(铁素体+珠光体)和心部原始组织。如果表面渗碳浓度不高,就可能没有过共析区的出现;如果表面渗碳浓度太高,表层就出现块状碳化物。渗碳后直接淬火的组织:由表面到心部依次是高碳片状、针状马氏体和残余奥氏体+少量碳化物、混合马氏体、低碳马氏体+少量铁素体和心部原始组织。

(2)不锈钢

不锈钢是在大气、海水及其他侵蚀性介质条件下能稳定工作的钢种,大都属于高合金钢,应用最广泛的是1Cr18Ni9。较低的含碳量、较高的含铬量是保证耐蚀性的重要因素,镍除了进一步提高耐蚀性外,主要是为了获得奥氏体组织。这种钢在室温下的平衡组织是奥氏体+铁素体+(CrFe)23C6。为了提高耐蚀性以及其他性能,必须进行固溶处理。固溶处理是将钢加热到1050℃~1150℃,使碳化物等全部溶解,然后水冷,即可在室温下获得单一奥氏体组织。

1Cr18Ni9在室温下的单一奥氏体状态是过饱和的、不稳定的组织,当钢使用温度达到400℃~800℃或者加热到高温后缓冷,(CrFe)23C6会从奥氏体晶界上析出,造成晶间腐蚀,使钢的强度大大降低。目前,防止这种晶间腐蚀的办法有两种:一是尽可能降低含碳量;二是加入与碳亲和力很强的元素,如Ti、Nb等,因此出现了1Cr18Ni9Ti,0Cr18Ni9Ti等牌号的奥氏体镍铬不锈钢。

2.铸铁的显微组织

铸铁是含碳量大于2.11%的铁碳合金。根据铸铁中碳的存在形式,可分为白口铸铁和灰口铸铁。灰口铸铁与钢相比虽然硬度、塑性和韧性较差,但却有优于钢的许多特性,如优良的减振性、耐磨性、铸造性和可切削性,而且生产工艺和熔化设备简单,因此在工业上得到了广泛应用。

灰口铸铁组织主要是由石墨加基体两部分组成。可以认为是在钢的基体上分布着不同形态、尺寸和数量的石墨,其中石墨的形状及数量变化对其性能起着重要作用。

根据石墨的形态,铸铁又可分为灰铸铁、球墨铸铁、蠕墨铸铁和可锻铸铁。石墨的强度和塑性几乎等于零,可以把铸铁看成是布满裂纹或孔洞的钢。因此其抗拉强度和塑性远比钢低,并且石墨数量越多,尺寸越大,分布越不均匀,石墨对基体削弱和割裂作用越大,铸铁的性能越差。

(1)灰铸铁

灰铸铁的石墨呈粗大片状,根据石墨化程度不同,灰铸铁有三种不同的基体组织,即珠光体、珠光体+铁素体、铁素体基体。其中铁素体基体的铸铁韧性最好,而珠光体的铸铁强度最高。

(2)球墨铸铁

球墨铸铁是在铁水中加入了球化剂进行球化处理,使石墨变成球状,因此大大削弱了对基体的割裂作用,使其性能显著提高。球墨铸铁也有珠光体、珠光体+铁素体、铁素体三种基体。

3.有色合金的显微组织

铝合金:在铸造铝合金中应用最广泛的是铝硅系合金(含10%~13% Si),由Al-Si合金相图可知,该成分在共晶点附近,所以显微组织中有由α固溶体和粗针状硅晶体组成的共晶体及少量呈多面体的初晶硅,这种粗大针状组织能使合金的塑性降低。为了改善合金的性能通常采用变质处理,变质处理后,不仅组织细化,还可以得到由枝晶状 α 固溶体和细密共晶体组成的亚共晶组织,这种组织的铝合金具有较高的强度和塑性。

三、实验设备和材料

金相显微镜、常用金属材料的金相试样及金相放大照片。

四、实验内容及方法指导

1. 领取各种类型合金材料的金相试样,在显微镜下进行观察,并分析其组织形态特征。

2. 观察各类成分的合金,结合相图和热处理条件来分析应该具有的组织,着重区别各自的组织形态特点。

3. 认识组织特征之后,再画出所观察试样的显微组织图。画组织图时应抓住组织形态的特点,画出典型区域的组织。

五、实验报告要求

1. 简述实验目的与实验内容。

2. 画出所观察的金相组织示意图,并标出其组织和相。

3. 分析讨论各类典型金属材料的显微组织特点,并把组织特点与性能和用途联系起来。

实验实训 7 不饱和聚酯的合成及玻璃钢的制备

一、实验目的

1. 了解不饱和聚酯的合成方法。

2. 了解玻璃钢的制备方法和工艺过程。

二、实验原理

玻璃钢塑料在汽车工业领域应用日渐广泛。目前,全球汽车用玻璃钢塑料制品的市场规模为 454 万吨/年,其中美国为 172 万吨/年,欧洲为 136 万吨/年,而我国现在每年的用量只有十几万吨。

汽车上采用的玻璃钢塑料零配件主要有内外装饰件、功能件与结构件等。据中国玻璃钢塑料工业协会统计,目前我国汽车玻璃钢塑料用量在逐年增加,经济型轿车每车玻璃钢塑料用量达 50～60kg,中高级轿车达 60～80kg,有的甚至达 100kg;轻、中型载货车玻璃钢塑料用量达 50kg 左右。平均每辆汽车玻璃钢塑料用量占汽车自重的 5%～10%,达到国外 20 世纪 80 年代初中期水平。2010 年,我国的汽车玻璃钢塑料总用量将达到 94 万吨(含 20%的社会车维修用玻璃钢塑料量)。

内饰件:汽车内饰件所用玻璃钢塑料量占整车用玻璃钢塑料量的 56%。以前的汽车内饰件应用较多的有PVC、ABS、PU等。目前，在仪表板、内护板、座椅中，PVC已被其他玻璃钢塑料取代。门内手柄、杂物箱、门槛饰条及其他零件，已逐渐使用改性PP、ABS及玻璃钢塑料合金等。填充PP可改善制品的表观质量，近来发展的气辅注射成型方法，可以解决表面缩孔和熔接痕问题，同时也可减轻仪表板的质量，不失为一种好的成型方法。

外饰件：轿车车身材料和覆盖件、保险杠、散热器格栅、挡泥板(轮罩壳)、侧防撞条、后导流板、灯类等。

功能与结构件：方向盘、燃油箱、发动机进气歧管、散热泵水箱、油门离合器踏脚板、发动机和汽缸罩、燃油蒸发污染控制器(碳罐)、汽车轮胎固定罩、车窗玻璃、汽车底盘的塑料制品等。

不饱和聚酯树脂是由不饱和的二元酸和饱和的二元醇，或饱和的二元酸与不饱和的二元醇醇化而成的线型树脂，然后再与乙烯类单体聚合成网状结构聚合物。改变缩聚反应中所用的二元酸与二元醇性质或乙烯类单体的成分，可以使所制得的不饱和聚酯在广阔范围内具有良好性能，从而使此类树脂获得不同的用途。不饱和聚酯主要用于制造玻璃纤维增强塑料，也可用做涂料、胶泥压塑粉与层压塑料等。

“玻璃钢”是中国的名称，国外称为“玻璃纤维增强塑料”，用缩写的英文字母FRP表示，因此玻璃钢实质上是纤维增强塑料。用玻璃纤维去增强热塑性树脂，可称为热塑性玻璃钢，用英文字母FRTP表示；用玻璃纤维去增强热固性树脂，就叫做热固性玻璃钢，即通常说的FRP。目前生产的玻璃钢主要是指热固性的。玻璃钢主要包括以下组分：不饱和聚酯树脂、交联剂、促进剂、玻璃纤维或织物，有些情况下还要加入触变剂、填充料、色料和阻聚剂。它具有轻质高强，耐腐蚀性能好，电、热性能好，可设计性好，公益性优良等特点。

目前生产玻璃钢的方法基本上分两大类，即湿法接触型和干法加压成型。如按工艺特点来分，有手糊成型、层压成型、RTM法、挤拉法、模压成型、缠绕成型等。手糊成型又包括手糊法、袋压法、喷射法、湿糊低压法和无模手糊法。

三、实验仪器与药品

药品：丙二醇、顺丁烯二酐醇、邻苯二甲酸酐、苯乙烯、过氧化二苯甲酰、二甲苯胺、邻苯二甲酸二辛酯、氢氧化钾—乙醇溶液。

实验仪器：四口烧瓶、搅拌器、回流冷凝管、温度计、氮气系统、抽真空装置、加热油浴、水浴、气相色谱仪、注射器、分析天平、台式天平、烧杯、真空烘箱、锥形瓶、移液管、玻璃漏斗、玻璃布。

四、实验步骤

1. 不饱和树脂制备

在150mL四颈瓶上装置搅拌器、温度计和冷凝管。在冷凝管顶端装置蒸馏头，如附图7-1所示。向四颈瓶中加入顺丁烯二酸酐9.8g(0.1mol)、邻苯二甲酸酐14.8g(0.1mol)和9.2g(0.23mol)丙二醇。用小火加热升温，并通入氮气保护。同时在蒸馏头出口处接上直型冷凝管,并通水冷却。用25mL已干燥称重的烧杯接馏出的水分。

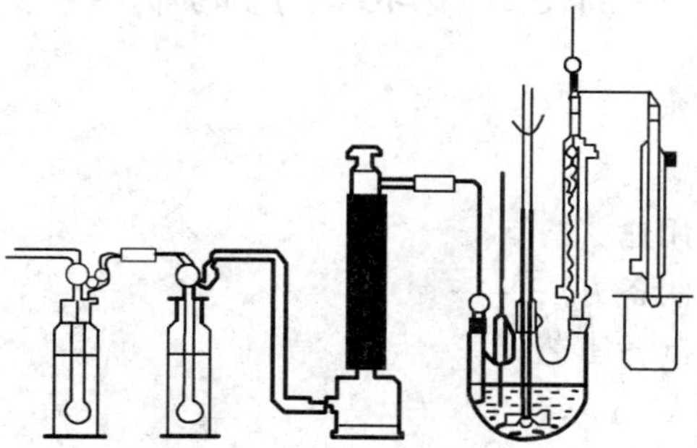

附图7-1　不饱和聚酯反应装置

在30min内升温至80℃,充分搅拌,1.5h内升温至160℃,在2h内升温至190℃～200℃(蒸馏头温度控制在102℃,否则丙二醇挥发损失。若回流过剧,减慢升温速度)。在190℃～200℃保持反应2h后测酸值,以后每隔1h测酸值一次,直至酸值降至50左右,停止加热,并称量馏出水,与理论出水量比较,估计反应速度。

在搅拌及通氮条件下,待自行冷却至180℃,加入树脂量0.01%的对苯二酚。待其冷却到95℃,加入27g(0.26mol)苯乙烯混匀(树脂∶苯乙烯=60∶40),即可得不饱和树脂。

注意:(1)氮气进入反应瓶前面要有干燥装置。通氮气速率应保持稳定,以便使酯化均匀,成品色浅。

(2)按规定时间升温,反应进行情况较好,如升温过快,则导致醇的损逸,使黏度增大,而酸值高。如果温度低于190℃则脂化反应太慢,高于200℃易使树脂凝胶化。

2. 玻璃钢(玻璃增强塑料)的制备

在250mL烧杯中按配方(100份的不饱和树脂;4份的过氧化苯甲酰—邻苯二甲酸二辛酯糊;0.01份的二甲苯胺)混匀即可制备玻璃增强塑料。先用一层玻璃纸平铺于表面光洁的玻璃板上,再铺一层玻璃布。用刮刀刷上一层树脂,使之浸透,并小心驱逐气泡,再铺一层玻璃布,再刷上一层树脂,如此反复进行,直到所需要的厚度,最后再铺上一层玻璃纸,驱逐气泡,压上一层玻璃板,并在其上稍加重物,放置过夜,再于100℃～105℃烘2h。

五、实验报告要求

1. 写出实验目的。
2. 分析不饱和聚酯树脂缩聚反应的影响因素。
3. 论述纤维增强不饱和聚酯的机理。

实验实训 8 多孔陶瓷的制备与加工

一、实验目的

1. 了解多孔陶瓷的用途。
2. 掌握多孔陶瓷的制备方法。
3. 了解多孔陶瓷的制备工艺。

二、实验原理

多孔陶瓷是一种新型陶瓷材料，也称为气孔功能陶瓷。多孔陶瓷具有如下特点：巨大的气孔率、气孔表面积；可调节的气孔形状、孔径及其分布；气孔在三维空间的分布连通可调；具有一般陶瓷基体性能的同时，具有与其巨大的比表面积相匹配的优良热、电、磁、光、化学等功能。目前新型多孔陶瓷，如多孔陶瓷载体、多孔吸声材料、多孔过滤渗透材料、多孔陶瓷敏感元件、生物医学多孔陶瓷材料、多孔性光学材料、蓄热储能多孔陶瓷材料、蜂窝式红外多孔陶瓷燃烧板等，不断涌现，使其应用范围更为广泛。多孔陶瓷作为一种具有优良特性的环保材料，在汽车尾气净化领域得到了广泛应用。

1. 多孔陶瓷的种类

多孔陶瓷的种类很多，按所用的骨料可以分为刚玉质材料、碳化硅质材料、铝硅酸盐材料、石英质材料、玻璃质材料和其他材质。按孔径分为粗孔制品（0.1mm 以上）、介孔材料（50nm～20μm）和微孔材料（50nm 以下）。

2. 多孔陶瓷的制备

陶瓷中的孔包括封闭气孔（与外部不相连通的气孔）和开口气孔（与外部相连通的气孔）。多孔陶瓷中孔的形成方法包括添加成孔剂工艺，有机泡沫浸渍工艺，发泡工艺，溶胶—凝胶工艺，利用纤维制得多孔结构，腐蚀法产生微孔、中孔，利用分子键构成气孔等。以上不同制备方法的组合还能赋予多孔陶瓷材料其他性能，尤其是骨架性能。

下面介绍多孔陶瓷中孔的制备方法和制备技术。

(1)添加成孔剂工艺：陶瓷粗粒黏结、堆积可形成多孔结构，颗粒靠黏结剂或自身黏合成型。这种多孔材料的气孔率一般较低，20%～30%左右，为了提高气孔率，可在原料中加入成孔剂，既能在坯体内占有一定体积，烧成、加工后又能够除去，使其占据的体积成为气孔的物质，如碳粒、碳粉、纤维、木屑等烧成时可以烧去的物质。也有用难熔化易溶解的无机盐类作为成孔剂，它们能在烧结后的溶剂侵蚀作用下除去。此外，可以通过粉体粒度配比和成孔剂等控制孔径及其他性能。这样制得的多孔陶瓷气孔率可达 75%左右，孔径可在微米至毫米之间。虽然在普通的陶瓷工艺中，采用调整烧结温度和时间的方法，可以控制烧结制品的气孔率和强度，但对于多孔陶瓷，烧结温度太高会使部分气孔封闭或消失，烧结温度太低，则制品的强度低，无法兼顾气孔率和强度，而采用添加成孔剂的方法则可以避免这种缺点，使烧结制品既具有高的气孔率，又具有很好的强度。

(2)有机泡沫浸渍工艺：有机泡沫浸渍法是用有机泡沫浸渍陶瓷浆料，干燥后烧掉有机泡沫,获得多孔陶瓷的一种方法。该法适于制备高气孔率、开口气孔的多孔陶瓷。这种方法制备的泡沫陶瓷是目前最主要的多孔陶瓷之一。

(3)发泡工艺:可以在制备好的料浆中加入发泡剂,如碳酸盐和酸等,发泡剂通过化学反应等能够产生大量细小气泡,烧结时通过在熔融体内产生放气反应能得到多孔结构,这种发泡气体率可达95%以上。与泡沫浸渍工艺相比,更容易控制制品的形状、成分和密度,并且可制备各种孔径大小和形状的多孔陶瓷,特别适于生产闭气孔的陶瓷制品,多年来一直引起研究者的浓厚兴趣。

(4)溶胶—凝胶工艺:主要利用凝胶化过程中胶体粒子的堆积以及凝胶(热等)处理过程中留下小气孔,形成可控多孔结构。这种方法大多数产生纳米级气孔,属于中孔或微孔范围内,这是前述方法难以做到的,实际上这是现在最受科学家重视的一个领域。溶胶—凝胶法主要用来制备微孔陶瓷材料,特别是微孔陶瓷薄膜。

(5)利用纤维制得多孔结构:主要利用纤维的纺织特性与纤细形态等形成气孔,形成的气孔包括:有序编织、排列形成的;无序堆积或填充形成的。

通常将纤维随意堆放,由于纤维的弹性和细长结构,会互相架桥形成气孔率很高的三维网络结构,将纤维填充在一定形状的模具内,可形成相对均匀,具有一定形状的气孔结构,施以黏结剂,高温烧结固化就得到了气孔率很高的多孔陶瓷,这种孔较大的多孔陶瓷的气孔率可达80%以上;在有序纺织制备方法中,有一种是将纤维织布(或成纸),再将布(或纸)折叠成多孔结构,常用来制备“哈尔克尔”,这种多孔陶瓷通常孔径较大,结构类似于前面提到的以挤压成型的蜂窝陶瓷;另外是三维编织,这种三维编织为制备气孔率、孔径、气孔排列、形状高度可控的多孔陶瓷提供了可能。

(6)腐蚀法产生微孔、中孔:例如对石纤维的活化处理,许多无机非金属半透膜也曾以这种方法制备。

(7)利用分子键构成气孔:如分子筛,既是微孔材料也是中孔材料。如沸石、柱状磷酸锌等就是这类材料。

以上简述了一些气孔结构形成过程。有些材料中需要的不仅仅是一种气孔,例如作为催化载体材料或吸附剂,同时需要大孔和小孔两种气孔,小孔提供巨大比表面,而大孔形成互相连通结构,即控制气孔分布,这可以通过使用不同的成孔剂来实现;有时则需要气孔有一定形状,或有可再加工性;而作为流体过滤器的多孔陶瓷,其气孔特性要求还应根据流体在多孔体内运动的相关基础研究来决定。这些都是需要针对具体情况加以特别考虑的。

3.多孔陶瓷的配方设计

(1)骨料:骨料为多孔陶瓷的主要原料,在整个配方中占到70%~80%的重量,在坯体中起到骨架的作用,一般选择强度高、弹性模量大的材料。

(2)黏结剂:一般选用瓷釉、黏土、高岭土、水玻璃、磷酸铝、石蜡、PVA、CMC等,其主要作用是使骨料黏结在一起,以便于成型。

(3)成孔剂:加入可燃尽的物质,如木屑、稻壳、煤粒、塑料粉等,这些物质在烧成过程中因为发生化学反应或者燃烧挥发而被除去,从而在坯体中留下气孔。

4.多孔陶瓷的成型方法

主要包括模压、挤压、轧制、等静压、注射和粉浆浇注等。

5.烧成

使用不同的制备方法和制备工艺，就会有不同的烧成制度，具体应该根据材料的性能而定。

三、实验仪器

本实验采用添加成孔剂，采用模压方法制备毛坯，然后再进行烧结的方法。

1.实验药品：骨料（氧化铝）、成孔剂（煤粒、塑料粉）、黏结剂（CMC、PVA）、烧结助剂（MgO）。

2.实验仪器：分析天平、球磨机、手动液压机及成型模具（或拈钵、捣打磨具、木槌）、干燥箱、高温炉。

四、实验步骤

1.配料

用天平按下表称取总重25g的原料。

氧化铝	烧结助剂	黏结剂	造孔剂	水
60%	8%	15%	17%	10%～15%固体料

2.制备

将称好的原料依次放入陶瓷拈钵中，搅拌均匀后，取一定量放入模具中挤压并用木槌轻打模具上盖，然后去掉模具，将制好的毛坯取出。

3.烧成

将毛坯在烘箱中在100℃下预处理30min，然后再放入高温炉中，按下表的升温制度进行烧结，即可获得多孔陶瓷。

温度区间(℃)	室温～400	400～1100	1200～1300	1300
升温速率(℃/h)	100	200～300	100	保温1h

五、实验报告要求

1.写出实验目的。

2.本实验中使用的成孔剂是什么？多孔陶瓷的应用领域有哪些？

3.论述多孔陶瓷中孔的形成机理。

主要参考文献

[1]张京明．汽车工程概论．北京:北京大学出版社,2006

[2]李金津．对我国新能源汽车产业的发展思考及相关建议．工业技术经济,2008,(1)

[3]王涛,张友芹．论我国节能与新能源汽车的发展战略．汽车工业研究,2008,(6)

[4]吴松泉．进口汽车市场发展的回顾和展望．产业经济报道,2008

[5]王宏雁,陈君毅．汽车车身轻量化结构与轻质材料．北京:北京大学出版社,2009

[6]黄伯云等．中国材料工程大典(第4卷)——有色金属材料工程．北京:化学工业出版社,2006

[7]冯美斌等．我国汽车新材料技术发展现状分析与建议．汽车工艺与材料,2007,(5)

[8]关绍康等.汽车铝合金车身板材的研究现状及发展趋势.机械工程材料,2001,25(5)

[9]张彦如.汽车材料．合肥:合肥工业大学出版社,2006

[10]张至丰．机械工程材料及成型工艺基础．北京:机械工业出版社,2008

[11]张蕾.汽车材料．北京:科学出版社,2009

[12]周燕.汽车材料．北京:人民交通出版社,2009

[13]陈礁.汽车材料．北京:高等教育出版社,2005

[14]程叶军.汽车材料与金属加工．北京:中国劳动社会保障出版社,2007

[15]唐秀丽．金属材料与热处理．北京:机械工业出版社,2008

[16]王英杰，金升．金属材料及热处理(高职高专规划教材)．北京:机械工业出版社,2006

[17]王章忠．材料科学基础．北京:机械工业出版社,2005

[18]张桂华.汽车材料与金属加工.山东:山东科学技术出版社,2009

[19]段京华.汽车材料.安徽:安徽科学技术出版社,2009

[20]姜敏凤.工程材料及成型工艺．北京:高等教育出版社,2003

[21]李明慧.汽车材料．北京:机械工业出版社,2009

[22]李明惠．汽车材料．北京:人民交通出版社,2002

[23] 王澜．高分子材料．北京:中国轻工业出版社,2009

[24] 黄丽．高分子材料．北京:化学工业出版社,2005

[25] 周曦亚．复合材料．北京:化学工业出版社,2005

[26] 董元虎,尹兴林.汽车油料选用手册. 北京:化学工业出版社,2007
[27] 王先会. 新编润滑油品选用手册. 北京：机械工业出版社,2001
[28] 张建华,申士强. 天然气发动机及其润滑油. 润滑与密封,2005(1)
[29]黄晓英. 汽车轮胎选用与维修. 北京:机械工业出版社,2010
[30]陈文均. 汽车材料. 北京:高等教育出版社,2007
[31]轿车轮胎规格、尺寸、气压与负荷. GB/T2978-2008
[32] 周燕，罗小青. 汽车美容与装饰. 北京：机械工业出版社,2005